제3의 패러다임과

　　　　　　인류의 미래

제3의 패러다임과 인류의 미래

초판 1쇄 발행 2025년 7월 31일

지은이 이현중
펴낸이 장길수
펴낸곳 지식과감성#
출판등록 제2012-000081호

교정 주경민
디자인 정윤솔
편집 정윤솔
검수 김지원, 이현
마케팅 김윤길

주소 서울시 금천구 벚꽃로298 대륭포스트타워6차 1212호
전화 070-4651-3730~4
팩스 070-4325-7006
이메일 ksbookup@naver.com
홈페이지 www.knsbookup.com

ISBN 979-11-392-2703-1(03100)
값 27,000원

- 이 책의 판권은 지은이에게 있습니다.
- 이 책 내용의 전부 또는 일부를 재사용하려면 반드시 지은이의 서면 동의를 받아야 합니다.
- 잘못된 책은 구입하신 곳에서 바꾸어 드립니다.

지식과감성#
홈페이지 바로가기

제3의 패러다임과 인류의 미래

이현중 지음

지식감정

시작하는 말

어떤 역사학자는 앞으로 인류가 신화, 종교, 이념에 혁명적인 신기술을 더하여 불멸, 행복, 신을 추구하면 인간의 존재 의미와 통제력을 잃어버릴 수 있을 것[1]이라고 경고한다. 그러면 물리적 시간이 있는가?

과거는 현재의 기억, 기록이며, 미래는 현재의 기대, 희망이다. 미래의 어두운 전망은 현재의 문제를 해결함으로써 밝은 희망으로 바꿀 수 있다. 그러면 현재의 문제는 무엇인가?

오늘날 인류는 이상기후, 6차 대멸종, 인류세를 비롯하여 글로벌 경제, 다문화, 양극화, 고령화, 인공지능, 빅데이터, 디지털 민주주의와 같은 총체적이고 중층적인 문제를 안고 있다.[2]

인류와 우리 사회는 둘이 아니다. 오늘날 우리 사회는 인류의 문제와 함께 우리의 문제를 안고 있다. 우리 민족은 한국과 북한의 두 나라로 나누어지고, 정치와 종교, 문화, 교육, 경제를 비롯하여 우리 사회의 모든 분야에서 분열과 대립이 심해져서 소통과 화합을 이루지 못하고 있다. 그러면 오늘날 우리의 문제이자 인류의 문제는 왜 일어나는가?

---

1 유발 하라리, 김명주 옮김, 『호모데우스』, 김영사, 2024, 22-552.
2 프리초프 카프라, 구윤서 외 옮김, 『새로운 과학과 문명의 전환』, 범양사, 2023, 29-35.

인류의 문제는 현상적 패러다임에 의하여 물질인 육신을 자신의 몸으로 여기고, 육신의 기능인 의식을 자신의 마음으로 여기며 살기 때문에 일어난다.

우리는 현상적 패러다임을 버리고, 형이상적 패러다임에 의하여 육신과 의식을 초월하여 본성, 자성을 자각해야 한다. 그리고 본성, 자성을 넘어서 생성적 패러다임에 의하여 온 우주와 하나가 되어 살아야 한다.

과학자들은 새로운 패러다임을 추구한다. 생물학자들은 게놈이 수천 개의 유전자들을 모은 단순한 집합체가 아니라 협력과 상호 소통, 창의성에 의하여 환경의 영향을 받아서 스스로 진화한다고 주장하고[3], 물리학자들은 시스템 이론, 자기 조직화 이론[4]에 의하여 자연을 생명을 가진 유기체로 이해한다.

생명이 스스로 현재의 자신으로부터 벗어나서 새로워지는 자기 초월과 자신을 복제하고, 갱신하는 자기 조직화 패러다임은 하나의 이론 체계, 패턴, 지견일 뿐이다.

이론은 실재가 아니다. 패러다임의 변화만으로는 세계가 변화하지 않는다. 세계, 생명은 새로운 패러다임의 제시와 함께 실천이 이루어질 때 비로소 변화한다.

21세기 인류의 미래를 제시할 수 있는 패러다임은 형이하의 현상과 형이상의 근원을 포함하고, 앎을 넘어서 실천을 포함하며, 물건과 사건이 포함되어야 한다.

---

3   요하임 바우어, 이미옥 옮김, 『협력하는 유전자』, 생각의 나무, 2010, 13-162.
4   일리야 프리고진·이사벨 스텐저스, 신국조 옮김, 『혼돈으로부터의 질서』, 자유아카데미, 2013, 408.

우리는 앞으로 형이하의 현상과 형이상의 근원 그리고 이론과 실천을 포함한 넓은 의미에서 현상적 패러다임과 형이상적 패러다임, 생성적 패러다임을 통하여 우리 사회를 새롭게 창조하고, 인류를 새롭게 창조할 수 있는 삶이 무엇인지 살펴볼 것이다.

현상적 패러다임, 형이하적 패러다임에 의하여 물건의 세계, 수학, 과학의 세계가 전개되고, 형이상적 패러다임, 초월적 패러다임에 의하여 도道, 성性, 신神의 경계를 바탕으로 전개되는 유가, 불가, 도가, 바라문교, 힌두교를 비롯한 다양한 사상, 종교가 나타난다.

현상의 사물을 중심으로 삶과 세계를 이해하거나 사물의 근원인 형이상의 도, 신, 성품을 중심으로 삶과 세계를 이해하거나를 막론하고 이해의 대상이 실재함을 전제로 한다. 실체적 현상을 대상으로 한 삶과 실체적 근원을 대상으로 한 삶은 사물, 도, 신, 성품에 얽매여 자유롭지 못하다.

오늘날 인류는 근대과학을 탄생시킨 현상적 패러다임 속에서 살아간다. 비록 양자역학과 상대성이론을 비롯하여 과학의 여러 분야에서 근대과학의 한계를 벗어난 새로운 과학을 추구하지만 여전히 형이하적 패러다임에 갇혀 있다.

상대적 다원주의를 통하여 탈근대를 추구하는 현대인들은 유럽사회의 전통과 다른 형이상적 패러다임에 관심을 갖는다. 형이상적 패러다임은 현상의 근원인 도, 성, 신의 경지를 제시한다. 그리고 현상의 물건으로부터 시작하여 도, 성, 신에 이르는 과정을 시간적 관점에서 나타내어 인생, 역사를 논한다.

현상적 패러다임에 의한 경지에는 형이상의 경지가 없고, 형이상적 패러다임은 형이하의 현상을 인정하지 않는다. 이처럼 두 패러다임은 근원과 현상을 나누고, 주체와 객체를 나누며, 나와 사물을 나누어 미립자微粒子에 이르면 다시 미립자들을 통합하고, 미시세계와 거시세계를 합일하는 분합의 방법을 사용한다.

현상적 패러다임을 바탕으로 유럽의 문명사를 이해하면 통합, 합일과 분석, 분화의 역사이다. 과학과 예술, 도덕이 분화된 근대modern와 달리 전근대premodern는 종교를 중심으로 세 가지의 가치가 분화되지 않았다.

상대적 다원주의에 의하여 근대과학의 전횡에 의하여 유물론으로 하향 평준화된 분열을 해결하려는 탈근대postmodern는 또다시 새로운 통합을 추구한다.[5] 그러면 통합은 어떻게 이루어지는가?

진화생물학자인 애드워드 윌슨은 과학을 중심으로 사회학, 인문학을 통합하고자 했다. 그것은 현상적 패러다임에 의하여 유물론적 세계관이라는 우물에 빠져서 하늘을 바라보고, 작은 하늘을 바꾸려는 것과 같다.

형이하적 패러다임을 출발점으로 형이상적 패러다임을 통합하는 또 다른 사례가 있다. 켄 윌버는 심리학적 관점에서 형이상적 경계를 수용하여 통합학문을 추구하였다. 그의 통합심리학은 심리학이라는 과학을 바탕으로 인문학, 사회학을 통합하려는 시도이다.

두 사람이 주장하는 통합은 학문적 통합이다. 이론 체계를 중심으로 제시한 통합은 삶 속에서 어떻게 실천하는가의 문제를 안고 있다. 이와 더불어 두 사람이 모두 과학을 출발점으로 삼은 유럽 중심의 편향된 안목으로 통합을 시도한 한계를 갖는다.

오늘날 우리 사회와 인류를 새롭게 창조할 수 있는 패러다임은 현상적

---

5   Ken Wilber, 조옥경 옮김, 『켄 윌버의 통합심리학』, 학지사, 2016, 31-258.

패러다임이 아닌 형이상적 패러다임이다. 형이상적 패러다임은 현상적 패러다임에서 드러나지 않은 형이상의 근원을 제시한다.

형이상적 패러다임에 의한 삶은 물건적 분합에 의한 삶이라는 측면에서는 현상적 패러다임과 같다. 오직 물건적 분합을 포함하여 매 순간 새로워지는 진화와 매 순간 다양해지는 창조를 내용으로 하는 생성적 패러다임에 의하여 우리 사회와 인류가 새로워지고, 다양해질 수 있다.

현상적 패러다임, 형이상적 패러다임과 다른 생성적 패러다임은 오늘날의 우리 사회와 인류의 차원을 높이고, 질적으로 변화를 시켜서 새롭게 할 수 있는 제3의 패러다임이다. 그러면 제3의 패러다임은 어디에서 찾을 수 있는가?

형이하의 물건적 세계, 유물론적 세계를 낳는 현상적 패러다임은 근대과학을 중심으로 현대에 이르기까지 파르메니데스의 부동不動의 일자一者를 중심으로 전개되어 왔던 유럽 문화, 유럽 학문, 유럽 사상에서 찾을 수 있다.

근대과학에서 나타나지 않는 형이상적 패러다임과 제3의 패러다임인 생성적 패러다임은 동아시아의 역사상易思想을 바탕으로 형성된 역문화易文化에서 찾을 수 있다. 동아시아의 역문화易文化는 역학사상易學思想이 중심이 되어 형성되었다.

역학사상은 형이상적 패러다임의 중국역학과 생성적 패러다임의 한국역학으로 나누어진다. 오늘날 인류가 필요한 제3의 패러다임은 한국역학을 바탕으로 형성된 한국사상을 통하여 찾을 수 있다. 그러면 어떻게 한국역학을 통하여 제3의 패러다임을 찾을 수 있는가?

한국역학의 특성을 잘 나타내고 있는 전적은 정역正易이다. 정역에서는 물건적 관점에서 실체적 세계관을 낳는 두 패러다임과 함께 제3의 패러다임을 제시한다.

현상적 패러다임을 초월하여 형이상적 패러다임에 도달하고, 형이상적 패러다임을 초월하여 생성적 패러다임에 이른다. 그것은 형이상적 패러다임이 현상적 패러다임을 포함하고, 생성적 패러다임이 형이상적 패러다임을 포함함을 뜻한다. 그러면 생성적 패러다임도 하나의 실체적 패러다임인가?

생성적 패러다임은 실체가 아니다. 그러므로 생성적 패러다임은 다양한 관점에서 상징적으로 나타낼 수밖에 없다. 정역의 저자인 일부一夫는 형이하, 유有와 형이상, 무無 그리고 공空, 중中의 세 관점에서 생성적 패러다임을 도상圖像, 수, 언어를 통하여 다양하게 나타낸다.

일부가 생성적 패러다임을 나타내는 개념은 화화옹化化翁이다. 화화옹은 매 순간 자신을 드러내는 변화와 더불어 자신을 거두어들이는 변화를 함께 나타낸다. 그것을 정역에서는 도역倒逆의 두 방향에서 이루어지는 생성으로 나타낸다.

도역의 생성은 형이하의 사물, 형이상의 근원인 도, 성품과 중中, 공空, 신神의 세 경지를 낳는다. 그는 신神, 상제上帝, 중中을 금화정역도로 나타내고, 도, 성품을 하도와 낙서를 통하여 나타내며, 사물의 경지는 삼역팔괘도에 의하여 나타낸다.

신神, 중中, 화화옹을 시간성을 중심으로 나타내면 영원한 현재이다. 영원한 현재를 바탕으로 그것을 대상화하여 형이상의 근원의 경지가 펼쳐지고 다시 그것을 대상화여 형이하의 현상의 물건적 세계가 전개된다. 그러면 생성적 패러다임에 의한 영원한 현재가 있는가?

지금 여기의 우리인 한국인, 한국 사회를 떠나서 영원한 현재가 없다. 지금 여기의 우리가 스스로 새롭고 다양하게 생성하는 것이 바로 영원한 현재이다.

지금 여기의 나와 우리, 국민에 의하여 온 우주가 둘이 아닌 화화옹, 신이 생성적 패러다임으로 생성되고, 그것이 세계관, 가치관, 인간관을 담은 한국 사상으로 생성되며, 한국 사회로 생성되고, 한국문화로 생성되며, 한국 인문학, 한국과학, 한국불교, 한국기독교로 생성된다.

그러나 한국 사상은 신이 아니고, 한국 유학은 화화옹이 아니며, 한국불교는 도가 아니고, 한국기독교는 하나님이 아니다. 신이라는 개념이나 철학, 종교를 비롯한 이론, 사상은 생성적 패러다임이 지금 여기에서 드러나는 다양한 현상일 뿐으로 개념, 주장, 이론, 사상이 가리키는 실체는 없다.

이제 우리는 생성적 패러다임을 통하여 자신을 새롭게 하고, 우리 사회를 새롭게 하며, 인류를 새롭게 하는 삶의 방법을 논할 것이다. 이처럼 방법을 논하는 과정은 단순한 과정이 아니라 우리 자신을 새롭게 하고, 우리 사회를 새롭게 하며, 인류의 미래를 창조하는 과정이다.

오늘날 우리가 필요로 하고, 사회가 필요하며, 인류가 요구하는 삶은 과학의 자연自然과 사회학의 사회社會 그리고 인문학의 인문人文이 통합된 하나를 바탕으로 이루어지는 다차원적 생성이다.

이 책의 제1부에서는 형이하적 패러다임과 형이상적 패러다임 그리고 생성적 패러다임이 무엇인지 살펴보았다. 그것은 현상을 대상으로 하는 학문의 방법, 삶의 방법과 형이상의 도, 본성, 신을 찾아가는 학문 방법,

삶의 방법 그리고 도, 본성, 신의 경지에서 현상으로 향하는 방향에서 학문의 방법, 삶의 방법이 무엇인지를 살펴보는 작업이다.

이를 통하여 현상학인 과학, 사회학으로부터 형이상학인 종교, 철학에 이르기까지 모든 학문을 통합적 관점에서 보는 지혜와 형이상의 이상, 근원과 형이하의 현상이 둘이 아니게 자유로운 삶을 사는 자비가 본성, 자성으로부터 발현됨이 드러날 것이다.

제2부에서는 형이하적 패러다임에 의하여 학문을 하고 삶을 사는 방법이 어떤 한계와 문제를 갖는지 인문학과 과학 그리고 삶의 측면에서 살펴보았다. 형이하적 패러다임에 의하여 인간과 자연을 구분하여 주체와 객체로 규정하고, 다시 주체와 객체의 어느 하나를 대상으로 분합하는 학문의 방법으로는 주객을 나눌 수 없는 경지를 파악할 수 없다.

그리고 주객을 나누어서 양자의 어느 일면을 대상으로 분합하는 삶의 방법으로는 나와 남, 나와 세계가 공존共存하고, 공생共生하며, 공영共榮하는 삶을 살 수 없으며, 오로지 대립과 갈등의 삶, 고통의 삶을 살 수밖에 없다.

제3부에서는 주역을 통하여 형이상적 패러다임에 의한 학문과 삶이 무엇인지 살펴보았다. 주역에서는 형이하의 현상을 벗어나서 형이상의 본성에 이르는 방법이 무엇인지 그리고 형이상의 본성에 의한 삶이 무엇인지를 밝히고 있다.

물건적 관점에서 형이하의 생명으로부터 출발하여 형이상의 본성, 자성을 파악하는 방법은 궁리, 진성, 지명이다. 이 과정은 현상을 바라보는 자신이 밖의 사물을 향하는 분별 의식을 벗어나서 마음에 이르고, 마음을 통하여 마음으로 드러나기 이전의 본성을 찾는 과정으로 표현된다.

비록 그가 형이상적 패러다임에 의하여 갈등과 대립의 삶에서 벗어나고, 현상을 벗어난 근원을 향하는 수행修行, 수기修己, 학문을 통하여 본성, 자성에 이르지만 본성, 자성을 실천하는 삶의 문제는 여전히 남는다.

제4부에서는 한국 역학의 전적인 정역을 통하여 생성적 패러다임에 의한 삶이 무엇인지 살펴보았다. 생성적 패러다임에 의한 삶은 자성, 본성을 주체로 살아가는 자유로운 삶, 창조적인 삶이다.

정역에서는 중과 무, 유의 세 차원을 본체와 현상을 일관하는 작용의 관점에서 도역의 생성으로 나타낸다. 도역의 생성은 시간의 근원인 시간성이 현상에서 자신을 드러내는 시간성의 시간화와 나타난 시간이 시간성으로 돌아가는 시간의 시간성화이다.

도역의 생성은 실체적 관점에서 전개되는 현상적, 형이하적 패러다임과 형이상적 초월적 패러다임과 다른 생성적, 창조적 변화적 패러다임을 나타낸다.

도역의 생성은 생멸이 동시에 이루어지는 사건적 변화이다. 본체가 실체가 아니기 때문에 생멸의 현상으로 나타나는 작용이 없지 않다. 그러나 나타난 현상은 실체가 아니어서 생멸의 현상이 있지 않다.

제5부에서는 창조적, 변화적, 생성적 패러다임의 중심에 있는 오황극을 통하여 창조적 패러다임, 변화적 패러다임에 의한 인간의 삶이 무엇인지 살펴보았다.

우주적 관점에서 보면 도역의 생성이 시간성이 사건으로 나타나는 동시에 사라지는 변화, 생성의 연속이지만 인간의 측면에서는 본성을 주체로 사는 실천과 본성으로 수렴하는 수기, 수도의 문제이다.

일부는 생성적 패러다임, 변화의 패러다임에 의한 삶을 본성, 자성을 바탕으로 솔성率性으로 제시한다. 솔성은 도생역성의 측면에서는 성품의 자기 현현인 동시에 역생도성의 측면에서는 자기 회귀이다.

그는 솔성率性을 도역의 생성의 관점에서 도학道學으로 제시한다. 도학의 도는 도생역성의 관점에서 성품과 이치가 둘이 아닌 성리가 매 순간 생명 현상인 언행으로 드러남을 가리키며, 학은 나타난 생명 현상이 근원, 본체인 성품으로 돌아감을 뜻한다.

이 책의 저작은 어린 시절의 꿈으로부터 시작되었다. 어린 시절의 꿈은 삶에 대한 견딜 수 없는 염리심厭離心에서 피어났다. 끼니를 잇기도 어려웠던 가난한 집안에서 5대 장손으로 태어난 나는 생사를 헤매다가 겨우 살아난 병약한 몸으로 삶을 시작했다.

집안의 사람들은 가난을 극복하고 집안을 일으키는 일이 장손의 책임이라고 했다. 그러나 나에게는 사는 일 자체가 고통이었다. 먹어야 살고, 자야 살며, 마음대로 살지 못하는 육신이 불편했고, 세상의 온갖 제도들은 나를 옭아매는 족쇄와 같았다.

어느 때는 보행신호를 기다리다 "이곳은 내가 있을 곳이 아닌데 왜 여기에 있는가?" 하는 생각이 일어났다. 피할 수 없는 삶의 고통을 생각할 때는 자신이 안쓰럽고, 가족과 주변 사람들의 삶이 안쓰러워 슬펐다.

삶은 본래 고통스러운 것인가? 고통이 없는 행복한 세상은 없는가? 있다면 어디인가? 아니면 행복하게 사는 방법을 모르기 때문인가? 끊임없이 일어나는 삶에 관한 의문은 나를 내면으로 향하게 했다.

알 수 없는 삶, 해결할 수 없는 삶이 너무 답답하여 세상의 모든 고통, 아픔, 슬픔이 나에게 오고, 세상 사람들이 모두 행복하면 좋겠다는 마음이 들었다. 이러한 마음이 간절할 때면 아무것도 할 수 없는 답답함에 나도 모르게 눈물이 흘렀다.

어느 날은 내면으로부터 밝은 빛으로 가득한 세계가 나타났다. 나와 우주가 둘이 아닌 빛의 세계는 부족함이 없는 완전한 세계, 모든 것이 가득 찬 충만한 세계, 따뜻하고 편안하며, 아늑한 세계이다. 그 빛 속에서 나는 오로지 베풀고 싶은 마음이 넘침을 느꼈다.

그 후 빛으로 나타난 꿈의 세계는 항상 마음속에서 함께했다. 나는 온 우주와 둘이 아닌 빛의 세계를 어머니라고 불렀다. 그리고 매일 마음속의 빛의 어머니와 대화를 나누면서 생활했다.

비록 밖에서 찾을 수 없었던 아름다운 꿈의 세계를 내 안에서 찾았지만 꿈은 꿈이고, 현실은 현실이어서 병약한 내 육신과 가난한 삶의 환경은 그대로였다. 이제는 빛의 세계와 현실이 왜 다른지가 나를 괴롭혔다.

어린 내가 견디기에 너무 힘들 때면 내면의 어머니에게 그 방법을 물었다. 그러면 어머니는 "네가 스스로 해결해야 할 일이니 가르쳐 줄 수 없다."라고 했다. 시간이 흐르면서 모두가 편안하고 행복한 삶의 방법이자 꿈을 현실로 만드는 방법을 찾는 일이 삶의 목표가 되었다.

내면의 스승을 만났으나 안팎이 둘이 아니게 살지 못하여 밖의 스승을 찾지 않을 수 없었다. 대학원에서 동양철학을 연구하면서 여러 스승을 만났다. 장자와 선사들의 어록, 논어와 불경들을 비롯하여 세상에 나타난 경전들은 끊임없이 내가 어떤 존재인가를 알려 주었고, 주역과 정역을 통하여 군자와 보살의 삶이 무엇인지를 알려 주었다.

그러나 학문은 학문일 뿐으로 앎, 지식으로 채울 수 없는 허무함이 사라지지 않았다. 그것은 어릴 적의 꿈이 실현된 아름다운 삶을 모두와 함께할 수 없는 안타까움이었다.

그리고 세월이 흘러 안팎의 스승이 둘이 아니고, 앎과 실천이 둘이 아니며, 도달하려는 아름다운 삶이 지금 여기의 삶과 둘이 아님을 느끼면서 비로소 마음이 편안해졌다.

삶은 매 순간 사고와 언행을 통하여 어떻게 자신을 드러내느냐에 따라서 지금 여기의 자신이 어떤 존재인지가 결정되며, 매 순간의 실천을 통하여 자신이 어떤 존재이고, 어떻게 살고 있는지를 나타낸다.

문득 뒤를 돌아보니 행복한 삶의 방법을 찾았던 모든 순간이 그대로 행복한 삶의 과정이었다. 삶은 찾아서 알 수 있는 대상이 아니라 나 자신이다. 나 자신은 지금 여기를 떠나 존재하지 않는다. 지금 여기의 나를 통하여 매 순간 다양하고 새롭게 나타나는 생성의 연속이 바로 삶이다.

우주와 인간, 생명과 삶을 일관하는 패러다임은 현상적 패러다임에서 형이상적 패러다임으로 그리고 초월적 패러다임에서 다시 생성적 패러다임으로 진화하는 동시에 셋이 하나가 되어 매 순간 다양하게 나타나는 창조의 연속이다.

우주와 나 그리고 생명 현상인 삶은 창조와 진화의 두 측면을 가진 변화의 흐름, 생성의 연속이다. 우주, 삶, 생명은 어떤 개념으로도 나타낼 수 없으므로 홀로무브먼트holomovement, 화화옹化化翁, 중中, 변화變化의 도道라고 말한다. 이처럼 나타낼 수 없는 경지를 나타내는 개념이 생성적 패러다임이다.

신, 화화옹은 매 순간 다양하고 새로운 우주를 펼쳐 낸다. 지난 삶을 돌아보면 매 순간 어디서나 화화옹은 함께한다. 불어오는 바람, 피어나는 꽃, 떠오르는 태양, 넘실대는 파도, 고요한 숲, 반딧불, 돌고래, 자동차, 그 어느 하나 화화옹의 나툼이 아님이 없다.

　항상 함께하는 온 우주의 모든 생명에게 감사를 드린다. 삶의 과정에서 꿈을 꿀 수 있도록 육신을 낳고 길러 주셨던 부모님의 은혜에 깊은 감사를 드린다.

　꿈을 이룰 수 있도록 가르침을 베풀어 주신 공자님과 부처님, 일부 선생님을 비롯하여 모든 스승님들께 감사를 드린다. 장자를 통하여 꿈의 세계가 시공을 초월한 경계임을 다시 느꼈고, 선사들의 어록을 통하여 삶의 주체로서의 지금 여기의 나를 느꼈으며, 주역을 통하여 입지, 발심이 중요함을 알았고, 정역을 통하여 창조와 진화를 내용으로 하는 생성의 삶을 알았다.

　온 우주의 모든 존재가 나와 둘이 아니어서 항상 서로가 서로를 먹이고, 항상 서로가 서로를 존재하게 하며, 항상 서로가 서로를 새롭게 하고, 항상 서로가 서로를 다양하며, 항상 서로가 서로를 영원하게 한다.

　현상에서 나타나는 인연들은 허공과 같아서 둘이 아니지만 하나도 아니어서 때로는 가까운 인연으로 나타나지만 하나라고 할 수 없고, 때로는 먼 인연으로 나타나지만 본래 둘이 아니어서 둘이라고 할 수 없다.

　이 책의 저작은 온 우주가 함께하는 생명의 현상이자 온 우주, 모든 생명의 무한한 은혜에 감사하는 되먹임이고 회향이다. 온 우주가 함께하는 생명의 아름다움, 진실함, 영원함, 고귀함, 충만함을 어찌 말로 다 드러낼 수 있으랴!

　지금은 온갖 꽃이 만발하는 봄이다. 그동안 향적산방香積山房의 컴퓨터 앞에서 열심히 자판기를 두드렸던 두 손을 잠시 멈추고 봄나들이를 나가야겠다. 그리고 온 우주의 생명들과 반가운 인사를 나누어야겠다. 만나는 사람마다 웃음을 보내고, 마주치는 바람에 감사함을 전하며, 활짝 핀 꽃들을 향하여 사랑의 눈빛을 보내야겠다.

    모습 따라 달그림자 얼마나 찾았던가.
    한 줄기 차가운 빛이 앞뒤 없이 비추네.
    일부一夫도 몰랐거니 어찌 능히 전하랴.
    천심과 황중이 모두 꽃다운 봄이라네!
    幾圖復相影動月
    一道寒光爍倒逆
    一夫不知豈能傳
    天心皇中都是春

        2025년 4월 30일 유성의 향적산방香積山房에서
                이정以正 이현중이 삼가 쓰다.

차례

시작하는 말   4

제1부 세 가지의 패러다임과 인간의 삶   20
1. 형이하적 패러다임과 평면적 분합의 물건적 삶   30
2. 초월적 패러다임과 입체적 통합의 형이상적 삶   48
3. 생성적 패러다임과 다차원적 생성의 자재한 삶   71

제2부 현상적 패러다임과 평면적 분합의 물건적 삶   98
1. 인문학과 언어 대상의 분합적 학문 방법   108
2. 수학, 과학과 자연 대상의 분합적 학문 방법   126
3. 주객의 분합적 학문 방법과 독단에 의한 갈등의 삶   146

제3부 초월적 패러다임과 입체적 통합의 형이상적 삶   163
1. 언어와 상수象數에 의한 상하와 내외의 대립   176
2. 도기道器와 성명性命을 통한 상하, 내외의 통합   202
3. 순역順逆을 통한 상하, 내외의 합일과 형이상적 삶   254

제4부 생성적 패러다임과 다차원적 변화   284

1. 형이상적 패러다임과 선후천의 분합   296
2. 생성적 패러다임과 화화옹化化翁의 도역생성倒逆生成   331
3. 도역생성과 다차원적 변화   418

제5부 다차원적 생성과 창조적 삶   441

1. 도역생성과 생성적 패러다임   446
2. 생성적 패러다임과 솔성率性   460
3. 솔성과 도학道學의 창조적 삶   492

끝을 맺는 말   514

제1부

세 가지의 패러다임과 인간의 삶

 사람과 세계 그리고 삶은 고정된 실체가 아니기 때문에 어떤 관점에서 보느냐에 따라서 다양하게 나타난다. 인간과 세계에 대한 다양한 지견知見, 견해見解는 인간과 세계에 대한 서로 다른 안목眼目에 의하여 나타난다. 안목眼目은 특정 시대나 분야를 이끌어 가는 지배적인 사고방식, 세계관, 이론 체계이다.

 안목은 삶 속에서 실천을 통하여 삶을 새롭고 다양하게 하는 요소로 작용한다. 그러나 지견, 지혜의 의미를 가진 안목은 매 순간 다양하게 드러나서 고정되지 않는 우주, 세계를 나타내기에는 한계가 있다.

 우리는 하나의 어떤 문제를 바라보고 해결하는 방식에 대한 기본적인 구조, 관점, 체계, 모델을 패러다임paradigm이라고 말한다. 토마스 쿤은 과학 공동체 구성원들이 공유하는 신념, 가치, 기술 등의 총체를 패러다임으로 정의했다.[6]

 카프라는 패러다임을 사회적 측면에서 확장하여 사회적 패러다임이라고 부른다. 그는 하나의 공동체 안에서 널리 사용되는 개념이나 가치, 감

---

6 제임스 래디먼, 박영태 옮김, 『과학철학의 이해』, 이학사, 2015, 182-237.

수성, 그것을 실제로 적용하는 양식 등의 집결체를 패러다임이라고 말한다.[7]

과학에서 출발한 패러다임이라는 개념은 비록 사회학, 철학으로 학문적 범위가 확장될지라도 여전히 형이하의 현상적 차원이 중심이다. 우리가 패러다임이라는 개념의 범위를 수평적으로 아무리 확장을 해도 한계를 갖는다.

에리히 얀치는 일리야 프리고진의 자기 조직화 이론을 바탕으로 생물학, 물리학, 천체학을 비롯한 과학뿐만 아니라 더 나아가 인문학, 사회학을 비롯하여 모든 학문을 통합하고, 거시적 세계와 미시적 세계를 통합하는 새로운 패러다임으로 자기 조직적 패러다임self-organizing paradigm[8]을 제시하였다.

우리가 패러다임이라는 개념을 동서, 고금의 어떤 사상이나 학문, 종교를 포함하여 통합적인 관점에서 사용하려면 그 범위를 수평적 확장과 더불어 수직적 확장을 해야 한다. 그것은 형이하의 현상을 중심으로 패러다임을 논할 뿐만 아니라 형이상적인 경지도 포함해야 함을 뜻한다.

그러나 더욱 중요한 조건은 이론을 낳는 관점이나 형이상의 본체를 포함할 뿐만 아니라 실천 방법의 포함이다. 만약 형이상적 패러다임, 초월적 패러다임에 그친다면 비록 그것이 과학의 세계를 낳는 현상적 패러다임을 넘어설지라도 여전히 실체적 이론에 머물 수밖에 없다. 그러면 어떻게 해야 하는가?

---

7 프리초프 카프라 외, 김재희 옮김, 『신과학과 영성의 시대』, 범양사 출판부, 1997, 67-85.
8 에리히 얀치, 홍동선 옮김, 『자기 조직하는 우주』, 범양사, 1989, 17.

형이하의 현상을 중심으로 전개되는 과학 중심의 유럽 문화는 형이상의 차원을 바탕으로 전개되는 동아시아의 역학을 비롯한 다양한 학문과 통합되어야 한다. 그것은 관찰과 실험을 통한 분석의 방법과 다른 차원의 고양에 의하여 이루어진다.

과학의 세계를 낳는 현상적 패러다임, 형이하적 패러다임은 형이하의 세계를 초월한 형이상적 패러다임에 의하여 극복된다. 형이상적 패러다임은 유학, 불교, 도교를 비롯하여 동아시아의 다양한 사상과 종교에서 사용되는 지견智見, 경지境地, 지혜, 자비, 인성仁性, 성명性命, 도道와 같은 한 사회를 지배하는 이론, 가치관, 방법론, 사고방식은 물론 우주의 존재 진리, 인간의 삶의 방법, 실천 방법을 포함한다. 그러면 형이상과 형이하를 범위로 하는 패러다임은 무엇인가?

주역에서는 도, 신, 성이라고 말하며, 불교에서는 자성이라고 말하고, 도가에서는 도라고 말하며, 유학에서는 도, 본성, 인성이라고 말한다. 그리고 성명의 이치를 내용으로 하는 인도와 강유원리를 내용으로 하는 지도, 음양원리를 내용으로 하는 천도를 내용으로 하는 역도, 변화의 도를 논한다.

우리는 앞으로 과학을 비롯한 사회학이 대상으로 하는 형이하적 차원과 공간적으로 형이상의 도, 성을 포함하고, 시간적으로 물리적 시간의 근원인 시간성을 포함한 총체를 패러다임paradigm으로 사용하고자 한다.

패러다임은 지견智見, 지혜知慧는 물론 인仁, 자비慈悲를 포함하며, 앎의 문제만이 아니라 실천을 포함하고, 우주의 사물을 포함하며, 도, 신, 성을 포함한다. 그러면 패러다임은 고정된 실체인가?

만약 패러다임이 변화하지 않으면 학문이나 사상, 종교가 변화하면서 발전할 수 없다. 그리고 변화는 일정한 시간이 흐르는 동안 쌓인 정보, 지식에 의하여 이루어지는 것이 아니라 한순간에 패러다임이 변화하면서 학문이 바뀌고, 실천이 바뀌며, 삶이 바뀌고, 세계가 바뀐다. 이것이 쿤이 말한 혁명적 변화로 나타나는 패러다임의 전환paradigm shift이다. 그러면 오늘날 왜 패러다임을 논하는가?

21세기의 오늘날은 이전의 시대와 다른 전환기라고 할 수 있다. 과학에 의하여 주도된 근대에 이르러 유럽사회는 종교적 질서로부터 벗어났지만 과학의 발달로 여전히 과학적 제국주의에서 벗어나지 못했고, 현대에 이르러서 과학적 유물론에서 벗어나서 생태적이고 유기적인 전일적 시스템에 의하여 상대적 다원주의를 추구했지만 여전히 현상을 벗어나지 못하였다.

오늘날 인류가 탈근대를 주장하면서 추구한 상대적 다원주의는 인류를 분열과 대립의 극단으로 달려가게 한다. 자연과 관련한 이상기후, 제6차 대멸종, 인류세와 같은 개념들이 나타내는 지구환경의 문제들, 기술의 발달로 인간 지능을 넘어서 날로 발전하는 인공지능이 일으키는 생명위협과 그것이 가져올 인류 사회의 미래에 대한 불안, 정치적으로 자유민주주의와 공산전체주의가 대립하고, 국가와 국가가 대립하는 국가이기주의를 비롯하여 다문화, 양극화, 고령화, 정보화가 안고 있는 수많은 문제들은 인류를 병들게 한다.

오늘날 인류가 안고 있는 문제는 총체적이고 중첩적이어서 경제나 교육, 사상, 종교와 같은 어느 한 분야의 전문가에 의하여 해결될 수 있는 문제가 아니다. 오늘날 인류가 안고 있는 문제는 오로지 패러다임paradigm에 의하여 인간의 삶의 방법을 혁명적으로 바꾸고, 오랜 세월

지속적으로 실천해야 해결할 수 있다.

우리가 제시하는 패러다임paradigm은 삶과 세계, 우주, 신을 파악할 수 있는 지혜와 자비를 바탕으로 지혜를 실천하여 현실을 항상 새롭고 다양하게 생성시킬 수 있는 능력, 삶의 방법, 삶의 태도, 삶의 경지를 나타낸다. 그러면 21세기에 알맞은 패러다임은 무엇인가?

21세기의 오늘날은 시대적 상황에 알맞은 패러다임의 개발, 발견이 아니라 패러다임 자체가 새로워져야 한다. 그것은 동일한 차원에서 또 하나의 새로운 패러다임의 제시가 아니라 기존과 다른 차원에서 패러다임을 생성해야 함을 뜻한다. 그러면 차원의 변화에 의한 패러다임의 생성은 무엇인가?

예나 지금, 동양과 서양의 종교, 사상, 철학, 과학, 예술, 미학을 비롯한 어떤 이론 체계를 막론하고 이상과 현상을 구분하여 양자를 중심으로 세계를 이해해 왔다. 육신의 감각기관을 중심으로 세계를 이해하는 현상 중심의 이해는 물건적 세계관을 낳은 형이하적 패러다임, 현상적 패러다임에 의하여 전개되며, 감각기관과 다른 본성, 성품을 중심으로 세계를 이해하는 근본, 이상 중심의 이해는 도, 신을 낳는 형이상적 패러다임에 의하여 전개된다.

패러다임은 형이하적 패러다임이나 형이상적 패러다임의 어느 것을 막론하고 사고와 사고의 결과를 일정한 도구에 담아서 제시하는 주장, 이론, 사상, 학문 그리고 학문을 통하여 서로가 소통하는 삶과 직결된다.

패러다임은 개체적 관점에서는 사고의 법칙이자 세계를 이해하는 관점, 지견이지만 사고의 결과를 언어를 비롯한 다양한 도구를 통하여 주장, 이론으로 제기하여 다른 사람과 소통을 시도할 때는 주장을 구성하는 법칙이기도 한다. 따라서 패러다임은 그대로 삶의 방법이라고 할 수 있다.

그런데 소통은 항상 같은 주장이나 이론으로 이루어지는 것은 아니다. 소통은 언제나 나와 남이라는 소통의 주체와 대상의 두 요소를 바탕으로 전개된다. 그리고 소통은 이미 제기된 주장, 이론에 대한 새로운 주장, 이론의 제기에 의하여 시작된다. 그렇기 때문에 언제나 이미 제기된 주장, 이론과 새로 제기된 이론, 주장이 양립할 수 없는 모순 관계를 이룬다.

만약 우리가 현상의 관점에서 오로지 매 순간 다양한 사람에 의하여 제기되는 다양한 주장, 이론을 대상으로 학문을 하면 이 세상에는 항상 모순, 독단이 난무한다고 착각하게 된다. 이처럼 주장, 이론을 중심으로 역설逆說 속에서 삶을 살면 공존共存하고, 공생共生하는 삶은 불가능하다. 그러면 어떻게 할 것인가?

삶의 과정에서 소통의 수단으로 제기되는 다양한 주장, 이론 사이에 일어나는 모순, 독단의 관계를 벗어나기 위해서는 주장, 이론이 아닌 패러다임을 통하여 양자를 이해해야 한다. 만약 우리가 주장, 이론을 나 밖에 실재하는 대상으로 여기면 사물이 중심이 되는 현상의 경계가 열리고, 주장, 이론을 제기하는 주체인 내 안의 마음으로 들어오면 형이상의 성품, 도의 경지가 열린다.

형이상적 패러다임에 의하여 인문학, 종교의 대상인 인문人文, 신의 경지가 전개되고, 형이하적 패러다임에 의하여 과학, 사회학의 대상인 자연, 사회가 전개된다. 그러면 오늘날 인류는 어떤 패러다임에 의하여 삶을 사는가?

산업혁명의 시대로 일컫는 21세기의 오늘날은 과학의 발달로 기술적 혁신과 사회적 진화가 혁명적으로 이루어지고 있다. 그것은 오늘날의 인류의 대부분이 형이하적 패러다임에 의하여 학문을 하고 삶을 살고 있음을 뜻한다. 따라서 오늘날의 인류에게 가장 필요한 패러다임인 밀레다임milledigm은 형이상적 패러다임이다. 그러면 왜 형이상적 패러다임이 아닌 제3의 패러다임은 논하는가?

인류가 아직 형이하적 패러다임에서 벗어나서 형이상적 패러다임, 초월적 패러다임에 의하여 살지 못함에도 불구하고 제3의 새로운 패러다임을 논하려는 까닭은 소수의 사람들은 이미 형이상적 패러다임, 초월적 패러다임에 의하여 삶을 살고 있기 때문이다.

수행修行을 하고, 수기修己를 하는 소수의 사람들은 이미 초월적 패러다임에 의하여 삶을 살고 있다. 그들에게 필요한 패러다임은 물건적 관점에서 제기되는 형이상과 형이하의 패러다임이 아니다.

인류의 미래를 제시하고 사람들에게 새로운 삶의 방향, 방법을 안내하기 위해서는 양자와 다른 제3의 새로운 패러다임이 필요하다. 그러면 단순하게 시대적 요청에 의하여 제3의 패러다임이 필요한가?

형이하적 패러다임과 형이상적 패러다임을 막론하고 두 패러다임은 세계를 이상과 현실로 구분하는 일로부터 시작한다. 이처럼 이상과 현실을 구분하는 일은 세계 자체가 물건적 실체, 공간적 물건임을 전제로 한다.

공간적 물건은 분석과 합일이 가능한 존재라는 점에서 실체이며, 절대적 공간과 절대적 시간을 바탕으로 전개되는 점에서 실체이고, 유有를 바탕으로 상대적인 무無를 논하고, 유무有無를 바탕으로 중中, 공空을 논하는 점에서 실체적이다.

실체적 세계관에 의한 삶은 주체와 객체를 나누고, 주체를 마음과 육신으로 나누며, 오온五蘊과 본성本性, 자성自性, 공空을 나누고, 객체를 시간과 공간으로 나누며, 주체와 객체를 미립자로 분석하여 원자, 쿼크, 양자를 비롯한 미립자로 나누어서 인간과 세계를 이해한다.

이상과 현실, 근원과 현상을 구분하여 삶과 세계를 이해하면 형이하의 현상을 중심으로 이해를 하거나 형이상의 근원을 중심으로 이해하거나 아니면 양자의 상호 작용을 중심으로 이해하거나를 막론하고 항상 양자를 하나로 하는 문제를 안고 있다.

이상과 현실, 근원과 현상을 실체적 존재로 규정하면 설사 상호 작용을 주장하더라도 여전히 합일과 분생이라는 분합의 방법을 벗어나서 학문과 삶이 이루어지지 않는다. 분합의 방법에 의한 삶은 합일과 분생을 막론하고 함께하고 소통하는 통로가 없다.

이상과 현실, 주체와 객체를 구분하여 고정된 실체로 여기고 사는 삶은 서로가 서로를 투쟁의 대상으로 여기고 살기 때문에 서로를 고통스럽게 하는 삶이다. 실체적 존재인 나는 변화의 삶을 수용할 수 없다. 그는 태어나고 죽는 삶의 변화를 수용하지 못하기 때문에 언제 소멸될지 모르는 불안이 지속되는 삶을 산다.

사람은 누구나 행복한 삶을 원한다. 그들은 행복이 무엇인지 분명한 기준을 찾지 못하면서도 막연하게 행복을 원한다. 이처럼 사람은 누구나 근심, 걱정, 두려움이 없는 자유로운 삶, 완전하고 충만한 삶, 평등한 삶을 바라는 것만은 분명하다.

그 어떤 것에도 걸림이 없는 자유로운 삶, 평등한 삶, 완전하고 충만한 삶을 살기 위해서는 실체적인 세계 안에서 도, 신과 하나가 되어 살기를 바라기보다는 본래 둘이 아님을 알고 둘이 아닌 차원에서 스스로 창조하고 진화하는 변화의 삶을 사는 것이 필요하다.

창조와 진화를 내용하는 변화의 삶을 한마디로 나타내면 생성적 패러다임에 의한 삶이다. 생성적 패러다임은 실체적 패러다임이 아닌 생성적인 점에서 두 가지의 패러다임과 다를 뿐만 아니라 패러다임 자체도 고정되지 않고 생성적이어서 양자와 다른 제3의 새로운 패러다임이다. 그러면 제3의 패러다임이 무엇인가?

제3의 패러다임이 무엇인가라는 물음은 실체적 세계관을 바탕으로 제기하는 물음이다. 오히려 생성적 패러다임은 어떻게 생성되는가라고 묻는 것이 올바른 물음이다. 그러면 생성적 패러다임은 어떻게 생성되는가?

생성적 패러다임에 대한 물음의 답을 제시하기 위해서는 다음과 같은 몇 가지의 도구를 활용해야 한다. 그것은 범주, 방법, 관계를 나타내는 순역順逆, 도기道器, 성명性命, 시공時空, 사물事物, 분합分合, 생성生成과 같은 개념들이다.

첫째는 시간과 공간의 관점에서 논의가 되는 사건과 물건이다. 사건과 물건의 사물은 인간과 세계, 형이상과 형이하, 인간의 내면과 인간 밖의 세계를 구분하는 근본 범주이다. 따라서 사람의 삶과 세계는 시공의 사물을 통하여 나타낸다.

둘째는 이상과 현실, 근원과 현상을 구분하는 도道와 기器이다. 도道는 시공을 초월한 형이상의 경지이며, 기器는 시공 내적인 형이하의 차원이다. 수학자들은 공간적인 3차원에 시간을 더한 4차원을 말하고, 4차원을 넘어선 5차원 그리고 11차원을 말한다. 그러나 설사 11차원이라도 그것이 시공의 관점에서 확장된 차원이면 여전히 형이하의 현상일 뿐으로 형이상의 경지는 아니다.

셋째는 본체와 작용 그리고 현상의 체용상의 관계이다. 형이상의 도는 본체이며, 사물의 경지인 형이하의 기器는 현상이다. 형이상의 도가 본체가 되어 형이하의 현상으로 나타난다. 이때 현상의 물건적 다양성과 사건적 새로움은 작용에 의하여 이루어진다.

넷째는 형이상과 형이하의 경지를 나타내는 순順과 역逆의 방향이다. 역逆은 형이하의 현상으로부터 형이상의 근원을 찾는 방향이고, 순順은 형이상의 근원으로부터 형이하의 현상을 향하는 방향이다.

다섯째는 물건적 관점에서의 분석과 종합을 내용으로 하는 분합적分合的 방법과 사건적 관점에서의 시종과 종시를 바탕으로 한 생성적生成的 방법이다. 그것은 물건적 관점에서 체용상을 이해하는 방법과 사건적 관점에서 체용상을 이해하는 방법이다.

여섯째는 물건적 관점에서 분합을 나타내는 도구는 물건의 모습을 나타내는 상象과 상을 담고 있는 언어이며, 사건적 관점에서 생성을 나타내는 도구는 수數이다. 수數와 상象, 사辭는 체용상의 관계를 통하여 이해할 수 있다.

앞에서 제시한 도구들을 바탕으로 먼저 현상적 관점에서 형이하적 패러다임을 살펴보고, 이어서 시공, 사물을 초월한 형이상적 패러다임을 살펴본 후에 이어서 앞의 두 가지의 실체적 패러다임과 다른 생성적 패러다임에 대하여 살펴보고자 한다.

1. 형이하적 패러다임과
   평면적 분합의 물건적 삶

형이하적 패러다임을 통하여 드러나는 세계를 살펴볼 수 있는 전형적인 학문은 근대과학이다. 17세기의 근대과학 혁명을 이룬 여러 과학자들 가운데서 대표적인 과학자는 뉴턴이다. 그는 현대과학의 기초를 다진 인물이다.

뉴턴은 고전역학의 체계를 확립하고, 만유인력의 법칙을 제시하였다. 그는 절대시간과 절대공간에 의하여 구성된 기계적인 자연을 제시하였다. 그의 시간과 공간은 모두 관찰자인 인간에게 동일하게 흘러가는 절대적인 실체이다.

절대공간은 물질과 무관하게 존재하는 3차원의 유클리드 공간이다. 모든 물체는 절대공간에서 운동을 한다. 그러므로 물체의 운동은 절대공간을 기준으로 측정된다. 물체와 물체는 공간 안에서 서로 힘을 주고받으면서 작용한다.

절대시간은 물체의 움직임이나 위치에 상관이 없이 일정하게 유지된다. 이처럼 변하지 않은 절대적 흐름의 시간 안에서 모든 물리적 사건이 발생한다. 절대시간과 절대공간으로 구성된 자연은 관찰자인 인간과 무관한 실체적인 존재이다. 자연은 고정된 규칙에 따라 작동하는 하나의 거대한 기계이다. 그러므로 자연은 수학적인 원리로 설명할 수 있다. 그러면 인간은 어떤 존재인가?

그는 이전의 철학자들이 종교적으로 인간을 이해하는 것과 달리 인간을 이성적이고 체계적으로 이해하려고 했다. 뉴턴은 인간 역시 기계적 법칙에 따라 작동하는 존재로 이해하였다. 그럼에도 불구하고 인간은 이성을 통해 우주를 이해하고 규명하려는 과학적 노력에 의하여 자연의 질서를 직접 경험할 수 있을 뿐만 아니라 설명을 통하여 신의 존재를 증명할 수 있다고 여겼다. 그러면 형이하적 패러다임인 과학적 패러다임의 특징은 무엇인가?

뉴턴을 비롯하여 자연철학자들이 제시한 학문의 방법은 분석과 종합의 분합이다. 그들이 적용한 분합의 대상은 신, 우주, 자연, 인간, 사물을 비롯하여 현상과 근원의 모두이다. 자연철학자들은 훗날 과학과 철학, 수학, 종교와 같은 여러 학문으로 나누어져서 각각 철학자, 과학자, 수학자, 종교가로 나누어진다.

그리스에서 시작된 자연철학은 자연을 대상으로 하는 과학과 신을 대상으로 하는 종교, 진리를 대상으로 하는 철학으로 나누어지면서 발전하였다. 그것은 신, 자연, 사물을 논하는 주체인 인간과 대상인 자연, 신, 사물이 구분될 뿐만 아니라 인간의 대상으로서의 세계가 신과 자연, 사물로 나누어지면서 유럽의 학문이 발달하였음을 뜻한다. 그러면 신과 자연, 사물을 나누고, 다시 신과 자연, 사물을 구분하는 인간을 구분하는 것은 인간에 의하여 구분된 것인가 아니면 본래의 신과 자연, 사물 그 자체의 특성인가?

만약 인간을 데카르트가 제시한 정신/영혼과 물질/육신의 두 실체로 이해하면 양자가 어떤 관계인가의 문제가 발생한다. 이 문제는 현상의 인간과 자연이 하나인가 둘인가의 문제이다. 사실 두 문제는 근원인 신과 현상의 인간이 하나인가 둘인가의 문제이다. 그러면 이 문제를 어떻게 해결할 수 있는가?

신과 인간, 신과 자연, 신과 사물이 하나인가 둘인가의 문제는 답을 찾는 방법과 문제 자체를 해소하는 두 가지의 방법이 있다. 그 가운데서 답을 찾는 방법을 취하는 것이 현상 중심의 형이하적 패러다임이다. 그러면 형이하적 패러다임이 낳은 분합分合의 학문 방법은 어떤 문제를 안고 있는가?

분합에 의하여 답을 찾아서 답을 제기하는 순간 그와 양립이 불가능한 답이 끊임없이 제기된다. 신과 인간, 인간과 자연, 신과 자연을 구분하거나 합할 수 있는 실체적 존재로 나타내는 순간 합하여 하나로 나타내도 문제가 발생하고 나누어서 둘로 나타내도 문제가 발생할 수밖에 없다. 그러면 형이하적 패러다임에 의한 분합적 삶은 어떤가?

나와 남이 별개의 실체이고, 나와 신이 무관한 실체이며, 나와 자연이 하나가 될 수 없는 실체라면 아무리 합하여 하나가 되고자 해도 하나가 될 수 없다. 그렇다면 나는 신과 평등한 관계를 맺을 수 없고, 자연과 동등한 관계가 될 수 없으며, 수많은 남들이 모여서 형성된 사회에서 남, 사회와 평등한 관계를 맺을 수 없고, 사물과도 평등한 관계를 맺을 수 없다.

나를 중심으로 대상으로서의 물건을 구분하는 주체와 객체의 분석은 자연스럽게 나와 남을 나타내는 우리 그리고 물건이 모인 자연과 자연이 모여서 형성된 세계, 우주를 구분하지 않을 수 없다. 이를 도표화하여 나타내면 다음과 같다.

	주체, 내면	객체, 외면
물건	① 나, 기己, 소사小事	② 물건, 자연, 그것
사건	③ 우리, 인人, 대사大事	④ 사건, 태양계, 우주, 그것들

도표 1. 주체와 객체

위의 도표에서 나타나듯이 현상의 세계는 주체인 나와 객체인 사건, 물건으로 구분하여 나타낼 수 있다. 그렇기 때문에 자연스럽게 네 가지의 개념들이 나타내는 경지를 구분하여 나타낼 수 있다.

주체와 객체는 하나가 아니어서 둘일 뿐만 아니라 나와 우리, 사회가 서로 다르고, 물건과 사건의 세계가 서로 다르다. 우리가 네 가지의 영역의 관계를 살펴보기 위해서는 우리 자신을 살펴보지 않을 수 없다.

우리 자신은 몸과 마음, 본성이라는 세 요소로 이해하기도 하고, 몸과 마음이라는 두 요소로 이해하기도 한다. 데카르트는 사람을 몸과 마음의 이원적인 실체를 중심으로 이해하였다. 그는 주체인 정신/영혼과 객체인 육신/물질을 철저하게 구분하여 양자를 둘로 보았다.

몸과 마음을 둘로 보는 이원론적 사고는 양자의 상호 작용을 주장하는 경우와 유심론唯心論, 유물론唯物論의 어느 하나를 주장하지 않을 수 없다. 근대의 과학자들은 위의 도표 가운데서 ②의 객체로서의 대상을 중심으로 세 영역을 하나로 합일合一시켜서 과학적 유물론唯物論을 제시하였다.

근대의 과학 중심으로 제시된 유물론적 세계관은 이전의 전근대 시대에 네 가지의 영역이 분화되지 않고 종교를 중심으로 하나로 모았던 네 영역을 진선미眞善美의 관점에서 과학, 도덕, 예술을 분화시킨 점에서 진화했다고 할 수 있다.

현상적 패러다임, 형이하적 패러다임에 의하여 인류사를 살펴보면 근대과학은 종교적 신념이나 종족, 계층에 상관이 없이 자유롭고, 평등하며, 정의로운 세계를 추구하는 자유민주주의의 이상을 주었고, 의학, 물리적, 생물과 화학과 같은 과학의 발달과 이에 따르는 기술의 발달을 가져오는 긍정적인 측면이 있다.

그러나 근대의 과학을 중심으로 한 도덕과 예술의 분화는 예술과 도덕을 오로지 과학에 집중시키는 과학적 제국주의를 낳았다. 과학적 유물론이 지배하는 세상은 삶의 상품화, 자본주의의 야만성, 오염화된 산업화, 생명 세계의 파편화를 비롯하여 수많은 문제를 일으켰다.

근대에서 벗어나고자 탈근대를 외치는 사람들의 주장을 한마디로 나타내면 상대적 다원주의라고 할 수 있다. 그것은 근대에 이루어진 과학을 중심으로 한 지나친 분화가 낳은 분열에 대한 반응이다. 그러면 탈근대는 어떻게 이루어지는가?

근대가 ②를 중심으로 전근대로부터 벗어났다면 탈근대는 ③을 중심으로 이루어졌다. 현대 사회는 기술의 발전과 정보화로 새로운 형태의 관계와 문화가 만들어졌다. 가상현실, 인공지능과 같은 새로운 기술은 인간의 삶과 사고방식에 대한 근본적인 질문을 갖게 하였다.

사람들은 내가 모여서 형성된 우리 중심이 아니라 중심과 주변이 사라진 탈중심주의, 상호 주관주의, 획일적인 규범이나 기준이 사라진 상대주의, 맥락과 상황에 따라서 다양한 해석을 중시하고, 개인의 자유와 권리를 최우선으로 생각하여 자기 결정권, 자기 주체성을 중요하게 여긴다.

그러면 현대의 탈근대적 사조[9]는 아무런 문제가 없는가?

주체와 객체를 나누고, 그것을 바탕으로 양자의 관계를 나타내는 우리와 그것들을 구분하는 분합의 방법은 아무리 부분과 전체의 어느 일면이나 상호 관계를 중심으로 발전시키고자 하여도 한계를 갖는다.

나와 그것의 주체와 객체를 구분하는 분합의 방법이 갖는 문제는 우리 자신의 구조를 통하여 쉽게 파악할 수 있다. 그것은 몸과 마음의 관계이다. 만약 몸을 중심으로 마음을 몸의 일부인 뇌의 기능인 의식으로 이해하면 인간은 물질이라고 할 수밖에 없다. 그렇다고 하여 마음이 몸을 지배하는 근원이라고 말하면 마음이 어떻게 물질적인 몸의 다양한 현상으로 나타나는지를 설명할 수 없다. 그러면 몸과 마음의 상호주의는 어떤가?

초기 불교는 몸과 마음을 분석하여 양자의 관계를 잘 나타낸다. 주체를 눈, 귀, 코, 혀, 몸, 뜻의 여섯으로 나누고, 객체를 모습, 소리, 냄새, 맛, 감촉, 법으로 나타내어 양자의 작용에 의하여 발생하는 여섯을 봄, 들음, 냄새 맡음, 느낌, 법이 있음이라는 인식의 작용이 일어나서 주체와 객체 그리고 있음이라는 세계가 형성된다고 말한다.

우리는 여기서 분합의 문제가 실재의 문제가 아니라 인식의 문제, 인지의 문제임을 알 수 있다. 그것은 바로 의식의 분합 작용에 의하여 주체와 객체가 구분되고, 그것에 의하여 우리와 그것들이라는 주체들과 객체들의 세계가 전개됨을 뜻한다. 그러면 육식의 관점에서 일어난 인식론적

---

[9] 일반적으로 사조는 사회 전반의 사상적 흐름을 나타내는 개념인 것과 달리 패러다임은 특정 분야에서 사용되는 지배적인 이론, 방법론, 가치관을 나타내는 개념으로 사용한다. 따라서 사조가 패러다임보다 그 범위가 넓다. 그러나 이 책에서는 사조와 패러다임을 합한 넓은 의미로 패러다임을 사용하고자 한다.

해결 방법은 무엇인가?

우리는 하나의 문제를 해결하고자 할 때 그것을 나와 무관한 밖의 문제로 이해한다. 예를 들면 신과 인간, 신과 자연의 관계를 그것을 문제로 삼는 인간 자신과 무관한 문제로 이해한다. 이처럼 신과 인간, 신과 자연을 동일한 차원에서 이해하면 양립하는 둘은 결코 하나가 될 수 없다. 그러면 어떻게 해결할 수 있는가?

그것은 대상이 나와 무관한 밖에 존재하는 실체가 아님을 파악하는 방법이다. 이처럼 문제 자체가 본래 없었음을 파악함으로써 문제를 없애는 방법은 바로 분합이라는 현상의 차원을 벗어나서 해결하는 방법이다.

우리 밖의 문제는 그것을 문제로 삼는 주체인 자기 자신의 내면으로 주체화하여 해결할 수 있다. 그것은 분합의 문제가 나 밖에 존재하는 실체적인 사물이 아니라 나 자신의 내면의 문제임을 의미한다.

언어를 비롯한 다양한 도구에 의하여 수많은 주장, 이론, 사상, 종교, 철학으로 나타나는 분합은 지금 여기의 나의 심성 내면으로 주체화하여 이해하면 사유의 방법이자 인간과 세계를 이해하는 지견知見의 문제이다.

분합은 또한 지견에 의하여 내면에서 드러나는 도, 성품, 신을 대상화하여 밖에서 물건으로 나타내는 방법의 문제이기도 하다. 이처럼 분합은 주체 내면의 측면에서는 실재의 문제가 아니라 사고, 사유의 문제이며, 외적 대상의 측면에서는 내면의 경지를 언어를 비롯하여 다양한 도구를 통하여 나타내는 방법의 문제이다. 그러면 분합은 무엇인가?

현상적 패러다임에 의하여 전개되는 분합은 오로지 주체와 객체의 문제일 뿐이다. 그렇기 때문에 분합을 주체와 객체로 구분하여 이해하면 주체의 관점에서는 사고 방법, 사유구조의 문제인 동시에 객체의 관점에서는 사고, 사유를 나타내는 결과인 대상의 문제이다.

만약 분합을 객체인 대상을 중심으로 이해하면 수학에서 분합은 수의 분합이며, 언어학에서 분합은 개념과 개념, 문장과 문장을 비롯한 여러 단계의 언어의 분합이고, 사상, 종교, 철학에서는 다양한 형태로 제기되는 개념, 주장, 이론의 분합이다.

우리는 도덕경에서 제시하는 모순 관계를 이루는 대립하는 개념들을 통하여 분합이 어떤 의미를 갖는지를 고찰할 수 있다.

> 천하의 사람들은 모두 아름다움을 아름다움으로 알지만 아름다움은 곧 추악함이다.[10]

만약 아름다움과 추악함을 객체인 대상을 중심으로 이해하면 위의 내용은 개념과 개념의 관계를 중심으로 이해하지 않을 수 없다. 아름다움과 추악함을 개념을 중심으로 이해하면 아름다움과 추악함이 하나라는 것은 두 개념이 서로 다른 개념이 성립할 수 있는 존재근거가 됨을 뜻한다. 아름다움과 추악함은 상대적인 것으로 만약 추악함이 없으면 아름다움이 없고, 아름다움이 없으면 추악함이 없다.

> 유와 무가 서로를 존재하게 하고, 어려움과 쉬움이 서로를 완성하게 하며, 길고 짧음이 서로를 비교할 수 있게 한다.[11]

---

10 『노자』 제2장, "天下皆知美之爲美斯惡已 皆知善之爲善斯不善已"
11 『노자』 제2장, "故 有無相生 難易相成 長短相較 高下相傾 音聲相和 前後相隨"

서로가 서로를 낳고, 서로가 서로를 완성하며, 서로가 서로를 비교하게 하는 측면은 서로가 서로의 존재근거가 되는 긍정적인 측면이다. 그러나 대립적 관계를 나타내는 개념들은 서로가 서로를 존재하게 하는 긍정적인 측면과 더불어 서로가 서로를 소멸시키는 부정적인 측면이 있다.

선은 악이 없어야 비로소 존재할 수 있고, 아름다움은 추함이 없어야 존재할 수 있다. 그런데 악이 없다면 선도 없고, 추함이 없으면 아름다움도 없다. 따라서 선과 악, 아름다움과 추함의 양자가 모두 존재할 수 없다. 그러면 모순 관계를 이루는 대립된 개념들이 형성하는 긍정과 부정의 두 측면은 어떤 관계인가?

양립이 불가능한 모순 관계로 나타나는 개념, 주장, 이론, 사상은 언제나 공존하고 공생하는 긍정적인 측면과 하나도 세울 수 없는 부정적인 측면을 함께 갖고 있다. 그것은 개념, 주장, 이론, 사상의 문제가 아니라 그것을 사용하는 인간의 문제임을 뜻한다.

> 도道는 어떤 개념으로도 표현할 수 있다. 그러나 설사 어떤 개념에 의하여 표현되더라도 표현된 도는 실재하는 도 자체는 아니다.[12]

도는 현상의 사물과 존재 양태가 다르기 때문에 양자를 엄격하게 구분하지 않을 수 없다. 도는 현상적 패러다임이 아닌 초월적 패러다임에 의하여 비로소 드러난다. 그렇기 때문에 형이상적 패러다임에 의하여 제기되는 분합은 현상적 패러다임에 의하여 전개되는 주체와 객체의 내외적 분합과는 다른 문제이다.

---

12 『노자』제1장, "道可道非常道"

그러나 초월적 패러다임에 의하여 나타나는 분합의 문제도 역시 실체적 관점에서는 동일한 문제를 안고 있다. 우리가 여기서 생각할 부분은 분합을 객체적 대상이 아닌 주체인 인간의 관점에서 살펴보는 문제이다.

인간에 의하여 표현된 도는 도 자체가 아니듯이 어떤 개념이나 주장, 이론에 의하여 제기된 사상, 철학, 종교, 학문일지라도 그 자체가 그대로 자연, 사물, 신, 도 자체는 아니다. 따라서 우리가 어떤 개념, 주장, 이론에 의하여 제기된 사상, 학문, 철학, 종교를 대할 때는 언어를 통하여 표현된 개념, 주장, 이론과 그것들이 가리키는 실재를 혼동하지 말아야 한다.

> 왜냐하면 이름은 어떤 이름이라도 만들 수 있지만 그렇게 만들어진 이름은 그것이 가리키는 대상 자체가 아니기 때문이다.[13]

시간과 공간, 신과 자연, 신과 인간을 비롯하여 도, 성품이라는 개념들은 인간이 사용하는 소통의 도구일 뿐으로 세계, 삶 자체는 아니다. 그렇기 때문에 양자를 분명하게 구분하여 이해하는 것이 필요하다.

그러나 형이하적 패러다임에 의하여 현상을 중심으로 전개되는 과학, 사회학자들은 수학을 통하여 제시된 자연이 실재하는 자연이라고 혼동을 한다. 수학자들과 과학자들이 수를 통하여 나타낸 자연이 수를 통하여 나타내기 이전의 자연 그 자체라는 혼동에서 벗어나지 않으면 결코 자연 자체는 알 수 없다. 그러면 오로지 사회학자, 과학자들만이 그런가?

인문학자들 역시 개념, 주장, 이론이 제시하는 대상인 실재 세계와 개념, 주장, 이론이 하나가 아니라는 문제를 안고 있다. 노자가 말하고, 붓

---

13 『노자』 제1장, "名可名非常名"

다도 말한다. 그들이 말하는 도, 신, 성품이라는 개념은 일종의 달을 가리키는 손가락과 같은 기능을 하지만 손가락이 달이 아니듯이[14] 도, 신, 성품이라는 개념은 도가 아니며, 신이라는 개념은 신이 아니고, 성품이라는 개념은 성품이 아니다.

그런데 사회학, 과학을 연구하는 사람들과 달리 인문학자들은 사회학자, 과학자에게는 없는 문제를 안고 있다. 사회학, 과학자들은 사회, 자연이라는 주체가 아닌 객체를 대상으로 분합하기 때문에 인문학자들이 안고 있는 문제는 없다.

객체적 대상인 자연을 중심으로 분합의 학문 방법을 사용하는 과학자들은 주체 자체를 대상으로 분합하지 않는다. 비록 오늘날의 뇌과학자, 신경과학자, 심리학자들이 뇌를 대상으로 분합하는 방법을 사용하지만 그것은 인문학자들이 안고 있는 주체를 대상으로 하는 분합과는 다르다. 그러면 인문학자들이 안고 있는 문제는 무엇인가?

선불교를 연구하는 학자들이 아무리 선사들의 어록을 연구하더라도 조사선, 간화선을 참구參究하는 선사禪師들처럼 자성自性을 깨닫지 못하고, 유교의 학자들이 아무리 삼경, 사서를 연구해도 마음을 넘어서 마음으로 드러나기 이전의 성품을 알지 못한다.

선사禪師들이 자유로움을 말하고, 공자孔子가 마음대로 살아도 법도에 어긋나지 않는 근심, 걱정, 두려움이 없는 삶을 말했다고 하여 그들의 말과 글을 아무리 연구해도 선사, 공자와 같은 삶을 사는 것은 아니다.

---

14 『대불정여래밀인수증요의제보살만행수능엄경』 2권(ABC, K0426 v13, p.800a08-a10), "如人以手指月示人, 彼人因指當應看月; 若復觀指以爲月體, 此人豈唯亡失月輪, 亦亡其指"

이 문제는 바로 개념, 주장, 이론을 연구하는 학문과 그것을 삶 속에서 실천하는 문제가 결코 하나가 아님을 뜻한다. 이론을 연구할 뿐만 아니라 동시에 이론을 실천하는 일은 어느 하나도 없어서는 안 되는 삶의 두 측면이다. 그러면 근원과 현실을 구분하여 이해하는 주체인 인간은 있는가?

우리가 분합적 사고, 분합적 사고의 결과를 나타내는 개념, 주장, 이론, 사상을 통하여 살 때 나타나는 고통스러운 삶, 근심과 걱정, 두려움에 쌓인 삶, 불편하고, 자유롭지 못한 삶에서 벗어나기 위해서는 분합적 사고와 분합적 사고를 나타내는 개념, 주장, 이론, 사상을 제기하는 우리 자신이 무엇인지를 파악해야 한다.

형이하적 패러다임에 의하여 제기되는 남과 구분되는 나는 육신/물질과 정신/영혼에 의하여 구성된 나이다. 그것은 마음과 육신에 의하여 구성된 남과 구분되고, 자연, 세계와 구분되며, 신과 구분되는 내가 있는가의 문제이다.

육신의 관점에서 보면 감각지각을 하는 육신에 의하여 다양한 지각이 일어나기 때문에 남과 다른 내용의 지각을 하는 내가 있다고 생각하기 쉽다. 그러나 생각해 보자. 우리는 남의 눈이 아닌 내 눈이 있다고 생각한다.

그러나 눈과 눈이 아닌 것을 구분하여 눈을 나타내는 순간 온 우주가 하나의 눈일 뿐이어서 눈이 아닌 것이 없다. 눈이 눈이기 위해서는 눈동자부터 시작해서 눈꺼풀, 머리가 있어야 하고, 머리와 더불어 손발의 사지가 있어야 하며, 사지가 있기 위해서는 오장육부의 내장이 있어야 한다.

나의 육신이 존재하기 위해서는 밖의 공기를 비롯하여 물이 있어야 하고 물이 존재하기 위해서는 그 밖의 다른 요소가 필요하다. 결국 하나의 육신은 온 우주와 더불어 있기 때문에 이것과 저것으로 구분하여 이해할 수 없다. 그러면 온 우주가 하나일 뿐인가?

만약 온 우주가 하나일 뿐이라면 굳이 모든 사람이 열심히 일할 필요가 없다. 오로지 한 사람만 일을 해도 온 우주가 살 수 있다. 마찬가지로 마음과 몸이 하나라면 굳이 몸과 마음을 함께 사용할 필요가 없이 마음이나 몸만을 사용해도 된다.

삶과 죽음이 하나인데 굳이 살 필요도 없으며, 선과 악이 하나이니 굳이 선을 행하고 악을 버릴 필요도 없다. 이상과 현실이 하나라면 천국, 정토를 가고자 할 필요도 없고, 현실을 버리고, 지옥을 벗어나고자 할 필요도 없다.

프리고진은 유기체적인 세계관을 중심으로 전일적인 세계관을 제시하고, 기계론적 세계관에 바탕을 둔 과학자들은 부분적인 요소들을 중심으로 자연과 인간을 논한다. 원자와 같은 입자에 의하여 자연을 논하는 과학자들이나 자연이라는 전체를 중심으로 그것이 나타난 부분을 논하는 과학자들 모두 실체적 사고에서 벗어나지 못하였다.

비록 양자역학자들이 입자적 사고에 의한 기계론적 세계를 부정하지만 그들도 여전히 실체적 세계관을 벗어나지 못하였다. 그들은 형이하의 현상적 차원[15]에 머물러서 시공의 사물을 중심으로 세계와 인간을 이해할 뿐이다.

---

15 차원은 인간이 갖는 지혜의 높고 낮음에 따라서 전개되는 경계, 경지를 가리키는 개념이다. 따라서 기하학에서 말하는 1차원, 2차원, 3차원과 같은 개념과는 다르다. 그러나 기하학적인 관점에서 사용되는 개념과 관련이 없는 것은 아니다. 왜냐하면 본래 기하학에서도 분별할 수 없는 경지를 시공의 형이하적 차원에서 구분하여 나타내기 때문이다.

양자역학자들은 자연 중심의 근대과학의 한계를 느끼고, 관찰자인 주체 중심으로 자연을 이해한다. 그들은 관찰자인 인간의 관찰에 의하여 입자와 파동의 어느 하나로 확정할 수 없는 상태, 입자와 파동이 중첩된 상태를 벗어나서 입자의 상태로 나타난다고 말한다. 그러면 자연은 오로지 관찰자인 인간의 행위에 의하여 이루어지는가?

우리는 주체와 객체의 상호 작용에 의하여 자연이 형성됨을 논하는 불교를 살펴보지 않을 수 없다. 불교의 주장에 의하면 인식주체인 육근六根과 인식대상인 육경六境의 작용에 의하여 육식六識이라는 인지작용이 일어남으로써 비로소 18계界라는 세계가 형성된다.

인간과 자연을 각각 육근과 육경으로 이해하고, 양자의 상호 작용을 육식으로 이해하면 그 결과로 드러나는 18계界가 자연自然이라고 할 수 있다. 이처럼 주체인 인간과 대상인 사물이 상호 작용하여 자연自然이 전개됨을 주장하는 이론을 연기론緣起論이라고 말한다.

연기론에 의하여 주체와 객체가 둘이 아니라 상호 작용에 의하여 끊임없이 새로워짐을 알 수 있다. 그럼에도 불구하고 주체와 객체를 구성하는 실체적인 요소가 있는가의 문제가 제기된다. 그렇기 때문에 불교의 연기론은 존재론이 아니라 인식론이라고 말한다.

형이하적 패러다임에 의하여 전개된 현상, 사물의 경계에서 중요한 개념은 시간과 공간, 사건과 물건이다. 앞에서 우리는 공간적 관점에서 물건을 중심으로는 형이하적 패러다임을 고찰했기 때문에 지금부터는 시간적 관점에서 사건을 중심으로 형이하적 패러다임을 살펴보지 않을 수 없다.

형이하적 패러다임에 의하여 전개되는 시간은 물리적 시간이다. 물리적 시간의 존재양상은 과거와 미래, 현재이다. 이때 물리적 시간은 과거에서 시작하여 미래를 향하여 흐를 뿐으로 미래에서 과거를 향하여 흐르지 않는다.

　육신을 중심으로 이해하는 물리적 시간은 직선적인 시간관을 낳는다. 과거에서 미래를 향하여 흐르는 직선적인 시간에 의하면 인간은 태어나고 죽으며, 세계 역시 시초와 종말이 있다고 여긴다.

　지질학자들은 현대사회를 인류세人類世라고 한다. 그들은 인간이 발달한 과학과 기술을 도구로 하여 강력한 힘을 갖게 되면서 지구를 파괴하여 자정自淨 능력을 상실하면서 기후변화가 일어나 여섯 번째 대멸종을 향하여 가고 있다고 주장한다.[16]

　과학자들뿐만 아니라 불교, 기독교를 비롯하여 세계의 여러 종교는 물론 우리나라에서 발생한 종교들도 인류 사회가 종말을 향하여 달려간다고 말한다. 사람들은 흔히 종말이라는 개념에 대하여 두렵거나 부정적인 감정을 갖는다.

　물리적 시간관을 바탕으로 전개되는 직선적인 관점에서 제기되는 멸종, 종말은 시초와 함께 언급되는 개념이다. 종말은 새로운 시작, 새로운 시초를 위한 준비를 나타내는 개념이다. 그러므로 종말이나 멸종이라는 개념은 본래 부정적이기보다는 긍정적인 개념이다. 앞에서 살펴본 내용을 정리하여 도표로 나타내면 다음과 같다.

16　엘리자베스 콜버트, 김보영 옮김, 『여섯 번째 대멸종』, 쌤앤파커스, 2022, 164-168.

```
평면적 분합

       분分
   주체 ↔ 객체
      ↓ 합合 ↓
    분합   분합

    형이하 중심

    실체적 물건
```

도표 2. 형이하적 패러다임empirical paradigm

우리가 분합적 사고의 도구로 사용하는 언어를 살펴보자. 언어는 그것을 사용하는 사람들의 사유구조, 생활패턴, 사고의 표현양식을 나타낸다. 한글이 영어와 다르고, 한자와도 다름은 한글을 사용하는 한국 사람의 사유구조, 생활패턴, 사고의 표현양식이 영어, 한자를 사용하는 미국인, 중국인과 다름을 뜻한다.

한글의 구조와 제자원리, 기능이 다른 언어와 다르듯이 한글을 사용하는 우리나라 사람들의 사고방식, 인간과 세계를 이해하는 패턴이 다르다. 그것은 우리나라 사람들이 삶과 세계를 이해하는 패러다임이 다른 나라 사람들의 삶과 세계를 이해하는 패러다임과 다름을 뜻한다. 따라서 한국사상을 이해하고, 한국문화, 한국인의 삶을 이해하기 위해서는 한국인의 사유방식과 삶의 패턴을 이해해야 한다. 그러면 오늘날 왜 우리가 한국사상의 공통적인 특성인 생성적 패러다임을 이해해야 하는가?

대한민국이 건국되고 우리나라 사람들은 과학적인 학문 방법을 수용하여 학문을 연구하고, 삶을 살면서 우리의 전통적인 학문 방법, 삶의 패턴을 회복하지 못하였다. 오늘날 우리 학계의 현실을 보면 인문학자들마저도 과학의 학문 방법을 사용한다.

오늘날 한국사상을 연구하는 사람들은 중국철학이나 프랑스철학, 독일철학, 영국철학과 같은 다른 나라 철학의 학문 방법을 적용하거나 수학이나 과학과 같은 다른 학문의 학문 방법을 적용하여 연구한다.

과학의 학문 방법은 인문학인 한국철학, 한국사상의 학문 방법과 다를 뿐만 아니라 한국사상은 중국사상, 영국사상과 다르기 때문에 중국사상의 학문 방법으로 연구하고, 영국사상의 학문 방법으로 연구하면 한국사상의 특성이 드러나지 않는다. 그러면 지금 우리의 논의도 현상적 패러다임에 의하여 이루어지는 것이 아닌가?

우리는 지금 21세기, 한국사상, 한국사상의 미래, 학문, 방법과 같은 개념들을 중심으로 논의를 진행하고 있다. 우리가 21세기라는 밀레니엄 시대에 알맞은 패러다임이 무엇인지를 고찰함은 20세기와 다르고, 22세기와 다른 21세기가 있음을 전제로 하며, 한국사상을 논함은 미국사상, 프랑스사상과 다른 한국사상이 있음을 전제로 한다.

만약 20세기와 21세기를 구분할 수 있는 시간이라는 실체가 없고, 한국과 미국, 프랑스를 구분할 수 있는 국가라는 실체가 없으며, 자연이라는 실체가 없으면 자연을 대상으로 하는 학문인 과학이 성립할 수 없다. 그러면 무엇이 문제인가?

우리는 분합적 사고와 사고의 결과를 다양한 도구를 통하여 나타낸 결과가 모두 삶에 유용한 도구로 기능함을 안다. 그럼에도 불구하고 분합적 사고와 분합적 사고의 결과를 나타낸 다양한 성과물들이 우리의 삶에 고통을 안겨 주는 까닭은 분합적 사고와 사고의 결과를 나타내는 도구인 언어를 비롯한 다양한 형태의 수단 그리고 다양한 수단을 도구로 나타낸 성과의 문제가 아니라 그것을 사용하는 우리 자신에게 있다.

우리는 분합적 사고를 하고 그 결과를 언어를 비롯한 다양한 수단을 도구로 하여 삶과 세계를 나타내면서도 우리 자신을 현상의 사물과 동일시하거나 언어를 비롯한 도구와 동일시하고, 때로는 사고 자체와 동일시하여 그것들에 얽매인다.

그것은 우리가 스스로 자신과 삶, 세계를 하나의 틀에 가두어서 벗어나지 못함을 뜻한다. 따라서 이분법적인 사고에 의하여 삶과 학문을 고통에 빠뜨리지 않기 위해서 가장 먼저 해야 할 일은 바로 현상의 사물로부터 벗어나는 일이다.

그것은 남이 대신할 수 있는 일이 아니라 우리 자신이 스스로 자신을 현상의 사물과 동일시하는 사고를 버려야 한다. 우리가 자신을 육신이라고 여기는 것도 하나의 생각이며, 자신을 마음이라고 여기는 것도 하나의 생각일 뿐이다.

생각은 매 순간 끊임없이 다양하고 새롭게 일어났다가 사라진다. 스스로 사라지는 생각들을 생각으로 붙잡아서 확대하여 재생산을 하고 그것을 자기라고 착각을 하기 때문에 삶이 고통으로 느껴진다. 그러면 어떻게 할 것인가?

몸을 통하여 느껴지는 온갖 현상들, 이에 대하여 일어나는 온갖 분별들 그리고 분별을 통하여 이루어지는 실체화와 실체화된 내용들을 기억에 저장하는 일들을 멈추어야 한다. 우리가 삶을 사는 과정에서 일으키는 분별과 언행을 소유하려는 욕심을 멈추지 않으면 일어나는 분별과 언행이 우리 자신을 더욱 단단하게 옭아매서 삶이 점점 더 고통스러워질 것이다.

2. 초월적 패러다임과 입체적 통합의 형이상적 삶

형이하의 사물을 중심으로 전개되는 과학, 사회학을 비롯하여 그리스에서 시작된 유럽철학, 유럽의 종교는 역사와 전통을 갖고 있을 뿐만 아니라 오늘날에도 여전히 인류에게 이로움을 준다.

그러나 우리가 유의할 부분은 바로 그것에 우리 자신이 스스로 얽매이지 말아야 한다는 점이다. 오늘날 우리 사회에서는 여전히 과학, 사회학을 비롯하여 유럽철학, 유럽사상을 관통하는 실체적 세계관에 의하여 전개되는 분합적인 학문 방법과 삶의 방법을 벗어나서 우리 자신의 학문 방법, 삶의 방법으로 살아가지 못하고 있다.

켄 윌버는 심리학을 중심으로 형이상의 경지와 형이하의 현상을 통합적 관점에서 이론 체계화하고자 한다. 그는 유럽을 대상으로 분석하여 과학이 발달한 근대와 근대 이전 그리고 탈근대를 구분하여 삼자를 통합하고자 한다.

그는 자신이 과학적 유물론에 의하여 제시한 나와 그것, 우리, 그것들의 네 범주로 구분하고 그것을 바탕으로 양자가 둘이 아닌 경지를 나라는 주체의 내면에서 드러나는 경지로 논하면서 선불교를 언급했다.

사람을 중심으로 주체인 자신(己)과 객체(人)를 구분하여 자연, 세계, 우주를 밖(外)이라고 말하고, 자신의 마음을 안(內)으로 구분하여 밖을 향하는 마음을 돌이켜서 안으로 향하여 내면을 살피는 내성內省을 주장한 사람은 공자이다.

> 자로子路가 군자君子를 물었다. 공자가 말하였다. "자신을 닦되 경敬으로 한다." "이것뿐입니까?" "자신을 닦아서 다른 사람을 편안하게 한다." "이것뿐입니까?" "자신을 닦아서 백성을 편안하게 한다."[17]

위의 내용을 보면 공자는 자신(己)과 다른 사람(人)을 구분한다. 그리고 이상적인 인격체인 군자의 삶을 자신이 어떤 존재인가를 파악하는 수기修己를 시작으로 다른 사람을 행복한 삶으로 안내하는 안인安人과 한 나라의 사람들을 행복한 삶으로 이끄는 안백성安百姓으로 제시한다. 그러면 그는 왜 천지, 우주의 만물을 탐구하지 않고 자신이 어떤 존재인가를 파악하는 수기를 강조하는가?

우리는 공자가 수기를 한 후에 다른 사람을 편안하게 해 주는 안인을 실천하라고 한 점을 유의할 필요가 있다. 사람들은 누구나 행복한 삶을 원하지만 그 방법을 모른다. 공자는 행복한 삶은 누가 주는 것이 아니라 방법을 찾아서 실천해야 함을 밝힌다. 그러면 군자는 어떤 사람인가?

공자는 행복한 삶을 사는 군자를 세 가지의 측면에서 말한다. 그는 군자는 어떤 일을 만나도 의혹이 없고, 어떤 일을 만나도 근심이 없으며, 어떤 일을 만나도 두려움이 없음[18]을 밝힌다. 그러면 군자는 어떻게 항상 의혹과 근심, 두려움이 없는가?

사람이 두려움이 없는 까닭은 그가 어떤 사람이나 물건 그리고 사건을

---

17 『논어』 헌문憲問, "子路問君子 子曰脩己以敬 曰如斯而已乎? 曰脩己以安人 曰如斯而已乎 曰脩己以安百姓 脩己以安百姓 堯舜其猶病諸"

18 『논어』 헌문憲問, "子曰 君子道者三 我無能焉 仁者不憂 知者不惑 勇者不懼"

만나더라도 항상 사물의 이름과 모습, 사람의 말과 행동에 끌려가지 않고, 자신의 내면을 향하여 어떤 마음이 일어나는지를 살피기 때문이다.

> 사마우司馬牛가 군자에 대하여 물었다. 공자가 말하였다. "군자는 근심하지 않고, 두려워하지 않는다." "근심하고 두려워하지 않는 것 이것뿐입니까?" 공자가 말하였다. "안으로 살펴서 병들지 않으면 무릇 어찌 근심하고 어찌 두려워하겠느냐?"[19]

사람이 스스로 어떤 사물이나 사람을 만나더라도 근심하지 않고 두려워하지 않는 것은 의혹이 없기 때문이다. 그는 항상 자신의 내면을 살펴볼 뿐으로 밖의 사물, 사람에 끌려다니지 않는다. 만약 사물과 사람의 이름이나 모습에 끌려가서 이것과 저것으로 나누어서 선과 악을 나누고 아름다움과 추함을 구분하여 악과 추함을 버리고 선과 아름다움을 소유하고자 하면 근심, 걱정, 두려움이 발생한다.

사람이 스스로 편안할 뿐만 아니라 다른 사람을 편안하게 해 주기 위해서는 먼저 안으로 자신의 마음을 살피는 내성內省을 해야 한다. 그러면 밖으로 향하는 마음을 안으로 향해서 일어나는 마음을 살펴보기만 하면 되는가?

안으로 자신의 마음을 살피는 내성은 자신이 무엇인가를 파악하는 지적知的인 작업이 이루어져야 한다. 만약 오로지 내면에서 일어나는 마음을 살펴보아서 매 순간 일어나는 생각들이 항상 사라져 실체가 없음을

---

19 『논어』 안연顏淵, "司馬牛問君子 子曰君子不憂不懼 曰不憂不懼 斯謂之君子已乎 子曰內省不疚 夫何憂何懼."

파악하지 않으면 편안할 수 없다.

안으로 자신의 내면을 살피는 일은 형이하의 현상을 벗어나서 형이상의 경지에 이르는 지적인 작업으로 이어져야 한다. 공자는 시공에 존재하는 물건의 경지를 벗어나는 초월을 상달上達이라고 말한다.

상달은 마음이 형이하의 사물, 시공, 천지를 벗어나서 형이상의 경지에 이름을 뜻한다. 이처럼 마음의 차원이 형이하의 현상에서 형이상의 근원에 이르는 상달上達의 방법을 공자는 여러 측면에서 제시한다.

그가 제시한 형이상으로의 초월의 방법은 현상의 사물을 향하는 의식을 거두어서 내면의 마음을 향하는 학문이다. 이때 학문은 하나의 방편일 뿐으로 학문 자체가 상달을 일으키는 것이 아니라 학문을 하는 주체인 마음이 변화해야 비로소 상달이 이루어진다.

그는 상달의 구체적인 방법으로 극기복례克己復禮를 제시한다. 극기는 의식에 의한 분별을 극복함의 의미이다. 그리고 복예는 예로 돌아감이다. 이때 예는 인간의 형이상적 본성을 나타내는 개념이다. 따라서 극기에 의하여 복예가 이루어진다. 이는 모두 마음을 쓰는 용심用心의 문제이다. 그러면 극기복예는 어떻게 이루어지는가?

극기복예의 방법은 박문약례博文約禮이다. 박문博文은 좁은 의미에서는 글을 통하여 널리 배움을 뜻한다. 그러나 문文을 천문天文과 지문地文, 인문人文을 포함한 넓은 의미에서 이해하면 박문의 의미는 삶의 과정에서 만나는 모든 사물과 사람을 통하여 정보, 지식을 얻음을 뜻한다.

그리고 약례約禮는 예禮로 묶음을 뜻한다. 이때 예는 인간의 내면의 심층에 있는 나, 자아의 심층에 있는 내 안의 나, 자아와 다른 나를 가리키는 개념이다. 따라서 예로 묶음은 내면의 예禮에 의하여 밖의 지식, 정보가 나타남을 파악하는 지적知的 사건이다.

약례는 지식, 정보를 하나로 묶음의 뜻이다. 물건적 관점에서 약례는 통합, 합일이라고 할 수 있다. 약례를 통하여 드러나는 경지는 주체와 객체, 이것과 저것, 나와 남으로 구분할 수 없는 차원이다.

유무有無, 생사生死, 자타自他, 내외內外, 기인己人과 같은 어떤 분별도 떠나 있는 차원을 성품, 본성, 자성自性이라고 말한다. 그것은 육신을 통하여 드러나는 언행과 매 순간 나타났다가 사라지는 마음의 온갖 작용의 근원이 성품, 자성, 본성임을 뜻한다. 따라서 극기복예를 하고, 박문약례를 통하여 드러나는 경지는 형이상의 본성, 자성이다.

공자는 학문, 수기를 통하여 본성, 자성을 스스로 파악하는 일을 집중執中이라고 말한다. 집중은 중이라는 실체를 잡는 실체적 사건을 가리키지 않는다. 그러면 그가 집중을 언급한 부분을 살펴보자.

> 천天의 역수曆數가 네 몸에 있으니 진실로 그 중中을 잡으라. 사해四海가 곤궁하면 천록天祿이 영원히 끊어질 것이다.[20]

천의 역수는 천도를 상징적으로 나타내는 도구이다. 그것은 물리적 시간을 나타내는 단위이다. 그러므로 일 년의 시간을 나타내는 기수가 역수의 기본 단위라고 할 수 있다. 그러면 역수가 너의 몸에 있다고 말함은 무엇을 가리키는가?

천도가 인간의 근원인 중中임을 뜻한다. 따라서 집중은 인간이 자신의

---

20 『논어』 요왈堯曰, "堯曰 咨 爾舜 天之曆數在爾躬 允執其中 四海困窮 天祿永終 舜亦以命禹."

근원인 천도를 중심으로 살아야 함을 뜻한다. 끝부분은 나라의 백성들의 삶이 고통스러우면 하늘로부터 주어지는 벼슬이 사라질 것임을 가리킨다.

중을 세계, 천지의 관점에서는 천도라고 말하고, 인간의 관점에서는 본성, 자성, 성품이라고 말한다. 집중은 사람이 매 순간 마음을 쓰는 주체이자 말하고 행동하는 주체가 바로 성품, 본성, 자성임을 파악함을 가리킨다. 그러면 왜 집중이라고 말하는가?

본성, 자성, 성품이 있음을 알아야 자유자재하게 쓸 수 있다. 만약 성품을 활용하지 못하면 다른 사람을 편안하게 하고, 국민들을 편안하게 하는 안백성을 할 수 없다. 그렇기 때문에 끝부분에서 만약 집중을 하지 않으면 천록이 끊어질 것이라고 하였다.

하학이상달, 극기복례, 박문약례와 같은 여러 가지 방법을 통하여 논한 수기는 집중의 구체적인 방법이자 내용이다. 집중은 의식에 의하여 이루어지는 분별을 넘어서는 작업이다. 그렇기 때문에 집중은 의식의 분별과 다른 관점에서 다음과 같이 말한다.

> 역易은 생각함이 없고, 함이 없어서 고요하여 움직임이 없어서 마침내 천하의 연고에 통한다.[21]

사람들은 매 순간 의식의 분별에 의하여 시비是非를 논하고, 선악善惡을 논하며, 능불능能不能, 가불가可不可를 논한다. 그리고 이에 따라서 말과 행동을 한다. 이처럼 시비, 선악, 가불가를 분별하여 말하고 행동함이

---

21 『주역』계사상편 제10장, "易은 无思也하며 无爲也하야 寂然不動이라가 感而遂通天下之故하나니 非天下之至神이면 其孰能與於此리오"

유사有思이고, 유위有爲이다.

　이것과 저것을 나누고, 선과 악, 옳음과 그름을 구분하여 양자의 어느 것을 버리고 다른 것을 소유하려는 생각으로 말하고 행동함이 유사, 유위라면 그것이 없는 상태를 고요하여 움직임이 없는 적연부동이라고 말한다. 따라서 적연부동의 경계를 통하여 유위, 유사의 현상적 삶으로부터 벗어난다. 그러면 적연부동寂然不動은 무엇인가?

　고요하여 움직임이 없음은 인위적인 행위가 없고, 사고함이 없음이다. 그것은 사고 자체가 없고, 행위가 없음이 아니라 마음과 몸을 통하여 사고와 언행으로 드러나기 이전을 가리킨다. 몸과 마음을 통하여 사고와 언행으로 드러나기 이전은 나와 남, 나와 세계, 나와 천지, 나와 사물의 구분이 없다. 그러면 감통感通은 무엇인가?

　감통의 대상인 천하의 연고緣故는 현상이 일어나는 까닭, 원인, 근원을 가리킨다. 그리고 감통은 주체와 대상이 본래 하나임을 느껴 통함이다. 천하라는 현상은 기器이며, 기의 근원은 도이다. 따라서 감통은 도와 지금 여기의 내가 둘이 아님을 느껴 통함이다.

　분별하는 사고와 그것에 따르는 언행이 중심인 삶은 소인의 삶, 중생의 삶, 죄인의 삶이다. 그와 달리 적연부동하여 항상 현상의 근원, 근본인 도와 둘이 아님을 알고 둘이 아니게 사고하고, 언행을 하는 사람의 삶은 대인, 부처, 구세주의 삶이다.

　대인, 부처, 구세주는 신이라는 개념이 나타내는 불이不二의 경계에서 살지만 언제나 현상에 따라서 불일不一의 사고와 언행으로 나타낸다. 그렇기 때문에 적연부동寂然不動하면서도 천하의 연고에 감통한다고 말한다. 그러면 본성, 자성은 있는가?

본성, 자성은 바로 나와 남의 기와 인을 초월한다. 이처럼 나와 남의 주체와 객체, 안과 밖을 벗어난 경지를 도, 신, 중中, 공空이라고 말한다. 따라서 신은 사건이나 물건이 아닐 뿐만 아니라 항상 변화하기 때문에 무엇이라고 말로 나타낼 수 없다.

그럼에도 불구하고 물건적 관점에서 신, 상제를 이해하면 그도 역시 우리와 다른 시공에 존재하는 하나의 실체이다. 그렇기 때문에 유물론적 세계관에 의하여 사는 사람들은 그가 사는 천국이 있고, 우리가 사는 현실이 있다고 생각한다.

그러나 형이상의 도, 신, 중, 공은 지금의 나와 둘이 아니다. 도라는 것은 한순간도 지금 여기의 나와 떨어질 수 없는 것으로 만약 떨어질 수 있다면 도가 아니다.[22] 이로부터 도, 성품, 신은 찾아야 할 대상이 아니라 나의 본래면목임을 알 수 있다. 그러면 수기는 무엇인가?

하학이상달下學而上達을 비롯하여 박문약례, 극기복예는 현상을 초월하여 자성, 본성, 도, 신에 도달함이 아니라 찾는 마음, 구하는 마음, 얻으려는 마음이 바로 내 안의 참나이자 나의 본래면목의 작용임을 파악함이다. 선사禪師는 장황하게 극기복예, 박문약례, 하학이상달을 통한 수기를 설명하지 않는다.

조주趙州에게 어떤 중이 물었다. "무엇이 조사가 서쪽에서 온 뜻입니까?" 이에 조주가 답하였다. "뜰 앞의 잣나무이다." 중이 말하였다. "화상은 경계로 사람에게 가르치지 마십시오." 조주가 말하였다. "나는 경계로 사람들을 가르치지 않는다." 중이 다시 물었다. "무엇이 조사가 서쪽에서 온

---

22 『중용』 경일장, "道也者 不可須臾離也 可離非道也"

뜻입니까?" 조주가 말하였다. "뜰 앞의 잣나무이다."[23]

어떤 중이 조주화상에게 불법이 무엇인지를 물었다. 그러자 조주는 그에게 뜰 앞의 잣나무라고 말한다. 오늘날 우리가 질문을 던진 중이 되어 조주와 대화를 나누어 보자. 그것이 바로 박문약례의 방법이다. 만약 형이하적 패러다임에 의하여 위의 글을 읽으면 그저 조주와 다른 중의 대화에 지나지 않는다.

조주에게 질문을 던지는 중이 형이하적 패러다임에 의하여 불법이라는 실체가 무엇인지를 묻자 조주는 실체를 벗어나서 형이상적 패러다임에 의하여 본성, 자성이 무엇인지를 분명하게 보여 준다.

그럼에도 불구하고 질문을 던진 중은 여전히 형이하적 패러다임에 갇혀서 실체적 경지에서 분별을 벗어나지 못하고 경계로 사람을 가르치지 말라고 말한다. 조주나 질문을 던진 중 그리고 그들의 대화를 읽는 오늘날의 우리를 막론하고 둘이 아니다. 그것은 우리가 이들의 대화를 지금 여기의 나로 주체화하여 이해해야 함을 뜻한다.

조주는 분명하게 경계 곧 형이하의 차원에서 잣나무라는 물건으로 사람을 가르치지 않음을 밝힌다. 그러자 중은 다시 조사인 달마가 서쪽에서 온 뜻이 무엇인가를 묻는다. 조주는 다시 그에게 뜰 앞의 잣나무라고 말한다. 그러면 조주의 처음 대답과 두 번째 대답은 같은가 아니면 다른가?

만약 질문을 한 사람이 준비가 되었다면 첫 번째 대답에 바로 깨닫거

---

[23] 『선문염송집』 11권 (ABC, K1505 v46, p184a07-a10), "趙州因僧問 如何是祖師西來意 師云 庭前柏樹子 僧云 和尚莫將境示人 師云 我不將境示人 僧云如何是祖師西來意 師云 庭前柏樹子"

나 두 번째 대답에서 깨달아야 한다. 깨달음은 무엇에 대한 깨달음, 무엇을 깨달음이라는 대상적인 실체와 관련된 실체적 사건이 아니다. 그것은 스스로 자신의 내면에서 드러나는 자증自證이자 자명自明이다.

깨달음은 질문에 대한 답이 아니라 질문이 사라지는 질문의 해소이다. 그것은 본래 문제가 없었음을 확인하는 사건이다. 마치 구름에 가려서 해가 드러나지 않을 때는 해를 찾지만 구름을 벗어나면 언제나 해가 빛나고 있음을 확인하는 것과 같다.

구름을 벗어나서 본래 해가 빛나고 있음을 아는 것은 현상을 초월하여 형이상의 도, 성품에 도달함이다. 우리는 그것을 본성, 자성을 깨닫는 견성見性이라고 말하고, 본성을 아는 지성知性이라고 말한다.

그러나 성품이라는 실체가 있어서 내가 몰랐다가 아는 것이 아니다. 왜냐하면 본성을 모른다고 착각하고 찾는 것도 본성의 작용이고, 견성, 지성을 하는 것도 본성이며, 본래 그러하기 때문에 견성, 지성은 없다고 여기는 것도 본성의 작용이기 때문이다.

조주는 결코 묻는 사람에게 답을 제시한 것이 아니다. 단지 스스로 자신이 본래 알고 있을 뿐만 아니라 항상 활용하고 있음을 보여 주었을 따름이다. 성품, 자성은 의식이나 마음, 몸을 초월한다. 그렇기 때문에 사물, 육신과 달리 구분하여 나타내지 않을 수 없다. 그러면 주체가 아닌 객체의 관점에서는 성품, 자성을 어떻게 나타내는가?

유가儒家, 불가佛家, 도가道家와 같은 여러 사상들과 바라문교, 힌두교와 같은 종교에서는 과학, 사회학을 비롯하여 유럽적인 학문이 갖는 한계를 극복할 수 있는 대안을 제공한다. 여러 사상과 종교에서는 주체와 객체로 구분할 수 없는 하나의 경계, 형이하의 사물을 벗어난 경지를 형이상의 경지를 비롯하여 다양한 개념으로 나타낸다.

도가道家에서는 사물을 벗어나서 도달하는 경지를 도道라는 개념을 통하여 나타낸다. 그러나 그것은 단지 하나의 개념일 뿐으로 그것이 그대로 형이상의 근원은 아니다. 주역에서도 사물의 차원을 벗어나서 만나는 경지를 여러 개념들을 통하여 나타낸다.

> 형이상의 존재를 도道라고 말하고, 형이하의 존재를 기器라고 말한다.[24]

> 한 번은 음으로 작용하고, 한 번은 양으로 작용하는 것을 도라고 말하고, 음양의 작용이 계속됨을 선善이라고 말하며, 선善이 이루어진 것은 성性이라고 말한다.[25]

형이상이라는 개념은 공간적 관점에서는 형상을 벗어남을 의미하고, 시간적 관점에서는 형상을 갖기 이전을 의미한다. 이처럼 시간과 공간의 측면에서 형상을 벗어남, 형상을 갖기 이전을 나타내는 형이상은 변화를 포함한다.

뒤의 인용문에서 음과 양으로 작용함은 바로 변화를 바탕으로 한 언급이다. 도가 음으로 작용하고, 양으로 작용한 결과는 형상의 변화로 나타난다. 현상은 개체적 사물의 경계이다. 그러므로 작용의 결과가 바로 사물의 경계이다. 인용문에서는 도를 개체적 관점, 현상의 관점에서 성性으로 나타내고 있다.

---

24 『주역』 계사상편 제12장, "形而上者를 謂之道오 形而下者를 謂之器오."
25 『주역』 계사상편 제5장, "一陰一陽之謂道니 繼之者善也오 成之者性也라."

물건은 형상을 갖고 있다. 그리고 형상은 고정된 실체가 아니라 매 순간 끊임없이 변화한다. 그렇기 때문에 변화의 관점에서 하나의 형상을 갖기 이전 혹은 이미 갖고 있는 형상에서 벗어남을 논할 수 있다. 그러면 형상을 벗어남 혹은 형상을 갖기 이전은 무엇인가?

형상을 갖기 이전과 이후의 관계는 도와 기라는 개념을 통하여 확인할 수 있다. 기器는 도라는 내용물을 담고 있는 그릇과 같다. 그것은 형상을 가진 현상의 물건의 근원이 바로 도임을 뜻한다. 그러면 도와 기의 관계는 무엇인가?

도와 기의 관계는 체용, 본말을 통하여 파악할 수 있다. 본말은 양자를 근본과 지말로 구분하여 나타내고, 체용은 양자를 본체와 작용으로 구분하여 나타내는 개념이다. 따라서 도는 근본, 본체이고, 기는 지말, 작용이라고 할 수 있다.

도와 기라는 개념을 살펴보면 본말의 관계가 잘 드러난다. 그릇은 도라는 내용에 따라서 크기, 모양, 형태, 색깔, 재질이 결정된다. 도는 천天이라는 시간의 그릇을 통해서는 천도로 나타내고, 지地라는 물건의 그릇을 통해서는 지도地道로 나타내며, 인人이라는 사람의 그릇을 통해서는 인도로 나타낸다.

그런데 본말, 체용의 관계를 통해서는 도와 기의 관계가 분명하게 드러나지 않는다. 도가 본체이기 때문에 기는 작용이다. 체용, 본말의 관점에서 보면 도가 기이다. 그러나 그와 반대로 기가 도는 아니다. 왜냐하면 도의 작용에 의하여 도가 기로 드러나기 때문이다.

두 번째 인용문에서는 도가 물건적 측면에서는 개체적 존재의 본질인 성품임을 밝히고 있다. 음과 양으로 번갈아서 작용하는 본체를 도라고 말하고, 작용이 끊임없이 이어짐을 선善이라고 말하며, 물건으로 드러나는 측면에서는 물건의 본질인 성품이라고 말한다. 그러면 도와 인간은 어떤 관계인가?

도와 기를 인간의 관점에서 나타내면 도는 성품이고, 기는 물리적 생명인 명命이다. 도와 기가 인간의 측면에서는 성性과 명命으로 규정된다. 도와 기를 성과 명을 중심으로 개체적 관점에서 나타내면 명으로부터 시작하여 도에 이르는 방향과 성으로부터 시작하여 명에 이르는 두 방향에서 도와 기, 성과 명을 나타낼 수 있다.

기器, 명命으로부터 출발하여 도, 성에 이르는 방향에서 인간은 자신이 어떤 존재인가를 파악하는 수행, 수기, 수련을 논하고 도, 성으로부터 기, 명에 이르는 방향에서 인간은 수행, 수련을 통하여 파악한 자기 정체성을 실천하는 제도, 평천하를 논한다. 그러면 도와 기, 성과 명의 관계를 나타내는 두 방향이 무엇인가?

설괘에서는 도와 기, 성과 명의 관계를 나타내는 두 방향을 순과 역으로 구분하여 나타낸다. 순역을 사건적 관점에서 나타내면 순방향은 미래에서 과거를 향하는 방향이며, 역방향은 과거에서 미래를 향하는 방향이다.

> 지나간 것을 헤아림은 순順이고, 다가 올 것을 앎은 역逆이다. 그러므로 역易은 역逆으로 헤아림이다.[26]

다가올 것을 앎은 과거에서 미래를 향하는 방향이며, 지나난 것을 헤아림을 미래에서 과거를 향하는 방향이다. 이때 헤아림은 분석하여 수로

---

26 『주역』 설괘 제3장, "數往者는 順하고 知來者는 逆하니 是故로 易은 逆數也라."

나타냄의 의미이다. 따라서 수왕은 분석하기 이전의 합일된 상태를 전제로 한다. 그러면 분석하여 나타내기 이전의 합일된 상태는 무엇인가?

미래를 앎은 미래라는 실체적 존재를 아는 것이 아니라 분별이 없는 허공과 같은 경지를 파악함을 뜻한다. 계사에서는 "신명한 덕에 통함"[27]으로 말하기도 하고, "신으로 미래를 앎"[28]이라고 하여 지식의 대상으로 나타내고 있다.

그러나 신이나 신명이라는 개념이 가리키는 대상은 없다. 그럼에도 불구하고 언어를 통하여 표현하기 때문에 마치 명사가 가리키는 실체가 있듯이 앎의 대상인 신이 있는 것처럼 착각을 일으키게 한다. 그러면 지래知來의 미래는 무엇인가?

미래는 어떤 사건이나 물건을 가리키는 것이 아니라 신이 나타내는 분별할 수 없는 경지, 불이不二의 경계를 가리킨다. 따라서 역방향에서 이루어지는 지래는 형이상의 도, 신, 본성을 파악함을 뜻한다. 그러면 순방향의 수왕數往은 무엇인가?

지나간 것은 과거적 사건을 가리킨다. 그것은 형이상의 도가 현재를 거쳐서 형이하의 기로 드러남을 뜻한다. 수왕은 형이하의 사물을 분석하여 지식으로 나타냄이다. 계사에서 밝힌 지식으로 과거를 갈무리함[29]이 그것이다. 그러면 주역은 어떤 관점인가?

인용문의 뒷부분에서 "그러므로 역易은 역逆으로 헤아린다."라고 하였

27　『주역』 계사상편 제2장, "近取諸身하고 遠取諸物하야 於是애 始作八卦하야 以通神明之德하며 以類萬物之情하니"
28　『주역』 계사상편 제11장, "神以知來코"
29　『주역』 계사상편 제11장, "知以藏往하나니"

다. 이는 역방향에서 출발하여 순방향에 이름을 뜻한다. 그리고 역은 주역을 가리킨다. 따라서 주역은 역방향에서 지래를 바탕으로 순방향에서 수왕을 하는 관점임을 뜻한다.

주역의 역방향에서의 지래와 순방향에서의 수왕은 모두 앎의 문제로 일관한다. 이때 앎과 모름이 중요한 요소가 된다. 역방향의 지래는 부지 不知의 상태에서 지知로 변화함이며, 수왕 역시 지식으로 나타냄이다. 다만 지래의 지知는 지식과 다른 지혜智慧라고 할 수 있다. 그러면 지래와 수왕이 무엇인가?

지래와 수왕의 내용인 앎은 마음의 문제이다. 지래는 생각함이 없는 무사無思, 행위가 없는 무위無爲의 고요하여 움직임이 없는 상태에서 천하의 연고와 통하고, 신과 통하며, 신명한 덕과 통함이다. 이는 마음을 통하여 신, 도, 본성이라는 근원과 하나가 되는 합일이다.

수왕은 지래를 바탕으로 이루어진다. 그렇기 때문에 "신으로 미래를 알고, 지식으로 과거를 갈무리한다."[30]라고 하였다. 수왕은 합일의 경지, 무분별의 경지를 이것과 저것으로 분별하여 나타냄을 뜻한다. 따라서 수왕은 분석하는 작업이다.

주역에서 현상과 근원을 나타내는 기와 도를 형상을 중심으로 형이상과 형이하로 나타내고, 과거와 미래의 물리적 시간의 관점에서 양자를 순과 역으로 나타냄은 물건적 사고의 특성인 이것과 저것으로 나누는 분석과 이것과 저것을 하나로 합하는 종합의 분합이다. 그러면 도와 기, 성과 명을 나누어서 다시 순과 역으로 구분하여 나타내는 까닭은 무엇인가?

인용문에서 밝힌 것과 같이 주역은 역방향에서 시작하여 순방향에 이

---

30 『주역』 계사상편 제11장, "神以知來코 知以藏往하나니"

르는 것이 목적이다. 기器로부터 출발하여 도에 이르는 역방향, 명命으로부터 시작하여 성性에 이르는 역방향의 수행, 수기, 수도가 도가, 불가, 유가를 비롯하여 다양한 사상 철학, 종교의 목적이다.

도와 기, 성과 명, 체와 용의 이분법적인 구조를 통한 분합은 양자가 둘인 상태에서 하나로 합하는 수행, 수도, 수기를 통한 정체성의 파악, 깨달음을 얻음과 같은 앎이 중심이다. 주역을 연원으로 형성된 중국유가, 중국불교, 중국도가, 중국도교를 비롯하여 다양한 사상, 종교들은 현상으로부터 벗어나서 현상의 근원인 도를 찾는 수도, 수행, 학문, 수기가 중심이다.

형이상적 패러다임을 초월적 패러다임이라고 말하는 까닭은 형이상적 패러다임을 통하여 현상을 벗어나서 근원인 형이상의 도, 신에 이르기 때문이다. 초월적 패러다임의 특성은 현상으로부터 벗어나서 도, 성품에 이르는 방법을 통하여 파악할 수 있다. 앞에서 살펴본 내용을 도표화하여 나타내면 다음과 같다.

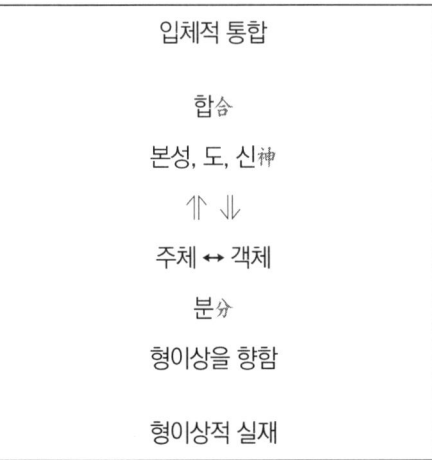

도표 3. 형이상적 패러다임 metaphyical paradigm

그런데 역방향에서 수도, 수기, 수행이 가능하기 위해서는 순방향에서 천도가 작용해야 한다. 그것은 본래 도, 성품이 나의 근원, 근본으로 지금 여기의 나와 둘이 아니기 때문에 수행, 수도, 수기를 통하여 도, 성품을 파악하고 깨달을 수 있음을 뜻한다.

불교의 측면에서는 본래성불이기 때문에 수행을 통하여 부처의 성품을 깨닫는 증오성불이 가능하고, 본래 도와 둘이 아니기 때문에 도를 주체로 사는 대인의 삶이 가능하다. 그렇다고 하여 본래 부처이고, 대인이라면 군이 수행, 수기, 수도를 할 필요가 없음에도 불구하고 수도, 수행, 수기를 논하면 모순이 일어나고 역설이 발생한다.

유가와 불가, 도가를 비롯하여 초월적 패더라임을 바탕으로 형이상의 근원을 찾는 사상, 종교에서는 역설을 벗어나기 위하여 공空, 무無, 불不, 비非, 비匪, 미未를 비롯하여 수많은 부정어를 사용한다.

부정어는 사람들로 하여금 현상을 벗어나서 근원인 도, 신, 본성에 도달하려는 목적에서 사용된다. 그러나 도달하고자 하는 도, 신, 자성의 경계에 이르러서는 그곳에서도 머물러서는 안 되기 때문에 끊임없이 부정을 반복하여 사용함으로써 허무에 빠지는 부작용이 일어난다.

초월적 패러다임에 의하여 형이상의 근원인 도, 성품에 이르도록 이끄는 사람들은 언어를 비롯한 도구의 사용 방법과 더불어 도, 신, 본성을 나타내는 상象, 수數, 언사言辭에 대한 태도 역시 도구의 한계를 드러내어 도구에 얽매지 말라고 말한다.

"도를 아는 사람은 말을 하지 않고, 말을 아는 사람은 도를 모른다."[31] 라고 말함은 도를 나타내는 어떤 말이라도 일종의 도구이기 때문에 그

---

31 『도덕경』 제56장, "知者不言, 言者不知"

것에 얽매이지 말 것을 강조한 말이다. 그들은 상象, 수數, 사辭를 달을 가리키는 손가락[32]이라고 말하고, "입을 열면 어긋나고, 입을 닫으면 도를 잃는다."[33]라고 하여 손가락을 따라서 달을 보아야지 손가락을 봐서는 안 된다고 말한다.

현상을 벗어나서 근원을 찾아가는 역방향에서 보면 현상 자체도 환상일 뿐만 아니라 달을 가리키는 손가락마저도 머물러서는 안 되기 때문에 어느 학문이 근원, 도, 본성, 신에 이르는 올바른 방법을 제시하고 있는가의 문제가 항상 제기된다.

초월적 관점에서 근본, 근원을 찾는 길을 다양하게 제시하는 학파마다 도통道統을 논하고 그것을 바탕으로 이단異端과 정통正統을 구분하여 자가 학파의 정통성을 주장하는 것은 모두 근원을 찾으려고 하기 때문이다.

수학이나 물리학 더 나아가서 과학만이 진리라고 말하거나 과학적이라고 말하는 것이 곧 진리라는 의미로 받아들이는 것은 바로 과학만이 정통이라는 생각을 그대로 나타낸다. 과학은 시공의 현상을 대상으로 할 뿐이다. 따라서 수학이나 과학은 형이상의 근원에 관한 내용이 없다. 그러면 형이상의 도를 추구하는 주역, 중국유가, 중국도가, 중국불가에는 도가 있는가?

도를 도라고 말하면 그것은 이미 도가 아니다. 왜냐하면 시공을 초월하여 어떤 분별도 허락하지 않는 경지를 도와 도가 아닌 기로 구분하거나 도와 사물, 도와 현상, 무와 유로 구분하여 나타내면 이미 그것은 도

---

32 『대불정여래밀인수증요의제보살만행수능엄경』 2권(ABC, K0426 v13, p.800a08-a10), "如人以手指月示人, 彼人因指當應看月 ; 若復觀指以爲月體, 此人豈唯亡失月輪, 亦亡其指"

33 『선문염송집』 25권(ABC, K1505 v46, p.407a14-a15), "開口卽錯 閉口卽失"

가 아니기 때문이다.

도, 본성, 신과 사물의 관계를 분명하게 나타내기 위해서는 현상으로부터 근원을 향하는 역방향과 더불어 도, 본성, 신으로부터 현상을 향하는 순방향에서 논의가 이루어져야 한다. 주역에서는 물건적 관점에서 상하를 통하여 순과 역을 구분하기도 하고, 사건적 관점에서 과거와 미래를 통하여 순과 역을 구분하여 나타내기도 한다.

순과 역이라는 개념은 괘효사에서는 나타나지 않는다. 그러나 계사와 단사, 대상, 소상, 문언은 물론 설괘에서도 순과 역이라는 개념이 나타난다. 비록 괘효사에서 순역이라는 개념이 나타나지 않지만 하나의 중괘를 구성하는 두 개의 소성괘를 상하와 내외의 두 관점에서 나타내는 것은 그대로 순역의 구조를 나타낸다.

상하와 내외의 구조를 통하여 나타내는 순역은 내용의 측면에서는 사건과 물건을 구분하여 양자의 관계를 나타낼 때도 적용된다. 중괘의 첫 번째 효와 여섯 번째 효를 각각 초효와 상효로 규정하는 까닭은 시초와 종말의 시종과 근본과 지말의 본말을 나타내는 상하를 함께 나타내기 위함이다. 초효가 시초라면 상효는 종말이고, 여섯 번째 효가 상효라면 첫 번째 효는 하효가 되지 않을 수 없다. 따라서 시초와 하, 종말과 상의 관계를 함께 나타냄을 알 수 있다. 그러면 내외는 어디에서 나타나는가?

괘효사에서 내외內外라는 개념이 나타나는 경우는 수지비괘水地比卦의 육이효와 육사효이다. 육이효는 수비괘의 초효에서 삼효까지의 하괘이며, 육사효는 상괘가 시작하는 효이다. 따라서 이 부분을 통하여 중괘의 관점에서 상괘와 하괘를 효의 관점에서 내괘와 외괘로 나타내었음을 알 수 있다. 내괘와 외괘 그리고 상괘와 하괘의 상하와 내외는 십익에서 빈

번하게 사용된다. 그러면 상하와 내외를 통하여 순역을 나타내는 까닭이 무엇인가?

뇌산소과괘의 괘사에서는 상하와 순역을 함께 나타내고 있다. 이는 순역이 중괘의 구조에서 상하와 내외로 나타남을 밝힌 부분이다.

> 날아가는 새가 남긴 소리가 있으니 위로 올라감은 마땅하지 않고, 아래로 내려가면 마땅하여 크게 길하다.³⁴

새는 도를 전하는 성인을 상징한다. 그러므로 새가 남긴 소리는 성인에 의하여 제시된 경전을 가리킨다. 그와 더불어 경전에 담긴 도를 가리킨다. 새가 남긴 소리가 위로 올라감은 군자가 수용하여 하나가 되지 못함을 뜻한다. 이와 달리 아래로 내려감은 군자의 심성 내면으로 주체화하여 하나가 됨을 뜻한다. 이에 대하여 단사에서는 순역과 관련하여 다음과 같이 말한다.

> 날아가는 새가 남긴 소리가 있으니 위로 올라감은 마땅하지 않고, 아래로 내려가면 마땅하여 크게 길하다고 함은 위로 올라감은 역逆이고, 아래로 내려옴은 순順이기 때문이다.³⁵

위의 내용을 보면 성인이 남긴 진리의 말이 아래로 내려옴이 순이고, 위로 올라감을 역이라고 하였다. 이는 중괘가 나타내는 상괘에서 하괘로

---

34 『주역』 뇌산소과괘 괘사, "飛鳥遺之音에 不宜上이오 宜下면 大吉하리라."
35 『주역』 뇌산소과괘 단사, "飛鳥遺之音不宜上宜下大吉은 上逆而下順也일새라."

의 방향이 순이고, 내괘에서 외괘를 향하는 방향이 역임을 뜻한다. 그러면 왜 위로 올라가는 역이 마땅하지 않고, 아래로 내려오는 순이 마땅하다고 하였는가?

형이상의 도와 형이하의 기, 형이상의 성과 형이하의 명을 구분하여 양자를 바탕으로 역방향과 순방향을 구분하여 역방향에서 수기, 수행, 수도를 논하고 수행의 구체적인 단계로 궁리, 진성, 지명을 나타낸 까닭은 그 목적이 순방향에서 수기, 수도의 결과로 나타나는 본성, 도를 현실에서 실천함에 있음을 뜻한다.

유가, 도가, 불가를 비롯하여 주역에서 나타나듯이 형이상과 형이하를 구분하여 양자를 도와 기, 성과 명으로 나눈 후에 수행, 수도를 통하여 성과 명, 도와 기가 둘이 아님을 파악하고, 다시 둘이 아닌 삶을 사는 것은 모두 분합적 구조에 의하여 표현된다.

그리스 철학이 자연철학으로 출발하는 것도 학문의 주체인 인간과 자연을 구분하는 분석의 과정이며, 자연을 분석하여 원자를 상정하고 그것이 현대에 이르러서 소립자로 더욱 세밀하게 분석하는 과정을 거쳐서 양자역학으로 발전하였다. 이는 물건적 관점에서 분합하는 방법을 통하여 물리학이 발전했음을 뜻한다.

개체적 존재인 인간의 근원인 아트만을 찾고, 우주의 근원인 브라만을 찾아서 아트만과 브라만이 하나가 되는 범아일여梵我一如를 추구하는 바라문교나 구세주를 매개로 하여 하느님이라는 신이 존재하는 천국에서 신과 함께 살고자 하는 기독교 역시 물건적 관점에서 분합적 사고에 의하여 세계와 인간을 이해한다.

형이상과 형이하, 도와 기, 성과 명을 구분하고, 이상과 현실, 미래와 과거, 천국과 지옥을 구분하고, 앎과 모름을 구분하는 것이 모두 분석적인 작업이다. 그리고 양자가 하나가 됨을 추구하는 것은 합일의 작업이다.

주역을 비롯하여 중국불교에서도 마음과 몸을 구분하여 앎과 실천을 구분하고 다시 지행합일知行合一을 추구하고, 배움과 실천을 하나로 하는 학행합일學行合一을 추구하며, 말과 행동을 하나로 하는 언행합일言行合一을 추구한다.

도와 기, 성과 명, 이상과 현실, 천국과 지옥, 정토淨土와 예토穢土를 구분하여 순과 역의 두 방향에서 양자가 하나가 됨을 추구하는 것이 모두 초월적 패러다임을 바탕으로 전개되는 분합의 작업이다. 그러면 이것이 어떤 문제를 안고 있는가?

도와 기, 성과 명, 마음과 몸은 본래 둘이 아닐 뿐만 아니라 이상과 현실 역시 둘이 아니다. 그렇기 때문에 둘로 나누어서 양자에 대한 지식을 나타내거나 양자가 둘이 아닌 지혜를 나타내는 것이 모두 문제를 안고 있다.

무한과 유한을 논할 때 문제가 되는 것은 유한을 바탕으로 유한에 상대적인 무한을 생각한다. 수학자들이나 논리학자들이 생각하는 유한과 무한은 상대적인 개념이다. 그렇기 때문에 수를 통하여 나타낼 수 있는 무한은 진정한 의미의 무한이 아니다.

언어를 통하여 대상화하여 나타낸 도, 본성, 신 역시 진정한 의미의 신이나 본성, 도는 아니다. 기와 상대적인 도, 사물과 상대적인 신, 물리적 생명과 상대적인 본성은 진정한 의미의 도, 신, 본성이 아니다. 그러면 언어를 비롯하여 수, 괘효와 같은 기호를 통하여 신, 도, 본성의 경계를 나타내는 것이 아무런 의미가 없는가?

우리는 지知와 부지不知를 구분하여 모름을 전제로 하여 알고자 하는 작업, 역방향에서 찾아서 얻고자 하고, 소유하려는 작업을 멈추어야 한다. 그리고 도, 본성, 신의 경지에서 그것을 다양한 도구를 활용하여 다른 사람을 이롭게 하고, 다른 존재를 이롭게 하는 생성의 관점에서 학문하고, 실천하는 삶이 필요하다.

모름의 상태에서 앎을 추구하는 것이 아니라 알고 모름을 넘어선 무지無知의 경지, 알아도 앎이 없는 경지에서 앎과 모름을 통하여 다른 사람을 이롭게 하는 학문을 하고 삶을 살아야 한다. 이는 지식을 얻고자 하는 일이 아니라 지혜를 활용하여 다른 사람과 생명을 이롭게 하는 일이다.

3. 생성적 패러다임과
다차원적 생성의 자재한 삶

 우리는 앞에서 본체와 현상을 구분하고, 현상과 근원을 구분하여 도와 기, 성과 명, 신과 사물을 순順과 역逆의 두 방향에서 물건적 분합과 사건적 생성으로 나누어서 살펴보았다. 이제 남은 문제는 물건적 분합과 사건적 생성이 과연 무엇인가의 문제이다.

 도를 말하고, 신을 말하며, 구세주를 말하는 존재는 인간이며, 브라만과 아트만의 합일을 추구하는 것은 인간이다. 그것은 신과 인간을 나누어서 천국과 지옥 그리고 인간의 세계를 나누어서 나타내는 주체가 인간이며, 천국에 가서 하느님과 함께 살고자 하는 주체도 인간임을 뜻한다.

 수를 통하여 인간과 세계를 구분하여 나타내고, 원자를 통하여 인간과 자연을 별개의 실체로 이해하거나 상호 작용의 관계로 이해하는 것은 인간에 의하여 이루어진다. 인간이 수학을 하고 과학을 통하여 인간과 세계를 나누어서 물질의 세계를 분석하고 합한다.

 현상에서 현상의 근원을 찾는 수학, 물리학을 하는 주체는 인간이며, 현상의 근원을 형상을 초월한 경지에서 도로 찾는 주체도 인간이다. 그리고 수학, 물리학과 다른 형이상의 도, 본성, 신을 추구하면서도 여전히 물건적 분합을 사용하는 주역이나 바라문교, 그리스도교 계통의 종교들이 추구하는 합일과 달리 생성의 관점에서 인간과 세계를 나타내는 정역을 저작한 존재도 인간이다. 그러면 분합과 생성은 무엇인가?

분합은 역방향에서 의식에 의하여 이루어지는 작용이다. 의식은 마음을 지적知的 기능을 중심으로 나타낸 개념이라고 할 수 있다. 마음은 지정의知情意라는 세 측면을 갖고 있다. 따라서 의식의 분별 작용은 마음의 일부일 뿐으로 전체는 아니다.

물리학자나 수학자들은 현상적 패러다임에 의하여 역방향에서 이루어지는 의식의 분합을 통하여 현상의 근원인 물리를 찾고자 한다. 이와 달리 초월적 패러다임에 의하여 형이상의 도를 추구하는 주역, 불교, 유학, 도가나 아트만과 브라만의 합일을 추구하는 바라문교, 하느님과의 만남을 추구하는 그리스도교 계통의 종교는 마음을 통하여 둘이 아닌 합일合一의 경계를 찾는다.

현상을 대상으로 하는 물리학이나 사회학은 현상학이지만 현상을 초월한 근원, 본체를 추구하는 주역, 불교, 유학이나 바라문교, 그리스도교와 같은 사상, 종교는 형이상학이다. 그러면 현상과 본체, 형이상과 형이하, 도, 신과 사물은 어떤 관계인가?

사람들은 근원, 본체의 관점에서 불이不二라고 말하고, 현상, 작용의 관점에서 불일不一이라고 말하며, 양자가 둘이 아닌 중도中道라고 말하고, 하나가 아니어서 하나면서 둘이고, 둘이 아니어서 둘이면서 하나라고 말한다.

중中, 공空, 중도中道가 본체와 작용, 근원과 현상의 관계를 나타내는가 아니면 양자를 넘어선 제3의 존재를 가리키는가는 항상 문제가 되어 왔다. 만약 중, 중도, 공을 양자와 다른 제3의 존재를 나타내는 개념으로 이해하면 셋을 종합하는 또 다른 개념이 필요하다. 그렇다고 중도를 양자가 둘이 아님을 나타내는 개념이라고 말하면 양자를 분명하게 드러내지 못한다.

근원과 현상, 본체와 작용을 불이不二인 동시에 불일不一이라고 말하는 것은 물건적 관점이다. 근원과 현상을 입자적 관점에서 이것과 저것으로 구분하여 나타낼 수 있는 실체적 존재로 이해하기 때문에 하나와 둘이라는 수를 통하여 양자를 나타낸다.

그러나 하나이면서도 둘인 관계는 성립하지 않는다. 이것과 저것을 둘로 나타낸 이상 이것과 저것이 같으면서도 동시에 다를 수는 없기 때문이다. 이는 서로 다른 두 수나 개념의 양자가 모두 성립할 수 없는 모순矛盾으로 나타남을 뜻한다.

서로 다른 두 가지의 주장이나 이론, 사상의 관계 역시 양자가 모두 옳을 수 없는 역설이 일어난다. 역설은 하나의 주장을 자신에게도 적용함으로써 자기 언급을 하는 순간 시비是非를 가릴 수 없는 경우를 말한다. 오늘날의 불교학자들은 석가모니의 형이상학적 명제에 대한 무기無記[36]를 역설[37]로 이해한다.

그러나 역설은 이론이나 주장의 문제일 뿐으로 그것을 논하는 사람 자신에게는 아무런 문제가 없다. 역설을 논하는 의식이라는 차원을 벗어나면 본래 모순도 없고, 역설도 없어서 굳이 불확정성의 원리나 불완전성의 정리 같은 이론이 필요하지 않다. 그러면 어떻게 할 것인가?

수학을 하거나 물리학을 하고, 주역이나 불경, 우파니샤드를 연구하며, 성경을 연구하는 일에서 나타나는 모든 문제는 수학이나 물리학, 주

---

36 『불설전유경』 1권(ABC, K0698 v19, p.584a05-a10), "世尊棄邪見除邪見 不記說世間有常 世間無常 世間有邊 世間無邊 命是身 命異身異 有如此命終 無有命終 有此無此 無有命終"
37 무르띠, 김성철 옮김, 『佛敎의 中心哲學』, 경서원, 1995, 90-95.

역, 불경, 우파니샤드, 성경의 문제가 아니라 그것을 연구하는 인간의 문제이다.

인간이 현상의 관점에서 육신을 자신으로 여기고 육신의 기능인 의식을 사용하여 학문을 하고 삶을 살 수 있다. 의식에 의하여 분합적인 방법으로 수학을 연구하고, 물리학을 연구하며, 주역을 연구하고, 불경, 성경, 우파니샤드를 연구하며, 정역을 연구할 수 있다.

그러나 의식의 분별은 언제나 이것과 저것을 실체로 여기기 때문에 이것과 저것이 공존共存할 수 없는 상태를 일으킨다. 바로 시비, 선악, 현실과 근원, 이상과 현실, 신과 인간, 천국과 지옥이 공존하지 못하고 어느 하나만이 존재할 수밖에 없는 모순을 일으키는 동시에 양자의 어떤 것도 존재할 수 없는 역설을 일으킨다.

모순, 역설의 다양한 측면이 수학과 물리학에서 괴델의 불완전성 정리나 양자역학의 불확정성원리로 표현되었다. 그것은 근원과 현상을 구분하여 현상에서 근원을 찾을 수 없음을 보여 주는 사건이다. 그러면 형이상의 도, 본성, 신을 찾으면 되는가?

현상을 떠나서 근원인 도, 본성, 신을 찾는다고 하여 그것이 분별의 작용을 멈추는 것은 아니다. 의식을 아무리 확장하여 온 우주에 의식을 가득 채워도 여전히 내 의식의 확장일 뿐으로 도, 성품, 신 역시 의식의 다른 형태일 뿐이다.

의식에 의하여 밝혀진 도, 물리, 심리, 신은 여전히 이것이 아닌 저것이다. 바로 의식의 분합에 의하여 밝혀진 신, 도, 본성은 물건과 같은 실체적 존재일 뿐으로 분합 이전의 신, 도, 본성 자체는 아니다. 그러면 어떻게 할 것인가?

자신을 보고, 천지, 세계, 사물을 보는 자신의 안목眼目, 지견, 패러다임을 어느 하나의 차원에 고정시키지 말고 자유롭게 변화시켜야 한다. 일차적으로 우리의 패러다임을 의식에서 마음으로 끌어올려야 한다.

마음으로 자신을 보면 마음으로 드러나기 이전의 본성을 느끼며, 마음으로 세계를 보면 사물로 드러나기 이전의 도를 보고, 마음으로 천지를 보면 천지로 드러나기 이전의 천과 지를 분별할 수 없는 신神의 경지를 느낀다.

마음의 눈으로 우리 자신과 세계, 사물을 보면 본성, 도, 신이라는 경지와 기器, 사물, 현상이 둘이 아님을 느끼는 동시에 하나가 아님을 느낀다. 그러므로 성품, 도, 신은 언어를 비롯하여 어떤 도구로도 나타낼 수 없을 뿐만 아니라 의식의 분합에 의하여 도달할 수 없음을 안다. 그러면 말하지 않고, 사고를 하지 않으며, 도구를 사용하지 말자는 것인가?

우리는 여기서 역방향에서 지부지知不知를 바탕으로 지를 추구하는 수학, 물리학이나 지知부지不知를 넘어서 무지無知에 이르고자 하는 주역이나 불교, 유학, 도가 그리고 우파니샤드와 같은 전적들이 추구하는 역방향과 다른 순방향을 바탕으로 전개되는 역방향의 관점에서 분합이 아닌 생성을 논할 필요를 느낀다.

도, 본성, 신을 찾는 행위가 바로 도, 본성, 신의 작용이고, 도를 찾고, 신, 본성을 찾는 내가 바로 본성이며, 신이다. 그러므로 찾아서 알고, 얻고자 하는 의식을 버리고 도, 본성, 신의 관점에서 마음을 쓰는 용심

用心³⁸과 몸을 운전하는 운신運身이 필요하다.

마음을 닦아서 근원인 도, 자성, 신을 찾는 역방향의 삶을 바꾸어서 순방향에서 마음을 통하여 도, 본성, 신을 여러 도구에 의하여 다양하고 새롭게 드러내는 생성이 오늘날의 학문과 실천, 삶에 적용해야 할 방법이다.

분합은 언제나 시비, 선악을 가를 수 있는 기준이 필요하다. 그리고 그 기준에 따라서 소유와 배제의 어느 하나를 추구할 수밖에 없다. 현상적 패러다임이나 초월적 패러다임을 막론하고 함께 존재하는 공존共存, 함께 살아가는 공생共生, 함께 번영하는 공영共榮이 없다.

오늘날 인류에게는 어떤 패러다임이나 차원, 패턴, 경지에도 머물지 않고, 패러다임을 자유롭게 이동하여 모두가 이롭게 하는 삶을 끊임없이 드러내는 생성적 패러다임에 의한 삶이 필요하다. 도, 본성, 신이라는 근원의 경지에서 그것을 자유롭게 나타내는 생성이 생성적 패러다임에 의한 학문의 방법이고, 삶의 방법이며, 실천의 방법이다.

수학, 물리학, 천문학을 비롯하여 과학의 여러 학문이나 의학, 사회학의 여러 학문들 그리고 인문학은 물론 종교, 예술, 문학, 철학을 비롯하여 인간의 모든 활동들이 모두 도, 본성, 신의 작용에 의하여 나타나는 결과들이다.

그런데 현상이 본체인 도, 본성, 신의 작용에 의하여 나타난 결과이지

---

38   용심은 마음과 몸을 둘로 나누어서 마음을 중심으로 논하는 개념이 아니다. 만약 마음과 몸을 둘로 나누면 용심은 순順방향만을 의미하게 되어 역방향에서 몸으로부터 의식을 향하고 의식으로부터 마음 그리고 마음으로부터 다시 마음 이전의 성품을 향하는 작용을 논하게 된다. 용심은 도, 신, 성품이 사건으로 변하여 물건으로 나타나는 작용을 가리킨다. 그렇기 때문에 정역에서는 도, 신, 성품이라는 개념을 그대로 사용하지 않고, 화화옹化化翁, 화무상제化無上帝, 화옹化翁과 같은 다양한 개념을 사용하여 나타낸다.

만 현상은 언제나 대인과 소인, 구세주와 죄인, 부처와 중생의 삶이 서로 다르다. 그것은 비록 본체가 현상으로 드러나지만 어떻게 작용하느냐에 따라서 현상이 달라짐을 뜻한다.

만약 개체적 관점에서 육신을 중심으로 생각한다면 용심用心마저도 개체적인 자아가 마음을 쓰는 일로 오해한다. 내가 수학을 하고, 내가 물리학을 하며, 내가 인문학을 하고, 내가 사회학을 하며, 내가 문학을 한다고 생각하면 그것은 도생역성이 아닐 뿐만 아니라 역생도성도 아니다. 그러면 오로지 깨달은 사람만이 도생역성을 바탕으로 역생도성을 할 수 있을 뿐으로 일상적인 사람은 할 수 없는가?

마음은 누구나 마음대로 쓸 수 있다. 깨달은 상태에서 마음을 쓰는 것도 마음이고, 의식을 주체로 마음을 쓰는 것도 마음이다. 마음을 분별이 없이 무심無心하게 쓰면 아무런 문제가 없다. 사실 본래 누구나 무심하게 마음을 쓰면서 살고 있음에도 불구하고 그렇지 않다고 생각하기 때문에 다시 방법이 문제가 된다.

마음은 스스로 쓰고자 하는 뜻에 따라서 사용하면 된다. 그것을 유학에서는 입지立志라고 말하고, 불교에서는 서원誓願이라고 말한다. 입지, 서원은 단순하게 삶의 방향을 설정하는 문제에 그치지 않는다. 삶의 방향을 설정하는 입지와 서원은 지적인 활동뿐만 아니라 정적인 활동 그리고 의지까지 포함하여 마음을 쓰는 방법을 스스로 결정하는 일이다.

수학이나 과학, 인문학, 사회학을 비롯하여 어떤 학문이나 문학, 종교, 예술을 막론하고 삶의 방향을 불이不二의 경지, 분별分別이 없는 경지를 향해서 설정하면 그로부터 그가 하는 모든 마음의 작용은 생성이며, 몸을 통하여 나타나는 모든 현상은 생성의 결과로 나타나는 분합分合이다.

현상은 언제나 분합의 경계이다. 몸은 시간과 공간을 점유한다. 그것은 몸이 매 순간 변화할 뿐만 아니라 여기와 저기에서의 몸이 항상 같지 않음을 뜻한다. 그렇기 때문에 언제나 이것과 저것이라는 형태로 나타났다가 사라진다.

나타남은 이것과 저것을 나누는 분별이지만 사라짐은 이것과 저것이 둘이 아닌 경지로의 환원, 귀체歸體이다. 귀체歸體는 본체라는 실체를 향하여 돌아감이 아니라 분별의 상태에서 다시 무분별의 경지로 돌아감을 뜻한다.

매 순간에 이루어지는 사람의 사고나 언행은 도생역성의 관점에서 보면 본성, 도, 신의 생성 작용에 의하여 나타나는 결과이다. 이 결과는 고정된 것이 아니라 매 순간 나타났다가 사라진다.

그러나 사라짐은 단순한 소멸이 아니라 새로운 생성을 위한 준비, 새로운 생성을 위한 과거적 생성의 완성이기 때문에 단순한 종말이 아니라 찬란한 소멸, 아름다운 종말이다. 마치 애벌레가 고치의 상태를 벗어나서 나비가 되어 자유롭게 날아가는 것과 같다.

도생역성의 마음을 씀은 형이상과 형이하를 구분하여 도道와 기器를 창조하고, 성과 명을 나누어서 성과 명을 창조하며, 과거와 미래를 나누어서 과거라는 시간과 미래라는 시간을 창조하는 일이다.

도와 기, 성과 명을 나누고 다시 기를 천지인으로 나누어서 천지인天地人의 삼재三才의 세계를 창조한다. 그리고 천지인이라는 개념을 언어를 통하여 나타내기도 하고, 삼효로 구성된 소성괘를 통하여 나타내기도 하며, 다시 형이상의 본성과 형이하의 생명을 구분하여 각각 중천건괘重天乾卦와 중지곤괘重地坤卦로 나타내기도 한다.

역학에서는 도와 기, 성과 명, 순과 역, 분합과 생성을 나타내는 도구로 상과 수 그리고 사를 사용한다. 선사禪師들이 "입을 열면 어긋나고, 입을 닫으면 잃는다."[39]라고 말하고, 노자가 "도를 아는 사람은 말하지 않고, 말을 하는 사람은 도를 모른다."[40]라고 말할 때 공자는 성인聖人이 "상象을 세워서 뜻을 다 드러내었으며, 괘卦를 나열하여 사물의 실정과 거짓을 다 드러내었고, 언사言辭를 매달아서 하고자 하는 말을 다하였다."[41]라고 말한다. 그러면 이것이 무엇을 의미하는가?

마음이 작용하여 몸을 통하여 언행의 현상으로 나타남을 중용에서는 희로애락의 감정을 중심으로 다음과 같이 밝힌다.

> 희로애락이 나타나지 않음을 중中이라고 말하고, 발하여 절도에 맞음을 화和라고 한다. 중은 천하의 통달한 도이고, 화는 천하의 통달한 덕이다. 중화中和를 이루면 천지가 자리를 잡고, 만물이 길러진다.[42]

몸에서 나타나는 희로애락의 감정은 사고와 언행으로 나타난다. 이때 감정이 절도에 맞게 작용함은 마음에 의하여 작용함을 뜻한다. 마음은 본래 허공과 같이 이것과 저것과 같은 분별이 없다. 그렇기 때문에 마음에는 희로애락의 감정이 없다.

---

39 『선문염송집』 25권(ABC, K1505 v46, p.407a14-a15), "開口卽錯 閉口卽失"
40 『노자』 제56장, "知者不言, 言者不知"
41 『주역』 계사상편 제12장, "聖人이 立象하야 以盡意하며 設卦하야 以盡情僞하며 繫辭焉하야 以盡其言하며 變而通之하야 以盡利하며 鼓之舞之하야 以盡神하니라."
42 주희, 『중용장구』 경1장, "喜怒哀樂之未發 謂之中 發而皆中節 謂之和 中也者 天下之大本也 和也者 天下之達 道也 致中和 天地位焉 萬物育焉"

희로애락의 감정이 없는 마음은 바로 본체인 본성, 도, 신의 작용이다. 그러므로 중화를 이룸은 바로 용심에 의하여 이루어진다. 그것은 무심無心하게 마음을 씀이라고 할 수 있다. 그러면 무심無心은 무엇인가?

무심은 마음이 없음이 아니다. 마음은 반드시 현상의 사물에 연緣하여 작용한다. 그것은 본체인 본성, 도, 신이 인因이 되고, 마음이 연緣이 되어 이루어지는 연기緣起이자 성기性起이며, 자연이자 인연이면서도 양자를 벗어난 것이 용심임을 뜻한다.

무심에 의하여 용심用心이 이루어지면 희로애락의 감정이 언행으로 나타난다. 이때 희로애락은 바로 천지가 각각 자신의 자리를 잡게 하고, 만물이 생성하게 한다. 이는 사람의 용심이 무심이라고 하여 희로애락의 감정이 없음을 뜻하는 것이 아니라 희로애락의 감정을 드러내도 드러냄이 없음을 뜻한다.

그리고 희로애락의 감정은 무심을 넘어서 천지를 창조하고 만물을 창조함에 이른다. 천과 지는 각각 시간과 공간의 사건과 물건을 나타낸다. 그렇기 때문에 중화中和를 이루는 용심과 운신에 의하여 천지의 시공이 창조되고, 시공을 바탕으로 전개되는 사물이 사물로 존재한다. 그렇기 때문에 만물이 길러진다고 하여 낳고 길러짐으로 밝히고 있다. 그러면 집중과 중용이 둘이 아닌 경계는 무엇인가?

정역에서는 수학이나 물리학과 같이 수와 시공의 물리적 현상을 대상으로 도역의 생성을 말한다. 그것은 수학이 수리를 찾고, 물리학이 물리를 찾는 것과 달리 수와 시공의 현상이 둘이 아닐 뿐만 아니라 그것을 찾는 나와 현상이 둘이 아니어서 분별하여 나타낼 수 없는 경지를 다른 사람을 이롭게 하려는 목적에서 다양한 관점에서 다양하고 새롭게 나타내는 생성이다.

> 하도(龍圖)는 미제의 상으로 도생역성倒生逆成하니 선천의 태극이다. 낙서(龜書)는 기제의 수로 역생도성逆生倒成하니 후천의 무극이다. 오가 중위中位에 거처하니 황극皇極이다.[43]

위의 내용은 주역의 괘효의 근원인 신도를 나타내는 하도와 낙서에 대한 정역의 설명이다. 정역에서는 하도와 낙서의 내용을 도역의 생성으로 밝힌다. 그것은 설괘에서 순역을 앎을 중심으로 지혜와 지식으로 구분하여 역방향에서는 미래를 아는 지래知來로 나타내고, 순방향에서는 과거를 분석하여 지식으로 나타내는 수왕數往으로 나타내는 것과 다르다.

도생역성의 도생은 허공과 같아서 분별이 없는 경지, 신, 도, 성품, 본성이라고 말하는 경지에서 시작함을 나타내고, 역성은 이것과 저것이 하나일 수 없는 유무의 경지에서 완성됨, 끝남을 뜻한다.

도생역성은 분별이 없는 경계인 신, 도, 성품, 본성을 바탕으로 이루어지는 유무, 시비, 선악의 생성이다. 이때 도생역성은 동시에 역생도성이다. 이는 순과 역의 두 방향에서 이루어지는 지래와 수왕이 하나의 생성임을 나타낸다. 주역과 정역의 확연한 차이가 여기에 있다.

일부는 순과 역의 두 방향에서 이루어지는 지래와 수왕이 하나임을 나타내기 위하여 생성으로 규정하였다. 그리고 그 내용을 도생역성과 역생도성으로 나타내었다. 순방향의 수왕은 도생역성이며, 역방향의 지래는

---

[43] 김항, 『정역』 제1장, "龍圖는 未濟之象而倒生逆成하니 先天太極이니라. 龜書는 旣濟之數而逆生倒成하니 后天无極이니라. 五居中位하니 皇極이니라."

역생도성이다. 그러면 주역의 순역과 정역의 도역생성이 어떻게 다른가?

주역의 지래知來와 수왕數往의 내용이 서로 다른 것과 달리 정역의 도역생성은 모두 하나의 생성이라는 점에서 서로 다르다. 또 하나의 정역이 주역과 다른 점은 주역이 역방향에서 시작하여 순방향을 향하지만 정역에서는 순방향에서 시작하여 역방향을 향하는 점이다.

도생역성의 관점에서 보면 현상의 지와 부지, 선과 악, 시와 비를 비롯하여 모든 분별은 바로 본체인 도, 본성, 신의 작용에 의하여 이루어진다. 그렇기 때문에 그 어떤 것도 신, 도, 본성을 벗어나지 않는 점에서 현상의 모든 가치는 같다.

도생역성의 관점에서 보면 현상이 항상 다양하고 새롭게 나타나기 때문에 현상은 환화라고 하거나 현상은 없다고 할 수 없다. 그러면 역생도성의 관점에서는 현상을 어떻게 보아야 하는가?

도생역성의 관점에서 보면 있다거나 없다고 할 수 없는 유무의 분별을 넘어선 경지를 유로 나타냄으로써 무와 유가 둘이 아님을 보여 준다. 그러나 역생도성의 관점에서 보면 이것과 저것을 구분하여 때로는 저것을 보여 주고, 때로는 이것을 보여 주지만 이것과 저것이 모두 분별할 수 없는 경지로 돌아감을 통하여 이것과 저것이 있지 않음을 보여 준다. 그러면 왜 생성을 도역을 통하여 나타내는가?

만약 물리적 시간의 관점에서 순과 역을 이해하면 지래와 수왕이 보여 주듯이 물건적 분합을 벗어나지 못한다. 그것은 물리적 시간을 넘어서 시간의 생성, 사건의 생성의 관점에서 순역을 이해할 때 비로소 분합과 다른 생성의 경지가 열림을 뜻한다.

정역에서는 도, 신을 화옹化翁, 화화옹化化翁, 화무상제化無上帝로 나타낸다. 도, 신은 고정된 실체가 아니어서 명사로 나타낼 수 없다. 그러므로 변화를 근원의 측면에서 화옹化翁이라고 말하고, 변화의 근원인 역도가 영원함을 시간성을 통하여 나타내어 영원한 변화의 근원이라는 의미에서 화화옹化化翁이라고 말하며, 변화하고 또 변화하지만 변화에도 머물지 않음을 들어서 화무상제化無上帝로 나타낸다.

화무상제, 화화옹, 화옹은 이것과 저것으로 나눌 수 있는 물건적 존재의 변화를 바탕으로 근원을 나타내지 않는다. 화화옹은 물리적 시간에 의하여 나타나는 사건의 근원인 시간성을 나타내며, 항상 변화하여 새롭게 나타나고, 다양하게 나타나는 고정되지 않은 경지를 가리킨다. 그러면 정역에서는 도역생성을 어떻게 나타내고 있는가?

시간성의 시간화와 시간의 시간성화를 통하여 도역의 생성을 나타낸다. 도생역성은 시간성의 시간화로 그 결과는 현상의 근원인 태극이 나타난다. 그것은 태극이라는 실체를 제시하는 것이 아니라 태극이라고 말하는 현상의 근원의 생성이다.

태극은 물리와 같이 현상의 근원을 가리킨다. 이 태극은 심리, 수리, 물리와 같이 현상을 나타내는 다양한 관점에서 여러 개념으로 나타낼 수 있다. 그러나 심리, 수리, 물리가 그대로 태극이 아니기 때문에 태극과 심리, 수리, 물리는 같지 않다. 그러면 역생도성은 무엇인가?

현상은 현상이 아니라 본체의 드러남임을 나타내는 말이 역생도성이다. 역방향 곧 현상에서 근원을 찾으면 바로 순방향에서 도를 드러냄으로 나타남을 표현하는 개념이 역생도성이다. 그렇기 때문에 태극은 바로 태극이 아님으로서의 무극이다. 역생도성에 의하여 무극이 생성됨은 바로 무극이라는 실체가 태극과 따로 존재하는 것이 아니라 태극이 바로 무극임을 뜻한다. 그러면 무극과 태극이 동일한가?

이미 현상에서 태극을 언급하였기 때문에 태극과 무극은 다르다. 그러나 본체의 관점으로 관점을 바꾸어서 나타내면 태극이 그대로 무극이다. 수를 통하여 이해하면 1에서 9까지의 수는 본질은 모두 1이다. 다만 1의 위상이 서로 다름을 나타내어 2, 3에서 9까지의 수로 나타내었을 뿐이다. 그러면 10은 무엇인가?

10은 1과 0이 하나가 되어 형성된 수이다. 바로 1이 나타내는 유有와 0이 나타내는 무無가 결합하여 유무가 둘이 아님을 나타내는 10이 형성된다. 그것은 수의 본질이 있음과 없음의 양면을 모두 갖고 있음을 뜻한다. 그러면 이것이 무엇을 의미하는가?

수나 개념을 막론하고 다시 말하면 수를 통하여 도, 신, 본성을 나타내거나 언어, 문자를 통하여 나타내거나를 막론하고 모두 도, 공, 신, 본성을 나타낸다. 그것은 한마디로 나타내면 상相이 없는 도, 본성, 신을 상象을 빌려서 나타내기 때문에 모두 상象의 일종임을 뜻한다.

상象은 수가 나타내는 사건적 특성과 언어, 문자가 나타내는 물건적 특성을 함께 갖고 있다. 수지상수, 간지도수와 같은 도구들이 상象의 전형적인 형태들이다. 언어는 형이상을 나타내는 상象으로 사용되기도 하고, 현상의 측면에서 사물을 가리키는 도구로 사용되기도 한다.

비록 상象이 도, 본성, 신을 나타내는 도구로 사용되지만 그렇다고 하여 실체적 존재인 도, 본성, 신을 전제로 하는 것은 아니다. 그것은 실체적 존재인 신, 도, 본성을 그대로 나타내는 도구가 상象이 아님을 뜻한다.

현상적 패러다임의 관점에서 보면 상은 실체적인 신, 도, 본성을 상징적으로 나타내는 도구로 이해할 수 있다. 그러나 생성적 패러다임의 관점에서 보면 도, 본성, 신은 없다. 도, 본성, 신은 도역의 생성에 의하여 상, 수, 사를 통하여 구체화되어 나타난다. 따라서 도역의 생성은 수數, 상象, 사辭의 단계, 과정을 거쳐서 이루어지는 신, 도, 본성의 생성 과정이라고 할 수 있다.

　수를 통하여 형상이 없고, 분별이 없는 도, 본성, 신이 일차적으로 구상화되고, 다시 그것이 상象에 의하여 사건화하며, 세 번째로 언어에 의하여 물건화하여 마침내 현상의 태극과 사물이 전개된다. 그러면 형이하적 패러다임에 의하여 나타나는 현상의 사물은 무엇인가?

　현상의 시공과 인간을 비롯한 사물 그리고 사물의 근원을 나타내는 물리物理, 의식의 법칙을 나타내는 심리心理, 수의 본질, 수와 수의 관계를 나타내는 수리數理는 실체가 아니지만 그렇다고 하여 실체가 아닌 것도 아니다. 앞에서 살펴본 내용을 도표화하여 나타내면 다음과 같다.

```
┌─────────────────────┐
│     다차원적 생성      │
│                     │
│    본성, 도, 신神      │
│                     │
│   생성 ⇑　⇓ 생성       │
│                     │
│        변화          │
│                     │
│     형이상 중심       │
│                     │
│     사건의 생성       │
└─────────────────────┘
```

도표 4. 생성적 패러다임generative paradigm

　지금부터는 세 가지의 패러다임을 중심으로 셋이 어떤 관계인지를 비교하면서 살펴보자. E.P.[44]는 과학적 사유구조, 학문 방법, 삶의 방식을 나타낸다. E.P.는 형이상의 경지가 없이 오로지 형이하의 시공, 자연을 대상으로 학문을 하고, 삶을 산다. 이러한 사고에 의하여 학문을 하는 방법은 분합分合이다. 주체를 대상으로 분석하여 뇌과학, 신경과학, 심리학, 인지과학, 수학, 논리학과 같은 다양한 학문이 이루어지고, 대상을 분석하여 물리학, 화학, 천문학, 생물학을 비롯한 다양한 학문들이 형성된다.

M.P.는 서아시아의 조로아스터교, 바라문교, 불교, 중국사상, 그리스도교에서 발견되는 사유구조, 학문 방법, 삶의 방법이다. 형이하의 현상과 형이상의 근원인 도, 신, 본성을 구분하여 형이하의 현상을 벗어나서 형이상의 근원과 하나가 되는 방법이다.

불교, 유교, 도교는 형이하의 경지를 벗어나서 형이상의 근원인 도, 신의 경지에 이르는 과정을 객관적 세계가 아닌 자신의 내면에서 이룬다. 그러므로 도, 신과의 만남은 자신의 내면의 참나를 통하여 이루어진다. 바라문교에서는 진아眞我인 아트만과 세계의 근원인 브라흐만의 합일에 의하여 이상적인 삶이 전개된다.

조로아스터교, 그리스도교는 유일신을 신앙하는 종교로 신앙의 대상인 신과 신앙의 주체인 인간이 하나가 될 수 없을 뿐만 아니라 천국과 지옥이 물리적 공간에 위치한다. 만약 이것이 두 종교의 내용이라면 이러한 종교사상은 E.P.의 범주에 속한다고 할 수 있다.

---

44   앞으로 제1의 현상적 패러다임, 형이하적 패러다임을 약칭하여 E.P.로 나타내고, 제2의 초월적 패러다임, 형이상적 패러다임을 약칭하여 M.P.로 나타내며, 제3의 창조적 패러다임, 생성적 패러다임을 약칭하여 G.P.로 나타낸다.

그러나 그리스도교의 천주교, 기독교들 가운데서 일부의 사람들은 도마복음과 같은 예를 들어서 천국과 지옥을 차원으로 이해하고, 신을 실체적 존재가 아닌 근원으로 이해한다. 만약 그들의 주장처럼 그리스도교 역시 불교와 본질이 다르지 않다면 M.P.의 범주에 속한다.

E.P.와 M.P.의 차이는 비록 양자가 물건적 관점, 입자적 관점에서 분합적인 방법을 사용하지만 E.P.가 형이하의 현상이 중심이라면 M.P.는 형이하를 벗어나서 형이상의 근원에 이르는 초월이 중심인 점에서 다르다.

E.P.와 M.P. 그리고 G.P.의 차이는 시간관에서도 나타난다. E.P.는 과거에서 미래를 향하여 흐르는 직선적인 시간관이며, M.P.는 원을 그리면서 앞으로 나아가는 나선형의 시간관이고, G.P.는 영원한 현재의 시간관이다. 영원한 현재는 직선적 시간관과 나선형의 시간관을 포함한 시간관이다.

E.P.와 M.P.의 차이는 그 주체에 있어서도 나타난다. E.P.의 주체가 육신, 의식이라면 M.P.의 주체는 마음이다. 의식의 분합에 의하여 나타내는 경지는 형이하의 현상이 아니라 의식의 분합에 의하여 구성된 허구의 세계, 실재하지 않는 의식의 환영이다.

그러나 M.P.의 주체인 마음을 통하여 드러나는 경계는 본체, 근원인 본성, 도, 신이다. 마음의 분합으로 나타나는 본체는 분합을 넘어선 본성, 도, 신이다. 이때 마음을 통하여 현상을 넘어서는 초월은 스스로 갇힌 틀을 깨는 깨침의 과정이 있어야 한다. 따라서 의식과 마음은 불연속의 측면이 있다. 그러면 의식과 마음이 다른가?

의식과 마음은 본래 둘이 아니다. 마음은 지적인 측면과 정적인 측면 그리고 의적인 측면이 있다. 의식은 지적인 측면을 중심으로 마음을 나타내는 개념이다. 마음이 갖는 분합적인 기능을 의식이라고 말한다. 그렇기 때문에 마음과 의식이 둘이 아니지만 의식이 그대로 마음은 아니다. 그러면 의식을 넘어서 마음에 이름이 무엇을 의미하는가?

이 문제를 이해하기 위해서는 마음의 다른 측면을 살펴봐야 한다. 마음은 의식으로 표현하는 분합적인 기능만이 있는 것이 아니라 시공에서 다양하게 나타내는 정적인 측면이 있고, 양자의 방법을 설정하는 의지적인 측면이 있다.

지적인 측면은 학문을 하는 주체가 되고, 정적인 측면은 행의 주체가 되며, 의지적인 측면은 삶의 방향을 설정하는 작용을 한다. 이때 지적인 작용인 학문은 분합적인 기능을 중심으로 하고, 정적인 작용인 실천은 생성적인 기능을 중심으로 하며, 양자의 어느 측면을 중심으로 삶을 살 것인가의 결정은 마음의 의지적인 작용에 의하여 이루어진다. 그러면 이를 어떻게 이해할 것인가?

논어와 중용에서는 마음의 세 측면을 각각 지인용智仁勇[45]으로 나타내고 있다. 지인용智仁勇의 지智는 마음의 지적知的인 측면을 중심으로 인간을 나타내고, 인仁은 정적情的인 측면을 중심으로 인간을 나타내며, 용勇은 의지적意志的인 측면을 중심으로 인간을 나타낸다. 그러면 지인용이 무엇인가?

지인용은 인간의 본성을 그것이 현상에서 드러나는 덕을 중심으로 나타낸 개념이다. 유가儒家의 전적에서는 지인용의 삼덕三德을 인예의지仁

---

45 『논어』헌문憲問, "子曰 君子道者三 我無能焉 仁者不憂 知者不惑 勇者不懼", 『중용』제20장, "知仁勇三者 天下之達德也"

禮義知의 사덕四德⁴⁶으로 나타낸다. 인仁과 지知는 마음의 정적인 측면과 지적인 측면을 나타내며, 예禮와 의義는 의지적인 측면을 나타낸다.

예와 의는 인과 지를 현실, 현상에서 실천하는 일과 관련되기 때문에 이상적인 인격체의 삶을 나타내는 대인, 군자가 실천해야 할 사명인 천명天命의 내용이자 바른 삶인 정명正命의 내용⁴⁷인 명命으로 제시하기도 한다. 그러면 의식을 주체로 함과 마음을 주체로 함은 어떤 차이가 있는가?

의식을 넘어서 마음에 이름은 의식이 지적인 분합을 추구하는 것과 다르다. 왜냐하면 마음을 통하여 본체인 본성, 도, 신에 이르기 때문이다. 그러므로 의식의 틀을 깨는 깨침이라고 말하고, 오로지 남이 대신할 수 없는 자신의 일이기 때문에 스스로 깨어남의 의미로서의 자각自覺⁴⁸이라고 말한다.

G.P는 도, 본성, 신을 매 순간 시공에서 다양하고 새롭게 나타내는 생성이 중심이다. 이때 생성의 방법은 분합이다. 그것은 마음을 바탕으로 의식의 분합을 활용함을 뜻한다. 그러므로 E.P.가 형이하의 차원에서 벗어나지 못하고, M.P가 형이하의 차원에서 형이상의 차원에 도달하려고 하는 것과 달리 G.P.의 출발점은 형이상의 도, 본성, 신이다. 그러면

---

46 『주역』 중천건괘 문언, "君子 體仁足以長人이며, 嘉會足以合禮며, 利物足以和義며, 貞固足以幹事니 君子는 行此四德者라 故로 曰乾元亨利貞이라."

47 설괘에서는 64괘의 내용을 성명性命으로 나타내고 있고, 중천건괘의 문언에서는 인예의지仁禮義知를 사덕四德으로 규정하였고, 계사상편에서는 성性을 인仁과 지知로 나타내고 있다. 『중용』에서도 "誠者 非自成己而已也 所以成物也 成己仁也 成物知也 性之德也 合內外之道也 故 時措之宜也"라고 하여 사덕의 인과 지知를 성性으로 나타내고 있다. 따라서 인지仁知의 성性에 대하여 예의禮義는 명命이라고 할 수 있다.

48 『맹자』 만장장구상萬章章句上, "天之生此民也, 使先知覺後知, 使先覺覺後覺也. 予天民之先覺者也, 予將以斯道覺斯民也. 非予覺之, 而誰也"

M.P.와 G.P.의 차이가 무엇인가?

중국유학을 예로 들어 보자. 형이상의 본성에 이르는 것을 수기修己[49]라고 말하고, 수기를 바탕을 그것을 시공에서 실천하는 일을 안인安人, 안백성安百姓이라고 말한다. 유가儒家의 전적에서는 형이하의 현상에서 출발하여 형이상의 경지에 이르는 하학이상달下學而上達[50]을 말하고, 형이상의 근원을 형이하의 현상에서 드러내는 안인, 안백성[51]을 말하며, 중용中庸을 말한다.

그러나 G.P.에서는 형이상의 도, 신, 본성으로부터 출발하여 현상에 이르고 다시 현상에서 도, 본성, 신이라는 형이상으로 돌아가는 두 방향에서 생성을 논한다. 순과 역의 방향에서 양자를 나타내면 M.P.가 역방향에서 출발하여 순방향에 이르고자 하는 것과 달리 G.P.는 순에서 출발하여 역으로 돌아간다.

순과 역을 중심으로 E.P.와 M.P. 그리고 G.P.의 차이를 살펴보면 E.P.의 분합은 형이하의 차원에서 이루어지기 때문에 차원의 변화가 없다. 그러나 M.P.는 형이하의 차원에서 시작하여 형이상의 차원에 이르고 다시 형이하의 차원으로 내려오기 때문에 E.P.와 다르다.

G.P.는 형이상에서 출발하여 현상에 이르고 다시 형이상으로 돌아간다. 이처럼 M.P.와 G.P.가 방향에서 서로 차이가 나기 때문에 내용 역시 다르다. M.P.가 순역에서 모두 분합의 작용을 하지만 G.P.는 생성을 출

---

49 『논어』헌문憲問, "子路問君子 子曰修己以敬"
50 『논어』헌문憲問, "子貢曰 何爲其莫知子也 子曰不怨天 不尤人 下學而上達 知我者 其天乎"
51 『논어』헌문憲問, "子路問君子 子曰修己以敬 曰如斯而已乎 曰修己以安人 曰如斯而已乎 曰修己以安百姓 修己以安百姓 堯舜其猶病諸"

발점으로 삼아서 분합을 한다. 그러므로 생성 안에서 분합을 나타내기 때문에 양자가 모두 생성이라고 할 수 있다.

E.P.와 M.P. 그리고 G.P.의 차이는 앞의 둘이 실체적 관점에 서 있지만 G.P.는 실체적 관점을 전제로 하지 않는다는 점이다. E.P.는 시간과 공간, 사건과 물건으로 구성된 실체인 자연이 있음을 전제로 한다. 이때 실체적 존재인 자연은 인간과 별개의 실체이다. M.P.의 대상인 신, 도, 본성은 시공의 사물과 다르지만 여전히 실체적 존재라고 할 수 있다. 찾아서 얻을 수 있고, 하나가 될 수 있으며, 깨달음의 대상인 도, 신, 본성은 주체인 인간과 별개의 실체적 존재일 수밖에 없다. 그러면 G.P.는 어떤가?

G.P.의 출발점은 신, 도, 본성이라는 경계, 경지이다. 그러나 그 경지는 고정되지 않아서 항상 새롭고 다양한 현상으로 나타난다. 이때 매 순간 나타나는 현상은 나타나는 동시에 소멸된다. 그러므로 나타나도 나타남이 없다. 앞에서 살펴본 내용을 도표화하여 나타내면 다음과 같다.

평면적 분합	입체적 통합	다차원적 생성
분分	합合	본성, 도, 신神
주체 ↔ 객체	본성, 도, 신神	
↓ 합合 ↓	⇓② ⇑①	생성①↘ ↖②생성
분합 분합	순順∩역逆	도到∪역逆
순역이 없음	주체↔객체	변화
실체적 물건	분分 형이상적 실재	사건의 생성
도표 5. E.P.(P.P.)	**도표 6. M.P.(T.P)**	**도표 7. G.P.(C.P.)**

다음에는 이어서 셋의 관계를 살펴보자. 삼자의 관계는 순과 역을 통하여 살펴볼 수 있다. 우리가 E.P., M.P., G.P.를 각각 이해하면 셋이지만 사실은 M.P. 가운데서 E.P.가 포함되고, G.P. 가운데 M.P.가 포함된다. 왜냐하면 E.P.가 분합을 추구하지만 분합이 올바로 되려면 M.P.가 이루어져야 하고, M.P.가 이루어지려면 G.P.가 이루어져야 하기 때문이다. 그러면 M.P.와 G.P.는 어떤 관계인가?

M.P.는 역방향에서 도, 본성, 신을 자각해야 비로소 순방향에서의 실천이 가능함을 나타낸다. 중국불교를 예로 들어 보자. 그들은 상구보리上求菩提와 하화중생下化衆生이 둘이 아닌 대승불교를 표방하고, 하화중생이 없는 상구보리는 없다고 말한다.

그러나 역방향에서 상구보리上求菩提가 이루어진 후라야 비로소 순방향에서 하화중생이 이루어지기 때문에 아무리 지행합일知行合一을 주장해도 여전히 선지후행先知後行이라고 하지 않을 수 없다.

그런데 순방향에서 본래성불이 되어야 비로소 역방향에서 견성성불見性成佛이 가능하다. 그렇기 때문에 E.P.의 차원에서 분합의 방법에 의하여 인간과 세계의 관계를 나타내고, 사물과 사물의 관계를 나타내는 새로운 수리數理, 물리物理, 논리論理를 주장할수록 모순, 역설, 독단에 빠질 수밖에 없다.

M.P. 역시 앎과 행의 지행知行, 상구보리와 하화중생의 서로 다른 차원 곧 형이상과 형이하의 상하를 둘로 나누는 분합을 바탕으로 주장, 이론, 사상이 전개된다. 설사 M.P.의 차원에서 유무, 생사, 윤회와 열반, 유한과 무한의 양변을 벗어난 중도中道를 논하더라도 여전히 중도라는 실체를 벗어나지 못하는 한계를 갖는다.

E.P.에 의하여 실체적 물건을 대상으로 분합에 의하여 다양한 주장, 이론, 사상을 제기하면 주장과 주장, 이론과 이론, 사상과 사상이 갖는 모순 관계에서 벗어나지 못하고, 역설, 독단에서 벗어나지 못한다.

M.P.에 의하여 설사 모든 중생을 이롭게 하고자 하는 뜻을 세우고 상구보리를 추구하여도 여전히 양자가 동시에 이루어지지 못하는 문제를 안고 있을 뿐만 아니라 상구보리와 하화중생, 형이상의 도, 성, 신과 형이하의 기, 명, 물에 대한 어떤 주장이나 이론, 사상을 막론하고 역설, 모순, 독단을 벗어나지 못한다. 그러면 G.P. 혹은 C.P.는 어떤가?

혹자들은 G.P.가 M.P.의 역逆에서 출발하여 순順에 이르는 방향, 순서만을 바꾸어서 순에서 출발하여 역逆에 이르는 방향, 순서로 나타낸 것이 아니냐고 물을 수 있다. 그러나 G.P.에 의하면 순과 역이 둘이 아닐 뿐만 아니라 순 안에 역을 포함하고 있어서 M.P.와 같이 역逆을 앞세울 경우에 발생하는 시비是非의 문제가 발생하지 않는다.

전형적인 M.P.를 추구하는 중국불교의 경우에 대승불교를 표방하고, 상구보리와 하화중생이 둘이 아님을 강조하지만 여래선如來禪을 넘어서 조사선祖師禪, 간화선看話禪을 논하면서 도통道統을 확립하여 5가 7종의 여러 파로 나누어진다. 이는 모두 자신의 문파가 정통이고, 다른 문파는 이단이라는 의식을 나타낸다.

자성, 본성, 불성의 차원에서 보면 시공이 없고, 도라는 실체나 본성, 자성, 불성 그리고 부처라는 실체가 없다. 그리고 부처, 자성, 불성에 관하여 논한 어떤 전적, 어떤 이론이 올바른가의 문제가 발생할 수 없다. 모든 전적이나 주장이 하화중생의 방편으로 논한 것이기 때문에 서로 다른 문파 사이에 반목하고 대립할 이유가 없다. 그러면 어떻게 할 것인가?

우리는 앞으로 형이상과 형이하가 둘이 아닌 신, 도의 차원에서 순방향의 생성을 바탕으로 이루어지는 역방향의 분합을 나타내는 G.P.를 바탕으로 우주, 세계의 본질이 무엇이며, 그것이 인간의 관점에서 어떻게 학문과 실천이 둘이 아닌 삶으로 나타나지는지를 살펴볼 것이다.

이 책에서 제시하는 내용은 G.P.를 바탕으로 E.P.와 M.P.를 포함하여 매 순간 다양한 형태의 E.P., M.P., G.P.로 나타나면서도 E.P., M.P., G.P.의 어떤 것에도 걸림이 없는 우주, 자유자재한 삶의 방법, 학문의 방법이다.

그것은 생성적 패러다임, 창조적 패러다임, 진화적 패러다임, 변화적 패러다임에 의하여 이루어지는 자유자재한 학문과 실천의 방법, 삶의 방법을 제시하는 것이 이 책의 목적임을 뜻한다. 생성적 패러다임에 의하여 이루어지는 도역생성의 차원에서 보면 학문은 종교와 과학, 사회학, 인문학이 둘이 아니어서 어떤 학문을 말하더라도 의미를 갖고, 시비, 선악, 미추가 없는 생명 현상일 뿐이다.

학문이나 실천은 생명 현상인 삶의 과정, 방법이다. 그러므로 시비, 선악, 미추나 정보, 지식을 찾거나 얻고자 하는 일이 아니라 삶 자체가 그대로 서로 생명을 나누는 공생共生, 공존共存, 공화共化, 공영共榮의 과정이다. 지금까지 살펴본 내용들을 정리하여 나타내면 다음과 같다.

1. 삶이나 그것을 나타내는 두 측면인 학문, 실천은 수와 언어를 비롯하여 어떤 도구로도 대상화하여 나타낼 수 없다.
2. 삶과 세계는 육신의 의식과 마음, 본성이라는 주체의 관점에 따라서 다양하게 나타나서 고정되지 않는다.

3. 본성은 개체적 관점에서 현상의 근원을 나타내고, 도, 신은 인간과 세계가 둘이 아닌 관점에서 근원을 나타낸다. 도, 신, 본성은 매 순간 마음에 의하여 다양하고 새롭게 사건을 생성한다. 매 순간 연속적으로 일어나는 사건은 물건적 관점에서 실체화하여 인간과 천지라는 개념으로 고정된다.
4. 천지, 자연, 우주는 시간과 공간을 나타내며, 사물은 시간과 공간을 채우는 실체적 존재이다. 시공과 사물은 의식에 의하여 생성된 허구적 존재로 실재하지 않는다. 그것은 본체, 근원이 없는 현상은 존재하지 않음을 뜻한다. 따라서 본체와 현상은 둘이 아니다.
5. 시공의 현상을 떠난 형이상학, 본체학은 존재하지 않는다. 그러므로 형이상학, 본체학은 반드시 현상학과 하나가 되어야 한다.
6. E.P.형태의 현상학이나 M.P.형태의 형이상학, 본체학이 모두 G.P.형태의 생성학으로 통합되어 생성학, 역학易學 안에서 과학, 사회학, 인문학이 되고, 역학 안에서 형이상학, 본체학이 된다.

우리는 지금부터 앞에서 제시한 세 가지의 패러다임을 통하여 현대의 인류가 살아가는 현상적 패러다임에 의하여 학문하고 실천하는 삶의 한계가 무엇인지 살펴보고, 이어서 현상적 패러다임에 의한 학문과 실천의 삶에 머물지 않고, 한 걸음 더 나아가서 만나는 형이상적 패러다임에 의한 학문과 실천의 삶에 대하여 살펴볼 것이다.

형이상적 패러다임에 의한 학문, 수기, 수행과 실천, 안인, 제도의 삶은 현상의 근원인 형이상의 본체를 찾아가는 초월적인 삶이다. 그리고 이어서 형이상의 패러다임에 의하여 도달한 경지를 주체로 살아가는 삶에 대하여 살펴볼 것이다.

형이상적 패러다임에 의하여 도달하는 경지를 바탕으로 전개되는 모두가 하나가 되어 사는 공생共生, 공존共存, 공영共榮, 공체共體, 공심共心의 삶은 생성적 패러다임, 창조적 패러다임에 의하여 이루어지는 자유로운 삶이다.

형이하적 패러다임을 통하여 현상 중심의 학문과 삶을 살펴보는 작업은 오늘날 인류가 인문학과 과학을 중심으로 학문을 하고, 삶을 사는 방법에 대한 분석을 통하여 현상 중심의 삶의 특징이 무엇이며, 한계가 무엇인지를 밝히는 작업이다.

형이상적 패러다임을 통하여 형이상의 근원을 향한 삶은 주역을 통하여 고찰하고자 한다. 주역은 현상 중심의 학문과 삶에 대한 반성적 해체로부터 출발한다. 그러나 비록 주역의 삶이 현상 중심의 삶을 해체하여 인간의 본래적 삶으로 되돌리는 작업임에도 불구하고 여전히 한계를 갖는다.

생성적 패러다임을 통하여 생성적 삶을 고찰하는 작업은 현상 중심의 삶과 본체 중심의 삶의 한계를 넘어서지만 양자를 포괄하여 양자가 둘이 아니게 사는 삶이다. 생성적 패러다임에 의한 삶을 살펴볼 수 있는 전적은 한국사상을 역학적 이론 체계에 담아서 나타내고 있는 정역正易이다.

정역은 수, 도상, 언어를 도구로 구성된 일종의 저작이지만 체계적으로 조직된 이론 체계는 아니다. 정역이라는 물건적 대상은 언제나 그것을 고찰하는 주체의 관점에 따라서 다양하게 드러난다. 이 책에서는 생성적 패러다임에 의하여 정역을 해체하고 다시 결합하여 수와 도상, 언어를 통하여 드러나지 않는 삶이 무엇인지를 살펴보고자 한다.

이러한 작업은 정역은 물론 정역에서 제시한 생성적 패러다임 자체도 하나의 고정된 틀이 아니어서 매 순간 다양한 장소에서 다양하게 생성됨을 나타내고자 한다. 만약 정역이나 생성적 패러다임에 관한 내용을 하나의 실체적 대상으로 이해하면 그것 역시 역설逆說이 되고, 독단獨斷이 된다.

온 우주가 둘이 아닌 신, 도, 본성의 차원에서 보면 역설, 자기 언급은 온 우주의 모든 존재를 이롭게 하고자 하는 마음이라는 프리즘을 통하여 때와 장소에 따라서 다양한 색채로 나타나는 현상이다.

우주도, 삶도 항상 새롭고 다양한 변화의 과정이자 신, 도의 드러남, 나타남이다. 해가 뜨고 지며, 바람이 불고 꽃이 피는 일도, 일상에서 만나고 헤어지며, 웃고 우는 삶의 모든 과정도 모두 지금 여기의 마음을 통하여 다양하게 나타나는 신, 도, 본성의 생성이다.

생은 나타남이고, 성은 사라짐이다. 나타남은 동시에 사라짐으로 나타남과 사라짐이 둘이 아니다. 사라짐은 나타남의 완성이고, 나타남은 사라짐의 새로운 시작이다. 이처럼 나타나고 사라지는 생멸의 현상이 그대로 생멸이 없는 도, 신의 작용이다.

제2부

현상적 패러다임과 평면적 분합의 물건적 삶

  오늘날 인류의 대부분은 현상적 패러다임을 근거로 학문을 하고 삶을 산다. 현상적 패러다임은 시간과 공간을 바탕으로 전개되는 사물의 세계를 낳는다. 이때 비록 사건과 물건이 서로 다르지만 사건과 물건을 막론하고 모두 실체적 존재이다.

  현상적 패러다임에 의하여 드러나는 사물을 이해하는 방법은 분석과 종합이다. 그것은 현상적 패러다임에 의하여 이루어지는 학문과 삶의 방법이 분석과 종합임을 뜻한다. 분석과 종합의 출발점은 세계, 삶을 이해하는 인간과 대상인 세계의 구분이다.

  인간은 주체이며, 대상인 세계는 객체이다. 주체인 인간과 객체인 자연을 구분한 후에는 다시 주체인 인간과 객체인 자연을 대상으로 분석을 한다. 인간과 자연을 대상으로 뇌과학, 신경과학, 생물학, 생명과학, 철학, 문학, 의학을 비롯하여 다양한 분야로 구분하여 접근을 한다.

  현상적 패러다임에 의하여 제기되는 이론 체계는 객체 중심의 세계관과 주체 중심의 세계관으로 나눌 수 있다. 그리고 객체 중심의 세계관은 주체와 객체인 자연을 별개의 존재로 여기고, 주체를 배체한 상태에서 오로지 자연을 대상으로 분석하고 종합하는 방법을 취한다.

객체 중심의 세계관에는 부분에 의하여 전체를 구성하는 세계관과 전체에 의하여 부분이 나타나는 세계관으로 구분할 수 있다. 부분인 원자에 의하여 자연을 구성하는 기계론적 세계관은 데카르트, 뉴턴에 의하여 형성된 근대과학의 세계관이다.

객체 중심의 세계관 가운데서 전체를 바탕으로 부분을 이해하는 방법이 있다. 그것은 세계, 자연을 하나의 거대한 생명체와 같은 생물학적 시스템으로 이해하는 유기체적 세계관을 통하여 파악할 수 있다.

주체 중심의 세계관은 20세기 이후에 나타난 양자역학, 상대성이론을 통하여 파악할 수 있다. 자연은 관찰자인 주체를 떠나서 별개로 존재하는 것이 아니라 관찰자의 관찰이라는 행위에 의하여 비로소 객체로서의 자연 현상이 나타난다. 그러면 현상적 패러다임에 의한 학문과 삶의 방법이 오로지 과학, 수학, 물리학, 생물학과 같은 자연을 대상으로 하는 학문에만 적용되는가?

만약 그렇다면 현상적 패러다임은 오로지 과학, 사회학에만 적용되는 패러다임이라고 할 수 있다. 그러나 오늘날에는 사회학, 과학만이 현상적 패러다임, 형이하적 패러다임에 의하여 학문을 하고, 삶을 사는 것이 아니라 인문학은 물론 삶마저도 형이하적 패러다임에 의하여 이루어지기 때문에 문제가 발생한다. 그러면 형이하적 패러다임에 의한 학문과 삶이 어떤 문제를 일으키는가?

실체적 세계인 자연을 대상으로 하는 과학과 과학의 도구로 기능해 온 수학은 자연과 인간을 철저하게 구분하는 것으로부터 시작한다. 그리고 인간을 주관적 실체인 주체로 이해하고, 자연을 객관적 실체인 객체로 규정한다.

인간과 자연을 주체와 객체로 구분하는 순간 객체인 자연을 대상으로 하는 학문인 과학과 주체인 인간을 대상으로 하는 인문학이 다를 수밖에 없다. 왜냐하면 인문학의 연구 대상인 인간과 과학의 연구 대상인 자연이 별개의 실체이기 때문이다.

그러나 인문학과 과학을 막론하고 인간이 학문을 하기 위하여 자연을 대상으로 하거나 인간을 대상으로 하더라도 인간과 자연의 어느 한 측면만을 중심으로 학문을 하고 삶을 살 수 없다. 학문의 주체를 중심으로 말하면 인문학, 사회학, 과학을 막론하고 모두 인간이 하는 인간학이자 인문학이다.

물론 자연 가운데 인간이 포함되기 때문에 사회학, 과학이 발달할수록 인간에 대한 지식, 정보가 늘어나서 과거와 달리 과학을 통하여 인간을 더 체계적이고 종합적으로 설명하고 이해할 수 있을 것이다. 그러면 인문학과 과학을 구분할 필요가 없는가?

우리는 여기서 실체적 관점에서 주체와 객체를 구분하여 주체를 대상으로 하는 인문학과 객체를 대상으로 하는 과학, 사회학을 구분한 주체가 인간이라는 점을 놓쳐서는 안 된다. 그것은 인문학, 사회학, 과학을 구분하면서도 분석과 종합의 학문 방법을 사용하는 주체가 인간임을 뜻한다. 따라서 인간이 인문학과 사회학, 과학을 통하여 나타내기 이전의 세계를 파악하는 것이 중요하다.

유럽의 학문은 그리스에서 자연철학으로 시작된 후에 끊임없이 학문의 통합을 추구해 왔을 뿐만 아니라 오늘날에도 여전히 학문의 통합을 추구한다. 서양의 학문이 시작된 이후 현대에 이르기까지 통합을 추구해 온 까닭은 바로 주체와 객체를 나누어서 학문을 시작한 전통에 있다.

주체와 객체를 나누고 다시 주체를 마음과 몸으로 나누고, 몸은 다시 세포로 나누며, 세포는 핵과 여러 구성 요소로 나눈다. 생물학을 넘어서 화학의 관점에서는 사람의 몸을 화학 요소로 구분하고, 물리학에서는 원자를 구성하는 미립자로 분석한다.

분석적 방법에 의하여 인간을 분석하여 미립자의 상태에 이르면 인간의 인간다움은 사라진다. 그러면 이와 달리 미립자를 다양한 형태로 결합하여 세포로 그리고 60조 내지 70조의 세포를 결합하여 육신을 만들고, 사람과 사람이 만나서 국가, 인류 사회를 형성하며, 지구와 태양계가 모여서 우리가 속한 은하계를 형성한다고 하여 인간과 다른 존재와의 구분이 가능한가?

인간의 육신을 바탕으로 사람과 사람이 만나고, 국가와 국가, 인류를 넘어서 태양계, 은하계, 우주로 확장할수록 인간의 다른 존재와의 차이는 사라진다. 이처럼 육신을 바탕으로 한 분합의 방법으로는 인간과 자연의 어느 것도 본질을 밝힐 수 없다.

오늘날 인류는 인간 자신을 중심으로 학문을 구분하여 인문학과 사회학, 과학이라고 말한다. 그리고 자신들이 구분한 학문을 다시 통합하고 그것을 바탕으로 여러 학문을 융복합하여 새로운 학문을 만들고자 한다.

학문의 통섭과 융복합이라는 시대적 요구의 바탕에는 인문학과 과학이라는 커다란 학문의 차이로부터 출발한다. 물론 인문학에 사회학을 포함시킬 수도 있고, 학문의 방법의 측면에서 과학에 사회학을 포함시킬

수도 있다.[52]

학문의 통섭과 융복합은 어느 시대나 있어 왔다. 그것은 의식에 의하면 학문은 언제나 통섭과 융복합이 필요함을 뜻한다. 학문의 통섭과 융복합은 단순하게 학문의 문제가 아니라 삶의 문제이다.

인문학과 과학을 동일한 차원의 서로 다른 학문으로 이해하면 양자가 모두 옳을 수 없는 모순 관계로 나타나고, 양자의 주장이 두 학문에 모두 통할 수 없는 역설로 나타나서 단지 서로의 주장을 나타내는 독단에 그치게 된다.

오늘날 우리 사회는 과학과 기술이 주도하면서 과학자들은 통섭과 융복합을 주장하고, 인문학자들이 수동적으로 이에 응하는 상황이 연출되고 있다. 과학은 시공이 일체인 자연을 대상으로 하는 학문이다. 근세의 과학에서는 자연을 인간과 무관한 객관적인 실체로 여겼다. 그러나 현대의 양자역학에 이르러서는 학문의 주체인 인간과 무관한 객관적인 실체로서의 자연이 있는가에 대한 의문이 제기되었다.

양자역학자들 가운데는 과학과 불교를 연관시켜서 시공을 구성하는 근본요소인 입자와 파동의 성격을 동시에 갖는 양자를 관념, 의식이라고 주장하기도 한다. 이때의 의식은 인지의 주체로 대상인 시공과 둘이 아니다.[53]

---

52 이 책에서 인문학을 논할 때는 사회학을 포함한 넓은 의미에서 사용할 것이다. 사실 모든 학문의 주체가 인간이라는 점에서 보면 인문학에는 모든 학문은 물론 종교, 예술을 비롯하여 모든 인간의 활동을 포함하는 인간학이라는 보다 넓은 의미도 있다.

53 Graham Smetham, 박은영 옮김, 『양자역학과 불교』, 홍릉과학출판사, 2012, 454-478.

의식은 육신인 두뇌에 속하는 일종의 기능이다. 그러므로 주체와 객체를 넘어선 형이상의 경지, 중도, 역도의 경계가 과학에서는 드러나지 않는다. 과학은 주체와 객체를 나누어서 양자가 하나일 수 없는 실체적 세계관을 바탕으로 전개된다. 그러면 분합의 학문 방법은 오로지 형이하의 현상을 대상으로 하는 과학이나 수학의 문제일 뿐인가?

형이상과 형이하를 구분하는 학문 방법 역시 분합적 학문 방법이다. 그것은 현상을 대상으로 분합이 평면적 차원에서 이루어지는 주객의 구분인 것과 달리 형이상적 패러다임에 의한 분합은 형이상과 형이하의 상하를 구분하는 분합의 차이가 있음을 뜻한다. 그러면 동일한 차원에서 이루어지는 주객의 분합은 없는가?

형이상의 경지를 추구하는 주역을 비롯하여 동아시아의 여러 사상에서도 지금 여기의 나를 중심으로 자신의 내면과 외면을 구분하여 인간과 세계를 이해한다. 그렇기 때문에 주역을 비롯하여 유가와 불가, 도가를 막론하고 인문학과 과학을 구분하기보다는 내도內道와 외도外道를 구분[54]한다.

내도는 지금 여기의 나의 심성 내면을 바탕으로 마음을 통하여 마음으로 드러나기 이전의 본성, 자성을 대상으로 하는 학문이다. 그리고 외도는 본성이 주체가 되어 이루어지는 작용에 의하여 드러나는 현상을 대상으로 하는 학문이다. 따라서 내도와 외도의 관계를 이해하기 위해서는 형이상과 형이하, 순과 역, 본체와 현상을 구분하여 이해하지 않을 수 없다.

주역에서는 내도를 인문人文으로 나타내고, 외도外道를 지문地文으로 나타낸다. 그리고 본성을 통하여 드러나는 천도天道의 경계를 천문天文으

---

54 『주역』 중지곤괘 문언, "君子는 敬以直內하고 義以方外하야 敬義立而德不孤하나니"

로 나타낸다.[55] 따라서 내외를 중심으로 천도와 지도를 관련하여 이해하면 천도가 드러난 천문과 인도가 드러난 인문 그리고 지도가 드러난 지문으로 구분하여 이해할 수 있다.

천문과 인문, 지문의 삼문을 지금 여기의 나인 인간을 중심으로 이해하면 지금 여기의 나의 내면을 중심으로 나타내는 세계인 인문과 나 밖의 경계를 중심으로 세계를 나타내는 지문 그리고 양자가 둘이 아닌 천문을 구분하여 나타낼 수 있다.

그러나 주역은 지문을 중심으로 인도를 드러내고 있다. 그렇기 때문에 물건적 관점에서 동물, 식물과 다른 인간을 중심으로 형이상의 도를 나타내고 있다. 따라서 주역에서 제시하는 인간의 삶을 한마디로 나타내면 대인의 도, 군자의 도이다.

주역에서는 물건적 관점에서 대인과 소인을 구분하고, 형이상과 형이하를 구분하며, 성과 명을 구분하여 성을 중심으로 살아가는 대인의 삶을 나타내어 대인의 도라고 말하고, 형이하의 명命을 중심으로 살아가는 삶을 나타내어 소인의 도라고 말한다.[56]

대인과 소인을 막론하고 삶은 학문과 실천이라는 두 측면이 있다. 이때 학문은 마음을 중심으로 인간의 삶을 나타내고, 실천은 육신을 중심으로 인간의 삶을 나타낸다. 이처럼 대인의 삶과 소인의 삶을 구분하는 것은 현상의 관점이다.

그러나 물리적 생명의 다양한 현상이 나타나는 육신의 언행을 중심으

---

55 『주역』 산화비괘山火賁卦 단사, "觀乎天文하야 以察時變하며 觀乎人文하야 以化成天下하나니라."
56 『주역』 계사상편 제4장, "其德行은 何也오 陽은 一君而二民이니 君子之道也오 陰은 二君而一民이니 小人之道也라."

로 인간의 삶을 나타내어 대인과 소인으로 나타내지만 본체인 본성은 아무런 구분이 없다. 그러므로 대인의 삶과 소인이 삶이 서로 다른 것은 오로지 작용에 있다.

인간이 어떤 마음으로 삶을 사느냐는 바로 본성을 현상에서 어떻게 드러내느냐의 문제이다. 그러므로 주역에서 길흉을 나타내지만 길흉은 고정되지 않고 변화한다고 말한다. 그러면 주역이 제시하는 길흉吉凶의 변화는 무엇인가?

주역에서는 흉을 길로 바꾸는 방법을 제시한다. 그것은 마음을 바꾸는 용심과 바뀐 마음을 시공에서 드러내는 운신에 의하여 이루어진다. 이처럼 용심법用心法과 운신법運身法의 변화[57]는 삶의 변화로 나타난다.

삶의 변화는 뜻의 변화로부터 시작된다. 그럼에도 불구하고 온 중생을 사랑하고, 모든 사람을 사랑하겠다는 거룩한 뜻으로 출가를 하거나 종교에 귀의한 성직자들이나 종교를 신앙하는 사람들이 말과 달리 거룩한 삶을 살지 못하는 것은 실천이 되지 않기 때문이다.

마음을 바꾸어서 육신이라는 물질이 자신이 아니라 본성이 자신임을 아는 것도 어렵지만 본성이라는 자신의 본래면목을 알고도 자신으로 살아가는 일 곧 대인의 삶, 군자의 삶을 살기가 어려운 까닭은 몸으로 실천하기가 더욱 어렵기 때문이다.

나 밖의 다른 사람의 삶을 비판하고, 남의 말이나 주장, 글을 비판하는

---

57 일반적으로 몸과 마음을 편의상 둘로 나누어서 나타내지만 몸과 마음이 둘은 아니다. 그러므로 심신心身을 운용하는 방법이 바로 삶을 변화시키는 방법이다. 역학에서 논하는 선후천변화는 지금 여기의 나와 무관한 별개의 변화가 아니라 바로 지금 여기의 나를 통하여 드러나는 변화인 점에서 심신을 운용하는 방법이자 삶의 방법을 바꾸어 살 때 나타나는 삶의 변화이다.

것은 쉽다. 밖을 향하는 시선을 돌려서 자신의 내면으로 향하기는 참으로 어렵다. 따라서 밖을 향하여 비판하는 자신이 어떤 존재인가를 파악하는 일은 더욱 어렵다.

그러나 인간으로서의 자신이 어떤 존재인가를 파악하는 것은 쉽다. 왜냐하면 본래 자신은 알고 모름을 넘어서 있기 때문이다. 알아도 자신이고 몰라도 자신이다. 그러면 굳이 힘들게 수행하고, 수도하며, 학문하여 자신을 알 필요가 있는가?

나 자신을 알고 자신으로 사는 사람의 삶은 자신도 이롭고 남도 이롭지만 자신이 어떤 존재인지를 모르고, 어떻게 살아야 하는지를 모르며, 사는 사람의 삶은 자신도 고통스럽고 남도 고통스럽다.

주역에서는 내도와 외도를 구분하여 내도를 중심으로 인간으로서의 자신이 어떤 존재인지를 파악하는 학문을 논하고, 외도를 통하여 자신으로 살아가는 삶의 방법을 논한다. 그것은 주역의 64괘가 집약된 중천건괘에서 대인의 도를 학문을 중심으로 나타내고, 중지곤괘에서 대인의 도를 실천을 중심으로 나타냄을 보면 알 수 있다.[58]

그런데 오늘날 우리 사회에서는 서구적인 학문 분류 방법을 사용하여 인문학과 사회학, 과학을 구분하여 나타내거나 인문학, 사회학·과학의 둘로 나누어서 나타낸다. 주역에서는 인문과 사회를 구분하여 중천건괘에서는 인문을 중심으로 인간의 삶을 나타내고, 중지곤괘에서는 사회, 세계의 관점에서 인간의 삶을 나타낸다.

---

58 몸과 마음을 구분하여 마음을 기준으로 내외內外를 나누어서 내면의 문제를 앎의 문제로 그리고 외면의 문제를 실천의 문제로 구분하여 삶을 두 측면에서 나타면 양자가 본래 둘이 아니기 때문에 양자를 하나로 합하는 합일合一의 문제가 발생한다.

그러나 한국역학의 전적인 정역에서는 천문을 중심으로 천문과 지문, 인문이 둘이 아님을 밝히고 있다. 비록 정역이 하나의 통일적인 이론 체계를 구성하여 역도를 나타내고 있지는 않지만 주역의 삼재의 도와 비교하여 이해하면 정역은 삼극三極의 도道[59]를 중심으로 이해할 수 있다.

삼극은 물건이 아닌 사건적 관점에서 시간성을 중심으로 역도를 나타내는 개념이다. 삼극의 도는 삼재의 도를 나타내는 주역이 작용의 관점에서 중천건괘와 중지곤괘를 중심으로 인도를 나타내는 것과 달리 본체인 삼극을 중심으로 역도를 나타낸다.

지금부터는 현상적 패러다임, 형이하적 패러다임에 의하여 전개되는 삶을 살펴보기 위하여 먼저 오늘날의 우리 사회에서 이루어지고 있는 인문학의 학문 방법이 언어를 대상으로 이루어지는 분합적 학문 방법임을 살펴보고, 이어서 과학의 도구인 수학을 중심으로 이루어지는 분합적 학문 방법에 대하여 살펴본 후에 마지막으로 현상적 관점에서 물건을 대상으로 이루어지는 분합적 학문과 그것을 바탕으로 이루어지는 삶이 어떤 한계를 갖는지를 살펴보고자 한다.

---

59 삼재의 도와 삼극의 도는 모두 주역에서 언급된 개념이다. 다만 주역은 물건적 관점에서 삼재의 도를 나타내고 있다. 그렇기 때문에 삼극의 도를 중심으로 역도를 나타낸 정역을 고찰할 필요가 있다.

1. 인문학과 언어 대상의
분합적 학문 방법

　동서와 고금을 막론하고 현상을 이해하는 방법은 같다. 예로부터 사람들은 현상의 세계를 인간과 인간 밖의 대상으로 구분하여 대상을 자연, 천지, 우주로 나타내는 분석적인 방법과 양자의 관계를 통하여 종합적으로 이해하는 분합分合의 방법을 사용하여 왔다.

　동아시아에서는 세계를 인간 자신인 기己와 인간 밖의 대상인 인人으로 구분하여 양자를 각각 내외內外[60]로 나타내었다. 그리스로부터 시작된 유럽학문의 전통에서도 인간을 주관적인 실체인 주체와 인간 밖의 대상을 객관적인 실체인 객체로 구분하여 나타낸다. 그러면 기己와 인人, 주체와 객체로 나누어서 끊어 내기 이전은 무엇인가?

　이것과 저것으로 나누어서 끊어 낼 수 있는 실체적 존재와 달리 무한한 존재가 있다. 인간과 자연을 창조한 신의 속성은 무한이다. 이때 유한한 존재인 인간과 같이 신도 실체적 존재이다. 그러므로 인간과 신은 둘이다. 따라서 인간은 결코 신의 속성인 무한을 알 수 없다. 그러면 신과 인간의 관계와 같이 무한과 유한은 별개의 실체인가?

　제논은 무한을 분절分節하여 유한으로 나타내면 역설逆說이 발생함을

60　논어에서는 나(己)와 남(人)을 구분하여 수기修己와 안인安人, 안백성安百姓을 논한다. 주역에서는 수기를 소사小事로 그리고 안인, 안백성을 대사大事로 구분하여 양자를 내외 관계로 나타내고 있다. 따라서 내외의 합일을 통하여 나와 세계가 하나가 되는 천인합일天人合一을 추구한다.

보여 주었다. 그것이 오늘날 우리가 말하는 제논의 역설이다. 이는 공간과 시간이 무한하게 분절될 수 있다면 운동이 불가능함을 뜻한다.

제논의 역설은 무한을 분절하여 나타낸 유한이 실재하지 않음을 역설적으로 보여 준다. 그것은 분절할 수 없는 경지를 무한의 신과 유한의 현상으로 나누고, 다시 유한을 인간과 자연으로 나누어서 끊어 내는 분절이 잘못된 것임을 뜻한다.

아리스토텔레스는 무한을 잠재적 무한인 가무한假無限으로 인정했지만 실제적인 무한은 인정하지 않았다. 그것은 무한을 신의 속성으로 규정한 이상 당연한 귀결이라고 할 수 있다. 신과 인간을 별개의 실체적 존재로 구분하여 둘로 이해하기 때문에 신과 인간은 결코 하나가 될 수 없듯이 인간과 자연도 하나가 될 수 없다.

무한이 유한으로 분절되어 나타나는 과정은 그대로 수학의 역사가 되었다. 그리고 현대수학에 이르러 집합을 통하여 수로 나타낸 무한은 여전히 가무한일 뿐으로 실무한實無限이 아님이 드러나면서 실무한은 신의 영역으로 돌아갔다. 그러면 동아시아에서는 어떤가?

동아시아에서는 인간을 물질의 경계에서 육신으로만 보지 않는다. 인간의 본래면목은 육신을 넘어선 본성이라는 형이상적 경계[61]이다. 인간의 본성은 현상의 근원인 도와 둘이 아니다. 이처럼 현상의 개체적 존재의 본성과 세계의 본질인 도가 둘이 아님을 신[62]이라고 말한다. 따라서 동아시아에서 인간을 기준으로 기氣와 인人을 구분하는 것은 유럽의 학

---

61 경계는 공간적인 위상을 가리키는 개념이 아니라 마음의 경지境地, 지혜의 깊이와 높이를 나타내는 개념이다. 따라서 지견智見, 패러다임에 따라서 드러나는 차원을 가리키는 개념이라고 할 수 있다.
62 『주역』계사상편 제5장, "陰陽不測之謂神이라."

문적 전통과 같지만 주체와 객체를 이해하는 태도는 서로 다르다.[63]

그럼에도 불구하고 오늘날 우리나라의 인문학을 연구하는 사람들은 과학의 학문 방법을 그대로 사용하고 있다. 그것은 오늘날 우리나라의 인문학자들이 고유한 전통적 학문 방법을 아직도 복원하지 못했음을 뜻한다.

현상과 근원, 본체와 현상, 형이상과 형이하를 구분했을 때 현상으로부터 근원인 형이상의 본체를 찾아가는 방향과 그와 달리 형이상의 근원인 본체를 형이하의 현상으로 끌어내리는 방향의 두 방법이 있다.

수학과 과학은 형이상의 신, 무한을 형이하의 유한, 현상으로 끌어내려서 분절하고, 종합하는 분합의 방법을 사용한다. 이처럼 형이상과 형이하, 유한과 무한, 신과 사물, 인간과 자연을 구분하여 나타내면 양자로 구분하여 나타내기 이전의 무한, 신, 형이상, 본체는 드러나지 않는다. 왜냐하면 영원과 순간, 무한과 유한으로 분절된 영원과 무한은 진정한 무한이 아니고, 영원은 진정한 영원이 아니기 때문이다.

영원하고 무한한 경지를 나타내는 신이라는 개념을 순간, 유한과 상대적인 개념으로 이해할 때 유한, 순간의 세계를 다시 주체와 객체의 인간과 자연으로 나누게 된다. 이처럼 무한하고 영원한 경지의 신과 유한하고, 순간적인 세계의 인간과 자연을 구분하여 나타내는 순간 주체인 인간과 객체인 자연 역시 끊임없는 분절의 대상으로 전락한다.

무한과 유한을 나누고, 유한의 세계를 다시 인간과 자연으로 분절하여

---

63 기와 인을 바탕으로 내외를 구분하지만 성명의 상하 합일을 통하여 내외의 합일을 추구하기 때문에 사람과 자연, 사람과 신을 엄격하게 구분하여 이해하는 서양적 사유와는 차이가 있다. 그것은 유물론적 관점에서 인간과 자연을 일종의 물질로 이해하는 것과 차이가 있음을 뜻한다.

이해하는 근저에는 형이하적 패러다임이 있다. 형이하적 패러다임은 정적靜的 세계, 물건적 세계, 인과적 관계, 감각적 세계, 지식의 경계, 다양성의 경계, 기능적 진화의 경계와 같은 수많은 특성으로 나타낼 수 있는 현상의 경계를 낳는다.

형이하적 패러다임에 의하여 인간의 삶을 나타내면 인간 자신이 어떤 존재인가를 설명하고 이해하는 학문과 학문을 통하여 소유한 지식을 실천하는 두 측면으로 나누어서 이해할 수 있다. 이는 인간을 몸과 마음으로 구분하여 마음을 중심으로 인간의 삶을 학문적 활동으로 나타내고, 몸을 중심으로 실천, 행으로 나타냄을 뜻한다. 그러면 몸과 마음은 다시 구분할 수 없는가?

분합적 방법에 의하면 마음도 역시 구분할 수 있다. 감각지각, 사고, 인식, 의지로 구분하기도 하고, 의식과 무의식으로 구분하기도 하며, 몸과 마음을 합하여 전오식과 제6식, 제7의 말라식, 제8의 아뢰야식으로 구분하여 심의식으로 나타내기도 한다.

분합적 방법에 의하면 몸 역시 다양하게 구분하여 나타낼 수 있다. 일반적으로는 몸을 안과 밖으로 구분하여 뼈와 살, 피부에 의하여 보호되는 장기와 혈관 등을 나눌 수 있으며, 머리와 몸통, 팔과 다리의 사지로 구분할 수도 있다.

그러나 머리는 다시 눈과 귀, 코와 같은 얼굴과 뒷면을 구분할 수 있고, 몸통도 역시 안팎으로 구분할 수 있으며, 사지 역시 여러 부분으로 구분하여 나타낼 수 있다. 이와 달리 생물학자들은 사람의 몸을 60조 내지 70조의 세포로 구분하고, 세포를 다시 핵과 여러 요소로 구분하기도 한다.

화학자들은 사람의 몸의 65%가 산소이고, 18%는 탄소이며, 10%는 수소이고, 그 밖에도 질소, 칼륨, 인을 비롯하여 철, 아연, 구리, 셀레늄으로 구성되었다고 말한다. 그렇다면 물리학자들은 인간의 몸이 어떻게 구성된다고 말할까?

물리학자들은 인간의 몸을 원자와 분자로 구성되었다고 말할 것이다. 그리고 양자역학자들은 양자에 의하여 인간을 설명하고 이해하고자 한다. 일부의 양자역학자들은 의식, 관념이 양자의 근원이라고 말하기도 한다.[64] 그러면 인문학의 관점에서 분합적 방법이 어떤 결과를 낳는가?

실체적 세계를 대상으로 하는 분합의 방법은 평면적 분합과 입체적 분합으로 나누어서 이해할 필요가 있다. 평면적 분합은 실체적 세계관을 낳는 형이하적 패러다임을 바탕으로 전개되는 것과 달리 입체적 분합은 형이상적 패러다임에 의하여 이루어진다.

평면적 분합은 형이상과 형이하라는 차원, 경지의 구분이 없는 동일한 차원, 동일한 경지에서 이루어지는 분합이기 때문에 수평적인 분합이자 동일한 차원의 분합이라고 할 수 있다. 그렇기 때문에 아무리 분합을 해도 분합 이전과 분합 이후의 차원의 변화, 경지의 변화는 없다. 그러면 차원의 변화, 경지의 변화가 없음이 무엇을 의미하는가?

형이하적 패러다임에 의하여 전개되는 시공의 현상 세계는 형이상의 근원이 없다. 그렇다고 하여 현상을 설명하고 이해하는 질서, 패턴, 법칙이 없는 것은 아니다. 형이하적 패러다임을 바탕으로 전개되는 여러 학문들이 찾고자 하는 질서, 패턴, 법칙은 현상의 일부인 물질적 현상, 화

---

64 Graham Smetham, 박은영 옮김, 『양자역학과 불교』, 홍릉과학출판사, 2012, 454-478.

학적 현상, 수의 변화 현상을 설명하고 이해하는 수리數理, 물리物理, 논리論理이다.

그리스에서 시작된 유럽의 학문적 전통이 시작부터 오늘날에 이르기까지 학문의 통합을 추구하고, 거시세계를 설명하는 상대성이론과 미시세계를 설명하는 양자역학을 통합하려는 까닭은 단순하게 이론이나 학문의 통합의 문제가 아니라 근본적으로 일부의 현상을 대상으로 하는 학문으로는 모든 현상을 설명할 수 없기 때문이다.

인문학적 관점에서 인간을 정신, 영혼과 물질, 육신으로 구분하여 양자를 중심으로 이해하는 유럽철학의 학문적 전통에서는 형이상의 근원인 본성, 자성, 불성이라는 개념이 없다. 철학보다는 종교의 관점에서 비로소 육신, 의식을 넘어선 형이상의 근원인 본성, 자성, 불성이 문제가 된다. 그러면 인간을 대상으로 하는 인문학의 분합적 학문 방법 가운데서 형이하적 패러다임에 의하여 이루어지는 분합적 학문 방법은 무엇인가?

일단 분합적 학문 방법은 주체와 객체를 구분하여 출발함은 이미 살펴본 바와 같다. 인간 자신을 대상으로 하는 분합적 방법에 의한 인문학의 구체적인 내용을 파악하기 위해서는 대상과 주체가 무엇인지를 살펴보지 않을 수 없다.

인간이 주체가 되어 자신을 대상으로 학문을 할 때 주체와 객체로 구분하여 이해할 수 있는 측면은 육신이다. 인간의 마음은 허공과 같아서 주체와 객체로 구분하거나 안과 밖으로 구분하고, 형이상과 형이하로 구분하여 나타낼 수 없다.

오로지 인간의 현상적 측면인 육신을 의식과 대상으로서의 몸으로 구분하여 이해할 수 있다. 유식학에서는 의식을 전오식과 6, 7, 8식으로 구분하고, 8식이 견분과 상분으로 구분되어, 각각 6, 7식과 전5식으로 나타난다고 말한다.

현대의 뇌과학자들이나 인지과학자들은 의식을 뇌의 기능으로 이해하고, 의식을 바탕으로 육신을 이해한다. 이때 발생하는 문제가 있다. 그것은 바로 인간을 마음과 몸으로 구분하거나 육신의 기능인 의식에 의하여 오로지 몸 하나로 이해하거나를 막론하고, 그렇게 분합하는 주체가 누구인가의 문제이다.

유식학자들도 의식을 넘어선 자성, 불성, 중도의 경지에 이르고자 한다. 그들은 식을 바꾸어서 지혜에 이르는 전식득지를 논한다. 이때 전식득지轉識得智 하는 주체는 식과 지혜를 넘어선 존재이어야 한다. 그렇지 않으면 식과 지의 어느 한 측면에 함몰될 수밖에 없다. 그러면 인문학을 분합적 방법에 의하여 연구할 때 어떤 결과가 나타나는가?

인문학의 연구 대상인 인간 자신을 분합적 방법에 연구할 수 있는 것은 하나의 경우밖에 없다. 인간이 자신을 연구하는 인문학적 관점에서 만나는 문제는 자신이 연구하는 주체와 대상으로서의 자신으로 구분되어 항상 자신의 일부를 밝힐 수 있을 뿐으로 전체를 밝힐 수 없다. 그러면 어떻게 할 것인가?

이미 인간이 어떤 존재인가를 파악하고 그 내용을 밝힌 연구 성과를 대상으로 학문을 하는 방법이다. 비록 자신이 직접적인 자신을 대상으로 연구하지는 않더라도 다른 사람에 의하여 연구된 성과를 대상으로 하는 간접적인 방법에 의하여 연구할 수 있다. 그러면 인간이 어떤 존재인가에 대한 연구 성과를 대상으로 연구하는 분합적인 방법에 대하여 하나의 예를 살펴보자.

의식에 의하여 대상을 분합하는 방법으로 인문학을 하는 예는 한국성리학자들에 의하여 제기된 인물성동이논쟁人物性同異論諍이다. 18세기 초기에서 시작하여 20세기 초반에 이르기까지 200년 동안 전개된 인물성동이논쟁은 인간의 본성과 동물의 본성이 같은가, 다른가에 대하여 한원진韓元震과 이간李柬을 중심으로 두 사람의 의견에 동조하는 학자들 사이에 일어난 논쟁이다.

이 논쟁은 글자 그대로 성리학자들 그것도 율곡 문하의 학자들 사이에서 일어난 학술논쟁이다. 그렇기 때문에 이 논쟁을 학문적인 일로 이해할 수 있다. 다만 인물성동이논쟁이 학술적인 논쟁이라고 하여도 과연 수기와 관련된 것인가는 다른 문제이다.

그들의 논쟁은 율곡栗谷의 이통기국理通氣國이라는 하나의 주장을 바탕으로 전개된다. 그들은 동일한 하나의 대전제로부터 서로 다른 결론을 도출하였다. 그리고 그들은 상대방의 주장은 그르고 자신의 주장은 옳다고 말한다. 그러면 그들의 주장은 무엇인가?

이간李柬은 인간의 본성과 사물의 본성이 같다는 동론同論을 주장하고, 한원진韓元震은 인간의 본성과 사물의 본성이 다르다는 이론異論을 제기한다. 이때 두 사람이 자신들의 주장이 옳음의 증거로 제시하는 내용이 모두 주희朱熹의 주장이라는 점에서는 같다.

주희는 중용과 맹자의 내용을 해석하는 과정에서 서로 다른 주장인 인물성동론과 인물성이론을 제시하였다. 이처럼 동일한 한 사람에 의하여 제시된 서로 다른 주장은 동시에 옳을 수 없는 모순 관계를 형성한다. 따라서 주희의 주장을 근거로 하여 제시되는 이간과 한원진의 인물성동이

논쟁 역시 모순관계일 수밖에 없다. 그러면 그것이 무엇을 의미하는가?

오늘날의 우리가 두 사람의 논쟁을 살펴보면 이간과 한원진의 주장이 양립할 수 없는 모순일 뿐만 아니라 그들이 자신들의 주장이 옳음의 근거로 제시하는 율곡의 이통기국理通氣局, 이일분수理一分殊도 양립할 수 없는 주장을 내포하고 있고, 율곡이 근거로 하는 주희의 이기론 자체도 양립할 수 없는 모순 관계를 이루는 이간離看과 합간合看을 동시에 제시하고 있다.

우리는 여기서 중요한 문제를 파악해야 한다. 그것은 이간과 한원진, 그리고 퇴계와 율곡은 물론 주희가 전제로 하는 도, 본성, 인간과 동물이라는 고정되어 변화하지 않는 실체적 존재가 있음을 전제로 하는 실체적 세계관을 수용할 것인가이다.

만약 천도와 인도라는 도 그리고 인간이 실체적 존재가 아니어서 둘이 아니라면 인간의 본성과 동물의 본성이 같은가 다른가의 문제 자체가 발생하지 않는다. 고정된 인간으로서의 내가 없고, 고정된 실체로서의 세계와 사물이 없다면 사람의 본성과 동물의 본성은 물론 양자가 같은가 다른가의 문제가 발생하지 않는다.

고정된 세계가 없어서 현상과 본체가 모두 변화하는 세계관, 인간관에 의하면 도, 역도와 그것이 드러난 인간의 본성, 사물의 본성이 고정되지 않기 때문에 유무有無를 벗어나 있다. 따라서 동이同異를 논할 필요가 없다. 그러면 인물성동이논쟁을 어떻게 이해할 수 있는가?

인물성동이라는 주제는 그 안에 모순관계를 이루는 개념들이 포함되어 있다. 인과 물이라는 구분을 나타내는 개념을 통하여 이것과 저것으로 구분하여 나타낼 수 없는 성품이라는 개념을 사용하였을 뿐만 아니라 동이라는 분별이 없는 성품의 경지를 동이로 나타내고 있다. 따라서 인물성동이라는 주제 자체가 그대로 모순 관계를 이루는 수많은 주장으로 나타나지 않을 수 없다. 그러면 이 문제가 단순하게 주제에 의하여 일어나는 문제인가?

만약 모순 관계를 이루는 주장이 나타나는 까닭이 인물성동이라는 주제 자체의 문제라면 주제를 바꾸면 된다. 본성이라는 개념은 형이상적 경지를 나타낸다. 형이상적 경지는 시공을 초월하기 때문에 형상이 없다. 따라서 본성은 동물과 식물, 인간으로 구분하여 나타낼 수 없다. 따라서 인성과 물성이라는 개념 자체가 성립할 수 없다.

만약 인성과 물성이라는 개념을 인간과 사물의 성품이 둘이 아님을 나타내기 위해서 사용했다면 동이라는 개념은 인물성이라는 개념과 함께 사용할 수 없다. 따라서 인물성동이라는 주제 자체가 성립할 수 없다. 그러면 이 문제가 단순하게 주제의 문제인가?

인물성의 동이가 성리학자들에 의하여 제기되었기 때문에 인물성동이의 주제를 성리학의 관점에서 살펴볼 필요가 있다. 성리학은 주희에 의하여 제시된 일종의 이론 체계이다. 그것은 공맹의 근본유학을 재해석하여 새롭게 이론 체계화한 신유학이라는 점에서 그렇다.

주희는 십익의 도기론道器論과 이천伊川의 이일분수론理─分殊論, 이기론理氣論 그리고 장재張載의 심통성정설心統性情說을 비롯하여 여러 사람들의 주장들을 집대성하여 성리학을 구성하였다. 따라서 그의 성리학에는 모순관계를 이루는 수많은 주장들을 포함하고 있다.

인물성동이 논쟁에 참여한 사람들이 제기하는 다양한 주장들은 모두 형이하의 물리적 시공의 차원에서 평면적으로 전개되고 있다. 이간은 공간적 이위異位를 바탕으로 인물성논쟁, 미발심성론을 제기하였고, 한원진은 시간적 동시同時를 바탕으로 인물성논쟁과 미발심성론을 제기하였다.

한원진과 이간의 주장이 시공의 차원에서 벗어나지 못하는 한계는 두 사람의 주장을 회통적 관점에서 종합하고자 했던 이철영의 동위이시同位異時를 바탕으로 전개되는 주장[65]에서도 여전히 나타난다.

만약 오로지 물리적 시공의 차원에서 인물성人物性, 미발심성未發心性을 고찰하면 형이상의 이理, 성품이 드러나지 않을 뿐만 아니라 형이상과 형이하의 관계를 체계적으로 나타낼 수 없다. 그들이 율곡의 이통기국理通氣局, 주희의 이일분수理一分殊라는 동일한 대전제에 의하여 주장을 제기하면서도 서로 다른 주장을 용납할 수 없는 까닭이 여기에 있다. 그러면 어떻게 이해할 것인가?

이理와 기氣는 본체와 현상의 두 측면에서 본질을 나타낸다. 그리고 양자의 본질과 특성, 관계를 나타내는 나에 있어서 이와 기는 그대로 성품과 육신이다. 이때 중요한 것은 이와 기를 바탕으로 성품을 논할 때 그것을 논하는 관점이 어딘가의 문제이다.

본체와 현상을 구분하고, 양자의 관계인 작용을 논하는 주체는 인간이다. 인간의 관점에서 보면 본체와 현상은 성품과 육신이고, 작용은 마음이다. 그러므로 이理와 기氣를 나와 무관한 실체적 존재로 이해할 것이 아니라 나의 문제로 주체화, 내면화하여 이해하는 것이 필요하다. 그러면 본연지성本然之性과 기질지성氣質之性은 무엇인가?

본연지성과 기질지성은 서로 다른 성품을 나타낸 개념이 아니다. 본체의 차원에서 성품을 나타내는 개념이 본연지성이며, 현상의 차원에서 성

---

65 홍정근, 『호락논변의 전개와 현대적 가치』, 學古房, 2021, 319-367.

품을 나타내는 개념이 기질지성이다. 따라서 본체와 현상의 관계를 분명하게 파악하는 것이 필요하다.

본연지성의 작용을 나타내는 성선설性善說은 본체에서 현상을 향하는 순방향이다. 그것은 사람의 본성은 항상 작용하여 현상으로 드러남을 뜻한다. 그러나 현상의 측면에서 보면 대인과 소인, 성인과 속인의 삶이 다르다. 그렇기 때문에 현상에서 본체를 향하는 작용인 수기가 필요하고, 본체에서 현상을 향하는 작용인 치인이 필요하다. 그러면 왜 동일한 본성에 의하여 나타나는 현상에서 대인의 삶과 소인의 삶이 서로 다른가?

본성이 현상에서 드러날 때 선과 악으로 고정된 것이 아니라 어떻게 작용하느냐에 따라서 결정된다. 그렇기 때문에 본체인 성품, 본연의 성품을 그대로 드러내면 현상에서는 대인, 성인의 성품이라고 할 수 있다.

그러나 본성이 있음도 모르고 사물을 따라서 마음을 쓰고, 그것을 다시 언행으로 드러내면 현상의 언행의 관점에서 기질지성氣質之性이 악으로 드러난다고 할 수밖에 없다. 그렇기 때문에 본체의 관점에서 성을 나타내고, 작용의 관점에서 성을 나타낼 수 있다.

만약 현상의 관점에서 성삼품설性三品說이나 성삼양설性三樣說을 제기하면 본체의 관점에서 성품을 논하는 동론자同論者들에 의하여 비판을 받을 수밖에 없다. 그렇다고 하여 본체의 관점에서 인간의 성품과 사물의 성품이 같다고 주장하면 이론자異論者들에 의하여 현상의 측면에서 성인과 소인의 언행이 같지 않음을 들어서 비판을 받을 수밖에 없다. 그러면 어떻게 할 것인가?

인물성동이논쟁에 관한 모든 주장들이 하나의 의미를 가진 주장들이 되기 위해서는 형이하의 동일한 차원에서 논쟁을 이해하지 않고, 형이상과 형이하의 두 차원을 바탕으로 양자를 서로 다른 차원에서 이해하는 것이 필요하다.

만약 한원진과 이간의 주장의 제기되는 차원이 서로 다르다면 양자가 모두 의미를 가질 수 있는 옳은 주장이 될 수 있다. 현상적 패러다임에 의하면 두 사람의 주장이 모두 옳을 수 없지만 형이상의 패러다임에 의하면 두 사람의 주장이 모두 옳다.

당시나 오늘날을 막론하고 두 사람의 주장을 동일한 차원에서 모순관계로 이해하여 서로가 상대방을 인정하지 않고, 시비를 논하는 관점에서 벗어나야 한다. 이와 더불어 양자의 주장이 모두 의미를 갖기 위해서는 단순하게 하나의 주장에 그치지 않고 주장을 제기하는 주체인 인간 자신과 둘이 아닌 차원에서 이해되어야 한다.

그것은 주장을 제시하는 주체와 대상인 주장을 둘로 나누어서 이해하는 관점을 벗어나서 주장을 제기하는 주체의 심성 내면으로 들어와야 함을 뜻한다.

인문학의 학문적 특성은 바로 학문을 하는 주체와 학문을 하는 대상이 하나이다. 인문학은 주체와 객체로 나누어지지 이전의 불이不二의 경지에서 학문을 한다. 따라서 주체와 객체를 나누어서 객체적인 대상을 분합하는 학문의 방법으로는 인문학이 추구하는 인간 자신의 본래면목을 파악하고, 그것을 바탕으로 인간의 삶을 찾을 수 없다.

우리는 공자가 박문약례博文約禮의 수기修己를 학문의 방법으로 제시한 예를 통하여 이 문제의 성격을 파악할 수 있다. 그는 나와 밖의 사물, 문장을 만나는 박문博文을 통하여 지식, 정보를 수용한 후에 그것을 다시 나의 내면으로 주체화하여 내 안의 나 아닌 나와 둘이 아님을 확인하는

약례約禮를 제시한다.

박문을 바탕으로 한 약례는 지식을 전달하는 남과 지식을 전달받는 나 그리고 지식의 셋이 하나의 근원으로부터 비롯하였음을 확인하는 과정이다. 그렇기 때문에 박문약례를 앎을 중심으로 나타내어 깨달음을 얻는다고 말할 수 있을 것이다.

그러나 본래의 자기 자신을 확인하는 점에서 이전과 다름이 없기 때문에 굳이 깨달음이라고 나타낼 필요가 없다. 다만 박문약례가 되지 않으면 삶 가운데서 실천으로 드러나지 않기 때문에 박문약례의 결과를 덕德으로 제시한다.

박문약례는 수기의 방법인 동시에 학문의 방법이다. 그리고 학문은 반드시 덕德을 갖추어 실천하는 결과를 낳는다. 만약 그렇지 않으면 길거리에서 남의 말을 듣고 다시 다른 사람에게 전달하는 일종의 전달자에 불과할 뿐으로 수기를 하는 군자라고 할 수 없다. 공자는 "길거리에 듣고 다시 길거리에서 말함은 덕을 버림이다."[66]라고 하여 이 점을 강조한다.

만약 어떤 사람이 주희라는 다른 사람의 주장을 자의적으로 활용하여 새로운 주장을 내세우는 것에 그친다면 그의 주장은 공자가 말한 도청도설道聽塗說에 불과하다. 그러한 주장은 수기를 하는 학문이 아닐 뿐만 아니라 안인, 안백성을 내용으로 하는 치인도 아니다.

한 사람의 주장이 다른 사람을 이겨서 자신의 존재 가치를 드러냄으로써 생명을 보존하기 위한 투쟁의 도구가 아니라 자신도 이롭고 남도 이로운 행위가 되기 위해서는 박문약례를 바탕으로 제기되는 치인治人의

---

66 『논어』양화陽貨, "子曰 道聽而塗說 德之棄也"

방법[67]으로서의 주장이 되어야 한다.

우리는 여기서 공자가 수기, 극기복예위인, 박문약례를 제시한 까닭을 살펴볼 필요가 있다. 우리가 하나의 주장을 제기하면 반드시 새로운 반대의 주장이 제기되지 않을 수 없다. 그리고 두 개의 주장이 대립하면 양자가 모두 옳을 수 없는 모순에 떨어진다.

그리고 오로지 자기의 주장이 옳다고 하면 감정이 개입되어 다른 사람의 목숨을 서슴없이 빼앗을 뿐만 아니라 그것을 자랑스럽게 여긴다. 우암尤庵이 백호白湖의 주장을 사문난적斯文亂賊으로 몰아서 죽인 것이 바로 이러한 예이다.

사실 주장은 설사 어떤 주장이라도 제기되는 순간 반드시 다른 주장을 낳는다. 그리고 앞의 주장과 새로운 주장이 모두 옳은 주장이 될 수 없다. 그렇기 때문에 어떤 주장을 막론하고 주장 자체는 독단이라고 하지 않을 수 없다. 혹자는 이러한 주장을 자기 언급에 의하여 이해하면 역설이라고 주장할 것이다. 그러면 어떻게 할 것인가?

만약 인물성의 동이에 대하여 논쟁에 참가한 사람들이 스스로 자신의 본성을 파악했다면 동이논쟁 자체를 벌이지 않았을 뿐만 아니라 설사 자신의 주장을 제기하더라도 자신의 주장만이 옳다는 시비是非를 논하지 않는다.

또한 자신의 주장이 타당함을 논증하기 위하여 굳이 율곡이나 주희의 주장들을 증거로 제시할 필요도 없다. 결국 논쟁을 제시하는 사람들 스스로 자신의 마음을 알고, 마음으로 드러나는 본체인 성품을 알아서 천

---

67   이현중,『내 안의 참나와 논어사상』, 지식과감성#, 2022, 124-252.

지의 근원인 도를 파악[68]하지 못하고, 오로지 남의 주장을 근거로 하여 자신의 주장을 제기하였기 때문에 시비의 논쟁이 일어나고 다른 사람의 주장을 수용할 수 없었던 것이다. 그러면 자신의 본성을 자각하지 못한 사람은 어떤 주장도 하지 말아야 하는가?

설사 어떤 사람이 어쩔 수 없는 상황에서 하나의 주장을 제기하더라도 그것이 반드시 옳다거나 그르다는 시비의 마음이 없을 뿐만 아니라 주장 역시 자신이 했다는 생각이 없어야 한다. 그것은 어떤 주장이라도 오로지 상대방을 이롭게 하고자 하는 뜻으로 주장을 제기해야 함을 뜻한다.

어떤 주장을 제기하거나를 막론하고 주장을 제기하는 사람의 마음이 중요하다. 어떤 사람이 하나의 주장을 제기할 때 그가 어떤 목적에 의하여, 어떤 뜻으로 주장을 제기하느냐가 중요하다.

공자가 학문의 방법으로 제기한 박문약례는 다양한 사람의 주장을 대상으로 그것을 무작정 따르기보다는 어떤 주장이라도 주체화, 내면화하여 주장이 제기되는 근원을 파악함이다. 오늘날 우리가 과거의 다른 사람들에 의하여 제기된 인물성동이논쟁을 이해하는 방법 역시 주장에 끌려가지 않고, 그것이 제기된 근원으로 돌아가서 주장을 대하는 나와 둘이 아닌 본성을 파악해야 한다.

공자는 주장, 이론을 대하는 방법을 형이상과 형이하의 두 차원을 구분하여 제시한다.[69] 그는 형이하의 현상으로부터 형이상의 근원을 향하는 방향에서는 수기를 제시하고, 형이상의 근원으로부터 형이하의 현상을 향하는 방향에서는 안인, 안백성을 제시한다.

---

68 『맹자』 진심장구상盡心章句上, "孟子曰 盡其心者, 知其性也. 知其性, 則知天矣"
69 『논어』 자한子罕, "子曰 吾有知乎哉 無知也 有鄙夫問於我 空空如也 我叩其兩端而竭焉"

인간과 삶에 대한 수많은 주장, 이론 체계, 사상들을 인문학적 관점에서 수용하는 방법은 일차적으로 자기 내면으로 내재화, 주체화하여 합일하는 방법과 더불어 이차적으로 불이不二의 경계를 불일不一의 경계로 대상화, 객체화하는 분생分生의 방법이다.

주체와 객체를 나누어서 객체인 이론 체계, 사상을 대상으로 분합하는 실체적 분합의 방법은 항상 또 하나의 새로운 주장, 이론, 사상을 만들어 낼 뿐으로 주장과 주장, 이론과 이론, 사상과 사상 사이에 발생하는 모순, 역설을 해결할 수 없다.

그리고 형이하의 현상을 중심으로 제기되는 실체적 관점에서 아무리 인문학을 연구해도 인간 자신에 대한 지식, 정보를 얻을 수 있지만 정작 자신이 어떤 존재인가는 파악할 수 없다. 따라서 인문학의 주체인 내가 누구이며, 어떻게 살 것인가의 문제는 해결할 수 없다.

형이하적 패러다임에 의하여 인문학을 분합적 방법으로 학문을 해도 학문을 하기 이전과 다르지 않을 뿐만 아니라 오히려 학문을 통하여 파악한 수많은 정보, 지식이 자신의 마음 안에서 서로 충돌하여 고통스러운 삶을 살게 된다.

언제 어디서나 항상 시대와 상황에 맞도록 과거의 주장, 이론을 재해석함으로써 새로운 의미와 가치를 부여하는 작업이 바로 지금 여기에서 한국인으로서의 내가 학문함의 의미이다. 만약 여전히 남이 제시한 이론 체계를 대상으로 그의 주장에 갇혀서 그의 주장을 따르면 반드시 모순, 역설에 빠져서 다른 주장을 수용할 수 없다.

학문의 과정에서 수많은 주장, 사상, 이론을 만날 때마다 그 주장에 끌려 나가서 의식에 의하여 시비를 논하고, 선악을 논하며, 미추를 논하면 마음이 편안하지 못하다. 불편한 마음으로 생활을 하면 삶이 항상 불편하고, 불안할 뿐만 아니라, 갈등 속에서 살기 때문에 고통스럽다. 따라서 반드시 의식의 분합적인 학문 방법, 삶의 방법을 벗어나야 한다.

　오늘날 인문학자들이 서로 소통하지 못하고, 서로 믿지 못하며, 서로 돕고, 서로 살리며, 서로를 새롭게 하고, 서로가 서로를 지혜롭게 하는 삶을 살지 못하고, 항상 대립과 반목으로 갈등하며 삶을 사는 까닭은 바로 의식에 의한 분합이라는 그릇된 학문 방법, 잘못된 삶의 방법으로 살기 때문이다.

2. 수학, 과학과 자연 대상의 분합적 학문 방법

오늘날 우리 사회에서 인문학의 학문 방법으로 사용하는 분합의 방법은 그리스에서 시작된 유럽의 학문 전통에서도 나타난다. 그리스에서 시작된 유럽 학문의 흐름을 보면 인간과 자연을 구분하고, 자연과 인간을 창조하여 운행시키는 신을 전제로 하여 출발하였다. 이는 인간을 주체로 하여 대상인 자연을 객체로 하는 실체적 세계관을 바탕으로 주체와 객체를 넘어선 신을 전제로 하여 유럽의 학문이 발달하였음을 뜻한다.

그리스인들은 우주가 수학적으로 짜여 있으며, 수학이 자연 곳곳에 내재되어 있기 때문에 자연의 구조에 관한 진리가 수학이라고 생각하였다. 그들은 우주에 법칙과 질서가 있으며, 수학이야말로 자연의 질서를 밝혀내는 열쇠로 여겼다. 그리고 우주의 계획을 꿰뚫어서 수학적 구조를 밝혀낼 수 있는 것이 바로 인간의 이성이라고 생각했다.

인간과 자연을 다스리는 존재는 신이다. 그러므로 인간이 수학을 통하여 인간 밖의 자연을 탐구하는 일은 곧 신의 뜻을 파악하는 일이다. 케플러는 "외부 세계를 탐구하는 주된 목적은 하느님이 세워 놓고 수학의 언어로 우리에게 제시한 합리적 질서와 조화를 발견해 내는 것이다."[70]라고 하였다.

---

70 모리스 클라인, 심재관 옮김, 『수학의 확실성』, 사이언스북스, 2022, 59.

신과 인간 그리고 자연이라는 세 요소는 고정되어 변화하지 않는 실체적 존재이다. 이때 자연의 중심에는 인간이 있다. 아리스토텔레스는 지구와 달을 포함한 지상계는 직선운동을 하며, 달 위에는 원운동을 하는 천상계가 있어서 지구를 중심으로 여러 층의 천구가 서로 겹쳐 있다고 하였다.

신과 인간 그리고 자연을 구분하여 삼자의 관계를 중심으로 자연을 설명하고 이해하는 과학이 신이 중심이 된 종교적인 세계를 넘어선 것은 근대 이후의 일이다. 뉴턴, 데카르트와 같은 근대의 학자들에 의하여 비로소 종교에서 벗어나서 수학을 바탕으로 한 과학이 본격적으로 발달할 수 있는 토대가 마련되었다.

칸트는 어떤 이론을 막론하고 그 이론이 엄밀하고 과학적인가는 전적으로 그 안에 담긴 수학의 양에 따라서 결정된다고 할 정도로[71] 수학을 중요하게 여겼다. 이처럼 수학과 자연 탐구를 하나로 묶는 일은 19세기 후반까지도 계속되었다.[72]

그러나 칸트는 이성은 결코 물체를 알 수 없으며, 오로지 물체로부터 경험적으로 얻은 재료를 통하여 이성의 범주에 의하여 구성된 지식만을 얻을 수 있다는 구성설構成說을 제시하였다. 그것은 주체와 객체를 나누어서 이성을 통하여 대상으로서의 자연을 연구하면 결코 자연을 파악할 수 없음을 뜻한다.

현대에 이르면 인간에게 주어진 신의 권능인 이성이 힘을 잃고, 천동설이 지동설로 바뀌며, 신이 물리로 대체되고, 이성이 무의식에게 전권

71　모리스 클라인, 심재관 옮김, 『수학의 확실성』, 사이언스북스, 2022, 93.
72　모리스 클라인, 심재관 옮김, 『수학의 확실성』, 사이언스북스, 2022, 58.

을 내주면서 자연의 선택에 의하여 이루어지던 진화 역시 인간의 선택에 의하여 이루어진다고 주장하기에 이른다.[73]

현대의 과학자들은 의식에 의하여 인류의 미래가 새롭게 창조되는 진화를 꿈꾼다. 그들은 과학과 기술의 발달에 의하여 휴먼을 넘어선 포스트 휴먼으로 진화하고, 진화한 포스트 휴먼은 지구를 벗어나서 우주를 경영할 것이라고 기대한다. 바로 인간이 신이 되어 우주를 경영하겠다는 뜻이다.[74] 그러면 물리적 차원에서 지구를 벗어나서 우주를 경영하는 것이 신이 하는 일인가?

유럽의 학문적 전통은 자연의 근원인 신으로부터 출발하였지만 과학을 통하여 자연으로부터 신을 축출하고, 인간으로부터는 정신, 영혼, 마음을 배제하여 결국은 육신이라는 물질로 환원시켰다. 그것은 인간과 자연, 신을 모두 물질로 환원시켜서 통합[75]하는 하향의 축소화의 과정이다. 앨빈 토플러는 서양문명의 특징을 분합의 관점에서 다음과 같이 밝힌다.

> 근대 서양문명의 가장 발달된 기술의 하나는 분해이다. 즉 어떠한 문제도 작은 성분들로 쪼개는 것이다. 우리는 이와 같은 일을 매우 잘하며, 실은 이 때문에 그 성분들을 다시 맞추는 것을 종종 잊어버리곤 한다.[76]

분석은 항상 종합, 통합을 전제로 한다. 그렇기 때문에 일단 분석을 하

---

73 유발 하라리, 조현욱 옮김, 『호모사피엔스』, 김영사, 2016, 6-7.
74 유발 하라리, 조현욱 옮김, 『호모사피엔스』, 김영사, 2016, 587.
75 레이 커즈와일, 김명남 외 옮김, 『특이점이 온다』, 김영사, 2017, 472-509.
76 앨빈 토플러, 「과학과 변화」, 일리야 프리고진·이사벨 스텐저스, 신국조 옮김, 『혼돈으로부터의 질서』, 자유아카데미, 2013, 7.

면 그것을 바탕으로 종합, 통합을 하지 않을 수 없다. 다만 분석을 통하여 도출된 요소들을 중심으로 전체를 짜맞추는 종합, 통합과 통합을 바탕으로 부분을 나타내는 것은 차이가 있다.

분석을 통하여 도출된 원자를 바탕으로 물질을 구성하고 자연을 구성하는 기계론적 세계관을 바탕으로 구성된 근대과학은 자연과 대화하고자 하였지만 자연을 생명이 없는 자동기계로 만들어서 침묵하게 했다.

현대의 과학자들은 인간의 물질화에 의한 하향 축소화를 인간의 진화라고 생각한다. 그들은 육신을 인간으로 여기기 때문에 물질이 갖는 현상인 태어남과 죽음, 살아 있음과 죽어서 사라짐이라는 이분법적인 패턴에 의하여 인간을 이해하고 설명한다. 그러면 신과 인간을 버리고 물질로 달려가는 현상은 무엇을 의미하는가?

우리는 수학을 통하여 형이상의 경지, 종교의 차원을 버리고 물질로 하향 축소화하는 현상이 무엇을 의미하는지를 파악할 수 있다.

신의 영역인 무한과 상대적인 유한의 세계에는 인간과 자연이 있다. 인간은 수라는 도구를 통하여 자연의 질서를 파악하고자 한다. 이때 자연을 대상으로 하는 과학은 수학이라는 도구에 의하여 학문을 한다.

가우스는 "수학은 과학의 여왕이며, 산술은 수학의 여왕이다. 산술은 간혹 옥좌를 떠나 천문학을 비롯한 다른 자연 과학에게 은혜를 베푸는 수고를 하지만 산술이 있어야 할 자리는 본래의 옥좌이다."[77]라고 말했다. 그러면 수학의 연구 대상인 수는 무엇인가?

수학이 발전하면서 20세기에 이르러 수학자들은 과학을 벗어나서 수학 자체에 집중하였다. 그들은 허물어진 수학의 엄밀성을 확보하고자 하

---

[77] 모리스 클라인, 심재관 옮김, 『수학의 확실성』, 사이언스북스, 2022, 489.

였다. 그 과정에서 수학의 본질에 대하여 직관주의, 논리주의, 형식주의, 집합론과 같은 다양한 주장들이 제기되었다.

논리주의, 형식주의, 집합론을 주장하는 수학자들의 공통점은 수를 물건과 같이 실체적 존재로 인식한다는 점이다. 그들은 시공의 어딘가에 설사 인간이 살지 않은 다른 우주일지라도 수가 존재한다고 생각한다.

러셀을 비롯한 논리주의자들은 수학을 언어에 의하여 구성된 명제처럼 논리학을 통하여 엄밀한 학문으로 정립함으로써 역설을 벗어나고자 하였다. 이와 달리 힐베르트와 같은 형식주의자들은 수학을 형식적인 측면에서 내용을 담은 명제와 달리 내용이 없는 일종의 기호와 같은 실체로 이해하였다.

그러나 설사 수가 자연처럼 일종의 실체라고 할지라도 수를 운용하는 주체인 인간과 무관할 수 없다. 인식론적 관점에서 보면 수는 인간과 무관하게 존재하는 실체적 존재라기보다는 인간이 자연을 나타내기 위하여 만든 일종의 도구이다. 이처럼 수학을 연구하는 주체인 인간의 관점에서 수학을 이성의 산물로 이해하는 직관주의를 주장하는 수학자들이 있다.

만약 수가 인간의 발명품이라면 수에 대하여 모든 것을 알 수 있어야 할 것이라는 반박이 제기될 수 있다.[78] 이처럼 설사 수학이 인간이 만들어 낸 일종의 도구라고 할지라도 인간이 모든 것을 알 수는 없다. 그러면 수학이 인간을 떠나서 논의될 수 있는가?

수학의 본질이 무엇인가, 수를 통하여 자연을 설명함이 어떤 의미를 갖는가는 인간이라는 개념이 가리키는 내용이 무엇이며, 앎이라는 개념

---

78 애머 악첼, 신현용·승영조 옮김, 『무한의 신비』, 승산, 2022, 248.

이 가리키는 내용이 무엇인가의 문제와 함께 논의되어야 할 주제이다.

인간을 육신을 중심으로 이해하여 의식을 중심으로 수를 이해하면 수를 통하여 드러나는 인간의 본성에 의하여 이루어지는 마음의 작용을 알 수 없다. 이는 고대 그리스에서 시작된 수학이 현대에 이르러서 과학과 분리되어 진리를 나타낼 수 있는 학문 체계로서의 역할이 축소되고 있음을 보아도 알 수 있다. 그러면 수학의 학문 방법은 무엇인가?

우리는 여기서 수학과 과학이 모두 주체와 객체를 구분하는 일로부터 출발했음을 다시 돌아볼 필요가 있다. 수학의 엄밀성을 추구했던 직관주의, 논리주의, 형식주의, 집합론은 크게 두 관점으로 나누어서 이해할 수 있다.

과학자들이 인간과 자연을 둘로 나누어서 접근하듯이 수학 역시 주체인 인간과 대상, 객체인 수를 구분하여 접근한다. 직관주의는 수학을 하는 주체인 인간을 중심으로 수학을 이해하는 관점이며, 나머지 세 부류는 수학을 대상인 수를 중심으로 이해하는 객체적 관점이다. 그러면 주체와 객체를 구분하여 자연을 이해하는 학문 방법이 어떤 한계를 갖는가?

만약 수학이 과학의 진리를 나타내는 학문이라면 무한과 유한을 모두 나타낼 수 있어야 한다. 수학자들은 고대 그리스로부터 현대에 이르기까지 무한의 문제를 해결하고자 하였다. 무한이 현대에 이르기까지 여러 수학자들에 의하여 관심의 대상이었던 까닭은 그들이 무한을 신의 속성으로 여겼기 때문이다.

아리스토텔레스 이후 수학자들은 무한을 잠재무한과 실무한實無限으로 구분하여 잠재무한은 논외로 하고 오로지 실무한만을 대상으로 하였다. 이처럼 많은 수학자들이 금기시했던 무한을 수학에 본격적으로 끌어들인 사람은 칸토어이다.

칸토어는 잠재무한마저도 탐구 대상으로 하였다. 그는 무한을 존재하는 실체로 보았을 뿐만 아니라 무한에도 서로 다른 단계가 있음을 보여 주었다. 그가 무한을 실체적 존재로 나타내는 방법은 집합론이다.

칸토어는 무한집합을 그 집합 자신과 일대일 대응을 이루는 진부분 집합이 존재하는 집합으로 정의하고, 대각선 논법을 통하여 정수만큼의 유리수가 있음을 증명하였다.[79] 이는 수를 대상으로 허수와 실수를 나누고, 다시 실수를 무리수와 유리수로 나누며, 유리수를 분절分節하여 자연수와 정수를 나누는 분석적인 방법이 문제가 있음을 보여 준다.

수학의 학문 방법인 수를 대상으로 분석하고 종합하는 분합分合이 성립할 수 없음은 그가 제시한 대각선논법이라는 사유 방법, 논리구조를 통해서도 확인된다. 그가 제시한 대각선논법을 구성하는 요소는 가로와 세로, 나열, 가치, 반가치화, 반대각선화라는 여섯이다.[80]

그런데 대각선 논법이 성립할 수 있는 가장 중요한 요소는 대응이라는 관계이다. 예를 들면 그는 자연수와 짝수 사이에 일대일의 대응을 만들었다. 이를 통하여 자연수 집합과 자연수 일부의 집합인 짝수 집합이 대응을 이룸을 통하여 두 집합이 동일한 수의 원소를 갖는다고 결론을 지었다.

대각선 논법을 구성하는 대응은 가로와 세로, 나열과 가치, 반가치화와 반대각선화의 여섯으로 나타낸다. 대응은 이것과 저것을 나누어서 양자를 서로 관계 짓는 일이다. 우리는 여기서 대응이 갖는 의미가 무엇인

---

79 애머 악첼, 신현용·승영조 옮김,『무한의 신비』, 승산, 2022, 130.
80 김상일,『대각선 논법과 역』, 지식산업사, 2012, 27.

가를 살펴보지 않을 수 없다.

만약 수를 형식적인 측면에서 하나의 계산하는 단위로서의 산수로 이해하면 수는 물건과 물건의 관계를 나타내는 도구가 되고, 수와 수의 관계를 나타내는 수리는 물건의 특성인 무한과 유한을 나타낸다.

그러나 수학을 주체적 관점에서 이해하면 수와 수의 관계를 나타내는 수리數理는 이성의 작용인 사유법칙을 나타내거나 사유의 결과를 주장으로 나타내는 논리법칙을 나타낸다. 그러면 수의 두 측면이 별개인가?

앞의 두 측면은 수를 객체인 자연을 중심으로 이해하는 것과 주체인 이성을 중심으로 이해하느냐의 차이다. 그러나 본래 주체와 객체가 별개의 존재가 아니어서 둘로 나누어서 나타낼 수 없다. 그러므로 하나의 두 측면이라고 할 수 있다. 그러면 수와 수의 대응은 무엇을 의미하는가?

물건의 관점에서는 자연의 특성인 무한과 유한의 분절과 종합이 대응이고, 이성의 관점에서는 사고의 법칙이자 논리의 법칙인 유와 무, 옳음과 그름의 분석과 종합이 대응이다. 따라서 대응은 어떤 관점을 막론하고 분석과 종합을 의미한다. 그러면 칸토어는 무한과 유한을 어떻게 대응시키는가?

칸토어는 무한을 초한수의 집합으로 나타내었다. 그리고 초한수의 여러 단계를 구분하였다. 가장 낮은 초한수는 정수, 유리수, 대수적 수로 된 무한이고, 초월수와 연속적 실직선은 그보다 높은 수준의 무한이다. 그리고 그는 두 단계의 무한을 넘어선 무한을 생각했다. 무한의 무한이 그것이다.

그는 $\aleph$를 사용하여 초한수를 나타낸다. 그는 가장 낮은 단계의 초한수를 $\aleph_0$로 나타내고 연속체 무한의 단계를 c로 나타냈다. 칸토어는 c 가

$\aleph_0$의 초한수인 $\aleph_1$이라고 믿었다. 왜냐하면 그는 $c = 2^{\aleph_0}$임을 증명했기 때문이다. 따라서 그는 $2^{\aleph_0} = \aleph_1$이라고 주장했다. 이것이 바로 연속체 가설이다. 그러면 오늘날 우리는 칸토어의 연속체 가설을 어떻게 이해할 것인가?

그는 무한을 분절하여 유한을 통하여 나타냄으로써 무한을 유한과 상대적인 무한으로 전락시켰다. 그것은 신이라는 분별할 수 없는 경지를 현상과 둘로 나누고, 현상을 다시 인간과 자연으로 나누어서 수, 언어를 비롯한 다양한 도구로 나타내는 수학이나 과학을 비롯한 어떤 학문도 한계를 갖지 않을 수 없음을 뜻한다.

어떤 하나의 체계가 주어지면 반드시 그 체계 안에서 증명할 수 없는 명제가 존재한다. 그것은 설사 어떤 정리가 참이라고 해도 그것을 수학적으로 증명할 수 없음을 뜻한다. 이것이 괴델의 불완전성 정리이다.[81]

코언은 선택공리와 연속체 가설이 집합론의 다른 공리와 독립적이라는 것을 증명하였다. 이는 연속체 가설이 참이거나 아니거나를 막론하고 현재의 체계 안에서는 수학적으로 증명하거나 반증하는 것이 불가능함을 뜻한다.[82]

오늘날 우리가 연속체 가설로 귀결된 칸토어의 수학을 어떻게 이해할 것인가는 자신의 말을 통하여 확인하는 것이 가장 정확하다. 처음 칸토어는 자신의 가설을 증명하고자 하였다. 그러나 그의 생전에는 가설이 증명되지 않았다. 그것은 그가 스스로 증명하기를 포기했음을 뜻한다. 그러면 그는 왜 자신이 제시한 가설을 증명하려고 하지 않았는가?

그가 가설을 제시하는 과정을 통하여 스스로 얻어진 사실은 바로 주어

---

81 애머 악첼, 신현용·승영조 옮김, 『무한의 신비』, 승산, 2022, 216-217.
82 애머 악첼, 신현용·승영조 옮김, 『무한의 신비』, 승산, 2022, 216-217, 235-237.

진 어떤 집합에 대하여 항상 멱집합이 존재하기 때문에 더 큰 집합이 존재한다는 사실이다. 이처럼 가장 큰 기수인 절대기수는 없다.

그는 절대, 무한이라는 개념을 신의 영역으로 돌려주지 않을 수 없었다. 그것은 그가 수를 통하여 절대, 무한을 평생 연구한 결론임을 다음과 같은 자신의 말을 통하여 확인할 수 있다.

> 나는 실무한의 어떤 최고류genus supremum도 말한 적이 없다. 정반대로 나는 실무한의 최고류는 결코 존재하지 않는다는 것을 엄격하게 증명했다. 유한하고, 초한한 모든 것을 능가하는 것은 어떤 류genus가 아니다. 그것은 단 하나의 완벽한 개체로 그 안에 모든 것이 포함되고, 그 안에 절대가 포함되며, 인간의 이해력으로는 접근할 수 없는 것이다. 그것은 악투스 푸리시무스actus aurissinus(순수행위)로 많은 사람들은 이것을 신이라고 부른다.[83]

우리는 여기서 수학의 수가 인간과 별개의 실체라는 점을 상기하지 않을 수 없다. 인간이 수를 통하여 무한을 나타내거나 무한이라는 속성을 가진 신을 나타내고자 하거나를 막론하고 불가능하다. 그러면 과학을 통해서는 무한을 나타낼 수 있는가?

우리가 자연을 논할 때 자연을 논하는 인간을 배제하고 논할 수 없다. 그것은 주체와 객체로 나누어지기 이전의 신, 도라는 절대무한의 경지가 전제되지 않으면 무한과 상대적인 유한을 주체와 객체로 나누고, 다시 객체를 대상으로 하는 방법이 성립되지 않을 뿐만 아니라 분합의 방법을 통하여 절대무한의 경지를 파악할 수 없음을 뜻한다.

---

83 애머 악첼, 신현용·승영조 옮김, 『무한의 신비』, 승산, 2022, 210-211.

수학자들이 보여 주었던 주체와 객체를 구분하여 신과 인간, 자연을 나누어 보는 형이하적 패러다임은 과학에서도 그대로 적용된다. 물리학자들은 주체를 배제한 자연을 대상으로 끝없이 분석하는 방법을 사용하여 연구한다.

비록 과학이 자연이라는 객체를 대상으로 의식에 의하여 분별, 분합의 방법을 사용하지만 인간과 자연이 둘이 아니기 때문에 자연 중심의 존재론적 방법과 인간 중심의 인식론적 방법을 사용한다.

존재론 중심의 학문을 합리주의, 이성주의라고 한다면 인식론 중심의 학문은 경험주의라고 할 수 있다. 존재론 중심의 합리주의적 학문 방법은 연역적 방법이며, 인식론 중심의 경험주의적 학문 방법은 귀납적 방법이다. 그러면 연역적 방법과 귀납적 방법이 어떻게 사용되는가?

연역적 방법은 가설을 세우는 일이며, 귀납적 방법은 관찰과 실험을 통하여 가설을 증명하는 방법이다. 그러므로 가설을 세우고 증명하는 과정을 거쳐서 최종적으로 작업가설로 확정하거나 여러 사건을 관찰하고 실험을 한 후에 가설을 세우고, 가설을 증명하거나를 막론하고 두 방법을 함께 사용한다.

그런데 가장 중요한 문제는 아무리 많은 사건을 대상으로 관찰과 실험을 통하여 증명할지라도 그것은 언제나 과거의 사건일 뿐으로 미래의 사건도 역시 그럴 것임을 보증할 수 없다는 점이다. 만약 단 하나의 반대 사례라도 발생하면 그 가설은 즉시 작동되지 않은 가설로 폐기된다. 이처럼 귀납적 방법은 언제나 100% 확실한 이치를 찾을 수 없으며, 단지 확률로 존재할 뿐이다.[84]

---

84   강신익 외, 『과학철학』, 창비, 2011, 191-205

주체와 객체라는 실체적 세계관에 의하여 인간과 자연을 구분하여 이해할 수 없음을 잘 보여주는 학문은 양자역학이다. 뉴턴에 의하여 제시된 근대과학의 세계관은 절대시간과 절대공간이 있고, 공간 안에 물질이 존재한다는 실체적 세계관, 결정론적 세계관이다.

관찰자인 인간의 관찰과 무관하게 존재하는 객관적 실체로서의 물질은 분석이 가능한 실체이다. 물질을 분석하고 분석하여 만나는 미립자는 위치와 속도에 의하여 나타낼 수 있다. 이러한 미립자의 관계를 종합하여 자연을 나타낼 수 있다.

그러나 양자역학에서는 관찰자가 배제된 상태에서 양자는 입자와 파동으로 구분할 수 없는 중첩된 경계로 존재한다. 위치와 속도를 통하여 나타낼 수 있는 입자와 달리 파동은 확률로 나타낼 수 있다. 이처럼 관찰자가 배제된 상태에서 입자와 파동으로 구분하여 나타낼 수 없음을 불확정성의 원리라고 말한다.

불확정성의 원리는 괴델의 불완정성의 원리를 물질에 적용한 예라고 할 수 있다. 주체와 객체를 나누어서 객체적 존재로서의 하나의 이론 체계, 수학체계, 공리체계를 세워서 나타내는 순간 그 체계를 통하여 증명할 수 없는 명제가 반드시 존재하는 것은 바로 주체와 객체를 구분하여 객체인 물질을 대상으로 입자와 파동으로 규정하는 순간 그것으로 나타낼 수 없는 중첩의 경계가 존재함을 뜻한다.

양자역학자들은 입자와 파동이 겹친다고 말하지만 입자와 파동이 중첩된 경계는 여전히 입자와 파동이라는 분석적인 개념을 통하여 나타낸 것일 뿐이다. 사실 중첩이라는 개념이 나타내는 경지는 입자와 파동의 경지와 다른 경지이다.

입자와 파동이 중첩된 경지는 주체와 객체를 구분하여 나타내기 이전의 경지이다. 이는 신, 도로 나타낸 근원적인 경지라고 할 수 있다. 그것은 칸토어가 알레프라는 새로운 도구를 통하여 질서 지운 무한이 진정한 무한이 아니라 상대적인 무한임을 의미한다.

우리는 여기서 칸토어가 $\aleph$와 실수의 연속인 c의 사이가 분절할 수 없는 연속체라는 가설을 제시하여 스스로 증명을 하려다가 그만둔 후에 그것을 증명할 수 있는 문제가 아니라 자명自明한 문제인 동시에 자신의 무한을 수로 끌어들인 것은 신의 심부름이었다고 말했음을 유의할 필요가 있다.

칸토어는 인간의 이해로는 무한의 궁극을 나타낼 수 없으며, 무한의 궁극이 신의 영역임을 선언하였다. 마찬가지로 양자역학자들이 입자와 파동이라는 분별이 관찰자인 인간을 떠나서 존재할 수 없음을 밝힌 것은 주체와 객체로 구분하여 자연을 이해하는 방법 자체의 한계를 그대로 보여준다. 그러면 양자역학이 아무런 의미가 없는가?

수라는 인간이 의식에 의하여 구성한 실체적 대상에 의하여 신이라는 무한의 경지, 영원의 경지를 나타낼 수 없다. 마찬가지로 인간과 자연을 구분하여 다시 자연을 쪼개고 쪼개어서 미립자를 찾아서 미립자를 다시 종합하여 자연을 설명하는 방법으로는 결코 자연을 설명할 수 없다. 그러면 무엇이 문제인가?

이미 인간과 독립적인 실체로서의 자연이 있다는 전제가 잘못된 것이다. 우주는 이것과 저것으로 쪼개서 인간과 자연으로 나타낼 수 있는 죽은 실체가 아니다. 그러면 기계론적이고, 결정론적인 세계관에 의하면 인간의 학문은 어떤 의미를 갖는가?

자연을 대상으로 하는 과학은 이미 대상인 자연이 실재하고, 자연의 법칙인 물리物理가 있음을 전제로 한다. 이러한 관점에서 보면 학문은 관찰과 실험이라는 분석의 방법을 통하여 자연에 관한 지식, 정보를 얻어서 그것을 종합하고 발전시키는 활동이다.

과학은 알지 못함의 상태인 부지不知에서 학문을 통하여 정보, 지식을 얻는 지知의 상태로 변화하는 활동이다. 이처럼 인간은 자연에 대하여 모르는 상태에서 출발하기 때문에 모름을 인정하고 겸손한 태도로 끊임없이 지식을 찾아서 새로운 지식을 창출해야 한다.

또한 새로운 이론, 새로운 주장을 제시하면 반드시 그 주장이 참임을 증명해야 한다. 왜냐하면 수는 인간의 이성에 의하여 구성된 사물이기 때문에 수학 자체가 그대로 절대적인 진리성을 보장하지 않기 때문이다. 그런데 괴델의 불완전성 정리에서 나타나듯이 주체와 객체를 나누어서 공리체계에 의하여 명제가 참됨을 증명하는 순간 그러한 체계로 증명할 수 없는 명제가 존재하듯이 어떤 명제를 막론하고 설사 참인 명제일지라도 반드시 그와 다른 명제가 제시되지 않을 수 없고, 그 명제는 이전의 명제와 양립할 수 없는 역설이 된다.

주체와 객체를 나누고 다시 객체를 이것과 저것으로 나누어서 제시하는 다양한 주장들이 양립할 수 없는 역설의 관계를 형성하기 때문에 하이젠베르크의 불확정성원리에서 나타나듯이 참과 거짓을 판단할 수 없다. 그러면 어떻게 할 것인가?

지知와 부지不知, 무한과 유한, 주체와 객체, 옳음과 그름이라는 분별을 하는 주체가 무엇인지를 파악해야 한다. 그것은 하이젠베르크의 불확정성원리를 이루는 입자와 파동이 바로 닐스 보어가 제시한 상보성의 원리에서 나타나듯이 둘이 아니어서 서로가 서로를 존재하게 하는 상보적인 관계임을 뜻한다.

자연을 관찰하는 인간과 자연은 상보이다. 그것은 주체와 객체가 둘이 아님을 뜻한다. 인간이 있기 때문에 자연을 관찰하고 법칙을 찾아서 설명할 수 있고, 자연이 있기 때문에 인간이 자연을 관찰할 수 있다. 그러므로 양자는 서로가 서로를 존재하게 하는 불이不二의 관계이다. 따라서 실체적 관점에서 개념을 통하여 나타내는 신, 인간, 자연은 일종의 환상일 뿐으로 실재하지 않는다.

주체와 객체로서의 인간과 자연이 그러하듯이 인간과 학문으로서의 과학, 수학이 그러하고, 앎과 모름, 앎과 실천, 무한과 유한이 모두 그러하다. 인간과 자연이 둘이 아닌 경지에서 관찰과 실험을 하면 그것은 모름의 상태에서 알기 위함이 아니기 때문에 증명이 필요하지 않다.

자연과 인간이 둘이 아닌 경지에서는 관찰과 실험 자체가 둘이 아닌 경지의 드러남이기 때문에 굳이 자신이 자신임을 증명할 필요가 없이 스스로 안다. 수학과 과학을 막론하고 기존에 없었던 새로운 지식, 정보를 제시하면 반드시 그것이 옳음을 증명해야 한다.

그러나 칸토어는 자신의 연속체 가설이 자명하기 때문에 굳이 증명할 필요를 느끼지 않았다고 고백한다. 인간과 자연, 인간과 신은 구분하여 나타낼 수 없다. 물건적 관점에서 보아도 신과 인간, 인간과 자연이 둘이 아니다.

그것은 인간과 자연, 인간과 신이 물건적 실체가 아니라 끊임없이 변화하는 사건의 연속임을 뜻한다. 따라서 인간과 자연을 구분하고, 인간과 신을 구분하는 분석과 분석을 통하여 드러나는 요소인 원자, 소수素數, 무한수, 허수를 찾는 방법을 바꾸어야 한다.

다음에는 물리학의 관점에서 물건적 세계를 대상으로 이루어진 과학의 분합적 방법에 대하여 살펴보자. 현상적 패러다임, 형이하적 패러다임에 의하여 전개되는 학문과 삶의 전형적인 형태는 물리학이다.

현대물리학은 근대의 물리학을 바탕으로 형성되었기 때문에 근대과학과 현대과학의 측면에서 현상적 패러다임에 의하여 전개되는 학문의 특성이 무엇인지 살펴볼 필요가 있다.

17세기에 형성된 이전과 다른 우주에 대한 새로운 인식과 개념은 서구 문명의 현대적 특성을 형성하였다. 그것은 그 후 300여 년간의 서구 문화를 지배한 기초적 모형이 되었다.

근대 이전의 유기체적이고 생명적이며, 정신적인 우주관이 기계론적 세계관으로 바뀌면서 그것이 현대 서구의 지배적 사상이 되었다.

17세기의 과학을 이끄는 두 개의 축은 실험적 접근법과 자연의 수학적 기술이다. 이로부터 과학은 수학적으로 기술할 수 있는 물체의 본질인 형태, 수, 운동의 한정된 범위에서 연구하게 되었다. 따라서 색, 맛, 소리, 냄새와 같은 성질들은 과학의 영역에서 제외되었다.

근대과학의 대상인 자연은 실재하는 것이 아니라 인간의 의식에 의하여 분석된 자연이다. 데카르트는 "나는 생각한다. 그러므로 나는 존재한다."라고 하였다. 이것은 모든 것을 의심할 수 있어도 의심하는 정신 자체는 의심할 수 없음을 뜻한다. 이처럼 그는 정신/영혼과 육신/물질을 구분하였다.

정신과 물질은 신의 창조물이다. 신은 자연 질서의 근원일 뿐만 아니라 인간이 자연의 질서를 인지할 수 있도록 하는 이성이라는 빛의 근원이다. 데카르트는 물질세계를 하나의 기계로 여겼다. 물질세계에는 생명이나 목적, 정신은 없다.

물질인 자연은 기계적인 법칙에 따라서 움직인다. 이처럼 기계적인 자연은 그것을 구성하는 각 부분의 배열과 운동에 따라서 설명할 수 있다. 따라서 과학의 목적은 자연을 지배하고 조종하는 것이었다. 과학적 지식은 바로 인간이 자연을 지배하고, 조종하는 도구이다.[85]

갈릴레이가 제시한 관찰과 실험을 통하여 증명하는 귀납적 방법과 데카르트가 제시한 이성의 직관에 의한 연역적 방법은 오늘날에도 사용하는 과학의 방법이다. 다만 연역적으로 가설을 세운 후에 귀납적으로 증명하거나 관찰과 실험을 통하여 가설을 세우고 다시 가설을 증명하는 방법의 차이가 있을 뿐이다.

신과 자연을 구분하고, 정신과 물질을 구분하여 정신을 중심으로 연역적 추론을 하거나 대상인 물질, 자연을 중심으로 귀납적인 방법에 의하여 증명을 하는 것은 모두 분석하고 종합하는 분합의 방법이다.

만약 신과 자연을 구분하면 신과 자연이 둘일 뿐만 아니라 인간과 신, 인간과 자연을 구분하여 양자가 둘이 될 수밖에 없다. 이때 자연과 인간을 구성하는 기본 요소는 물질인 원자이다. 이 원자의 배열 방식에 따라서 인간과 자연이 구분된다.

그런데 데카르트에 의하여 제시된 이성의 사고는 존재의 근거가 아니라 인식의 방법일 뿐이다. 인간이 아무리 이성적으로 사고한다고 하더라도 없는 물질이 나타나고, 없는 신이 나타나며, 없는 자연이 갑자기 나타나는 것은 아니다.

그는 자연, 물질과 상대적인 정신의 차원을 넘어서지 못했다. 그가 제

---

85 프리초프 카프라, 구윤서 외 옮김, 『새로운 과학과 문명의 전환』, 범양사, 2023, 67-94.

시한 방법론적 회의는 객체인 자연을 벗어나서 주체인 인간의 내면으로 관심을 돌린 점에서 중요한 의미를 갖는다. 어떤 사람이 자신을 대상으로 연구할 때 그는 연구하는 주체와 연구의 대상으로의 객체로 나누어진다. 따라서 주체와 객체를 나누는 분석적인 방법으로는 자신의 전체를 파악할 수 없다.

자연을 대상으로 연구하는 데카르트 자신도 육신은 자연의 일부일 뿐만 아니라 기계와 같다. 따라서 신이 창조한 자연의 질서를 파악할 수 있는 정신과 자연의 일부인 육신은 어떤 관계인가의 문제가 제기된다.

데카르트와 함께 근대과학의 세계관을 형성된 뉴턴은 모든 물리적 현상이 일어나는 우주를 유클리드의 3차원 공간으로 환원시켰다. 3차원의 공간은 그 안에서 일어나는 모든 물리적 현상과 독립적인 빈 그릇과 같은 절대공간이다. 절대공간은 자체의 본성에 의하여 외부의 어떤 것과도 상관이 없이 동일하며, 정지되어 있다.

물리세계의 변화는 절대공간과 다른 시간에 의하여 표현된다. 뉴턴의 시간은 물질적 세계와 아무런 관련이 없는 과거에서 현재를 거쳐서 미래를 향하여 흐르는 절대시간이다. 절대시간은 수학적 시간으로 수학적 시간은 본성에 의하여 외부의 어떤 것과도 관련이 없이 일정하게 흘러간다.

절대공간과 절대시간 속에서 움직이는 뉴턴적 세계의 요소들은 물질의 입자이다. 이 입자는 모든 물질을 만드는 작고 견고하여 파괴할 수 없는 요소이다. 뉴턴의 물질이 오늘날의 물리학의 원자와 같은 개념이지만 뉴턴의 입자가 모두 동일한 물질로 만들어진 점에서는 다르다.

데카르트와 뉴턴에 의하여 제기된 기계론적 자연을 바탕으로 전개되는 과학은 시간이 정지된 물건을 중심으로 전개된다. 그것은 근대과학이원인과 결과라는 물리적 시간의 선후적 개념에 의하여 구성된 자연을 대상으로 함을 뜻한다. 그렇기 때문에 근대과학의 자연을 결정론적 자연이라고 말한다.

기계론적 자연은 과거에서 미래를 향하기도 하고, 미래에서 과거를 향하기도 한다. 인간이 현재로부터 근대를 향하고, 고대를 향하여 학문을 할 수 있고, 그와 달리 미래를 예측하는 학문 활동을 하는 것이 그러한 특징 때문이다.

그러나 기계론적 자연은 언제나 과거가 중심이다. 그렇기 때문에 미래를 향하는 방향에서도 진화가 부정적인 의미를 가질 수밖에 없을 뿐만 아니라 미래에서 과거를 향하는 학문의 연구 역시 언제나 과거가 중심이기 때문에 부정적인 측면을 드러낼 수밖에 없다.

현대의 과학자들은 근대과학에서 말하는 생명이 없는 자연을 부정한다. 그들은 생명이 없는 물질을 탐구하는 물리학으로는 생명을 가진 생물학을 나타낼 수 없다고 생각한다. 따라서 생물학은 물리학, 화학으로 환원될 수 없다.

생물학의 발달로 현대의 과학자들은 자연을 생명을 가진 유기체로 이해한다. 살아 있는 유기체는 서로 연결되어 있기 때문에 전체를 대상으로 연구할 수 있을 뿐으로 부분을 대상으로 연구해서는 전체가 드러나지 않는다.

현실의 물리적, 생물적, 사회적, 문화적인 모든 현상은 서로 연결되어 있어서, 서로 의존하고, 서로 작용한다. 전체의 상호 작용에 의하여 시스템의 독특한 구조가 나타난다. 이러한 전일적인 시스템의 특성은 전체에서 일어나는 창발이다. 이 창발은 부분들의 특성에서는 나타나지 않는다.

시스템적 세계관은 구조와 패턴을 중심으로 이해할 수 있다. 연결망으로서의 우주는 상위적 구조를 하위적 구조에 적용할 수 있다. 그러나 낮은 수준의 시스템에서는 높은 수준의 시스템의 특성이 나타나지 않는다.

시스템적 세계관의 이론 가운데 하나는 프리고진에 의하여 제시된 자기 조직화이다. 그는 소산구조消散構造, dissipative structure에 의하여 외부와의 상호 작용을 통해 에너지를 소비하고 유지하면서 안정적인 구조를 유지한다고 말한다.

소산 구조는 비평형 상태에서 나타난다. 소산은 외부로부터 에너지를 받아들여서 내부의 엔트로피를 감소시키고 남은 에너지를 외부로 방출하는 과정에서 에너지가 흩어져서 사라지는 것을 말한다.

에너지 소산을 통해서 시스템 내부에 있는 질서 있는 구조가 형성된다. 이처럼 무질서에서 스스로 질서를 만들어 내는 자기 조직화가 일어난다. 이때 불안정한 상태에서 일어나는 작은 변화, 불규칙성인 요동 fluctuation에 의하여 거시적인 안정적 구조가 만들어진다.

소산구조에 의한 자기 조직화는 자기복제, 자기갱생을 통한 자기분화를 나타낸다. 자기 조직화가 자신의 동일성을 유지하고 강화하는 작용이지만 자기를 부정하고 새로워지는 측면이 있다.

자기 조직화의 소극적인 측면은 자기초월에 의하여 조직을 새롭게 하여 진화하는 공진화共進化이다. 그것은 생명을 가진 전일적인 시스템인 자연이 우주와 함께 진화함을 뜻한다. 생물은 자연의 선택이나 적자생존에 의하여 진화하는 것이 아니라 서로를 선택하고 협력하여 함께 진화하는 공진화를 이룬다.[86]

---

86 프리초프 카프라, 김용정 외 옮김, 『생명의 그물』, 범양사, 2022, 234-306.

3. 주객의 분합적 학문 방법과
   독단에 의한 갈등의 삶

　우리는 앞에서 실체적 관점에서 이것과 저것을 나누어서 양자를 별개의 실체로 이해하는 분석의 방법은 인문학이나 과학을 막론하고 한계를 갖게 됨을 살펴보았다. 현상적 패러다임에 의하여 신과 자연을 구분하여 그것을 바탕으로 형성된 사상은 한계를 갖지 않을 수 없다.

　조셉 니담은 서양의 사상이 자동화된 기계인 자연을 대상으로 하는 과학과 신이 우주를 다스리는 일에 관한 신학 사이를 되풀이하면서 왕복하였다고 말하고, 그것이 유럽 특유의 정신분열증이라고 비판하였다.[87] 그러면 분합의 학문 방법이 오로지 서양사상의 문제인가?

　인간과 인간 밖의 세계를 구분하여 보는 사고는 동서와 고금을 막론하고 같다. 동아시아에서도 인간과 세계를 구분하여 나를 중심으로 기己와 인人으로 구분하여 각각 내內와 외外로 나타내고 양자를 하나로 합하고자 하였다.

　고대 그리스에서 시작된 유럽 학문은 주체와 객체를 구분하여 주체인 이성을 중심으로 형성된 수학과 객체인 자연을 중심으로 형성된 과학이 하나로 출발하였지만 현대에 이르러서는 양자가 서로 헤어져서 자연을 대상으로 하는 과학이 중심이 되고 있다.

87　조셉 니담, 李錫浩 외 옮김, 『중국의 과학과 문명』 I, 을유문화사, 170.

오늘날 인문학자들은 예전의 인문학자들과 마찬가지로 인간에 관한 다양한 주장, 이론, 이론 체계, 이론 체계를 담은 서적을 연구한다.

그러나 비록 인문학자들의 연구 대상이 인문학적 연구 성과이지만 그들이 사용하는 연구 방법은 인문학적 학문 방법이라고 할 수 없다.

만약 오늘날의 인문학자들이 인문학적인 학문 방법으로 학문을 했다면 예전의 학자들이 그랬듯이 공자, 부처, 예수, 소크라테스와 같이 인간 자신이 어떤 존재인가를 파악하고, 인간으로 사는 방법을 찾았을 것이다.

그러나 오늘날 인문학자들 가운데서 인문학을 통하여 자신의 본래면목을 찾고, 자신으로 사는 방법을 찾아서, 그 성과를 논문이나 책으로 나타내고, 스스로 그러한 삶을 사는 사람을 볼 수 없다. 그러면 인문학자나 과학자들이 공통적으로 안고 있는 학문 방법의 문제는 무엇인가?

오늘날의 인문학과 과학이 함께 안고 있는 문제는 학문의 주체이다. 오늘날의 인문학자들과 과학자들은 학문의 주체를 분합하는 의식으로 여긴다. 의식은 마음의 세 측면 가운데서 일부분이다. 마음의 세 측면인 지정의知情意는 둘이 아니다. 그렇기 때문에 지정의知情意 가운데 어느 하나의 측면을 중심으로 학문을 하고 삶을 살면 갈등의 삶을 벗어날 수 없다.

주객을 나누어서 분합하는 주체는 마음의 지정의知情意 가운데서 지적知的인 작업이다. 마음의 지적知的인 측면은 지식을 논하고 학문을 하는 주체이며, 정적情的인 측면은 육신을 통하여 시공에서 개체적인 사고와 언행으로 나타나는 주체이다. 그러므로 삶 가운데서 실천하는 측면은 마음의 정적인 측면이며, 학문을 하는 측면은 마음의 지적인 측면이다.

오늘날의 인문학과 과학, 사회학자들은 마음의 지적인 측면과 정적인 측면 그리고 의지적인 측면을 나누어서 이해한다. 의식의 분별을 수나 언어를 통하여 수학이나 논리학으로 나타낼 수 있다. 그리고 여러 개념들을 바탕으로 이론 체계를 형성한 철학이라는 학문으로 나타낼 수도 있다.

의식의 기능인 분합적 사고나 그것을 개념으로 나타낸 지식, 정보들은 실체적 존재일 뿐으로 실재가 아니다. 우리가 삶 속에서 어떤 개념이나 사고, 논리 그리고 수나 괘상卦象, 언어를 통하여 고정할 수 없는 경지인 본성, 신을 사고에 의하여 분합하고, 문장을 통하여 시비를 담은 명제로 나타내거나 수, 괘상, 언어를 통하여 나타내는 것은 모두 실체實體가 아닌 존재를 실체적 존재로 왜곡시키는 일이다. 그러면 삶의 과정에서 나타나는 사고, 논리, 수나 괘상, 언어에 의한 표현은 잘못된 일인가?

실체적 관점에서 인간과 세계를 나타내는 지식과 비실체적 관점에서 인간과 세계를 나타내는 지혜는 본래 둘이 아니다. 인간이 스스로 도, 신이라고 표현하는 비실체적 경계로부터 시작하여 그것을 모두를 이롭게 하고자 하는 둘이 아닌 경계에서 하나가 아니게 나타내는 것과 하나가 아닌 경지에서 둘이 아닌 경계를 향하는 방향에서 나타내는가의 차이에 있다. 그러면 인문학과 과학의 목적은 무엇인가?

과학은 자연을 설명하는 데 그 목적이 있다. 그러나 인문학은 세계와 삶, 인간의 가치, 의미를 부여한다. 인문학은 사람이 무엇을 해야 하는지 그리고 어떻게 살아야 하는지를 파악하여 실천하는 지혜를 추구하지만 과학은 자연을 설명할 수 있는 지식, 정보를 얻고자 한다.

과학은 지知와 부지不知가 하나가 아닌 상태를 바탕으로 부지不知에서 출발하여 지知에 이르고자 하기 때문에 반드시 자신이 얻은 지知의 내용이 타당함을 모든 사람이 인정할 수 있도록 증명해야 한다.

그러나 인문학은 자신이 스스로 자신의 본래면목을 파악하는 일이기 때문에 누구나 스스로 체험하면 알 수 있다. 인간이 자신의 본래면목을 파악하는 일은 스스로 자신을 파악하는 일이기 때문에 다른 사람을 설득하고 이해시키기 위한 증명이나 논증을 필요로 하지 않는다. 그러면 오늘날 우리 학계에서는 어떻게 학문을 하는가?

오늘날 인문학을 하는 사람이나 경학, 철학을 하는 학자들을 막론하고 그들은 남의 글을 대상으로 이론 체계의 논리적인 정합성을 따질 뿐으로 글을 쓰고, 글을 읽는 지금 여기의 내가 누구인지를 파악하려고 하지 않는다.

오늘날의 인문학자들은 마치 사냥개가 남이 던져 주는 흙덩이를 고기로 착각하고 남보다 먼저 차지하기 위하여 달려가듯이 오로지 남이 뱉어 버린 침과 같은 글을 열심히 핥고 있을 뿐으로 정작 약례約禮를 하지 않고, 상달上達을 하지 않기 때문에 수기, 수도가 되지 않는다. 따라서 오늘날의 인문학자들은 전혀 인문학적 방법으로 학문을 한다고 할 수 없다.

과학을 하는 사람들은 학문의 주체인 자신을 떠나서 자기 밖의 세계인 자연을 대상으로 실험과 관찰을 통하여 분석하고 종합한다. 그렇기 때문에 평생을 학문을 아무리 열심히 해도 정작 학문을 하는 주체인 자신을 알 수 없다. 지금까지 살펴본 인문학과 과학의 서로 다르면서도 같은 점을 정리하여 나타내면 다음과 같다.

	인문학	과학
대상	인문	지문, 자연, 사물, 시공
범위	인간의 내면 중심	인간 밖의 대상 중심
특성	내외와 상하	평면적
방법	형이상의 경계로 초월	동일 차원의 분합
목적	본래면목의 자각과 실천	자연의 법칙 발견
내용	삶의 의미와 가치 부여	자연의 설명
삶과 학문	앎과 실천	기술의 응용
지혜와 지식	지혜의 활용	지식의 활용
지향하는 삶	자유로운 삶	편리한 삶
체용상	본체와 작용	현상 중심
삼극	오황극과 십무극	태극 중심

도표 8. 인문학과 사회학, 과학의 동이점

 위의 도표를 통하여 확인할 수 있는 것과 같이 삼극三極의 어느 하나, 주체와 객체의 어느 일면, 그리고 마음의 지정의知情意 세 측면 가운데서 어느 하나를 중심으로 삶을 고찰하면 결코 사람의 전체를 드러낼 수 없고, 삶의 전체를 나타낼 수 없다.
 의식의 분합에 의하여 이루어지는 인문학이나 수학, 과학을 막론하고 학문의 성과를 나타내는 주장, 이론, 지식은 모두 모순, 역설에 의하여 제시된 독단일 수밖에 없다. 그렇기 때문에 서로가 옳고 그름을 다투지 않을 수 없고, 시비를 다투는 삶에는 함께 살아가고, 서로를 사랑하며, 서로를 자신으로 여기고, 서로를 행복하게 하는 삶은 없다. 그러면 어떻게 해야 할 것인가?

현대의 과학자들은 거시적 관점의 상대성이론과 미시적 측면의 양자역학을 하나로 통합하고자 한다. 이처럼 서로 쪼개진 거시세계와 미시세계를 하나로 하듯이 다양한 분야의 학문을 통합하거나 융합하고, 복합하여 새로운 학문을 세우고자 한다. 그러면 이처럼 여러 학문을 통합하거나 융복합하면 문제가 해결되는가?

오늘날 학자들은 과학을 통하여 인문학, 사회학을 통합하고 그것을 바탕으로 융합하고 복합하여 새로운 학문을 제시하고자 한다. 과학의 여러 분야를 통합하고, 과학과 사회학을 통합하며, 인문학과 과학을 통합하는 문제는 학문의 문제가 아니라 사람의 문제이다.

이 문제의 해결은 바로 분석적인 학문 방법에서 찾을 수 있다. 인문학과 과학을 막론하고 형이하의 현상을 대상으로 현상적 패러다임에 의하여 학문과 실천을 한다.

현상적 패러다임에 의한 분석적인 학문의 방법은 사고의 문제이자 논증하는 논리의 문제이다. 분석적인 학문 방법이 문제가 되는 까닭은 다양하지만 다음과 같은 몇 가지 사항을 통하여 파악할 수 있다.

첫째는 사고의 문제이다. 학문의 주체인 이성, 의식과 학문의 대상인 객체를 나누어서 다시 이성에 대하여 분석하고, 사물, 자연에 대하여 분석하는 순간 주체와 객체로 나누어지기 이전의 분리할 수 없는 세계는 알 수 없다.

둘째는 논리의 문제이다. 주체와 객체를 나누고, 다시 양자를 분절하여 하나의 이름으로 나타내고, 주장으로 나타내며, 이론으로 나타내는 순간 주체와 객체로 나누어서 나타내기 이전의 세계와 어긋난다. 그것은 어떤 이름이나 주장, 이론이 제기되면 반드시 양립할 수 없는 주장이나 이론이 나타나서 끊임없는 역설, 독단이 계속됨을 뜻한다. 그러면 이 문제는 왜 발생하는가?

어떤 주장이나 이론을 막론하고 역설이 되고, 독단이 될 수밖에 없는 까닭은 이분법적인 사고, 주체와 객체를 나누어서 이해하는 사고에 의하여 나타난다. 아리스토텔레스의 논리학에 의하면 동일률에 의하여 A는 A여서 E.P.는 E.P이고, M.P.는 M.P.이며, 모순율에 의하여 A와 A가 아닌 것이 같지 않아서 E.P.와 M.P.가 같지 않고, 배중률에 의하여 A이거나 A가 아닐 뿐이어서 E.P.이거나 M.P.일 뿐이다.

그런데 어떤 이름이나 주장, 이론은 항상 다른 주장과 관계 속에서 성립된다. 예를 들면 선善과 악惡은 부정적인 측면에서는 선은 악이 아니고, 악은 선이 아니어서 양자가 같을 수 없다. 그러나 긍정적인 측면에서는 선은 악이 아니기 때문에 선일 수 있고, 악은 선이 아니기 때문에 악일 수 있다. 결국 양자가 서로를 성립하게 하는 동시에 서로를 부정하는 관계이다.

중관학에서는 A와 A가 아닌 B를 주장할 뿐만 아니라 A이면서 B를 주장하고, A가 아니면서 B도 아님을 통하여 A와 B를 구분하는 이분법적인 사고, 주장이 성립할 수 없음을 밝힌다.

그리고 앞의 네 가지 경우에 과거, 현재, 미래의 삼세를 결합하여 100가지의 다양한 경우를 통하여 이분법적인 주장, 이론 체계, 사상이 성립할 수 없음을 증명한다. 그러면 왜 이분법적인 사고에 의하여 제기되는 주장이나 이론, 사상, 종교가 성립할 수 없는가?

현상을 보면 이름과 모습에 의하여 구분되는 것처럼 느껴지지만 매 순간 변하여 새로운 모습으로 화한다. 이처럼 우주 자체가 변화의 과정, 변화의 연속이기 때문에 고정된 이름이나 모습으로 나타낼 수 없다.

옳음과 그름, 선과 악이 둘이 아니어서 주체와 객체를 구분할 수 없는 경계를 형이상, 본성, 자성, 불성, 신이라고 말한다. 물론 이러한 개념도 일종의 방편일 뿐이다. 이처럼 우주, 천지, 세계에 대한 어떤 이름이나 주장, 이론, 사상을 제기하는 순간 다른 이름, 주장, 사상과 양립할 수 없는 역설이 된다.

역설의 전형적인 특징은 바로 하나의 주장에 담긴 내용을 자신의 주장에 그대로 적용하면 모순이 일어나는 점이다. 크레타 사람이 "크레타 사람은 거짓말쟁이다."라고 주장할 때 이 주장을 그대로 자신의 주장에 적용하면 참과 거짓을 판단할 수 없다.

참과 거짓이라는 분별을 전제로 제기되는 어떤 주장도 다른 주장과 모순일 뿐만 아니라 어떤 주장 자체도 참과 거짓의 어느 하나로 구분할 수 없어서 독단獨斷이다.

이성, 의식의 분합에 의하여 발생하는 모순, 역설, 증명이 불가능한 불완전성을 피하기 위해서는 그것을 논하는 인간 자신으로 돌아와야 한다. 그것은 의식을 넘어서 마음의 차원으로 돌아와야 함을 뜻한다.

마음은 분합分合을 하는 지적知的인 측면과 더불어 그것에 대하여 호오好惡를 느끼는 감성이 있고, 지적인 시비是非와 정적인 호오를 넘어서는 의지가 있다. 따라서 마음의 기능인 분별의 작용을 중심으로 일어난 결과를 마음으로 착각해서는 안 된다.

선사들은 영리한 사냥개처럼 흙덩이를 쫓지 말고, 사자처럼 흙덩이를 던지는 사람의 손을 물라고 말한다.[88] 그것은 주체와 객체로 나누어서

---

88 『경허집』鏡虛集(ABC, H0283 v11, p.596b25-c01), "獅子咬人 韓盧逐塊"

밖을 향하는 사유, 사고의 흐름에 끌려가지 말고, 사고하는 근원인 마음을 보고, 마음을 보지 말고, 마음으로 드러나기 이전의 자신의 본래면목을 파악해야 함을 뜻한다.

인간이 삶의 주체인 자신으로 돌아와서 자신이 어떤 존재인가를 파악하고 자신으로서의 삶을 살기 위해서는 마음의 세 측면인 지정의 가운데서 의지를 중심으로 삶의 방향을 설정하는 일이 중요하다.

만약 사람이 자신이 어떻게 살 것인지 어떤 삶을 살 것인지의 삶의 방향을 설정하지 않으면 아무리 학문을 하고, 자신을 찾고자 하며, 사람다운 삶을 살고자 하여도 이루어지지 않는다. 왜냐하면 마음의 두 측면인 지적인 측면과 정적인 측면이 하나가 될 수 있는 것은 오로지 의지에 의하여 이루어지기 때문이다.

인간에게 있어서 학문을 하고 실천하는 주체인 마음의 의지를 올바로 세우는 일은 아무리 강조를 해도 지나치지 않는다. 유학에서 입지를 말하고, 불교에서 서원을 말하며, 실존철학자들이 선구적 결단을 논하는 까닭이 여기에 있다.

인문학과 과학을 학문하는 주체는 인간이다. 인간의 삶을 인간 자신을 중심으로 나타낸 인문학과 인간 밖의 자연, 천지, 세계를 대상으로 나타낸 과학은 본래 둘이 아니다. 왜냐하면 형이상의 본성의 경지를 나타내는 인문학과 형이하의 현상을 나타내는 과학의 세계가 둘이 아니기 때문이다.

인문人文과 지문地文이 둘이 아님에도 불구하고 인문과 지문을 구분하여 인문학과 과학으로 나누어서 나타내기 때문에 양자의 다름을 인정하지 않을 수 없다. 그럼에도 불구하고 오로지 양자의 다름만을 나타내면 마치 본래 양자가 둘인 것처럼 서로를 용인하지 못하는 지경에 이르게 된다.

오늘날은 특히 과학과 기술이 발달하여 생활이 날로 편리해지기 때문에 생활의 편리함에 묻혀서 인간이 주체임을 잊고 산다. 그들은 인간의 삶이 오로지 육신을 중심으로 이루어지는 본능을 벗어나지 않는다고 착각한다.

두뇌의 활동인 의식의 분별과 인간의 마음의 작용을 혼동하는 것이 오늘날의 과학과 인문학의 현주소이다. 인문학자들도 스스로 인문학의 특성과 과학의 관계를 파악하지 못할 뿐만 아니라 과학자들은 오로지 과학에 묻혀서 인문학을 돌아보지 않는다.

그리고 과학자들은 시도 때도 없이 과학을 바탕으로 인문학을 비롯하여 모든 학문들을 회통시키는 통섭을 주장한다. 그러나 현상이 중심인 과학의 대상인 자연에서 통섭이 필요할 뿐이다. 현상은 다양성이 생명이다. 그렇기 때문에 현상의 관점에서 과학을 중심으로 여러 학문들을 보면 통섭이 필요한 것처럼 느껴진다.

주체인 인간과 객체인 자연, 시공을 나누어서 양자의 관계를 중심으로 전개되는 삶은 언제나 양자의 조화와 균형이라는 문제를 일으킨다. 본래 양자가 하나가 아닌 둘이기 때문에 양자의 어느 한 측면에 가치를 두거나 설사 양자의 상호 작용을 주장할지라도 항상 어떻게 양자를 하나로 할 것인가의 문제를 안고 있다.

주체와 객체를 나누어서 주체와 무관한 객관적 대상인 주장이나 이론, 이론 체계, 텍스트, 자연, 수, 시공을 분합할 때 일어나는 문제가 모순, 역설, 독단이다. 모순, 역설, 독단이 주장, 이론의 문제이지만 그것은 그대로 삶의 문제이다. 그러면 왜 이것이 삶의 문제인가?

　주체와 객체를 나눔은 양자로 나눌 수 있는 대상이 있음을 전제로 한다. 나누는 대상이 있을 뿐만 아니라 나누는 주체가 있음을 전제로 한다. 이때 있음은 바로 시간과 공간을 점유하는 실체적 존재가 있음을 의미한다.

　시간을 점유하거나 공간을 점유하고, 또는 시공을 점유하는 실체가 없다면 주체와 객체를 논할 수 없다. 설사 시간과 공간이 없고 오로지 사건과 물건이 존재할 뿐으로 사건과 물건을 대상화하여 시간과 공간의 세계를 제시한다고 할지라도 여전히 그러한 문제는 있다.

　인문학을 하거나 수학, 물리학을 하는 주체는 사람이다. 만약 사람이 없다면 그리고 다른 사람이 아닌 남과 다른 내가 없다면 학문이나 삶이 문제가 될 수 없다. 그것을 문제로 삼아서 답을 찾는 사람이 있고, 대상인 시공, 세계, 이론, 서적, 주장이 있어야 한다.

　그러나 인문학의 차원에서 보면 인간의 본성의 경지에서는 일체가 둘이 아니기 때문에 본래 통섭되고, 전일全一하며, 회통되어 통섭을 논하고, 회통을 논하며, 전일을 논할 필요가 없다. 단지 과학자들이 과학의 차원에서 벗어나서 인문학의 안목으로 세상을 바라보면 된다. 그러면 오늘날 우리가 어떻게 학문을 할 것인가?

　사실 인문학자들이 과학과 다른 인문학이 무엇이며, 목적이 무엇이고, 어떻게 하는지를 파악하여 인문학을 연구하면 된다. 인문학자들이 스스로 인문학을 연구하고 그 성과를 나타내기 시작하면 과학자들은 스스로 과학과 인문학의 차이와 관계를 알게 될 것이다. 따라서 인문학과 과학의 구분은 어느 측면이 중심이 되는가의 문제라고 할 수 있다. 그러면 실체적 세계관에 의하여 학문과 삶은 어떻게 이루어지는가?

주체와 객체를 구분하는 분석은 주체인 인간이나 객체인 자연에게 다시 적용된다. 인간에 있어서는 나와 남을 구분하고, 나를 다시 본성과 육신, 마음과 몸으로 구분하여, 삶에 따라서 대인과 소인, 부처와 중생을 구분한다. 그러면 주체와 객체로 구분할 수 있는 경지는 무엇인가?

형이하라고 말하고, 현상이라고 말하는 경계는 시간과 공간, 사건과 물건의 세계이다. 이때 시간과 사건은 공간화되고, 물건화된 시간과 공간이다. 따라서 형이하의 현상을 중심으로 세계를 이해하면 오로지 물질만이 존재하기 때문에 유물론唯物論이 제기될 수밖에 없다. 그러면 주체와 객체, 인간과 자연의 구분, 분석은 누가 하는가?

주체와 객체를 구분하는 것은 인간 자신이다. 오늘날 과학자들은 인간을 자연과 구분하는 주체의 측면에서 육신의 기능인 의식[89]을 인간으로 이해한다. 결국 인간과 자연을 구분하는 기준은 육신이라고 할 수 있다. 육신을 중심으로 자연과 인간을 구분할 수 있는 것은 모습, 크기, 색깔을 비롯하여 물질의 관점이 될 수밖에 없다.[90]

실체적 시공의 사물을 대상으로 학문을 하면 그 주체는 의식이 될 수밖에 없다. 의식은 분별이 그 특성이다. 그러므로 의식에 의하여 학문을 하면 학문의 대상을 끝없이 분석하고 종합하는 분합의 방법을 사용하지

---

89 유식학에서는 인간을 눈, 귀, 코, 혀, 몸의 육신을 전오식으로 그리고 마음을 육신으로 규정한 후에 다시 내면에 제7식인 말라식과 제8식인 아뢰야식을 제시한다. 이렇게 보면 심신心身이 모두 하나의 의식이라고 말할 수 있다. 이와 달리 심리학에서 마음을 의식과 무의식으로 구분하여 나타낸다. 따라서 오늘날의 과학자들이 논하는 의식은 유식학의 의식과 다르다.

90 육신과 관련하여 인간을 한마디로 나타내면 이름과 모습이다. 이를 불교에서는 명상名相이라고 말한다.

않을 수 없다.

의식에 의하여 시간을 분석하면 직선적인 시간이 존재할 뿐이다. 그러므로 시초와 종말을 구분하여 시초에서 종말을 향하는 방향에서 흘러갈 뿐으로 반대의 종말에서 시초를 향하는 시간은 존재할 수 없다.

직선적인 시간에 의하면 의식과 자연의 주체와 객체가 모두 진화한다. 그것은 양자가 모두 목표와 방향을 갖고 끝없이 형태, 모습을 바꾸어 발전함을 뜻한다. 따라서 오로지 앞을 향하여 달려갈 뿐으로 뒤를 돌아보는 돌이켜 살펴봄反省[91]이 없다.

미래로부터 과거를 향하는 실천과 과거로부터 미래를 향하는 학문, 앎은 둘이 아니다. 그럼에도 불구하고 직선적인 시간에서는 실천의 삶이 먼저 있고, 이후에 삶의 방법을 찾는 학문이나 수도, 수행은 생각할 수 없다.

실체적 세계관에 의한 학문은 지식, 정보에 머문다. 그것은 앎과 모름의 지知와 부지不知를 구분하여 지知를 추구하는 형이하적 패러다임에 의한 학문의 목적이 앎, 지식임을 뜻한다. 주체와 객체를 구분하여 양자를 다시 분석하고 종합하는 분합의 방법을 통해서 드러나는 정보, 지식은 주체인 나의 대상으로 남아 있을 뿐으로 하나가 될 수 없다.

지식, 정보가 삶에서 운신을 통하여 언행으로 나타날 때 비로소 지식을 아는 주체인 나와 지식이 둘이 아닌 지혜라고 말한다. 그러므로 형이하적 패러다임에 의하여 이루어지는 학문의 목적은 지혜의 추구가 아니

---

91 형이하적 패러다임에 의하면 과거는 미래를 위한 발판으로 미래를 아름답게 발전시킬 수 있는 재료일 뿐으로 미래가 나타난 과거는 있을 수 없다. 따라서 과거와 미래의 시간을 초월한 형이상적 차원, 경지가 존재할 수 없다.

라 지식을 얻어서 소유함이다.

지식이 많으면 힘이 되어 지력知力이 생긴다. 그리고 지력의 많고 적음에 의하여 남과의 경쟁력을 갖게 된다. 오늘날 사람들은 정보, 지식이 경쟁력이라고 말한다. 그것은 오로지 지식, 정보의 소유량所有量에 의하여 사람의 가치가 평가됨을 뜻한다. 왜냐하면 자본주의 시대에는 지식, 정보가 그대로 재화가 되기 때문이다.

인간과 세계, 나와 남, 나와 사물을 구분하는 순간 아무리 양자가 서로 작용한다고 하여도 언제나 주인과 손님, 주인과 노예의 불평등한 관계가 성립하지 않을 수 없다. 그렇기 때문에 분합적 사고에 의하여 학문을 하고, 학문의 성과를 개체나 집단이 소유할 때 개인과 개인, 집단과 집단의 대립하고 투쟁하는 갈등의 삶이 전개되지 않을 수 없다.

인간의 관점에서 가장 중요한 점은 의식을 주체로 하여 분합적 방법에 의하여 학문을 하고 삶을 살면 공존共存하고, 공유共有하며, 공생共生하고 공영共榮하는 삶이 없다는 점이다. 그것은 육신이 갖는 생사와 다른 존재와 하나가 될 수 없는 한계를 가질 수밖에 없어서 삶이 자유롭지 못함을 뜻한다.

그러나 무엇보다도 중요한 점은 자연을 대상으로 하는 과학이 분합적 학문과 삶에 의하여 자연을 이해하고 설명하는 능력이 정교해지고 지식이 쌓여 간다고 하여 인간이 어떤 존재이며, 어떻게 살 것인가의 문제는 해결되지 않는다는 점이다. 그러면 수학과 과학을 버려야 할 것인가?

만약 오늘날의 수학과 과학이 보여 주는 한계를 들어서 수학과 과학을 버려야 하고, 인문학을 버려야 한다면 인문학과 과학을 비롯한 학문 자체에 대한 논의를 할 필요가 없다. 오히려 현재의 인문학과 과학이 갖는 한계는 인문학과 과학을 통하여 아직 드러내지 못한 신, 도라는 근원이 있음을 보여 준다. 그러면 그것이 인문학과 과학의 한계인가?

인문학과 과학의 주체는 인간이다. 따라서 오늘날의 인문학과 과학이 보여 주는 한계는 인간의 학문 방법에 있다. 현대의 인문학과 과학이 보여 주는 현상은 평면적인 분합의 방법에 의한 학문과 분합의 방법에 의한 삶이 갖는 한계를 적나라하게 보여 준다.

주체와 객체를 나누어서 나타내는 인간과 자연이 실재가 아니라 주객의 분합을 넘어선 경지가 실재임을 보여 주는 사건이 바로 오늘날의 인문학과 과학이 보여 주는 한계이다. 이와 관련하여 한국사상, 한국철학을 서양철학, 과학의 학문 방법을 적용하여 고찰하는 문제를 살펴보지 않을 수 없다.

오늘날 우리나라의 학자들은 유럽의 학문 방법을 한국사상에 적용하여 고찰하는 것을 진보적인 작업이라고 착각한다. 한국사상은 한국사상에 적합한 연구 방법이 있고, 주제, 내용, 범위가 있다. 그러므로 유럽의 학문 방법을 통하여 한국사상의 내용을 파악할 수 없다.

한국사상은 형이상적 측면과 형이하적 측면은 물론 형이상과 형이하로 나타낼 수 없는 내용이 있다. 수학과 과학을 통하여 한국사상에 수학적 내용과 과학적 내용이 있음을 밝힐 수는 있지만 그것이 그대로 한국사상의 내용은 아니다. 그러면 한국사상의 학문 방법은 무엇인가?

한국사상은 역학易學이 중심이 되어 형성되고 역사적으로 발전을 해 왔다. 그러므로 우리는 역학적易學的 학문 방법을 통하여 한국사상을 파악할 수밖에 없다. 우리가 세 가지의 패러다임을 중심으로 인류의 삶, 인류의 미래를 고찰하는 작업을 역학易學을 중심으로 전개하는 까닭이 여기에 있다.

현대의 과학자들은 더 이상 근대의 과학자들이 제시했던 인간과 자연, 인간과 인간의 관계를 인정하지 않는다. 그들은 인간과 자연, 인간과 인간의 새로운 관계가 요구된다고 말한다. 그리고 그들은 과거의 단순한 과학과 다른 복잡한 과학이론을 제시한다.[92]

그러나 비록 과학자들이 새로운 과학이론을 제기할지라도 여전히 그들은 실험과 관찰을 통한 분석이라는 학문 방법을 사용한다. 그리고 그들이 아무리 새로운 과학을 통하여 자연에 관한 지식, 정보를 얻고 그것을 활용할지라도 정작 과학을 하는 자신이 어떤 존재인지를 모른다.

또한 자연을 대상으로 하는 과학을 통해서 인간이 어떤 존재인지를 파악하지 못하기 때문에 어떻게 살아야 하는지를 알 수 없다. 과학을 학문하는 주체인 인간 자신이 어떤 존재인가는 여전히 과학과 다른 학문 방법, 삶의 방법에 의존하지 않을 수 없다.

이제 여기까지 함께 온 독자들은 스스로에게 묻기를 바란다. 과연 연구할 대상인 자연이 있는가? 그리고 자연을 탐구하여 지식을 얻고자 하는 나는 있는가? 내가 있다면 나는 누구인가?

> 달려가는 쇠뱀은 보이지 않으나 풀의 움직임은 역력하니
> 비단 위에 꽃을 더하고, 원앙으로 수를 놓는구나.
> 천지는 옛날에 의지하여 날로 또 새로우니.
> 소리개는 하늘을 가로지르고, 물고기는 연못에서 뛴다.

---

92 일리야 프리고진·이사벨 스텐저스, 신국조 옮김, 『혼돈으로부터의 질서』, 자유아카데미, 2013, 409-410.

鐵蛇不見草搖歷

添花錦上繡鴛鴦

天地依舊日又新

鳶飛戾天魚躍淵

제3부

초월적 패러다임과 입체적 통합의 형이상적 삶

   우리는 앞에서 현상적 패러다임을 통하여 전개되는 인간과 자연, 인간과 신을 구분하여 수, 언어를 비롯하여 다양한 도구에 의하여 주체와 객관적 실체로 나타내고, 실체인 자연을 대상으로 분석하는 학문적 방법으로는 자연이나 신을 파악할 수 없음을 살펴보았다.

   인문학과 과학, 사회학을 막론하고 인간, 자연, 사물에 관한 연구와 상호 관계는 분석과 종합을 통하여 이론 체계를 구성하여 설명하는 과학적 방법으로는 밝힐 수 없다. 헤르만 바일Herman Weyl은 과학과 다른 우주의 접근 방법을 다음과 같이 말한다.

> 이론적인 구성만이 생명의 현상들에 대한 유일한 접근 방식이 아니라는 사실을 과학자들이 무시한다면 그들은 그릇된 것이다. 내부로부터 이해하는 또 다른 방법이 우리에게 열려 있다.[93]

---

93 H. WEYL, 「Philosophy of Mathematics and Natural Science」(Princenten, N. J, Princeton University Press, 1949), 일리야 프리고진·이사벨 스텐저스, 신국조 옮김, 『혼돈으로부터의 질서』, 자유아카데미, 2013, 408에서 재인용.

그가 말하는 과학과 다른 방법은 과학의 주체인 인간 자신의 내면으로 관점을 바꾸는 방법이다. 그것은 양자역학자들이 그랬듯이 자연이라는 객체를 대상으로 관찰하는 주체인 관찰자 자신의 관점으로 전환하는 방법이다.

그러나 양자역학자들은 객체에서 주체로 그 관점을 바꾸었을 뿐으로 학문의 방법이나 삶의 방법 자체는 바꾸지 않았다. 이처럼 그리스로부터 시작된 유럽의 학문 전통인 현상적 패러다임에 의하여 주체와 객체를 구분하여 객체인 자연이나 주체인 인간을 분석하는 방법으로는 인간과 자연의 특성을 밝힐 수 없다.

객체적 대상을 벗어나서 주체에 이르러서 다시 주체 내면에서 시공을 벗어난 형이상의 근원을 찾는 학문 전통이 있다. 그것은 객체에서 주체로의 평면적인 전환이 아니라 주체 내면에서 이루어지는 형이하의 현상에서 형이상의 근원으로의 차원의 전환이다.

주체의 내면에서 주체와 객체로 분별하여 나타내기 이전의 경지를 찾아가는 수행修行, 수도修道의 전통은 단순하게 학문 방법에 그치는 것이 아니라 형이상적 패러다임에 의하여 삶을 사는 방법이다.

형이상적 패러다임에 의하여 현상의 사물을 벗어나서 형이상의 근원에 이르고자 하는 삶은 다양한 사상과 종교에서 찾을 수 있다. 수메르문명, 인더스문명을 비롯하여 동아시아의 유가, 불가, 도가에서는 초월적 패러다임에 의하여 현상의 사물을 초월하여 형이상의 근원을 찾고자 한다.

우리는 형이상적 패러다임에 의하여 현상의 근원을 찾고자 하는 여러 사상, 종교 가운데서 동아시아의 학문적 전통을 중심으로 초월적 패러다임에 의하여 전개되는 학문적 전통이 무엇인지 고찰할 것이다.

동아시아의 사상은 변화의 세계관을 바탕으로 전개되는 역문화易文化를 발전시켜 왔다. 역문화의 중심에 역학易學이 있다. 역학은 상고시대부터 오늘날에 이르기까지 한국과 중국을 비롯하여 동아시아의 사회를 이끌어 온 역사 정신으로 작용해 왔다. 그러면 오늘날 우리가 왜 동아시아의 역사상을 살펴보려고 하는가?

21세기의 오늘날은 과학의 발달로 현상의 삶을 이롭게 하는 기술이 비약적으로 발전하고 있다. 그러나 과학과 기술의 발전은 지구를 파괴하여 이상기후가 나타날 뿐만 아니라 인공지능의 발달 이후에 나타날 인류의 미래가 불투명하다.

이제는 과학과 기술의 한계를 넘어서 지구와 인간 그리고 우주를 새롭게 보고, 새로운 관계를 맺을 수 있는 삶의 방법이자 인간과 지구는 물론 온 우주가 함께 살 수 있는 공생共生의 패러다임이 필요하다.

인류의 과거와 미래를 나누고, 인간과 자연, 우주를 나누는 것은 현상적 패러다임에 의하여 분합分合하는 과학적 삶의 방법이다. 과학은 자연을 분합하여 설명할 수 있지만 생명을 가진 자연의 본질을 밝힐 수 없을 뿐만 아니라 기술의 가치, 의미를 부여할 수 없다.

기술의 가치, 의미를 부여하고, 개발과 사용의 방향을 설정하는 일은 인문적 방법을 사용해야 한다. 유럽의 근대과학이 생명이 없는 기계와 같은 인과론적 자연을 대상으로 분석하여 온갖 지식을 구성하는 것과 달리 동아시아의 역사상에서는 온 우주가 일체여서 주객을 구분할 수 없는 형이상의 신, 본성을 논할 뿐만 아니라 그것을 바탕으로 매 순간 다양하게 전개되는 생성의 경지를 제시한다.

동아시아의 역문화에는 현상적 패러다임을 넘어선 초월적 패러다임과 생성적 패러다임이 있다. 초월적 패러다임을 통하여 인문적人文的 학문과 삶의 방법이 제시되고, 생성적 패러다임을 통하여 천문적天文的이고, 신문적神文的인 학문과 삶의 방법이 드러난다.

생성적 패러다임에 의하여 전개되는 천문天文, 신도적神道的 삶의 방법은 한국역학을 바탕으로 한국사상으로 나타나고, 초월적 패러다임에 의하여 전개되는 인문적 학문과 삶의 방법은 중국역학을 바탕으로 중국사상으로 나타난다. 그러면 우리는 중국역학을 통하여 어떻게 형이상적 패러다임을 찾을 수 있는가?

중국역학의 대표적인 서적인 주역은 불경이나 우파니샤드, 성경을 비롯하여 다양한 사상에서 나타나는 형이상적 패러다임에 의하여 현상으로부터 출발하여 근원인 본체를 찾아가는 방향에서 인간의 삶이 무엇인지를 살펴볼 수 있는 전형적인 자료이다.

주역에서는 궁리窮理, 진성盡性, 지명至命의 세 과정을 통하여 이것과 저것으로 나타나는 현상으로부터 출발하여 그것을 보는 주체인 지금 여기의 나의 내면으로 들어와서 주객의 분별이 없는 경계를 제시한다.

그 첫 번째 단계는 현상의 물건을 바탕으로 사건의 길吉과 흉凶을 구분하여 나타내는 주역의 텍스트를 보면서 동시에 텍스트를 구성하는 괘효, 언사, 수를 따라가지 않고, 텍스트를 보고, 읽으며, 연구하는 주체인 의식으로 들어간다.

의식의 차원에서는 의식의 밖에 길吉과 흉凶이라는 실체가 있다고 착각을 한다. 그렇기 때문에 흉凶을 버리고 길吉을 찾아서 소유하려고 한다. 그러나 길이 있기에 흉이 있고, 흉이 있기에 길이 있어서 양자를 둘로 나눌 수 없다. 그러므로 흉을 버리면 길도 함께 버려지고, 길을 찾으면 흉도 함께 따라온다.

두 번째 단계에서는 길과 흉이라는 의식의 분별을 바라보면서 길흉으로 드러나기 이전의 마음으로 향한다. 마음은 허공과 같아서 안과 밖이 없고, 주체와 객체도 없다. 이를 통하여 흉을 버리고, 길을 찾고자 하는 마음을 놓아 버리고 쉬게 된다.

세 번째 단계에서는 길과 흉을 구분하여 버리고 찾으려는 마음이 쉬어지면 어느 순간에 일어나고 사라지는 마음의 근원은 쉬거나 움직임이 없음을 알게 된다. 찾는 마음이 고요해지면 찾거나 쉬고, 소유하거나 놓아 버리는 마음이 일어나기 이전을 파악하는 지성知性, 진성盡性이 이루어진다.

마음으로 드러나기 이전의 성품을 앎은 어느 한때 일어나는 시각始覺이지만 비로소 앎은 본래 앎의 드러남이기 때문에 시각이 그대로 본각本覺이다. 그러므로 본래 앎이기 때문에 비로소 알아도 앎이 없어서 불각不覺이다.

그러나 시각, 본각, 불각이 하나인 일각一覺에 머물지 않고, 불각의 상태에서 삶을 사는 사람과 함께하면서 시각을 하도록 해 주는 것이 바로 삶이자 소통인 생명 현상임을 안다. 그것이 지명至命이다.

우리는 주역에서 제시하는 방법을 통하여 형이상적 패러다임을 파악할 수 있다. 그것은 주체와 객체를 나누어서 양자를 중심으로 분석적 방법에 의하여 주체인 인간과 객체인 자연, 천지를 종합하는 방법에 의하여 드러나지 않는 주체와 객체로 구분하여 나타내기 이전의 근원, 본체를 인간의 심성 내면을 통하여 찾을 수 있음을 뜻한다. 그러면 주역은 어떤 구조에 의하여 구성되는가?

주역은 괘효卦爻와 그것을 언어로 설명하는 괘효사卦爻辭로 구성된다.

이때 괘효와 괘효사는 사실을 나타내는 수단이 아니라 시공을 초월한 형이상의 경계를 나타내는 도구이다. 괘효는 삼효에 의하여 구성된 팔괘와 그것이 중첩된 64가지의 중괘重卦로 구성되고, 괘효사는 점占을 통하여 드러나는 결과를 길흉吉凶에 의하여 나타낸 점사占辭의 형식으로 구성된다. 그러면 왜 괘효와 괘효사를 일상의 언어, 수와 달리 이해해야 하는가?

우리는 현상의 사물을 나타내기 위해서 수와 언어를 사용한다. 그것은 현상적 패러다임에 의하여 수와 언어를 사용하여 사물을 나타냄을 뜻한다.

그러나 형이상적 패러다임에 의하여 형이상적 근원을 나타내기 위해서는 사물을 나타내는 방법과 다른 상징적인 방법으로 수와 언어를 사용하지 않을 수 없다. 그러면 주역에서는 수, 괘상, 언어를 통하여 무엇을 나타내고자 하는가?

수, 괘상卦象, 언어를 통하여 상징적으로 나타내는 내용은 도道, 신神, 성性이다. 이러한 세 개념은 각각 다른 관점에서 형이상의 경지를 나타낸다. 그들이 가리키는 경지는 시공을 점유하는 현상의 사물과 달라서 사물을 초월하고, 현상을 초월한 형이상적 존재라고 말한다.

신은 형이상과 형이하가 둘이 아니면서도 하나가 아닌 경지를 나타낸다. 그리고 도는 신의 경계가 고정되지 않아서 끊임없이 새롭고 다양하게 변화함을 나타내는 개념이다. 신의 작용을 가리키는 도에 의하여 나타나는 결과인 현상을 가리키는 개념이 기器이다.

도道와 기器를 개체적 사물의 관점에서 나타내어 성性과 명命이라고 한다. 신이 도에 의하여 매 순간 물건적 기器로 자신을 드러냄을 현상의 물건을 중심으로 나타내어 물건의 근원인 성품과 성품에 의하여 드러나는 생명 현상으로 나타낸다.

도, 성과 기, 명을 구분하고 양자의 관계를 통하여 사람이 살아갈 길, 삶의 방법인 인도人道를 제시하는 책이 주역이다. 주역이 인도를 중심으로 역사상을 나타냄은 도기가 중심이 아닌 성명이 중심을 뜻한다. 그러면 주역과 다른 역사상을 나타내는 책이 있는가?

성명을 중심으로 역사상을 나타내는 주역이 상과 언어를 주로 사용하는 것과 달리 도기를 중심으로 역사상을 나타내는 정역은 수와 상을 주로 사용한다. 다만 주역에서도 수가 사용되고, 정역에서도 언어가 사용된다.

괘효라는 상과 점사라는 언어를 활용하여 성명을 나타내는 구조는 상하와 내외 그리고 양자의 관계를 두 방향에서 나타내는 순역이다. 괘효가 상하와 내외, 순역의 구조에 의하여 구성된 것과 같이 언어 역시 상하, 내외, 순역이라는 개념을 중심으로 성명을 나타낸다.

괘효사는 천지와 우레, 바람과 같은 자연 현상, 부모와 자녀의 가족, 머리와 다리를 비롯한 인간의 몸 그리고 소, 말, 개와 같은 동물은 물론 현상의 온갖 사물을 활용하여 길흉吉凶을 구분하고, 그것을 바탕으로 대인의 삶인 대인의 도와 소인의 삶인 소인의 도를 제시한다. 그러면 상하의 관계를 통하여 성명을 어떻게 나타내는가?

상하의 관계로 나타내는 천도와 인도, 형이상과 형이하는 인간의 밖에서 대상으로 존재하는 실체가 아니라 인간의 마음 안에서 밝혀지는 경계이다. 그렇기 때문에 주역에서는 상하를 인간을 중심으로 내외로 나타낸다.

주역이 천도를 근거로 현상에서 드러나는 지도의 관점에서 인도를 나타냄은 인간을 바탕으로 삶을 외적 사물의 경계에서 내적인 형이상의 경계를 향하는 역逆방향에서 역도를 나타냄을 뜻한다. 따라서 인간의 마음을 통하여 이루어지는 앎이 근본 문제가 된다.

비록 주역에서 순역을 논하지만 주역은 역방향에서 물리적 생명의 근원인 형이상의 본성, 도를 찾는 일이 중심 내용이다. 그러므로 주역에서 나타나는 패러다임은 형이상적 패러다임인 동시에 현상으로부터 벗어나는 초월적 패러다임이다. 그러면 주역에서는 역도를 어떻게 나타내는가?

주역은 역도를 형이상과 형이하의 두 차원에서 각각 도와 기로 나타낸다. 그리고 기로부터 출발하여 근원을 찾는 역방향과 도로부터 출발하여 기를 향하는 순방향을 구분한다. 도와 기의 구분은 인간에게 적용하여 성과 명으로 나타낸다.

주역이 밝히고자 하는 내용은 성명의 이치[94], 성명[95]이다. 성명의 이치는 역방향에서는 명으로부터 성에 이르는 변화의 이치이며, 순방향에서는 성으로부터 명에 이르는 변화의 이치이다. 이처럼 역도易道, 변화의 도를 인간을 중심으로 성명의 이치로 표현한 전적이 주역이다. 그러면 괘효, 괘효사에 의하여 성명이 어떻게 표현되는가?

괘효는 삼효에 의하여 구성된 팔괘가 서로 겹쳐서 형성된 64괘로 구성된다. 팔괘가 의미를 나타내는 요소가 되어 상괘와 하괘로 겹쳐지면서 양자의 관계를 통하여 각 괘의 내용이 상징적으로 표현된다. 따라서 64괘가 나타내는 다양한 의미, 뜻은 상괘와 하괘를 구성하는 팔괘의 관계에 있다.

그런데 64괘는 고정되어 64가지의 사태를 나타낼 수 있을 뿐이다. 만약 인간의 모든 일들이 64괘가 나타내는 64가지의 경우로 한정된다면 역도, 주역이라는 개념에 어울리지 않는다. 이로부터 하나의 중괘를 구

---

94 『주역』 설괘 제2장, "昔者聖人之作易也는 將以順性命之理니"
95 『주역』 중천건괘 단사, "乾道變化에 各正性命하나니"

성하는 육효가 나타내는 여섯의 시위가 중요한 역할을 함을 알 수 있다.

중괘는 두 개의 팔괘에 의하여 구성된다. 그럼에도 불구하고 하나의 중괘를 두 방향에서 나타내어 상괘와 하괘로 규정하고, 내괘와 외괘로 규정한다. 상괘와 하괘는 순방향의 변화를 나타내고, 내괘에서 외괘는 역방향의 변화를 나타낸다.

순방향의 변화는 성性에서 명命으로의 변화이며, 역방향의 변화는 명命에서 성性으로의 변화이다. 이처럼 괘상의 변화를 통하여 성명의 이치를 나타낸다. 이와 달리 괘효사는 언어를 통하여 괘효의 성명을 다른 관점에서 나타낸다. 그러면 괘효사는 무엇을 나타내는가?

괘사와 효사는 효를 중심으로 언어를 부연하여 제시한다. 이때 괘사는 효사의 내용을 종합적으로 나타낸다. 따라서 괘효의 내용을 파악하기 위해서는 효사가 중요하다. 효사의 내용은 길흉吉凶이다. 이는 성명의 변화를 현상의 관점에서 길흉吉凶으로 나타낸 것이 효사임을 뜻한다. 그러면 주역의 저자는 왜 주역을 저작하였는가?

주역의 저작 의도가 무엇인가는 오늘날 우리가 주역을 통하여 무엇을 얻을 수 있는가의 문제이다. 그것은 비록 둘인 것 같지만 하나의 문제이다. 왜냐하면 주역이 저작된 시대의 인간과 오늘날 인간의 삶의 형태는 다르지만 근원인 본성은 다르지 않기 때문이다.

예나 지금이나 사람은 스스로 어떤 존재이며, 어떻게 살 것인가를 생각하고, 생각들을 정리하여 글을 통하여 삶을 표현하면서 산다.

주역의 저자는 괘효사를 통하여 자신에게 해롭고 세상에도 해로운 흉凶과 자신도 이롭고 세상도 이로운 길吉을 제시한다. 그리고 그는 흉한 삶의 방법을 소인小人의 도道로 규정하고, 길吉한 삶의 방법을 대인의 도로 규정하여 대인의 도를 따라서 살 것을 권한다.[96] 그러면 주역을 어떻게 연구할 것인가?

주역의 괘효와 괘효사가 형이상적 경계를 괘상卦象과 점사占辭를 통하여 상징적으로 나타내기 때문에 괘효와 괘효사를 통하여 내용을 파악하기가 어렵다. 따라서 먼저 주역을 연구한 사람들의 다양한 견해를 참고할 필요가 있다.

주역을 사상적 관점에서 체계적으로 나타내고 있는 전적은 십익十翼[97]이다. 십익에서는 괘효와 괘효사에 대하여 설명하고 있을 뿐만 아니라 내용이 무엇이며, 역易의 기원이 무엇이고, 왜 저작하였는지 그리고 어떻게 연구하여, 삶에 가운데서 활용할 것인지를 밝히고 있다.

오늘날 우리는 주역과 십익을 하나로 편집한 왕필王弼 덕분에 주역과 십익이 함께 묶인 텍스트를 대상으로 연구를 할 수 있다. 오늘날 학자들은 주역과 십익을 전혀 다른 성격의 저작으로 이해하거나 같은 내용을 달리 표현한 하나의 전적으로 이해한다.

역사적 관점에서 저작 시기를 보면 팔괘와 중괘, 괘효사의 구성 연대가 서로 다르다. 예로부터 복희伏羲에 의하여 팔괘가 구성되고, 이를 바탕으로 중괘가 구성되었으며, 문왕文王에 의하여 괘사가 쓰였고, 주공周公에 의하여 효사가 쓰였으며, 공자孔子에 의하여 십익이 저작되었다고

---

96 『주역』 중천건괘 오효 효사, "九五는 飛龍在天이니 利見大人이니라."

97 역전易傳은 선진 시대의 전문적인 역학 서적이다. 역전이 단전彖傳 2, 상전象傳 2, 문언전文言傳 1, 계사전繫辭傳 2, 설괘전說卦傳 1, 서괘전序卦傳 1, 잡괘전雜卦傳 1의 열 편으로 구성되기 때문에 십익이라고 부르기도 한다. 십익의 저작 시기에 대하는 다양한 의견이 있으나 전국 중기 이전이라고 할 수 있다.(요명춘 외, 심경호 옮김, 『주역철학사』, 예문서원, 1998, 99-123.)

말한다.[98]

그러나 괘효와 괘효사, 십익을 막론하고 어느 한 사람에 의하여 저작된 것이라고 보기 어렵다. 주역은 오랜 세월 동안 여러 사람에 의하여 전해지면서 점차 체계화되었다고 하는 것이 합리적이다. 동아시아의 역학적 전통이 시간이 흐르면서 중국화하여 주역이라는 저작의 형태로 나타난 것이다. 그러면 주역을 어떻게 연구할 것인가?

한대漢代 이후에 주역을 연구하는 사람들은 괘상卦象을 중심으로 점서占筮의 관점에서 주역을 이해하는 사람들을 상수학파象數學派라고 부르고, 왕필王弼에서 시작하여 송대宋代의 성리학적 관점에서 괘효사와 십익을 중심으로 주역을 이해하는 사람들을 의리학파義理學派로 부른다. 이와 달리 주희는 상수학과 의리학을 통합적 관점에서 이해하고자 하였다.

후대의 사람들이 상수와 의리를 구분하여 어느 일면을 중심으로 연구하거나 통합적 관점에서 연구한 결과가 서로 달리 나타나는 까닭은 주역이라는 동일한 텍스트를 어떤 관점에서 보느냐에 따라서 그 결과가 달라지기 때문이다. 그러면 이것이 무엇을 의미하는가?

주역은 고정된 실체가 아니라 그것을 연구하는 사람과 상호 작용에 의하여 다양하게 나타남을 의미한다. 만약 오로지 주역에 대한 다양한 이해를 대상으로 시비是非를 가리고자 하면 상수와 언사를 대상으로 한 연

---

98 당唐의 육덕명陸德明은 복희伏羲가 팔괘를 그리고 그것을 중첩하여 64괘가 되었으며, 문왕이 괘사를 쓰고, 주공이 효사를 썼으며, 공자가 십익을 지었다고 하였다.(이광지李光地, 신창호 외 옮김, 『주역절중周易折中』, 학고방, 2018, 156-158.) 그러나 역사적인 근거에 의한 주장이 아니기 때문에 하나의 주장일 뿐이다. 오히려 중국의 전통사상이 은말 주초에 일차적으로 주역으로 문자화하고, 이차적으로 전국시대에 십익으로 나타났다고 볼 수 있다.

구의 성과를 하나로 통합할 수 없을 뿐만 아니라 그 결과에 대한 시비是非를 가릴 수 없다.

우리가 현상적 패러다임에 의하여 이미 제기된 주장, 이론, 사상을 대상으로 분합하여 시비是非를 찾는 작업을 하더라도 주장, 이론, 사상이나 그것을 대상으로 한 분합과 시비의 판단에 끌려가지 말아야 한다. 그러면 어떻게 할 것인가?

의리학을 추구하는 사람들은 형이상의 성명을 중심으로 주역을 연구하고, 상수학을 추구하는 사람들은 형이하의 현상을 중심으로 주역을 연구한다. 그러나 형이상과 형이하는 둘이 아니라 마음이 분합하여 나타낼 뿐이다. 그러므로 의식이 아닌 마음에 의하여 주역을 연구해야 한다. 그러면 양자를 종합하고자 한 주희의 방법이 그른 것인가?

비록 그가 상수역과 의리역의 회통을 시도했지만 선불교禪佛教가 성행하던 당시의 시대적 상황에 의하여 유학의 정통성을 확보하기 위하여 초월적 경계를 배제하고 철저하게 현상적 패러다임에 의하여 분합적 방법을 사용했다.

그가 제시한 거경居敬을 바탕으로 한 격물치지格物致知는 기계론적이고 유물론적인 세계관에 의하여 분합하는 근대과학의 학문 방법에 가깝다. 인간과 세계, 사물은 고정된 실체가 아니다. 그러므로 세계를 보는 안목眼目에 따라서 다양하게 이해될 수밖에 없다. 형이하의 육신으로 세계를 보면 오로지 물질만이 보이고, 마음의 눈으로 보면 세계가 마음일 뿐이며, 지혜의 눈으로 보면 세계가 도, 본성일 뿐이다. 그러면 안목은 어디에 있는가?

세상을 다양하게 보는 안목은 세상을 보는 인간 자신에게 있다. 그것이 우리가 앞에서 살펴본 패러다임이다. 현상적 패러다임에 의하여 형이하의 사물의 경계가 나타나고, 형이상적 패러다임에 의하여 도, 성품, 신의 경지가 나타나며, 생성적 패러다임에 의하여 양자가 둘이 아닌 경계가 통섭적으로 자유롭게 생성된다.

오늘날 우리가 주역을 연구하는 까닭은 그것을 통하여 초월적 패러다임을 파악하기 위함이다. 우리는 초월적 패러다임을 통하여 과학, 수학, 사회학과 같이 자연, 사회라는 현상의 세계를 벗어나서 세계를 보는 우리 자신의 본질, 정체성을 파악할 수 있다.

과학, 사회학과 다른 인문학의 대상인 인문이 주역의 내용이기 때문에 과학적 방법으로 주역을 연구할 수 없다. 그럼에도 불구하고 과거에서 오늘에 이르기까지 상수학, 의리학은 물론 회통적 관점에서 이해하고자 한 학자들을 막론하고 현상적 패러다임에 의한 분합적 방법을 벗어나지 못하였다.[99]

이에 지금부터는 초월적 패러다임이 무엇인지 주역을 중심으로 살펴보고자 한다. 먼저 한대漢代 이후의 의리역 학자와 상수역 학자가 현상적 패러다임에 의하여 형이하와 형이상의 어느 일면에서 치우쳐서 연구를 진행하기 때문에 성명을 파악할 수 없음을 살펴볼 것이다.

이어서 초월적 패러다임에 의하여 형이상적 측면과 형이하적 측면을 함께 살펴봄으로써 성명이 무엇인지를 고찰하고자 한다. 이를 통하여 주역이라는 물건을 대상으로 그것을 연구하는 우리 자신의 본래면목이 무엇이며, 어떻게 살아야 하는지가 밝혀질 것이다.

---

99 『주역』이천伊川 서문序文, "以一時而索卦면 則拘於无變이니 非易也오 以一事而明爻면 則窒而不通이니 非易也오 知所謂卦爻彖象之義而不知有卦爻彖象之用이면 亦非易也라."

1. 언어와 상수象數에 의한 상하와 내외의 대립

은殷나라 말기에서 주周나라 초기에 주역이 편집되고, 주나라 말기에 주역에 관한 사상서인 십익十翼이 형성되면서 주역의 연구 방법은 크게 두 가지로 발전해 왔다.

그 하나는 왕필王弼에 의하여 도가적 관점에서 시작된 의리역학이다. 의리역학은 괘상과 언사인 괘효사를 저자의 뜻을 나타내는 도구로 여긴다. 왕필의 괘상과 언사에 대한 태도는 그의 다음과 같은 주장을 통하여 확인할 수 있다.

그는 득의망상得意忘象, 득상망언得象忘言을 주장한다. 그의 주장은 장자가 제시한 득어망전得魚忘筌에 근거를 두고 있다. 득망전은 물고기를 잡기 위하여 사용한 통발은 물고기를 잡으면 소용이 없는 것처럼 하나의 뜻을 드러내는 도구인 언어에 담긴 뜻을 파악하면 언어에 대한 집착執著을 놓으라는 주장이다. 그러면 왕필은 상象과 언어의 기능을 부정하는가?

왕필은 상과 언어의 한계를 말할 뿐으로 상과 언어의 효용效用을 부정하지 않는다. 그는 오히려 상과 언어가 뜻을 나타내는 알맞은 도구임을 다음과 같이 밝힌다.

상象은 뜻을 표현하고, 언어는 상을 나타낸다. 그러므로 뜻을 표현하는

데는 상象만 한 것이 없고, 상을 표현하는 데는 언어만 한 것이 없다. 언어는 상에서 생기므로 언어를 통하여 상을 보고, 상은 뜻에서 생기므로 상을 통하여 뜻을 본다.[100]

위의 내용을 이해하기 위해서는 먼저 『주역』에서 언어와 상에 대하여 언급한 내용을 이해할 필요가 있다. 계사繫辭에서 공자는 "글로는 말을 다 나타낼 수 없고, 말로는 뜻을 다 드러낼 수 없다."[101]라고 하여 말과 글을 통하여 뜻을 전하고자 할 때 한계가 있음을 밝히고 있다.

이 부분을 보면 공자의 관점은 노자의 "(도를) 아는 사람은 말을 하지 않고, 말을 하는 사람은 (도를) 모른다."라는 주장과 같다. 이처럼 노자, 불교, 공자를 막론하고 언어의 한계를 제시하여 강조하는 까닭은 언어는 본래 가리키는 대상과 하나가 아니므로 언어에 얽매이면 내용을 파악할 수 없기 때문이다.

언어는 계룡산을 나타내는 지도와 같아서 지도가 그대로 계룡산이 아님에도 불구하고 사람들은 언어를 그것이 가리키는 세계와 혼동을 한다. 이처럼 언어와 가리키는 대상을 혼동하여 주장이나 이론을 제기하면 문제는 더욱 커진다.

사람들이 세계에 대하여 다양한 주장을 제기하면 그 주장은 이전의 다른 주장과 양립할 수 없는 모순 관계를 형성한다. 그럼에도 불구하고 다양한 주장들을 대상으로 옳고 그름으로 나누는 순간 모든 주장, 이론, 사상은 역설, 독단일 수밖에 없다. 그러면 그것이 언어 자체의 문제인가?

100　王弼, 『周易略例』 明象, "夫象者, 出意者也. 言者, 明象者也. 盡意莫若象, 盡象莫若言. 言生於象, 故 可尋言以觀象, 象生於意, 故 可尋象以觀意."

101　『周易』 繫辭上篇 第十二章, "子曰 書不盡言하며 言不盡意니"

노자, 불교에서 언어를 달을 가리키는 손가락에 비유하여 손가락과 달을 철저하게 구분하라고 말하는 것은 달을 향하는 역방향에서 언어를 이해하기 때문이다. 그러나 공자는 역방향에서 출발하여 한 걸음 더 나가서 순방향에서 언어를 이해한다.

공자는 "그렇다면 성인의 뜻을 드러낼 수 없는가?"[102]라고 묻는다. 그것은 도덕경, 불경에서 사용되는 언어가 손가락인가 아니면 달인가를 묻는 것과 같다. 그가 순방향에서 언어를 이해하는 까닭은 다음과 같은 그의 말을 통하여 확인할 수 있다.

> 말을 해야 할 때 말을 하지 않으면 사람을 잃고, 말을 하지 말아야 할 때 말을 하면 말을 잃는다. 그러므로 지혜로운 사람은 사람도 잃지 않고, 말도 잃지 않는다.[103]

인용문의 내용은 공자가 언어에 의한 주장, 이론, 사상을 논하는 것이 아니라 언어를 사용하는 사람의 마음을 나타낸다. 순방향에서 언어를 사용하는 사람은 말과 사람을 모두 이롭게 하려는 마음으로 말을 한다.

공자는 언어를 대상으로 언어의 효용을 논하는 것이 아니라 언어를 사용하는 주체인 인간의 관점에서 언어를 논한다. 그는 주장과 주장을 때에 따라서 활용하는 인간 자신의 관점에서 논하기 때문에 모순 관계를 이루는 주장이 없다. 그의 관점은 상과 언어에 대한 다음과 같은 결론으로 드러난다.

---

102 『周易』繫辭上篇 第十二章, "然則聖人之意를 其不可見乎아"
103 『논어』위령공衛靈公, "子曰 可與言而不與之言失人 不可與言而與之言失言 知者不失人 亦不失言"

> 상象을 세워서 그 뜻을 다 드러내었으며, 괘卦를 베풀어서 정위情僞를 다 드러내었고, 언사를 매달아서 하고자 하는 말을 다 하였다.[104]

위의 내용을 보면 성인이 자각한 역도易道가 상象 안에 성인의 뜻으로 담겨 있음을 알 수 있다. 성인의 뜻을 담고 있는 상은 무형적인 존재로 그것을 다시 유형화하여 상징적으로 나타낸 것이 괘효卦爻이다.

그리고 괘효의 내용인 상을 다시 언어를 통하여 나타낸 것이 계사繫辭이다. 따라서 계사를 통하여 그 내용인 상을 이해하고, 다시 괘효를 통하여 그 내용인 뜻을 파악해야 함을 알 수 있다. 그러면 왕필은 이 점을 어떻게 논하고 있는가?

왕필은 괘효사와 괘효를 이해하기 위해서는 상과 뜻을 나타내는 도구인 괘효와 괘효사를 잊어야 함을 다음과 같이 주장하고 있다.

> 뜻은 상으로써 다하고 상은 언어로 드러낸다. 그러므로 언어는 상을 밝히는 방법이므로 상을 얻으면 언어를 잊어야 한다. 그리고 상은 뜻을 간직하고 있는 것으로 뜻을 얻었으면 상을 잊어야 한다. 이는 마치 올가미가 토끼를 잡은 도구이기 때문에 토끼를 잡으면 올가미를 잊고, 통발은 물고기를 잡는 도구이기 때문에 물고기를 얻으면 통발을 잊어야 하는 것과 같다.[105]

---

104 『周易』 繫辭上篇 第十二章, "聖人이 立象以盡意하며 設卦以盡情僞하며 繫辭焉以盡其言하며 變而通之以盡利하며 鼓之舞之以盡神하니라."

105 王弼, 『周易略例』 明象, "意以象盡, 象以言著. 故 言者所以明象, 得象而忘言, 象者所以存意, 得意而忘象. 猶蹄者所以在兎, 得兎而忘蹄, 筌者所以在魚, 得魚而忘筌也. 然則, 言者象之蹄也, 象者意之筌也."

그는 말을 상의 올가미로 이해하고, 상을 뜻의 통발로 이해하였다. 그렇기 때문에 말을 간직하고 있으면 상을 얻은 것이 아니며, 상을 가지고 있으면 뜻을 얻은 것이 아니라고 하였다.[106] 이는 마치 손가락을 따라서 달을 보고서도 여전히 달이 아닌 손가락에 매달리는 것과 같다.

그는 결국 상을 잊은 사람이 뜻을 얻은 사람이며, 말을 잊은 사람이 상을 얻은 사람이라고 말하였다. 이는 손가락을 벗어나야 비로소 달을 볼 수 있음을 주장한 것이다.[107] 그의 득의망상, 득상망언은 현지와 지도를 분명하게 구분하여 현지를 답사해야 비로소 지도를 제작한 사람의 의도를 파악할 수 있고, 그 뜻에 따라서 현지를 방문해야 비로소 지도를 사용하는 목적을 달성할 수 있음을 나타낸다.

그런데 상과 언어는 어느 한 사람이 일시적으로 사용할 수 있는 것이 아니라 동시에 수많은 사람이 사용할 수 있다. 그리고 시간적으로 설사 상과 언어를 나타내는 텍스트가 오래되어 훼손된다고 할지라도 그것을 다시 만들면 영원히 사용할 수 있다. 그러면 득의망상, 득상망언을 어떻게 이해할 것인가?

우리는 여기서 득의망상, 득상망언이 상과 언어, 득망得忘의 문제가 아님을 생각해야 한다. 왜냐하면 상과 언어를 사용한 것도 인간이고, 상과 언어를 통하여 뜻을 얻고, 상을 얻는 것도 인간이기 때문이다. 따라서 득의망상, 득상망언의 문제를 그것을 사용하는 인간을 중심으로 이해해야 한다.

106　王弼, 『周易略例』 明象, "是故, 存言者非得象者也, 存象者非得意者也. 象生於意而在象焉, 則所存者乃非其象也 言生於象而存言焉 則所存者乃非其言也"

107　王弼, 『周易略例』 明象, "然則 忘象者乃得意者也 忘言者乃得象者也 得意在忘象 得象在忘言 故 立象以盡意而象可忘也. 重畫以盡情而畫可忘也"

득의망상, 득상망언의 인간 중심적 이해는 주역이라는 텍스트의 역할과 성인의 존재가치를 올바로 드러내는 방법이다. 왕필의 득의망상, 득상망언은 손가락과 달이 다름을 들어서 둘을 혼동하지 말고, 현지現地와 지도地圖가 다름을 들어서 둘을 착각하지 말라는 주장이다.

득의망상, 득상망언은 언어적 이해만으로는 해결되는 문제가 아니다. 그것은 상을 잊고 언어를 잊음이 단순하게 주역이라는 텍스트와 그 내용을 나타내는 역도易道의 관계를 파악하는 지적知的인 작업만으로는 해결이 되지 않는 문제임을 뜻한다.

득의망상, 득의망언은 텍스트라는 대상과 나와의 관계의 이해에서 그치는 문제가 아니라 마음 자체와 관련이 된다. 역학의 전적들을 오랜 시간 동안 연구하다 보면 그 개념들이 익숙해지고, 그 개념들에 의하여 하나의 이론 체계를 형성하면서 그것이 하나의 세계가 된다.

그리고 점점 상과 언어를 통하여 구성된 개념과 개념의 관계를 통하여 나타내는 주장, 주장과 주장을 통하여 형성된 이론 체계를 실재實在의 세계와 동일하게 느끼다가 점차 실재의 세계와 이론 체계가 뒤섞이고, 어느 순간에 이론 체계가 실재의 세계를 대체代替하게 된다.

개념의 세계 곧 인간의 사고에 의해 구성된 세계를 실재의 세계로 혼동하기 시작하면 그때부터 현실과 자신의 세계가 서로 갈등葛藤을 일으키기 시작한다. 왜냐하면 자신의 사고 안에서는 완벽하지만 그것을 기준으로 현상을 바라보면 무엇 하나 제대로 굴러가는 것이 없는 것처럼 느껴지기 때문이다.

이때 현실과 갈등을 일으키지 않는 하나의 방법은 철저하게 개념의 세계에 빠져서 현실을 거부하는 것이다. 그러한 상태에 이르면 그 사람의 삶은 점점 경직硬直되고, 고집固執스러워서 여유롭지 못하고 고통苦痛스럽게 된다.

그와 달리 오로지 학문을 하거나 수기修己, 수행修行을 통하여 자신의 본래면목을 파악하는 것이 삶의 목적이라고 생각하는 사람도 역시 형이상의 도, 본성, 성품을 찾는 일에 얽매여서 여전히 삶 자체와는 동떨어진 삶을 산다. 그러면 어떻게 벗어날 수 있는가?

우리가 역학 서적이라는 텍스트를 대할 때 그것의 기능인 역도의 세계로 안내하는 지도地圖로 삼으면 된다. 지도를 사용하는 우리가 스스로 지도를 지도로 사용하면 된다. 그럼에도 불구하고 사람들은 여전히 지도를 붙들고 놓지 않으려고 하거나 반대로 지도로서의 기능을 거부하는 극단적인 태도를 취한다.

계룡산을 그린 지도가 나로 하여금 계룡산을 알 수 있게 해 주지 않는다. 계룡산의 지도를 보고 내가 직접 계룡산을 등산해야 비로소 계룡산을 올바로 알 수 있다. 마찬가지로 주역이 나를 가르쳐 주는 것이 아니라 주역을 통하여 내가 본래면목인 자성, 본성을 찾을 수 있다.

왕필은 성인이 주역을 통하여 나타낸 뜻을 파악하는 일은 바로 성인의 뜻에 담긴 도를 파악하는 일임을 강조한다. 그것은 후대의 선사들이 영리한 사냥개가 사람이 던진 흙덩이를 쫓아다니다가 고기를 얻지 못하듯이[108] 사람들이 뜻을 나타내는 도구인 상과 언어에 끌려다니면서 성인의 뜻을 파악하지 못함을 질타叱咤한 것이다. 그러면 어떻게 상과 언어를 통하여 성인이 나타내고자 하는 뜻은 무엇인가?

설괘에서는 주역의 저자가 성인이며, 성인 주역을 통하여 나타내는 내

---

108 『선문염송집』 6권(ABC, K1505 v46, p.88a17), "師子咬人 韓獹逐塊"

용이 성명의 이치임을 밝히고 있을 뿐만 아니라 성명의 이치를 나타내기 위하여 괘상과 괘효사라는 언사를 도구로 활용하였음을 밝히고 있다.[109]

그리고 후대의 주역을 연구하는 사람들이 성명의 이치를 연구하는 방법에 대하여 밝히고 있다. 그 첫째는 천지의 본성인 도덕성이 자신의 주체성인 성명임을 알고, 주역에 나타난 성명의 이치를 파악하고자 하는 뜻을 세우며, 둘째는 궁리, 진성, 지명의 세 단계를 중심으로 주역을 연구할 것을 제시하고 있다.

설괘에서는 주역의 저작 목적과 주역을 연구하는 방법 그리고 도구인 상과 언어를 중심으로 주역을 어떻게 연구할 것인지를 상세하게 밝히고 있다.[110] 그러면 상수학파들의 주역을 연구하는 방법은 무엇인가?

의리학자들이 형이상의 차원에서 도와 본성을 중심으로 주역을 연구하는 것과 달리 상수학자들은 주역을 점서占書로 규정하는 것으로부터 출발한다.

지금부터 우리는 한국역학자인 정약용丁若鏞의 역학易學을 통하여 상수학자들의 주역을 연구하는 방법이 무엇인지를 살펴보자.

정다산丁茶山은 주역을 철저하게 점서占書로 규정한다. 그는 역易을 상제上帝의 뜻을 따르기 위하여 계시를 받는 점서占筮를 목적으로 지어진 저작이라고 말한다. 따라서 상제라는 개념은 다산의 역학을 이해하기 위하여 가장 먼저 이해해야 할 근본적인 개념이다.

---

109 『주역』설괘 제1장, "昔者聖人之作易也애 幽贊於神明而生蓍하고 參天兩地而倚數하고 觀變於陰陽而立卦하고 發揮於剛柔而生爻하니"

110 『주역』설괘 제1장, "和順於道德而理於義하며 窮理盡性하야 以至於命하니라."

> 역易은 무엇 때문에 저작되었는가? 성인이 하늘의 명을 청請하여 그 뜻에 따르기 위함이다.[111]

인용문의 하늘은 물리적인 천체를 가리키지 않는다. 그는 천지와 인간, 만물을 창조하고 다스리는 인격적 존재를 상제라고 말한다. 그가 사용하는 천天, 상제上帝의 의미는 다음의 부분을 통하여 확인할 수 있다.

> 상제上帝는 무엇인가? 하늘과 땅, 귀신들의 밖에 있으면서 하늘과 땅, 귀신, 인간과 만물을 만들고 다스리며, 편안하게 길러 주는 자이다. 상제를 가리켜서 하늘이라고 말하는 것은 왕을 가리켜서 나라라고 하는 것과 같아서 푸르고 형체가 있는 하늘을 상제라고 말한 것은 아니다.[112]

하늘과 땅, 귀신, 인간, 사물을 낳고 길러 주는 상제는 형이상의 존재가 아니라 시공에 존재하는 실체적 존재이다. 다산은 태극도설에 대한 자신의 견해를 통하여 무형적 존재를 가리키는 무극이 존재할 수 없음을 다음과 같이 말한다.

> 태극도太極圖에 있는 한 개의 둥근 동그라미는 육경六經에 보이지 않는다. 이것은 영靈이 있는 물건인가? 아니면 아무런 지각이 없는 물건인가? 텅 비어 불가사의한 것인가? 천하에 무형의 존재가 주재자가 될 수 없다. 그러므로 한 집안의 가장이 어둡고 어리석어서 지혜가 없으면 집안의 모

---

111 『여유당전서與猶堂全書』 주역사전周易四箋, 역론易論, "易何爲而作也 聖人所以請天之命 而順其旨者也"
112 『與猶堂全書』 春秋考徵, "上帝者何 是於天地神人之外 造化天地神人萬物之類 而宰制安養之者也 謂帝爲天 猶謂王爲國 非以彼蒼蒼有形之天指之爲上帝也"

든 일이 이치에 맞지 않으며, 한 현縣의 우두머리가 어둡고 어리석어 지혜가 없으면 현縣의 모든 일들이 이치에 맞지 않는다. 하물며 텅 빈 듯한 태허太虛의 일리一理를 천지와 만물을 주재하는 근본으로 삼는다면 천지 사이의 일이 이루어지겠는가?[113]

위의 내용을 보면 다산은 상제는 무극無極이라는 개념이나 하나의 원이 나타내는 것처럼 시공을 벗어난 관념적 존재가 아니라 시공에 존재하는 실체적 존재로 인식하고 있음을 알 수 있다. 그가 제시한 실체적 존재로서의 상제는 그리스도교 계통의 종교에서 말하는 하느님이라는 시공 내적 존재와 다르지 않다.

하느님이라는 주재자가 존재하는 세계는 비록 시공에서 존재하지만 지금 여기를 떠나서 다른 공간에 있다. 그리고 그는 시간상으로 영원히 존재한다. 그것이 실체적 존재로서의 주재자의 특성이다. 그러면 다산은 상제를 어떻게 이해하는가?

다산이 주재자를 무형적 존재로 이해하지 않기 때문에 이치 역시 물리物理를 인정할 뿐으로 형이상의 도道를 나타내는 이理를 인정할 수 없다. 그는 성리학자들이 이理에 주재적 성격을 부여하는 것과 달리 상제가 바로 주재자임을 강조한다. 그러면 성리학자들이 이理와 동일시하는 태극을 다산은 어떻게 이해하는가?

다산은 "무극, 태극은 한 덩어리의 원기元氣로 하나의 물건도 없던 상

---

113 『여유당전서』 맹자요의, "太極圖上一圓圈 不見六經 是有靈之物乎 抑無知之物乎 將空空蕩蕩 不可思議乎 凡天下無形之物 不能爲主宰 故一家之長 昏愚不慧 則家中萬事不理 一縣之長 昏愚不慧 則縣中萬事不理 況以空蕩蕩之太虛一理 爲天地萬物主宰根本 天地間事 其有濟乎"

태에서 응결되어 이루어진 것을 말함에 지나지 않는다."[114]라고 하였다. 이처럼 다산은 철저하게 형이하의 현상적 차원에서 상제, 무극과 태극, 이理를 이해하고 있다. 그러면 다산의 역학은 어떤 체계로 구성되는가?

다산의 관점에서 보면 주역을 구성하는 상象과 사辭는 상제의 뜻을 파악하기 위하여 나타낸 도구이다. 실재하는 상제가 있고, 상제가 낳고 길러 주는 사물이 있다. 그러므로 사물을 나타내는 상이 있다고 주장한다. 다산은 의리역학자들이 상이 가리키는 대상이 없다는 주장에 대하여 다음과 같이 말한다.

> 이 이치가 있고, 이 사물이 있으며, 이 사물이 있어서 이러한 상이 있다. 만약 사물이 없다면 상도 없으며, 진실로 이치가 없으면 사물도 없다. 래지덕來知德이 말하기를 "비록 상이 있어도 실재로 사물이 없고, 비록 상이 있어도 본래 이치가 없다."라고 하니 이 몇 마디는 이미 혼탁하여 분명하지 않다.[115]

이치와 사물 그리고 사물을 나타내는 상이 실재한다는 것이 다산茶山의 주장이다. 이때의 이치는 당연히 사물의 이치인 물리物理이다. 그는 "시초에 의하여 괘를 구성하는 방법은 물리에 의한다."[116]라고 하였다. 이를 보면 점서占筮가 결국은 물리物理를 파악하는 행위임을 알 수 있다. 그

---

114 『與猶堂全書』中庸策, "無極太極 不過以一團元氣 從無物中凝成之謂也"

115 『與猶堂全書』易學緖言, "有此理 斯有此事 有此事 斯有此像 若無此事 亦無此像 苟無此理 亦無此事 今來氏之言 曰雖有此像 實無此事 雖有此像 本無此理 卽此數語 已渾濁不淸矣"

116 『與猶堂全書』易學緖言, "蓍卦之法 依於物理"

러면 다산은 64괘를 어떻게 이해하는가?

다산은 괘상을 이해하기 위해서는 설괘를 바탕으로 해야 한다고 주장한다. 설괘는 주역의 저자, 저작목적, 내용, 대상, 이용 방법에 대하여 밝히고 있다.

> 주역에 설괘전이 있는 것은 비유하자면 마치 풍아風雅에 석언釋言이 있는 것과 같아서 어두운 거리를 밝혀 주는 등불과 같고, 큰 강을 건너 주는 배와 같다. 만약에 설괘전을 버리고 역사易詞를 관찰하려고 하면 그것은 마치 자고새 소리와 같은 남방의 방언을 말하는 오랑캐가 통역을 버리고 중국의 방언에 통하기를 원하는 것과 같으니 어찌 가능하겠는가![117]

다산이 주역의 64괘를 이해하기 위하여 반드시 활용해야 할 근거로 제시한 설괘에서는 성인이 주역을 저작하였고, 그 목적은 후세의 군자로 하여금 성명의 이치에 순응하는 삶을 살도록 하기 위함이다. 그러므로 주역을 연구하는 후세의 군자 역시 성명의 이치를 연구하라고 하였다. 그리고 연구의 과정을 입지를 바탕으로 궁리, 진성, 지명의 세 단계로 나타내고 있다.[118]

다산이 강조하는 설괘에는 물리를 연구하라는 말은 없고, 오직 성명의

---

117 『與猶堂全書』 文集 제19/書 與尹畏心, "周易之有說卦 猶風雅之有釋言 此昏衢之一燈也 大河之方舟也 捨說卦而觀易詞 是猶蠻夷鉤輈之舌 捨象譯而求通中國之方言也 惡乎可哉"

118 『주역』 설괘 제1장, "昔者聖人之作易也에 幽贊於神明而生蓍하고 參天兩地而倚數하고 觀變於陰陽而立卦하고 發揮於剛柔而生爻하니 和順於道德而理於義하며 窮理盡性하야 以至於命하니라." 및 제2장, "昔者聖人之作易也는 將以順性命之理니 是以立天之道曰陰與陽이오 立地之道曰柔與剛이오 立人之道曰仁與義니 兼三才而兩之라 故로 易이 六畫而成卦하고 分陰分陽하며 迭用柔剛이라 故로 易이 六位而成章하니라."

이치를 연구하라고 말한다. 이를 통하여 다산 스스로 자신의 주장과 다르게 주역을 연구하고 있음을 알 수 있다. 여러 주장들이 모여서 형성된 이론 체계가 유지되기 위해서는 가장 근본적인 대전제가 유지되어야 한다. 설괘에 근거하여 물리를 연구해야 한다는 다산 역학의 대전제는 성립할 수 없다. 그러면 64괘가 나타내는 성명의 이치는 무엇인가?

64괘의 괘상과 괘효사의 내용은 형이상의 도道와 형이하의 기器이다. 도는 현상의 사물이 아니라 사물의 근원을 나타낸다. 그리고 기는 도를 근원으로 존재하는 사물을 가리킨다. 그렇기 때문에 64괘와 괘효사는 도와 사물이 둘이 아닌 경지를 나타낸다.

형이상의 도를 형이하의 현상을 중심으로 천지인의 삼재의 관점에서 나타내면 천도와 지도, 인도이다. 이때 인도의 내용은 인의仁義이다. 인의仁義는 형이상의 성性을 나타내는 인仁과 성이 나타난 명命을 가리키는 의義로 구성된다. 그러면 성명은 무엇인가?

성명의 성性은 인간의 본래면목을 가리키며, 명命은 본래면목을 주체로 이루어지는 생명, 삶을 나타낸다. 따라서 성명의 이치를 한마디로 나타내면 나는 누구이며, 어떻게 살 것인가의 삶의 방법을 나타낸다. 그러면 팔괘는 무엇인가?

팔괘와 팔괘의 중첩에 의하여 형성된 64괘는 형이상의 인도를 나타내기 위하여 사용되는 도구이다. 형이상의 도는 형이하의 사물과 달리 형상이 없다. 그렇다고 하여 형이하의 시공과 무관한 것은 아니다. 형이상의 도가 형이하의 사물로 드러나기 때문이다. 그러면 왜 형이상의 도를 형이하의 사물을 통하여 나타내는가?

우리는 여기서 형이상의 도와 형이하의 기의 관계를 살펴보지 않을 수 없다. 형이상의 도가 형이하의 사물로 드러나기 때문에 형이하의 사물을 통하여 형이상의 도를 상징적으로 나타내지 않을 수 없다.

설괘의 팔괘에 관한 설명을 보면 팔괘의 다양한 사건이나 물건에 의하여 나타내고 있을 뿐만 아니라 하나의 물건이나 사건으로 여러 괘를 함께 나타내는 경우도 있다.

그것은 마치 하나의 원통을 나타낼 때 위에서 보면 원이고, 좌우에서 보면 직선이기 때문에 "원통은 원이다."라고 말하고, "원통은 직사각형이다."라고 말하는 것과 같다. 당연히 그와 반대의 경우는 성립하지 않는다. 직사각형이 원통이라고 말하는 것은 옳지 않다.

다산이 자신의 주장이 타당함을 논증하는 자료로 제시한 설괘에 의하면 64괘를 사물의 관점에서 사물의 이치를 나타내는 도구로 이해하는 것은 설괘전 저자의 의도와 어긋난다. 오히려 다산의 주장보다는 의리역학자들의 주장이 타당하다. 그러면 주역의 괘효사에 나타난 길흉吉凶, 회린悔吝의 점사占辭를 어떻게 이해할 것인가?

주역의 괘효사 가운데서 점을 직접 언급하고 있는 부분이 있다. 수지비괘水地比의 괘사卦辭를 보면 점占을 치는 행위를 긍정하는 것처럼 보인다.

> 비比는 길吉하니 점서에 근원하여 크게 영원히 바르면 허물이 없다. 편안하지 않아서 비로소 찾아오는 후부後夫는 흉凶하다.[119]

위의 내용을 보면 짝을 지어서 하나가 됨을 나타내는 비比가 길吉함을

---

119 『주역』 水地比卦 卦辭, "比는 吉하니 原筮하야 元永貞이면 无咎리라 不寧이 方來니 後夫는 凶하니라."

논한 후에 그 방법으로 점서占筮에 근원하여 크게 영원히 바르면 허물이 없다고 하였다. 그리고 편안하지 못한 후에 비로소 찾아오는 때를 놓친 사람은 흉하다고 하여 점서를 강조하고 있다. 산수몽괘山水蒙卦의 괘사에서도 점서를 원하는 사람이 점서의 결과에 대하여 믿음을 가져야 함을 강조한다.

> 몽매함을 벗어나서 형통함은 내가 어린 사람의 몽매함을 구하려고 하는 것이 아니라 어린 몽매한 사람이 나에게 구하기 때문이다. 처음으로 점占을 치면 알려 주고, 두 번 세 번 점을 치면 나를 모독하는 것이다. 모독하면 알려 주지 않는다. 그러므로 바름이 이롭다.[120]

위의 내용을 보면 화자인 나는 계시를 내려 주는 상제上帝, 신神이다. 그는 어떤 사람이 의문을 가지고 점을 치려고 하면서 신, 상제를 믿지 않으면 알려 주지 않는다고 말한다.

이 부분을 피상적으로 이해하면 신, 상제는 인간이 가질 수 없는 지혜를 갖고 있기 때문에 신과 인간이 하나가 될 수 없음을 나타내는 것으로 생각할 수 있다.

만약 신, 상제가 인간이 갖고 있지 않는 지혜를 갖고 있어서 그와 인간이 하나가 될 수 없다면 다산이 주장하는 상제, 신 중심의 역학 체계가 주역의 내용이라고 할 수 있다. 따라서 의리역학자들이 주장하듯이 인간이 스스로 본성, 도를 깨닫는 일은 이루어질 수 없다. 그러면 괘효사에서

---

120 『주역』 山水蒙 卦辭, "蒙은 亨하니 匪我求童蒙이라 童蒙이 求我니 初筮어든 告하고 再三이면 瀆이라. 瀆則不告하니 利貞하니라."

는 신, 상제와 인간의 관계를 어떻게 나타내고 있는가?

산뢰이괘山雷頤卦의 초구 효사를 보면 상제, 신은 점을 치는 사람에게 계시를 내려 주는 존재가 아니다. 그는 오히려 점을 치려는 사람으로 하여금 스스로 길흉吉凶을 판단하라고 강조한다.

> 너의 신령스러운 거북을 버리고 나를 보면서 턱을 늘어뜨리니 흉凶하다.[121]

위의 내용에서 신, 상제의 뜻을 파악하기 위하여 사용하는 도구인 신령스러운 거북이 이미 점을 치고자 하는 사람에게 있음을 전제로 출발한다. 그리고 자신이 갖고 있는 신령스러운 거북을 버리고 상제를 향하여 턱을 늘어뜨리고 마치 남이 먹는 음식을 보고 침을 흘리듯이 보는 것은 흉하다고 하였다.

이 부분은 두 관점에서 이해할 수 있다. 신령스러운 거북을 글자 그대로 점을 치는 도구로 이해하면 삶의 과정에서 의문을 가진 사람이 점을 치고자 할 때 점을 치는 사람을 통하여 점을 치지 말고 자신이 직접 점을 치라는 것으로 이해할 수 있다.

그러나 상제를 쳐다보면서 계시를 바라는 사람은 의문을 가진 사람이라기보다는 점을 치는 사람을 가리킨다. 따라서 남을 위하여 점을 치거나 자신을 위하여 점을 치거나를 막론하고 점을 치는 행위 자체가 흉함을 나타낸다. 그러면 신령스러운 거북을 버림은 무엇을 의미하는가?

신령스러운 거북은 사람마다 갖고 있는 미래를 점칠 수 있는 지혜를

---

121 『주역』 산뢰이괘山雷頤卦 초구 효사, "初九는 舍爾靈龜하고 觀我하야 朶頤니 凶하니라."

상징한다. 그것은 바로 인간의 본성이라는 형이상적 존재가 있기 때문에 스스로 자신의 본성을 활용하여 미래를 파악하면서 사는 것이 길吉함을 뜻한다.

택화혁괘澤火革卦의 효사에서는 위의 내용을 좀 더 구체적으로 나타내고 있다. 점이 무엇인지를 잘 알고, 점을 잘 치는 사람은 거북이라는 자신 밖의 도구를 매개로 하지 않고 스스로 미래를 잘 판단한다.

> 대인大人은 호랑이처럼 변하여 점占을 치지 않아도 생산이 있다.[122]

위의 내용 가운데서 대인이 호랑이처럼 변함은 때에 따라서 지혜를 활용함을 뜻한다. 그는 굳이 거북이나 시초를 사용하여 점을 치지 않지만 스스로 지혜를 활용하여 미래를 판단한다. 점을 치지 않아도 생산이 있다는 뒷부분이 그것을 나타낸다.

대인은 산뢰이괘山雷頤卦에서 제시한 스스로 지혜를 활용하여 의문을 제거하면서 자유로운 삶을 사는 사람이다. 이처럼 자신의 본래면목인 본성에 의하여 살아가는 삶의 방법이 길吉한 방법이다. 그러므로 택화혁괘에서는 대인은 점을 치지 않고 스스로 의문을 해결하면서 산다고 하였다. 그러면 이것이 단순한 추측에 불과한가?

산택손괘山澤損卦와 풍뢰익괘風雷益卦에서는 성명의 이치를 파악하여 자신의 삶을 사는 사람의 삶은 설사 거북을 통하여 점을 치더라도 어길 수 없다고 하여 점을 치는 행위를 넘어서야 함을 말한다.

---

122 『주역』澤火革卦 구오九五 효사, "九五는 大人이 虎變이니 未占에 有孚니라."

육오六五는 혹或이 더해 주면 십十이 벗이 됨이라. 거북도 결코 능히 어기지 못하여 크게 길吉하다.[123]

인용문에서 혹或은 산뢰이괘에서 나로 표현한 화자話者이다. 이를 산택손괘에서는 혹이라는 개념을 통하여 나타내고 있다. '혹'은 '거시기'라는 말과 같이 무엇이라고 구분하여 나타낼 수 없는 존재를 가리키는 개념이다. 그러면 혹은 무엇인가?

계사에서는 "음과 양으로 구분하여 나타낼 수 없음을 일러서 신神이라고 한다."[124]라고 하였다. 신이라는 개념은 시공에 존재하는 실체적 존재를 가리키는 개념이 아니라 천지와 만물의 근원을 나타내는 개념이다. 그러면 혹이 더해 줌은 무엇인가?

화천대유괘火天大有卦 상효 효사에서는 "하늘로부터 도와서 길하여 이롭지 않음이 없다."[125]라고 하였다. 이처럼 하늘, 신이 도와줌이 혹이 더해 줌이다. 이때 도와줌은 나와 둘인 상태에서 이루어지는 것이 아니다. 이를 파악할 수 있는 내용이 다음 부분이다. 십이 벗이 됨은 십인 붕朋과 점을 치는 내가 우友가 되어 붕우朋友가 됨을 뜻한다.

점을 치는 나와 점을 알려 주는 신, 상제가 둘이 아님은 바로 상제, 신과 점을 치는 나의 본성이 둘이 아님을 전제로 한다. 이처럼 상제와 내가 하나가 됨을 붕우朋友가 됨으로 나타내고 있다. 그렇지 않으면 점을 치는 도구인 거북도 결코 이길 수 없을 것이라고 말할 수 없다.

---

123 『주역』山澤損괘 육오 효사, "六五는 或益으면 十朋이라 龜도 弗克違하리니 元吉하니라."

124 『주역』계사상편 제5장, "陰陽不測之謂神이라."

125 『주역』화천대유괘火天大有卦 상구上九 효사, "上九는 自天祐之라 吉无不利로다."

상제, 신을 혹으로 나타내어 점을 치는 나와 점을 알려주는 상제, 신이 둘이 아님을 나타내는 내용은 풍뢰익괘의 효사에서도 나타난다.

> 육이는 혹이 더해 줌이라. 십이 벗이 되니 거북도 결코 능히 어기지 못하여 영원히 바르고 길하다. 왕이 상제에게 제사를 지내는 일에 사용해도 길吉하다.[126]

신, 상제가 나와 하나가 될 수 있음은 본래 상제, 신과 내가 둘이 아니기 때문이다. 계사에서는 도가 사물의 근원인 동시에 인간의 본성임을 밝히고 이어서 본성의 내용이 지知와 인仁임을 밝히고 있다.[127] 그러면 점은 무엇인가?

> 수를 다하여 미래를 아는 것이 점占이며, 사건에 통하는 것이 일이다.[128]

미래를 아는 것을 점占이라고 말하고, 사건에 통함을 일이라고 하여 점사를 논하고 있다. 이처럼 점사占事는 미래를 파악하는 점과 그것을 바탕으로 현상의 일을 처리하는 사事로 구분하여 이해할 수 있다. 그러면 미래를 파악함은 어떻게 이루어지는가?

수를 다함은 바로 미래를 아는 방법을 나타낸다. 미래를 아는 일은 일

---

126 『주역』 풍뢰익괘風雷益卦 육이 효사, "六二는 或益之라 十朋之니 龜弗克違하나니 永貞이니 吉하며 王用享于帝라도 吉하니라."

127 『주역』 계사상편 제5장, "一陰一陽之謂道니 繼之者善也오 成之者性也라. 仁者見之애 謂之仁하며 知者見之애 謂之知오 百姓은 日用而不知라 故로 君子之道가 鮮矣니라."

128 『주역』 계사상편 제5장, "極數知來之謂占이오 通變之謂事오"

정한 방법에 의하여 이루어진다. 미래를 아는 방법은 신과 관련된다. 계사에서는 "신神으로 미래를 안다."라고 하였고, 일을 처리함을 "지식으로 과거를 갈무리한다."[129]라고 하였다. 그러면 이것이 무엇인가?

이것과 저것으로 구분하여 나타낼 수 없는 경지인 신을 파악함이 바로 미래를 앎이다. 그리고 이러한 분별할 수 없는 경계를 다양한 관점에서 분석하여 나타낸 것이 바로 지식이다. 이처럼 지식은 언제나 미래적 신과 달리 이미 현상화한 과거적 사건으로 나타낸다. 그러면 미래를 아는 방법은 무엇인가?

분별이 없는 경계인 신과 하나가 되기 위해서는 "생각하지 않고, 행위가 없어서 고요하여 움직임이 없을 때 비로소 천하의 연고에 느껴 통한다."[130] 이처럼 인위적인 언행이 아닌 적연부동의 마음에 의하여 신과 감통感通한다. 그러면 왜 예로부터 많은 사람들이 주역을 점서占書로 이해하는가?

주역의 괘효사 자체가 점서占筮의 형식으로 구성되어 있다. 그렇기 때문에 형식을 중심으로 주역을 이해하면 점서占書라고 할 수밖에 없다. 주역이 저작된 이후에 오늘날에 이르기까지 주역을 연구하는 대부분의 사람들은 주역을 점서로 활용한다.

그러나 주역을 물건적 관점에서 하나의 책으로 이해하지 않고, 책을 저작한 주체인 인간 자신의 내면으로 주체화하여 이해하면 점서占書와 다른 내용을 파악할 수 있다. 이처럼 우리가 주역이라는 물건을 그대로

---

129 『주역』 계사상편 제11장, "神以知來코 知以藏往하나니"
130 『주역』 계사상편 제10장, "易은 无思也하며 无爲也하야 寂然不動이라가 感而遂通天下之故하나니"

이해하는 방법을 벗어나서 주역을 저작하고, 주역을 읽으며, 주역을 연구하는 인간 자신의 내면으로 돌아와서 연구하는 방법을 활용하여 주역의 새로운 내용을 밝힐 수 있다. 그러면 의리역학과 상수역학이 양립할 수 없는가?

의리역학과 상수역학의 차이는 연구 방법의 차이에 있다. 상수역학은 주역의 구성 형식인 상象, 수數, 사辭 가운데서 상수象數를 중심으로 연구하는 학파이며, 의리역학은 상수사 가운데서 언사를 중심으로 주역을 연구하는 학파이다.

그러나 두 학파의 사람들이 단순하게 상, 수, 사 가운데서 어느 하나의 형식을 중심으로 주역을 연구하는 것은 아니다. 오히려 그들이 추구하는 주제가 서로 다르기 때문에 연구의 대상이 서로 다르다고 할 수 있다.

상수학파의 사람들이 자연을 주제로 연구하는 것과 달리 의리학파의 사람들은 자연보다는 인간의 문제에 치중하여 주역을 연구한다.

주역의 형식 자체가 상수사의 세 요소에 의하여 구성되었을 뿐만 아니라 인간과 자연 역시 어느 하나를 배제하고 존재할 수 없다. 또한 의리학적 방법과 상수학적 방법도 인간이 편의에 따라서 구분한 것일 뿐으로 양자가 둘이 아니다. 따라서 후대의 학자들은 두 학문 방법을 하나로 하고자 하였다.

그러나 다산은 형이상과 형이하의 양자를 철저하게 구분하여 형이상의 근원을 배제하고 오로지 형이하의 유물론적 관점에서 시공 내적인 상제라는 근원적 존재를 설정하여 그의 뜻을 따르는 목적에서 괘효가 구성되었다는 전제를 바탕으로 자신의 역학을 전개한다. 그러면 그의 주장은 타당한가?

그가 64괘를 이해하는 방법으로 제시한 14벽괘辟卦와 50연괘衍卦는 점을 쳐서 상제의 계시에 의하여 이론 체계화된 것이 아니라 다산 자신이 스스로 생각에 의하여 구성한 법칙이다. 그는 14벽괘를 사건을 나타내는 도구로 그리고 50연괘를 사건을 나타내는 벽괘로부터 나타나는 물건을 나타내는 도구로 규정하였다.[131]

다산이 제시한 추이推移變卦, 물상物象, 호체互體, 효변爻變의 네 방법 역시 상수학이 아니라 의리학적 학문 방법이다. 그것은 다산이 성인이나 점을 쳐 주는 사람의 도움을 받아서 상제의 계시를 받은 것이 아니라 스스로 의리역학적 방법에 의하여 제시한 법칙임을 뜻한다.[132]

또한 다산 역시 대의大義를 논한다. 이처럼 그도 역시 의리역학과 상수역학을 동시에 사용하면서 상수역학을 강조했다. 비록 그가 의리학자들이 형이상의 도, 성을 중시하는 것과 달리 형이하의 기, 명을 중시하는 상수학적 관점에 서 있지만 여전히 의리학적 측면을 간과하지 않았다. 그러면 오늘날 우리는 주역을 어떻게 이해할 것인가?

주희가 의리학파와 상수학파를 회통하고자 하였고, 비록 다산이 의리역학자들을 맹렬하게 비판했지만 자신도 의리역학의 방법을 활용하였다.

의리역학자들은 괘효와 괘효사를 주역의 저자인 성인이 자신의 뜻을 나타내기 위한 도구로 활용하였음을 주목한다. 그들은 괘효와 괘효사를 성인의 뜻을 파악하는 도구로 이용한다. 이는 괘효와 괘효사를 사용하는

---

131 『여유당전서與猶堂全書』易學緒言, 朱子本義發微, "辟卦者四時也 衍卦者萬物也 萬物受氣於四時 而四時無賴乎萬物也."

132 다산이 관례표, 독역요지, 역례비석과 같은 주역을 해석하는 법칙들은 스스로 세운 해석의 법칙이다. 그것은 상제에 물어서 점을 친 것도 아니고, 십익에서 제시된 법칙도 아니다. 따라서 그 또한 의리학적인 학문 방법을 사용하고 있다.

인간을 중심으로 주역을 이해하는 주체 중심의 연구 방법이다.

상수역학은 상제와 성인이라는 전달자 그리고 상제의 뜻을 통하여 의문을 푸는 사람이라는 삼자적三者的 구조에 의하여 점을 이해한다. 그들은 괘효와 괘효사에 나타난 점사占辭를 도구로 삶에서 일어나는 의문을 푼다. 따라서 상제의 계시를 나타내는 괘효와 괘효사가 중요할 뿐으로 괘효와 괘효사를 사용하는 점을 치는 사람이나 그것을 통하여 의문을 푸는 사람은 주인공이 아니다. 이처럼 상수역학은 점을 치는 도구인 괘효와 괘효사라는 객체가 중심이다.

상수학파의 주장에 의하면 인간은 결코 상제, 신과 하나가 되지 못하고 그의 노예가 되어 살아야 한다. 그렇다고 하여 만약 의리학파들의 주장처럼 인간을 중심으로 살아가면 상제, 신이라는 존재가 필요가 없다. 그러면 양자는 어떤 관계인가?

상수학파들은 대상 중심, 자연 중심의 존재론자들과 같으며, 의리학파들은 주체인 인간 중심의 인식론자들과 같다. 그러나 주체와 객체는 둘이 아니어서 주체가 없으면 객체가 없고, 객체가 없으면 주체가 없다. 마찬가지로 양자는 상대방에 의하여 성립하기 때문에 양자의 어느 하나를 떠나서 다른 주장이 성립할 수 없다. 그러므로 양자의 어느 하나를 배제하는 것은 불가능하다. 그러면 어떻게 할 것인가?

의리역학과 상수역학을 주장하는 사람들 모두 역학, 주역, 변화의 도, 역도와 어긋난다. 역도, 변화의 도라는 형이상의 근원이 고정되지 않아서 변화하기 때문에 형이하의 현상도 고정되지 않아서 변화한다. 따라서 주체와 객체를 실재하는 실체로 여기거나 주체의 뜻, 저자의 뜻이 있다거나 객체의 도구가 있고, 신, 상제가 있다는 실재적 관점은 역易이 아니다.

의리역과 상수역이 주체와 객체의 관점에서 출발하지만 양자의 성격이 서로 다르다. 의리역과 상수역의 공통점은 물리적 생명, 물질적 차원을 출발점으로 삼는 점에서는 같다. 그러나 다음과 같은 점에서 의리역과 상수역의 차이가 있다.

의리역은 역易을 논하는 주체인 인간의 내면으로 들어와서 형이상의 근원인 본성을 찾고, 도를 찾으며, 신을 찾는다. 본성이 도이며, 신인 경지에서는 인간과 밖의 사물이라는 주체와 객체의 구분이 없어서 온 우주가 둘이 아니다.

그러나 상수역은 점을 대신 쳐 주는 정인貞人이 있고, 정인을 통하여 뜻을 나타내는 신이 있다. 그러므로 점을 치고자 하는 사람과 정인, 신이 하나가 될 수 없다. 점占은 육신을 중심으로 다른 공간의 다른 사람, 다른 존재인 신을 찾고, 그의 뜻에 따라서 미래의 길흉을 판단하는 일이다. 따라서 상수역학의 특징은 오로지 시공 안에서 신, 인간, 점을 논하기 때문에 시공을 초월한 형이상의 경계가 없다. 그러면 양자의 관계는 무엇인가?

상수학을 주장하는 사람들의 관점에서는 결코 형이상의 경지가 드러나지 않기 때문에 의리역의 내용을 이해할 수 없다. 따라서 상수역학의 차원에서는 의리역학과 통합하고, 회통할 수 없다. 그러면 의리역학에 상수역학이 포함되는가?

의리역학은 오로지 인간의 심성 내면으로 들어가서 형이상의 경계인 본성, 성품을 자각하고, 인간다운 삶이 무엇인지를 파악하는 지적知的인 작업이 중심이 된다. 그러므로 형이상의 도가 형이하의 현상으로 드러나는 실천의 문제가 함께 해결되어야 하는 문제를 안고 있다. 그러면 어떻게 할 것인가?

 만약 이론 체계를 중심으로 두 학파들의 이론을 하나로 합하는 새로운 이론 체계를 제시한다면 그것은 여전히 하나의 이론 체계이기 때문에 양자가 갖는 한계를 그대로 갖는다. 따라서 제3의 회통적 이론 체계가 나오면 이에 대하여 다시 새로운 회통적인 이론 체계가 나와서 끊임없이 계속된다.

 의리역과 상수역의 구분은 현상적 패러다임에 의하여 주역을 연구한 결과이다. 의식과 대상인 주역을 구분하여 주체인 의식을 제외하고 오로지 텍스트를 대상으로 다시 분석하면 괘상이라는 구성요소를 중심으로 내용을 파악하거나 언사를 중심으로 그 내용을 중심으로 파악하는 방법이 서로 나누어질 수밖에 없다.

 그러나 괘효사를 통하여 나타내고 있는 지금 여기의 자기 내면을 향하는 용심법을 통하여 형이상의 본성에 도달하고 그것을 바탕으로 다시 밖을 향하는 운신법을 통하여 언행을 드러내면서 살면 역학이라는 이론 체계, 학문과 내가 둘이 아니고, 상수와 의리가 둘이 아니다.

 역학을 연구하는 두 관점은 현상으로 드러난 텍스트를 대상으로 사람이 스스로 일으키는 문제일 뿐으로 텍스트 자체에는 아무런 문제가 없을 뿐만 아니라 주역이 나타내고자 하는 세계에도 아무런 문제가 없다.

 괘효를 그리고 거기에 언사를 붙여서 이론으로 제기한 것도 인간이며, 그것을 다양한 관점에서 새롭게 해석하고 이해하는 것도 인간이다. 그리고 상수와 의리는 본래 주역이 안고 있는 두 요소이다.

 만약 의리학자들처럼 오로지 형이상의 도, 성품만을 연구하면 형이하의 기, 명이 드러나지 않아 현실과 어긋나고, 상수학자들처럼 오로지 형이하의 기, 명만을 연구하면 근원인 형이상의 도, 성이 드러나지 않는다. 따라서 본래의 텍스트에 따라서 형이상의 도, 성과 형이하의 기, 명을 함께 연구해야 한다.

2. 도기道器와 성명性命을 통한
상하, 내외의 통합

　형이상의 도道, 성性과 형이하의 기器, 명命은 본래 둘이 아니지만 방편으로 둘로 나눈 후에 양자의 관계를 통하여 둘로 나누기 이전을 나타낸다. 주역을 구성하는 수, 괘효, 괘효사 역시 분합에 의하여 도기, 성명을 나타낸다. 따라서 도와 기, 성과 명을 함께 연구하고, 수, 괘효, 괘효사를 함께 연구하지 않을 수 없다.

　십익이 논의하는 대상은 수, 괘효와 괘효사이며, 괘효사의 근원은 괘효이고, 괘효의 근원은 수이다. 다만 주역에서는 괘효와 괘효사가 중심이다. 그러므로 주역을 구성하는 근본 요소는 괘효이다.

　하나의 중괘는 여섯 개의 효에 의하여 구성된다. 이때 괘와 효의 관계는 하나의 의미체인 중괘를 구성하는 요소로서의 효와 효에 의하여 구성된 중괘라는 두 측면에서 이해할 수 있다. 다만 두 측면 역시 하나의 중괘를 대상으로 한 분석이라는 점에서 다르지 않다.

　하나의 의미체로서의 중괘를 중심으로 효를 이해하면 중괘는 본체를 나타내고, 여섯의 효는 작용을 나타낸다. 이를 통하여 본체와 작용이 둘이 아님을 나타낸다. 이에 대하여 후대의 성리학자들은 "체와 용이 하나의 근원이며, 나타남과 감추어짐이 간극이 없다."[133]라고 말한다. 그러면

133　程伊川, 『周易傳義』 易傳序, "體用一源 顯微无間"

하나의 중괘가 어떻게 본체와 작용을 나타내는가?

체용의 관계는 중괘를 구성하는 두 개의 팔괘를 통하여 상하와 내외의 구조로 나타난다. 본체는 상하의 공간적 구조를 통하여 나타내고, 작용은 내외의 공간적 구조를 통하여 나타낸다. 따라서 상하와 내외의 구조를 통하여 체용의 관계를 나타낸다.

본체를 나타내는 상하의 구조는 중괘를 구성하는 상괘와 하괘에서 나타난다. 하나의 중괘는 삼효에 의하여 구성된 두 괘의 팔괘가 겹쳐서 구성된다. 이때 위의 팔괘를 상괘上卦라고 부르고, 아래의 팔괘를 하괘下卦라고 부른다. 이처럼 상괘에서 시작하여 하괘에서 끝나는 변화를 통하여 괘가 나타내는 본체가 표현된다.

작용을 나타내는 내외의 구조는 중괘를 구성하는 내괘와 외괘에서 나타난다. 내괘內卦는 상하의 구조에서는 하괘이며, 외괘外卦는 상하의 구조에서는 외괘이다. 그러므로 육효에 의하여 표현되는 작용은 내괘에서 시작하여 외괘에서 끝나는 변화에 의하여 나타난다.

괘효라는 괘상이 갖는 체용의 구조는 언사에서도 나타난다. 64괘 각각의 괘를 나타내는 이름을 보면 본체의 관점이 그대로 드러난다. 각 괘의 괘명卦名은 상괘와 하괘의 상하의 구조를 통하여 나타낸다. 수뢰둔괘水雷屯卦는 상괘는 감괘坎卦이고, 하괘는 진괘震卦이다. 그러면 효가 나타내는 작용은 어떻게 표현되는가?

하나의 중괘를 구성하는 각 효는 본체를 나타내는 상하의 구조가 아니라 내외의 구조를 통하여 나타낸다. 여섯 효의 아래로부터 세 번째 효까지의 세 효는 내괘를 구성하고, 네 번째 효부터 여섯 번째의 세 효는 외괘를 구성한다. 그러면 내괘에서 외괘로의 변화가 무엇을 나타내는가?

하나의 중괘는 삼효에 의하여 구성된 팔괘와 팔괘가 겹쳐서 구성된다. 이 하나의 중괘를 본체의 관점에서 상괘와 하괘로 부르고, 작용의 관점에서 내괘와 외괘라고 부른다. 따라서 중괘라는 하나의 의미체를 구성하는 근본 요소는 팔괘이다. 그러면 팔괘를 구성하는 삼효는 무엇을 나타내는가?

상하의 구조와 내외의 구조를 동시에 나타내는 하나의 중괘는 물건적 관점과 사건적 관점에서 이해할 수 있다. 사건과 물건은 동서와 고금을 막론하고 인간이 세계, 우주를 분합分合하는 범주category이다.

사건은 시간적 관점에서 세계, 우주를 분석하는 범주이며, 물건은 공간적 관점에서 세계, 우주를 분석하는 범주이다. 계사에서는 육효로 구성된 중괘의 구조를 물건적 관점에서 다음과 같이 밝힌다.

> 역易의 글됨이 광대하여 모든 것을 갖추고 있다. 천도天道가 있고, 인도人道가 있으며, 지도地道가 있다. 삼재三才 모두 둘로 작용하기 때문에 그것을 나타내는 육효가 있다. 육효는 다른 것이 아니라 삼재三才의 도道이다.[134]

위의 내용을 보면 64괘를 구성하는 근본 요소인 팔괘의 세 효三爻가 천지인天地人의 삼재를 나타냄을 알 수 있다. 천지인은 공간적 세계를 구성하는 세 요소이다. 현상적 관점에서 천지인의 구조를 나타내는 내괘와 외괘를 겹쳐서 하나의 중괘가 구성된다. 따라서 하나의 중괘는 삼재의 도를 나타낸다고 하였다. 이때 삼재의 도의 내용은 천도와 지도, 인도이

---

134 『주역』 계사하편 제10장, "易之爲書也가 廣大悉備하야 有天道焉하며 有人道焉하며 有地道焉하니 兼三才而兩之라 故로 六이니 六者는 非他也라 三才之道也니"

다. 그러면 삼재가 모두 양지兩之함은 무엇을 의미하는가?

양지兩之는 효가 나타내는 작용의 관점에서 중괘의 내용을 나타낸다. 물건적 관점에서 천지인의 삼재가 각각 양지의 작용을 하기 때문에 그것을 나타내기 위하여 삼재를 나타내는 셋에 양지의 작용을 나타내는 둘을 곱하여 여섯이 되었다고 말한다.

이는 여섯이라는 수 곧 육효를 구성하는 요소가 삼재와 양지라는 두 요소의 결합에 의하여 구성됨을 나타낸다. 이때 셋은 삼재이므로 양지는 음양陰陽, 강유剛柔, 인의仁義라는 두 측면의 작용이다. 이에 대하여 설괘에서는 삼재의 도의 내용을 다음과 같이 밝힌다.

> 옛날에 성인聖人이 역易을 지은 목적은 장차 性命의 이치理致에 순응하게 하고자 함이다. 그러므로 천도를 세워서 음과 양을 말하고, 지도를 세워서 유와 강을 말하며, 인도를 세워서 인과 의를 말한다.[135]

위의 내용을 보면 음양에 의하여 천도를 말하고, 유와 강을 통하여 지도를 말하며, 인과 의를 통하여 인도를 말한다고 하였다. 따라서 천도는 음양원리이며, 지도는 강유원리이고, 인도는 인의원리이다.

그런데 앞부분에서는 성인이 역易에 관한 글인 주역을 지은 목적이 후세의 군자로 하여금 성명性命의 이치를 따르도록 하기 위함이라고 하였다. 그것은 주역이 군자가 성명의 이치를 파악하여 성명의 이치에 따르는 삶을 살도록 안내하기 위하여 주역을 지었음을 나타낸다. 그러면 성

---

135 『주역』 설괘 제2장, "昔者聖人之作易也는 將以順性命之理니 是以立天之道曰陰與이오 立地之道曰柔與剛이오 立人之道曰仁與義니"

명의 이치가 무엇인가?

성명의 이치가 무엇이고, 삼재의 도가 무엇인지를 파악하기 위해서는 먼저 삼재의 내용인 천지인과 삼재의 도가 어떤 관계인지를 파악해야 한다. 삼재가 나타내는 물건적 세계와 도가 나타내는 경지는 서로 다르다.

삼재가 나타내는 물건적 세계와 양지 작용이 나타내는 사건적 세계는 서로 다르다. 예로부터 오늘에 이르기까지 동양과 서양을 막론하고, 세계, 우주를 분석하고 종합하여 나타내는 범주는 사건과 물건이다. 물건은 근본과 지말이라는 개념에 의하여 세계, 우주를 분석하고, 사건은 시초와 종말이라는 개념을 통하여 세계, 우주를 분석한다.

> 물건에는 근본과 지말이 있고, 사건에는 종말과 시초가 있다. (네 개념들의) 선후하는 관계를 파악하면 도에 이른다.[136]

세계, 우주를 분석하는 범주는 물건과 사건이다. 물건은 다시 근본과 지말로 구분하고, 사건은 시초와 종말로 구분한다. 이때 물건과 사건의 선후 관계를 파악하고, 근본과 지말의 선후 관계를 파악하는 방법을 통하여 도에 이른다. 그러면 네 개념들의 선후 관계는 무엇인가?

물건적 관점에서 근본은 형이상의 도道이며, 지말은 형이하의 기器이다. 도는 공간적 물건을 초월한 경지를 나타내며, 기는 형이하의 물건적 세계를 나타낸다.

---

136 주희, 『대학장구』 경일장, "物有本末 事有終始 知所先後 則近道矣"

> 형상을 넘어섬을 도道라고 말하고, 형상의 이내를 기器라고 말한다.[137]

형상을 넘어섬은 모습이 없는 무형無形을 가리킨다. 그러나 단순하게 무형적인 존재를 가리키지 않음은 형상을 가진 현상의 사물을 나타내는 기器라는 개념을 통하여 확인할 수 있다. 그릇은 담긴 내용물에 따라서 모양과 재질, 색, 무게, 크기가 결정된다. 그것은 도가 근원이 되어 기가 형성됨을 상징한다. 따라서 도와 기는 근본과 지말의 관계이다. 그러면 도에 이르는 방법은 무엇인가?

지말인 기器의 내용인 천지인의 경지를 넘어설 때 비로소 근본인 도에 이른다. 그것이 바로 마음의 측면에서 지말인 삼재보다 앞서는 근원이자 근본인 도를 찾는 방법이다. 그러면 물건적 관점에서 천지인의 현상에 머물지 않고 그것을 초월하여 도에 이르는 것으로 끝나는가?

형상, 기, 삼재를 넘어섬은 공간적으로는 물건적 관점에서 이것과 저것의 분별이 없는 불이不二의 경계에 이름을 나타내는 동시에 시간적으로는 물리적 시간인 과거와 미래, 현재의 삼세를 넘어서 영원한 경지에 이름을 뜻한다. 불이의 경지이자 영원한 경지인 도는 고정된 실체가 아니다. 그것은 도가 매 순간 다양하게 작용함을 뜻한다.

> 한 번은 음으로 작용하고 한 번은 양으로 작용함을 도道라고 말하며, 작용이 계속되어 그침이 없음을 선善이라고 말하고, 매 순간 이루어짐을 성性이라고 말한다.[138]

---

137 『주역』계사상편 제12장, "是故로 形而上者를 謂之道오 形而下者를 謂之器오"
138 『주역』계사상편 제5장, "一陰一陽之謂道니 繼之者善也오 成之者性也라."

도는 음양의 작용을 할 뿐만 아니라 그 작용은 한순간도 그침이 없어서 영원히 계속된다. 그리고 작용의 결과는 매 순간 성품이 나타나는 다양한 현상으로 나타난다. 그러면 도와 성은 어떤 관계인가?

변역變易하는 현상의 근거인 불역不易의 도는 고정된 실체가 아니다. 그러므로 음陰과 양陽으로 구분하여 도를 나타내면서도 음과 양으로 구분하여 나타낼 수 없는 신神[139]을 나타내어 불역不易의 경계가 신임을 밝히고 있다.

도는 본체와 작용의 체용의 측면에서 나타낼 수 있다. 형이상의 경지, 불이의 경계를 통하여 도를 나타냄은 본체의 관점이며, 음과 양, 강과 유, 인과 의로 구분하여 나타냄은 작용의 관점에서 도를 나타낸다.

그런데 본체와 작용, 도와 기가 둘이 아니다. 이처럼 형이상과 형이하, 도와 기를 구분하여 나타낼 수 없는 경지를 신神이라고 말한다. 그것은 본체와 작용이 둘이 아닌 경지를 신이라고 말함을 뜻한다. 따라서 신은 시간을 가리키거나 인간 혹은 물건을 가리키지 않는다.

작용의 측면에서 도를 나타내면 한 번은 음으로 작용하고, 한 번은 양으로 작용하는 원리이다. 이러한 작용이 그침이 없이 계속됨을 선善이라고 말한다. 그리고 음양의 작용이 현상에 나타남을 성性이라고 한다.

성性은 매 순간 나타나는 현상의 물건적 차원에서 도를 나타낸 개념이다. 그것은 천지, 우주, 인간을 일관하는 도가 매 순간의 개체적 물건의 관점에서 물건의 근원임을 뜻한다. 이를 통하여 천지, 우주의 근원인 도와 개체적 존재의 근원인 성이 둘이 아님을 알 수 있다. 그러면 앞의 인용문에서 사건에는 종말과 시초가 있다고 함은 무엇인가?

---

139   『주역』 계사상편 제5장, "陰陽不測之謂神이라."

물건적 관점에서 근본인 도에 이름은 사건적 관점에서는 시초를 벗어나서 종말에 이르고, 다시 종말을 벗어나서 시초에 이름을 나타낸다. 그러므로 사건에는 종말과 시초가 있다고 하였다.

천지인이라는 물건적 관점에서 근본인 도는 천도와 지도, 인도로 구분된다. 그러나 도 자체가 천도와 지도, 인도로 구분되는 것은 아니다. 다만 시간적 관점에서 때로는 천도로 때로는 지도로 때로는 인도로 나타낼 뿐이다. 이를 사건적 관점에서 나타낸 것이 바로 사건에는 종말이 있고, 시초가 있다는 말이다.

천도가 끝나면 지도로 시작하고, 지도가 끝나면 인도로 시작하여 천도와 지도, 인도로 나타나지만 천도와 지도, 인도의 구분이 없다. 이처럼 종말에서 시초를 찾는 것이 도에 이르는 방법이라고 하였다. 그러면 그것이 하나의 중괘에서는 어떻게 표현되는가?

64괘를 구성하는 하나의 중괘는 종말을 바탕으로 전개되는 시초의 관점에서 출발하여 종말을 나타내기 위하여 저작되었다. 이에 대하여 계사에서는 육효의 내용을 다음과 같이 밝힌다.

> 역易의 글됨이 시초에 근원하여 종말을 밝힘을 바탕으로 삼는다. 그러므로 육효가 서로 섞이는 것은 오로지 시간적 물건이다. 초효는 알기 어렵고 상효는 알기 쉬움은 초효는 근본이고, 상효는 지말이기 때문이다. 초효의 언사는 상징하는 의미를 잘 파악해야 하니 상효는 마침내 이루어지는 종말을 나타낸다.[140]

---

140 『주역』계사하편 제9장, "易之爲書也 原始要終하여 以爲質也코 六爻相雜은 唯其時物也라. 其初는 難知오 其上은 易知니 本末也라 初辭擬之하고 卒成之終하니라. 若夫雜物과 撰德과 辨是與非는 則非其中爻면 不備하리라."

역의 본질은 시간성을 바탕으로 전개되는 천도天道이다. 천도의 관점에서 보면 초효에서 상효에 이르는 육효는 시간성을 근거로 하여 이루어지는 작용을 시초에서 종말로 이어지는 사건을 통하여 상징적으로 나타낸다.

그러나 주역에서는 천도를 밝히지 않고 천도天道가 드러난 지도地道를 바탕으로 인도人道를 제시한다. "육효의 변화는 삼극의 도이다."[141]라고 말하면서도 앞의 인용문에서 살펴본 것처럼 주역이 삼재의 도를 나타내고 있다고 함은 이를 나타낸다.

64괘의 각 중괘를 구성하는 구조가 형이상과 형이하의 도와 기, 성과 명을 나타내는 상하의 구조에 의하여 구성될 뿐만 아니라 64괘도 상경의 30괘 하경의 30괘(34괘)의 상하의 구조에 의하여 구성된다.

그리고 하나의 중괘를 구성하는 육효 역시 상괘와 하괘의 구조에 의하여 구성된다. 그럼에도 불구하고 육효의 관점에서는 내괘와 외괘로 나타내고, 내괘의 첫 번째 효를 초효라고 말하고, 외괘의 끝 효를 상효라고 말한다.

그것은 중괘를 구성하는 여섯 효가 물건적 관점에서는 천지인의 삼재의 구조에 의하여 구성될 뿐만 아니라 사건적 관점에서는 과거와 미래, 현재의 삼세의 구조에 의하여 구성되었음을 나타낸다.

육효의 첫 번째 효가 시초를 나타내는 초효라면 여섯 번째 효는 종말을 나타내는 말효이다. 그러나 공간적 관점에서 지말을 나타내는 하효와 상대적인 근본을 나타내는 상효로 규정하고 있다. 그러면 우리는 육효를 시조와 종말의 시종의 관점에서 이해할 것인가 아니면 지말에서 근본을

---

141 『주역』 계사상편 제2장, "六爻之動은 三極之道也니"

향하는 본말을 중심으로 이해할 것인가?

　우리는 여기서 괘와 효를 체용으로 나타내고, 상하와 내외의 구조를 통하여 체용을 나타내었음을 생각해야 한다. 주역의 64괘는 괘가 나타내는 본체가 중심이 아니라 효가 나타내는 작용이 중심이다.

　만약 괘가 나타내는 본체가 중심이라면 상괘에서 시작하여 하괘에서 끝나는 상하의 구조가 중심이 되어 효를 이해했을 것이다. 그럼에도 불구하고 저자는 하괘를 내괘로 규정하고, 다시 상괘를 외괘로 규정하여 하괘에서 시작하여 상괘에 이르는 구조를 통하여 효를 이해한다.

　하괘이자 내괘가 나타내는 내용은 형이하의 지말인 현상이고, 상괘이자 외괘가 나타내는 내용은 형이상의 근본인 성품이다. 그러므로 천지인의 현상을 벗어나서 형이상의 도에 이르는 변화를 나타내는 것이 육효이다. 그러면 왜 육효를 구성하는 상괘와 하괘를 내괘와 외괘로 규정하였는가?

　상하가 천지인의 삼재, 삼세를 일관하는 통합적 관점에서 형이상과 형이하, 본체와 작용을 나타내는 것과 달리 내외는 개체적 관점에서 마음을 바탕으로 안과 밖을 통하여 상하, 체용을 나타낸다.

　그것은 상하가 도와 기를 나타내는 것과 달리 내외는 성과 명을 나타냄을 뜻한다. 이를 순과 역의 관점에서 이해하면 순방향에서 체용을 나타내는 개념이 상하이며, 역방향에서 체용을 나타내는 개념이 내외라고 할 수 있다.

　하나의 중괘를 역방향을 중심으로 이해하면 내괘에서 시작하여 외괘에 이르고, 순방향을 중심으로 이해하면 상괘에서 출발하여 하괘에 이른다. 역방향에서 내괘에서 출발하여 외괘를 향하는 변화는 초효에서 상효에 이르는 변화이다. 이처럼 초효가 상징하는 시초에서 상효가 상징하는 종말을 향하는 변화는 물리적 생명으로부터 출발하여 형이상의 본성, 자성에 이르는 변화이다.

그런데 내괘가 나타내는 물리적 생명으로 나타나는 현상으로부터 외괘가 나타내는 근원을 향하는 변화는 이미 열매가 씨로 심어진 후에 일어나는 변화이다. 계사에서는 초효를 씨의 관점에서 근본으로 규정하고, 상효를 지말이라고 하였다. 그러면 내괘에서 외괘는 향하는 역방향에서 이루어지는 변화를 나타내는 효가 무엇인지 살펴보자.

> 도道에는 변동變動이 있으므로 효爻라고 말하고, 효爻에는 차등이 있으므로 물物이라고 말하며, 물은 서로 섞이므로 문文이라고 말하고, 문文에는 당當과 부당不當이 있으므로 길흉吉凶이 발생한다.[142]

도에는 변동이 있다는 것은 삼재의 도가 그대로 고정된 실체가 아님을 뜻한다. 천도가 지도로 나타나고, 천도가 인도로 나타나며, 인도가 천도가 되고, 지도가 인도가 되어 고정됨이 없이 변화한다. 그렇기 때문에 도를 역도라고 말하고, 변화의 도라고 말한다.

한대漢代 이후의 역易을 연구하는 학자들이 역에는 불역不易, 변역變易, 이간易簡의 세 가지 의미가 포함된다고 말한다. 그리고 변역의 원리인 역도를 불역이라고 말한다고 주장한다. 그렇다면 도에 변동이 있다는 위의 말과는 어긋난다.

---

142 『주역』 계사하편 제10장, "道有變動이라 故曰爻오 爻有等이라 故曰物이오 物相雜이라 故曰文이오 文不當이라 故로 吉凶이 生焉하니라."

불역은 단지 변역에 상대적인 개념으로 사용되는 개념일 뿐이다. 변역과 불역은 형이상의 도와 형이하의 현상의 사물을 나타내기 위하여 사용된 개념이다. 그러므로 변역과 다른 불역이라는 실체가 있는 것은 아니다. 그러면 왜 주역에서는 역도, 변화의 도를 효를 통하여 나타내는가?

우리는 여기서 괘효와 더불어 괘효의 뜻을 언어로 나타내는 괘효사를 주목할 필요가 있다. 효사에서는 길吉과 흉凶을 나누어서 나타낸다. 그리고 길과 흉으로 나타나기 이전의 회린悔吝을 통하여 양자가 고정된 실체가 아니라 변화함을 나타낸다.

길흉은 현상의 사물에 대한 판단이다. 형이상의 도 자체의 관점에서는 천지인이라는 분별이 없다. 오로지 천도가 드러난 현상의 관점에서 지도를 바탕으로 논할 때 비로소 천지와 다른 인도를 논할 수 있다. 따라서 길흉은 인간의 관점에서 도가 작용한 결과인 현상을 나타낸다.

인용문에서 말하는 도의 변동은 작용이다. 음효의 본질을 용육用六으로 나타내고, 양효의 본질을 용구用九로 나타냄은 음효와 양효가 작용인 강剛과 유柔를 나타냄을 뜻한다. 도가 본체인 천도를 의미하는 것과 달리 작용은 인도이다. 그러므로 도의 작용을 나타내는 음효와 양효에 의하여 작용이 표현된다.

음효와 양효가 나타내는 작용에 의하여 현상의 길흉吉凶이 나타난다. 길흉吉凶은 인사의 문제일 뿐으로 지도의 문제도 아니고, 천도의 문제도 아니다. 이제 비로소 주역의 괘효에서 상괘와 하괘로 나타낸 하나의 중괘가 나타내는 삼재의 도가 역도, 변화의 도가 되는 까닭이 드러난다.

육효의 초효에서 상효에 이르는 변화는 물건적 변화, 공간적 변화, 삼재적 변화를 나타내지만 그것을 통하여 사건적 변화를 나타낸다. 다만 사건적 변화일지라도 물리적 시간의 차원에서 사건을 논하기 때문에 이 때의 사건 역시 물건이라고 할 수 있다. 초효에서 상효에 이르는 여섯의 효가 나타내는 내용이 무엇인지를 중천건괘의 단사를 통하여 확인할 수 있다.

> 종말에서 시초를 향하는 변화를 크게 깨달으면 시초에서 종말을 향하는 변화를 나타내는 여섯의 시위가 육효六爻에 의하여 표현된다. 그러므로 육효가 나타내는 때가 여섯의 시위인 육용六龍을 타고 시간의 세계인 천天을 어거御車한다.[143]

인용문에서 사용하는 개념은 종시이다. 종시를 크게 깨달아서 육위가 때에 따라서 이루어진다고 하였다. 그것은 종시원리가 육효를 통하여 시초에서 종말로 이어지는 여섯 시위로 나타남을 뜻한다.

이제 공간적 세계를 구성하는 천지인의 삼재를 바탕으로 구성된 상괘와 하괘가 겹쳐서 형성된 하나의 중괘는 전혀 다른 관점에서 분석된다. 그것은 하나의 중괘를 시간적 관점에서 시종과 종시의 사건으로 이해함을 뜻한다. 그러면 왜 물건적 관점에서 길흉을 내외의 관점에서 시종의 사건으로 이해하는가?

주역의 저자는 성명의 이치를 나타내기 위하여 64괘라는 도구를 사용하였다. 그는 형이상과 형이하의 도와 기가 나타내는 상하를 후세의 군자 곧 지금 여기의 나의 내면으로 주체화하여 내외의 문제로 나타냈다.

---

143 『주역』계사하편 제9장, "易之爲書也는 原始要終하야 以爲質也코 六爻相雜은 唯其 時物也라."

도와 기는 나 밖의 대상이 아니라 내 안의 성과 명의 문제이다. 바로 이 점을 밝히기 위하여 저자가 주역을 저작하였다. 그것은 물건적 관점에서 실재하는 것처럼 느껴지는 지말의 길흉은 근본인 본성의 작용이 나타난 결과이기 때문에 작용인 마음의 차원에서 비로소 변화함을 나타낸다.

현상의 고정된 길흉을 나타내는 물건이 실재하는 것처럼 착각을 하지만 그것을 느끼고 파악하는 지금 여기의 나의 내면으로 들어와서 매 순간 일어났다가 사라지는 마음에 의하여 이해하면 시초와 종말에 의하여 드러나는 변화임을 파악한다. 그러면 구체적으로 그것이 무엇을 의미하는가?

본체의 차원에서 상괘가 나타내는 종말로서의 열매가 하괘가 나타내는 씨로 심어졌기 때문에 내괘에서 외괘에 이르는 육효에 의하여 싹이 트고, 자라서 꽃이 피고 열매를 맺는 현상으로 나타나는 작용이 이루어진다.

주역을 읽고 연구하는 지금 여기의 나의 밖에 대상으로 존재하는 텍스트를 벗어나서 그것을 읽는 주체인 나의 내면으로 들어와서 마음을 알고, 마음으로 드러나기 이전의 본성, 성품을 파악하는 일이 바로 수기, 수도, 수행이자 학문이다. 그러면 길과 흉이 있는가?

만약 길흉이라는 가치상의 우열을 통하여 제시하지 않으면 현실적인 이익을 좇는 삶에 익숙한 소인, 중생들은 그 내용을 수용하기가 어려웠을 것이다. 그러나 성인은 길흉을 제시하여 흉을 버리고 길을 찾으라고 요구하지 않는다.

오히려 흉凶을 일으키는 삶의 방법인 소인의 도道와 길吉을 낳은 삶의 방법인 대인의 도道가 둘이 아니어서 소인의 도가 그대로 대인의 도임을 알고, 소인과 함께 대인의 삶을 살라고 말한다.

대인의 도는 지금 여기의 자신을 떠나서 밖에 있는 것이 아니라 오로지 자신의 내면을 향하여 마음을 쓸 때 비로소 드러나는 경지이다. 수지비괘水地比卦에서는 성명의 이치를 밝혀서 본성을 주체로 하는 삶인 대인의 도가 지금 여기의 자신의 내면의 일임을 밝힌다.

> 육이는 하나가 됨이 안으로부터 함이니 바르고 길하다.[144]
> 육사는 하나가 됨이 밖으로부터 함이니 바르고 길하다.[145]

육이는 구오와 같이 내괘의 중효中爻일 뿐만 아니라 음위에 놓인 음효이다. 그리고 육사는 구오는 아니지만 외괘를 구성하는 초효이기 때문에 둘을 함께 살펴본다. 육이는 이미 비지比之가 나타내는 합일合一이 이루어진 구오효의 관점에서 효사를 논하고 있다.

그러나 사효는 합일을 하려는 나와 합일의 상대를 구분하여 내가 상대방을 향하여 합일을 함을 나타낸다. 우리는 여기서 합일이 무엇을 의미하는지를 살펴보아야 한다. 수지비괘의 괘사를 보면 그 내용이 다음과 같다.

> 비比는 길吉하니 서筮에 근원하면 크고 영원히 바르니 허물이 없다. 편안하지 않아서 비로소 오니 뒤에 오는 사람은 흉凶하다.[146]

---

144 『주역』 수지비괘水地比卦 육이六二 효사, "六二는 比之自內니 貞하야 吉토다."
145 『주역』 수지비괘水地比卦 육사六四 효사, "六四는 外比之하니 貞하야 吉토다."
146 『주역』 수지비괘水地比卦 괘사, "比는 吉하니 原筮하야 元永貞이면 无咎리라 不寧이 方來니 後夫는 凶하니라."

비比는 하나가 되는 합일을 나타낸다. 이때 하나가 됨은 점을 치는 사람과 의뢰인 그리고 계시를 내려 주는 신, 상제의 세 존재를 구도로 하여 논의가 전개된다. 그러면 서噬에 근거함은 무엇을 의미하는가?

사람은 본래 신, 상제와 둘이 아니다. 단지 상제, 신을 개체적 관점에서 나타내어 성性이라고 말한다. 그러므로 길과 흉, 도와 기, 성과 명을 자신과 둘로 여기고 자신의 밖에서 찾는 사람은 소인이다. 산뢰이괘의 초구효의 효사에서는 점이 무엇인지를 다음과 같이 밝힌다.

> 초구는 너의 신령스러운 거북을 버리고 나를 보며 턱을 늘어뜨리니 흉凶하다.[147]

위의 내용은 점을 쳐 주는 사람이 점을 치러 오는 사람에게 하는 말이다. 이때 신령스러운 거북은 점卜을 치는 도구이다. 따라서 위의 내용은 점을 치려는 사람이 갖고 있는 신령스러운 거북이 상징하는 지혜의 근원이 있음에도 불구하고 자신의 지혜의 근원이 있는 것도 모르고, 마치 남에게 입을 벌리고 구걸을 하는 사람과 같이 남에게 구하는 것이 흉凶함을 뜻한다.

신령스러운 거북은 지혜의 근원인 본성, 자성을 상징한다. 따라서 미래를 파악하는 점치는 일은 스스로 자신의 지혜를 활용하는 일이다. 그리고 미래를 알려 주는 상제, 신 역시 자신의 본성과 둘이 아니다.

그럼에도 불구하고 길흉吉凶의 계시啓示를 내려 주는 신과 점을 대신 쳐 주는 정인貞人 그리고 점을 의뢰한 사람을 각각 서로 다른 존재로 알

---

147 『주역』 산뢰이괘山雷頤卦 초구 효사, "初九는 舍爾靈龜하고 觀我하야 朶頤니 凶하니라."

고 자신이 해야 할 일을 남에게 구걸하는 것은 흉하다. 그러면 셋이 하나임은 어떻게 밝혀지는가?

 신과 점을 치는 사람 그리고 점을 의뢰하는 사람이 둘이 아님은 육신을 통하여 드러나지 않는다. 그것은 오로지 길흉은 논하는 자기의 내면에서 자신의 근원인 형이상의 본성에 의하여 드러난다.

 수지비괘의 이효 효사에서 나타내는 하나가 됨은 바로 작용인 마음과 근원인 성품이 둘이 아님을 마음에서 느꼈음을 뜻한다. 그것은 밖에서 이루어진 합일이 아니라 합일하고자 하는 사람의 마음에서 일어나는 일이기 때문에 합일이 안으로부터 일어남이라고 하였다.

 그런데 이효는 오효와 둘이 아니어서 오효와 이효의 내용이 같기도 하고, 때로는 이효의 내용을 오효에서 말하고, 오효의 내용을 이효에서 말하기도 한다. 중천건괘의 이효와 오효에서 모두 "대인을 보면 이롭다."라고 말하는 것과 같다.

 외괘의 사효는 초효와 같다. 그러므로 초효의 관점에서 보면 합일이 마치 성인이라는 사람과 합일을 하기 위하여 학문을 하는 사람의 마음에 일어난다고 생각하거나 천도天道를 따름이라고 생각하여 천도라는 이치, 원리에 순종함을 합일로 착각하기 쉽다. 그것이 바로 사효의 효사에서 나타내는 밖으로부터의 합일이다. 그러면 그것이 흉한데 왜 길이라고 하였는가?

 하나의 중괘를 구성하는 두 개의 팔괘인 상괘와 하괘는 각각 형이상의 도와 형이하의 기를 상징한다. 그것을 개체적 관점에서 이해하면 지금 여기의 나의 내면에서 시작하여 밖으로 드러나는 내괘에서 외괘로의 변화이다.

그런데 상괘에서 하괘로의 변화를 바탕으로 할 때 비로소 내괘에서 외괘로의 변화가 이루어진다. 상괘에서 하괘로의 변화를 통하여 나타내는 형이상의 본성이 매 순간 형이하의 물리적 생명 현상으로 나타나기 때문에 내괘에서 외괘로의 변화를 통하여 나타내는 물리적 생명으로부터 출발하여 근원인 본성을 찾아가는 변화가 일어난다.

상괘와 하괘의 관계는 마치면 다시 시작하는 종시원리에 의하여 내괘에서 시작하여 외괘에서 끝나는 시종의 사건이 시작되는 것과 같다.

하괘가 나타내는 본성이 씨가 되어 싹이 트고 꽃이 피어 다시 상괘에서 열매를 맺는 사건이 전개된다. 씨는 본래 열매와 다르지 않다.

만약 열매가 씨로 심어지는 상괘에서 하괘로의 종시의 변화가 없었다면 싹이 트고, 꽃이 피며, 열매가 맺는 내괘에서 외괘로의 시종의 변화는 이루어지지 않는다. 따라서 종시의 관점에서 보면 싹과 꽃, 열매가 둘이 아니다.

그러나 한 알의 씨가 그대로 있으면 그냥 썩을 뿐으로 아무런 가치가 드러나지 않는다. 오로지 한 알의 씨가 땅에 떨어져서 자신을 해체시키는 썩는 과정을 거쳐서 싹이 트고, 꽃이 피어서 수많은 열매를 맺을 때 비로소 많은 사람들이 열매를 생명의 양식으로 삼아서 혜택을 누릴 수 있다.

내괘에서 외괘를 향하는 방향에서 중괘를 구성하는 효의 내용을 보면 비록 내괘가 나타내는 삼효의 내용이 본래 열매지만 열매의 작용을 하기 위해서는 초효에서 씨로 심어진 후에 비로소 싹이 트고 자라는 과정을 거쳐서 외괘가 나타내는 꽃이 피고 열매가 맺는 과정으로 귀결된다. 외괘가 나타내는 열매의 상태가 되어야 비로소 다시 새로운 싹을 틔우는 과정이 시작될 수 있다. 지금까지 살펴본 내용을 도표화하여 나타내면 다음과 같다.

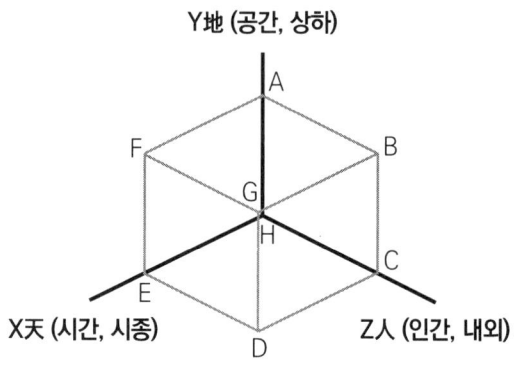

도표 9. 팔괘와 삼재

위의 도표에서 공간적 세계를 나타내는 Y축을 바탕으로 물건적 세계를 나타내는 상하의 구조가 중심이 되어 시간의 X축과 인간을 나타내는 Z축이 만나는 A-H를 바탕으로 전개되는 것이 주역의 괘효이다. 그러면 상하의 두 방향의 변화가 어떻게 다른가?

형이하의 현상에서 형이상의 근원을 찾는 일과 형이상의 근원으로부터 형이하의 현상을 향하는 일은 그 방향이 서로 다를 뿐만 아니라 내용과 성격이 서로 다르다. 도표에서 ABFG의 평면은 형이상의 경지를 나타내고, CDEH는 형이하의 현상을 나타낸다.

그런데 물건적 관점에서 상하와 내외 그리고 그것을 논하는 인간을 구분하여 나타내면 셋이 마치 별개의 존재인 것처럼 생각하게 된다. 그렇기 때문에 물건적 관점에서 셋을 이해하는 것을 바꾸어서 사건적 관점에서 셋의 관계를 파악하게 된다.

사건적 관점에서 상하, 내외의 관계를 두 방향으로 구분하여 나타내는 개념이 순順과 역逆이다. 지산겸괘地山謙卦의 단사彖辭에서는 상하의 구조를 통하여 순과 역을 나타내고 있다. 이는 괘체卦體가 나타내는 상괘에서 하괘로의 변화와 효용爻用이 나타내는 내괘에서 외괘로의 변화가 순역順逆의 변화임을 뜻한다.

> 천도天道는 아래로 건너가서 빛나 밝고, 지도地道는 낮은 곳에서 위로 작용한다.[148]

위의 내용을 보면 천도는 위에서 아래로 작용하고, 지도는 아래에서 위로 작용한다고 하였다. 하나의 중괘를 중심으로 살펴보면 천도는 상괘에서 하괘를 향하는 순방향으로 작용하고, 지도는 내괘에서 외괘를 향하는 역방향으로 작용한다.

시간적 관점에서 순과 역은 미래를 향하는 방향과 과거를 향하는 방향으로 나타난다. 설괘에서는 순과 역을 물리적 시간의 관점에서 과거와 미래를 중심으로 다음과 같이 논한다.

> 지나간 일을 분석하는 것은 순順이며, 다가올 것을 앎은 역逆이다. 그러므로 역易은 역逆하고 분석한다.[149]

---

148 『주역』 지산겸괘 단사, "天道는 下濟而光明하고 地道는 卑而上行이라."
149 『주역』 설괘 제3장, "數往者는 順하고 知來者는 逆하니 是故로 易은 逆數也라."

물건적 관점에서 천도와 지도는 사건적 관점에서는 과거에서 미래를 향하는 역방향과 미래에서 과거를 향하는 순방향의 작용으로 나타낼 수 있다. 이처럼 천도와 지도를 순역으로 나타내는 까닭은 인간의 일을 나타내기 위함이다.

상하와 내외를 구분하여 나타내는 주체는 인간이다. 그리고 순과 역을 통하여 상하와 내외의 관계를 나타내는 것도 인간이다. 앞에서 주역의 저자가 물건적 관점에서 세계를 형이상과 형이하로 분석하고, 다시 형이하를 천지인으로 구분하여 형이상의 측면에서는 천도, 지도, 인도로 나타냄을 살펴보았다.

그러나 형이상과 형이하는 실체적 세계가 아니다. 형이상과 형이하의 상하를 지금 여기의 인간 자신을 중심으로 내외로 구분하여 나타내는 까닭이 여기에 있다. 형이상과 형이하의 상하와 시초와 종말의 시종이 모두 지금 여기의 나의 내외의 문제이다.

상하, 시종이 지금 여기의 나를 중심으로 한 내외의 문제임을 밝히는 개념이 순과 역이다. 인간이 과거에서 출발하여 미래를 향하는 역방향에서 하는 일은 학문이다. 그것은 한마디로 나타내면 미래를 아는 일이다. 이때 미래를 앎은 바로 공자가 말한 새로움을 아는 일과 같다. 그러면 순방향에서 이루어지는 분석은 무엇인가?

분석은 아직 나누어지지 않은 하나의 상태를 전제로 한다. 그러므로 이를 통하여 지래知來의 문제가 무엇인지를 파악할 수 있다. 계사에서는 "신神으로 미래를 안다."[150]라고 하였다. 이때 신은 이것과 저것으로 구

---

150 『주역』 계사상편 제11장, "神以知來코 知以藏往하나니"

분하여 나타낼 수 없는 경지를 가리킨다.[151] 따라서 지래는 바로 신, 도로 표현된 분별을 넘어선 경지를 아는 일이다. 그러면 순방향에서 지나간 것을 분석함은 무엇인가?

지래를 통하여 드러난 신, 도의 경지를 현상에서 기器로 나타나는 일이 순방향에서 인간이 할 일이다. 그것은 온갖 학문이나 예술, 종교, 교육을 비롯하여 현상에서 이루어지는 사물과 인간의 공생共生, 공발共發, 공화共化의 모든 현상을 가리킨다. 그러면 내외를 통하여 나타내는 성명은 어떤 관계인가?

도와 기의 상하 관계가 고정되지 않아서 변화함을 나타내는 개념이 순역일 뿐만 아니라 인간의 물리적 생명으로부터 출발하여 형이상의 본성을 자각하는 변화 역시 순역이다. 그러므로 주역을 이해하는 가장 중요한 문제가 순역임을 알 수 있다.

순역은 현상의 사물과 형이상의 도가 어떤 관계인지를 나타내는 개념일 뿐만 아니라 도와 기가 바로 인간의 성과 명임을 나타낸다. 상하의 도기를 인간의 심성 내면으로 주체화하여 나타내면 성과 명이고, 성명을 인간의 밖으로 대상화하여 나타내면 도기이다.

역방향에서 대상의 경계, 밖으로 경계로부터 출발하여 내면에 이르러서 형이상의 본성에 이르고, 순방향에서 본성이 밖으로 드러나서 대상화하여 사건이 되고, 물건으로 나타난다. 역방향에서 도와 기를 지금 여기의 나로 내면화, 주체화하여 명命으로부터 출발로부터의 내면에서 형이상의 본성을 파악하는 일을 학문, 수기, 수행이라고 말한다. 역방향의 수기, 학문, 수행은 용심用心의 문제이다.

---

151 『주역』 계사상편 제5장, "陰陽不測之謂神이라."

그러나 순방향에서 지금 여기의 나의 본성을 대상화하여 둘로 나타내는 일은 지금 여기의 나의 밖인 시공에서 도를 실천하는 일이다. 그러므로 육신을 통하여 언행으로 나타내는 운신運身이 된다.

이제 주역이 나타내는 천도와 지도, 인도가 모두 그것을 논하는 지금 여기의 나의 문제임을 알 수 있다. 공간적 관점에서 천도와 지도의 관계를 상하의 순역으로 나타내고 있는 지산겸괘地山謙卦에서는 이어서 천도와 지도, 인도가 모두 하나의 인도임을 다음과 같이 밝힌다.

> 천도天道는 가득 찬 것을 줄여서 겸손함에 더하고, 지도地道는 가득한 것을 바꾸어서 겸謙으로 흐르게 하고, 귀신鬼神은 가득한 것을 해쳐서 겸손에 복福을 주고, 인도人道는 가득 참을 싫어하고 겸손을 좋아하니 겸謙은 높아서 빛나고 낮아도 넘어서지 못하니 군자의 완성이다.[152]

겸손은 군자의 용심用心을 나타내는 개념이다. 지산겸괘의 괘사에서는 "겸손은 형통하니 군자의 완성이 있다."[153]라고 하였다. 지산겸괘를 구성하는 육효는 모두 겸謙이 여섯 시위에 따라서 어떻게 다양하게 나타나는지를 논하고 있다. 이를 통하여 초효에서 상효를 향하는 시종의 역방향과 상괘에서 하괘를 향하는 종시의 순방향이 모두 겸에 의하여 이루어짐을 알 수 있다.

겸손은 무심無心, 공심空心과 같으면서 무심無心, 공심空心과 다르다. 무

---

152 『주역』 지산겸괘地山謙卦 단사, "天道는 虧盈而益謙하고 地道는 變盈而流謙하고 鬼神은 害盈而福謙하고 人道는 惡盈而好謙하나니 謙은 尊而光하고 卑而不可踰니 君子之終也라."

153 『주역』 지산겸괘地山謙卦 괘사, "謙은 亨하니 君子有終이니라."

심은 다른 사람, 사물을 만나서 그들의 마음과 하나가 되는 일심一心이 되어 공심共心으로 나타난다. 그것을 계사에서는 다음과 같이 말한다.

> 역易은 생각함이 없고, 행위함이 없어서 적연寂然하여 움직임이 없어서 천하의 연고緣故에 느껴 통한다.[154]

군자는 자신과 밖의 대상 세계인 천지와 사물을 구분하여 둘로 보지 않는다. 그가 비록 육신을 통하여 감각으로 지각하지만 본성이라는 천지와 만물이 둘이 아닌 경계에서 삶을 산다. 그것을 인용문에서는 주체와 객체가 구분된 상태에서 이루어지는 사고와 행위가 없어서 고요하여 움직임이 없다고 말하였다.

그러나 본성, 천도의 차원에 머물면 현상의 삶은 이루어지지 않는다. 현상의 삶은 천지와 만물과 하나가 되어 본성, 본질에 따라서 순방향의 변화가 일어난다. 그러므로 매 순간 온 우주가 하나가 되어 모든 사물과 사람의 생명 현상이 이루어진다.

감통感通은 현상의 관점에서 사물은 하나가 아니지만 그것이 바로 둘이 아님의 표현임을 나타낸다. 바로 매 순간의 생명 현상은 공생共生, 공식共食, 공체共體, 공심共心, 공용共用이라는 개념으로 나타내듯이 둘이 아님의 현상적 표현인 하나가 아님이다. 그러면 용심과 운신은 어떤 관계인가?

본성이 본체가 되어 마음이라는 작용에 의하여 육신의 언행이라는 현상이 나타난다. 그것이 순방향에서 지금 여기의 나를 나타낸 결과이다.

---

[154] 『주역』 계사상편 제10장, "易은 无思也하며 无爲也하야 寂然不動이라가 感而遂通天下之故하나니"

이와 달리 역방향에서는 육신을 통하여 나타내는 언행의 근원인 마음을 찾고, 다시 마음으로 나타나기 이전의 본성, 성품을 찾는다. 따라서 심신 心身이 둘이 아니듯이 용심과 운신의 문제도 둘이 아니다. 그러면 수기, 수행, 학문은 어떻게 이루어지는가?

설괘에서는 육효 중괘를 어떻게 활용할 것인지 그 방법을 밝히고 있다. 하나의 중괘를 구성하는 여섯의 효는 초효와 이효, 삼효와 사효, 오효와 상효의 셋으로 나누어서 이해할 수 있다. 이 세 단계를 각각 궁리, 진성, 지명을 나타낸다.

> 도덕에 화순和順하여 의를 다스리며, 이치를 궁구하고, 성품을 다하여 명에 이른다.[155]

도덕에 화순하여 이를 다스림은 학문을 하는 심법心法과 태도에 관한 내용이다. 주역을 연구하는 사람이 가져야 할 첫 번째는 천지의 본성인 도덕에 화순하고자 하는 뜻을 세우는 입지立地이다. 그것은 주역을 연구하는 학문의 목적인 동시에 삶을 살아가는 목적이기도 하다.

학문을 하는 사람이 삶의 목적이자 학문의 목적을 세우지 않으면 학문을 통하여 올바른 삶의 방법을 찾을 수 없을 뿐만 아니라 설사 올바른 삶의 방법을 찾았을지라도 실천하면서 살 수 없다.

공자는 십오十五에 학문의 뜻을 세웠다고 하여 삶의 목적을 세웠음을 밝히고 있다. 십十과 오五는 단순하게 물리적 나이를 나타내지 않는다. 이를 삼극의 도를 중심으로 이해하면 십十이 상징하는 무극无極과 오五가

---

155 『주역』 설괘 제1장, "和順於道德而理於義하며 窮理盡性하야 以至於命하니라."

상징하는 황극皇極의 원리를 깨닫고자 하는 뜻을 세웠음을 나타낸다.[156] 그러면 의義를 다스림은 무엇인가?

설사 천하를 도로 제도하고자 하는 뜻을 세우고 대인의 도를 따르고자 하여도 혼자 하기는 어렵다. 그렇기 때문에 주역을 비롯하여 다양한 경전에서 제시한 먼저 그 길을 걸은 사람들의 사례를 배워야 한다. 먼저 그 길을 걸었던 사람들이 남긴 문장에 담긴 뜻을 연구하는 학문을 가리키는 말이 바로 의義를 다스림이다. 그러면 다음의 내용은 무엇인가?

입지立志, 서원誓願을 바탕으로 이루어지는 본격적인 인도를 세 단계의 변화를 통하여 나타낸 개념들이 궁리, 진성, 지명이다. 궁리窮理는 성명의 이치를 연구함이고, 진성盡性은 성명의 이치를 연구함으로써 본성을 자각自覺함이며, 지명至命은 인간으로서의 자신의 본래면목을 파악한 후에 비로소 인간으로서의 삶이 무엇인지를 파악하는 지천명知天命을 나타낸다. 그러면 육효의 관점에서 세 과정이 어떻게 이루어지는지 살펴보자.

초효와 이효가 나타내는 첫 번째 단계는 입지를 통하여 밖으로 달려 나가는 의식을 안으로 돌려서 소인의 도를 버리고, 대인의 도를 찾고자 하는 과정이며, 삼효와 사효가 나타내는 두 번째 단계는 대인의 도와 소인의 도가 모두 마음의 작용임을 파악하는 과정이고, 오효와 상효가 나타내는 세 번째 단계는 본성을 자각하고, 정명을 자각하는 과정이다.

64괘 가운데서 상하와 내외의 구조를 통하여 성명을 가장 잘 드러내고 있는 괘는 중천건괘重天乾卦와 중지곤괘重地坤卦이다. 그렇기 때문에 계사에서는 64괘의 내용이 중천건괘와 중지곤괘로 집약됨을 곳곳에서 강조하고 있다.

---

156 이현중, 『내 안의 참나와 논어사상』, 지식과감성#, 2022, 67-70.

그러나 순역의 관점에서 상하와 내외의 관계를 잘 드러내고 있는 괘는 풍택중부괘風澤中孚卦와 뇌산소과괘雷山小過卦이다. 두 괘는 모두 삼효와 사효를 중심으로 구성된다. 삼효와 사효는 내괘에서 외괘로 변화가 가장 잘 나타나는 시위이다.

뇌산소과괘에서는 삼효에서 사효로의 변화가 형이하의 물리적 생명으로부터 형이상의 본성의 경계로 차원을 고양하는 사건임을 나타낸다.

괘명卦名인 소과小過는 형이하의 물리적 차원에서 형이상의 본성의 차원으로 건너감을 통하여 대인의 도를 나타낸다. 다만 소과小過라고 말한 까닭은 자신이 건넘은 소사小事이며, 모두가 함께 건너는 대사大事가 대인의 도임을 나타내기 위함이다. 그러면 건넘은 무엇인가?

형이하의 경지에서 형이상의 경계로 차원을 변화시키는 건넘의 구체적인 과정은 효사에서 논하고 있다. 이와 달리 괘사에서는 형이하에서 형이상의 경지로 건너는 방법을 제시하고 있다.

> 소과小過는 형통하고 이롭고 바르니, 작은 일은 가능하지만 큰일은 가능하지 않다. 날아가는 새가 남긴 소리가 위로 올라가는 것은 마땅하지 않으며, 마땅히 아래로 내려가면 크게 길吉할 것이다.[157]

소사는 군자의 학문을 가리키며, 대사는 도를 실천함을 가리킨다. 그러므로 소사는 가능하지만 대사는 가능하지 않음은 소과괘가 원형이정元亨利貞 가운데서 형亨을 중심으로 군자의 도를 나타내는 괘임을 뜻한다.

---

157 『주역』 뇌산소과괘雷山小過卦 괘사, "小過는 亨하고 利貞하니 可小事요 不可大事이니 飛鳥遺之音에 不宜上이요 宜下면 大吉하리라."

원형이정元亨利貞을 둘로 나누면 원형元亨은 학문을 통하여 자신의 본래면목을 파악하고 자신으로 살아가는 방법을 찾는 일이며, 이정利貞은 다른 사람으로 하여금 자신의 본래면목을 파악하여 자신으로 살아가도록 길을 안내하는 일이다. 그러므로 소과괘가 형亨을 중심으로 인도인 군자의 도를 나타냄은 학문을 중심으로 인도를 나타냄을 뜻한다. 그러면 새는 무엇이며, 학문과는 어떤 관계인가?

새는 천도天道를 자각하여 군자로 하여금 인도인 성명性命의 이치가 무엇이고, 성명의 이치를 실천하는 방법이 무엇인지를 제시한 성인을 상징한다. 그러므로 새가 남긴 소리는 성인이 남긴 주역과 같은 경전을 나타낸다. 군자는 성인이 남긴 경전을 통하여 학문을 하지 않을 수 없다. 그러면 새가 남긴 소리가 위로 올라가고 아래로 내려감은 무엇을 상징하는가?

새가 남긴 소리가 아래로 내려감은 새가 남긴 소리인 경전을 통하여 제시된 도와 기, 성과 명에 관한 이치가 군자의 심성 내면으로 수용됨을 뜻한다. 그것은 군자가 성인의 남긴 성명의 이치를 자신의 심성 내면에서 자각自覺함이다.

그러나 새가 남긴 소리가 위로 올라감은 군자가 자신의 심성 내면으로 주체화하여 스스로 파악하지 않음을 뜻한다. 새가 남긴 소리가 위로 올라가도록 내버려두는 사람은 소인小人이다. 그는 성인과 자신을 둘로 보고, 형이상의 도와 형이하의 기, 본성과 생명을 자신의 밖에 있는 사물과 같이 여기는 사람이다. 그러면 아래로 내려옴이 크게 길吉함은 무엇인가?

상하는 형이상과 형이하를 나타내는 개념이다. 새가 남긴 소리인 성인이 밝힌 하늘의 뜻은 바로 학문을 통하여 형이하의 사물로부터 형이상의 근원인 도에 이름이다. 공자는 학문이 형이하의 현상에서 형이상의 도에 이르는 과정임을 하학이상달下學而上達로 나타내었다. 그러면 어떻게 형이상의 경계에 도달하는가?

　소과괘가 나타내는 형이하의 현상에서 형이상의 경지로 건넘은 바로 지금 여기의 나의 심성 내면에서 이루어진다. 현상으로부터 도로 차원을 고양함은 바로 지금 여기의 내가 물리적 생명을 벗어나서 마음에 이르고, 마음을 벗어나서 형이상의 본성에 이름을 뜻한다. 그러면 어떻게 본성에 이르는가?

　소과괘의 육효에서는 학문을 통하여 형이상의 경지에 도달하는 과정을 나타내고 있다. 소과괘의 초효와 이효는 궁리의 과정이며, 삼효와 사효는 진성의 과정이고, 오효와 상효는 지명의 과정이다.

　초효의 효사에서는 "날아가는 새이기 때문에 흉하다."[158]라고 했다. 날아가는 새는 형이상의 도, 성명의 이치를 나 밖의 사물로 대함을 뜻한다. 이는 소과의 출발점이 일상의 사람, 아직 자신이 어떤 존재이며, 어떻게 살아야 하는지를 모르는 소인의 상태임을 뜻한다. 그러면 소인은 어떻게 해야 하는가?

　초효는 상효에 이르는 소과를 시작하는 단계이다. 이때 소인에게 필요한 것은 대인의 삶을 살고자 하는 뜻을 세우는 입지立志이다. 그것은 마치 열매를 씨로 심는 것과 같다. 만약 열매를 씨로 심는 과정이 없다면 싹이 트고 꽃이 피어 열매를 맺는 이효에서 상효에 이르는 과정은 일어나지 않는다. 그러면 입지는 무엇인가?

　상괘에서 하괘로의 변화를 나타내는 순방향에서 상효와 초효를 이해하

158　『주역』뇌산소과괘 초육 효사, "初六은 飛鳥라 以凶이니라."

면 상효와 초효는 열매와 씨의 관계와 같다. 열매와 씨는 본래 둘이 아니다. 그러나 열매가 씨로 심어지기 때문에 싹이 트고 자라서 꽃이 피고 열매가 맺는 현상이 이루어진다. 그러면 상효가 나타내는 내용은 무엇인가?

상효의 특성을 가장 잘 나타내는 괘는 화천대유괘火天大有卦의 상효上爻이다. 64괘 대부분의 상효 효사는 흉凶하거나 회悔가 많다. 중천건괘의 상효의 효사에서 "후회함이 있다."[159]라고 하였다.

그러나 화천대유괘의 상효의 효사에서는 "하늘로부터 도와서 길하여 이롭지 않음이 없다."[160]라고 하여 64괘 가운데서 가장 길吉한 효임을 알 수 있다. 그러면 화천대유괘의 상효는 무엇인가?

소상에서는 "대유의 상효가 길함은 하늘로부터 도움이 있기 때문이다."[161]라고 하였다. 이에 대하여 공자는 길吉한 까닭을 다음과 같이 밝히고 있다.

> 역易에서 말하기를 "하늘로부터 도와서 길吉하여 이롭지 않음이 없다." 라고 하였다. 공자가 말하였다. "우祐는 조助이니 하늘이 도와주는 자者는 따르는 자이며, 사람이 도와주는 자者는 믿는 자이다. 믿음을 딛고 따르고자 생각한다. 그리고 어진 사람을 숭상한다. 그러므로 하늘이 도와서 길吉하여 이롭지 않음이 없다."[162]

---

159 『주역』 중천건괘 상구 효사, "上九는 亢龍이니 有悔리라."
160 『주역』 화천대유괘 상구 효사, "上九는 自天祐之라 吉无不利로다."
161 『주역』 화천대유괘 상구 효상, "象曰 大有上吉은 自天祐也일새라."
162 『주역』 계사상편 제12장, "易曰自天祐之라 吉无不利라하니 子曰祐者는 助也니 天之所助者順也오 人之所助者信也니 履信思乎順하고 又以尙賢也라 是以 自天祐之 吉无不利也니라."

위의 내용은 공자가 화천대유괘의 상효의 효사에 대하여 설명한 부분이다. 위의 내용을 보면 역易과 공자가 서로 대화를 주고받는다. 공자와 지금 여기의 나를 구분할 수 있는 요소는 육신이다. 육신을 중심으로 공자와 지금 여기의 나를 비교하면 공자는 육신이 없고, 지금 여기의 나는 육신이 있다. 그러면 오늘날의 우리가 위의 내용을 어떻게 이해할 것인가?

중천건괘와 중지곤괘의 문언에서도 역易과 공자를 하나의 인격적 존재로 상정하고, 서로 대화를 주고받고 있다. 이는 역을 지금 여기의 나와 별개의 실체로 여기지 않고 대화의 상대로 여김을 뜻한다.

형이상의 역도는 지금 여기의 나 밖에서 대상적인 사물로 존재하는 실체가 아니라 내 안의 나와 함께 있다. 그러므로 역과 공자의 대화는 지금 여기의 나를 중심으로 내 안의 나, 본성으로서의 나, 심층의 무아無我와 표층의 자아自我, 물리적 생명으로서의 의식이 대화함을 뜻한다. 그러면 위의 대화는 무엇인가?

지금 여기의 나에게 도움을 주는 존재인 천도天道 역시 나와 별개의 사물이 아니다. 바로 지금 여기의 나의 내면에 있는 심층의 나, 본성으로서의 나를 본체적 관점, 둘이 아닌 관점에서 천天으로 나타낸다.

천은 나의 본성과 남의 본성 그리고 사물의 본성이 둘이 아닌 경지이다. 이때의 천은 물리적인 천天이 아니라 천도天道를 나타내는 개념이다. 그러면 하늘이 도와주고, 사람이 도와줌은 무엇인가?

그것은 천이 가리키는 천도와 성인을 가리키는 사람이 도와줌이다. 하늘, 천도가 도와줌은 천도를 따름에 의하여 이루어지고, 사람이 도와줌은 성인의 가르침을 믿음으로부터 시작된다. 어떤 사람이 성인이 밝힌 가르침을 믿고, 그것을 바탕으로 성인의 가르침을 통하여 제시된 천도를 따르고자 학문을 하고, 학문을 통하여 수기를 하는 현인賢人을 숭상할 때 하늘로부터 도와서 이롭지 않음이 없다.

그런데 상효는 종말로 초효의 시초가 완성된 상태이다. 상효에서 제시한 하늘이 돕고, 사람이 도와서 길하여 이롭지 않음이 없음은 종말의 상태이다. 이러한 종말의 사태는 시초에서 성인의 가르침에 대한 믿음을 바탕으로 천도를 따르고자 하는 마음을 내었을 뿐만 아니라 성인이 제시한 가르침을 학문하고, 그것을 통하여 수기하였기 때문에 이루어진 성과이다. 그러면 왜 상효에서 초효의 내용을 제시하는가?

내괘와 외괘를 구성하는 삼효는 서로 대응한다. 초효와 사효, 이효와 오효, 삼효와 상효가 대응한다. 이와 더불어서 상효가 변하여 초효가 되고, 초효는 이효, 삼효, 사효, 오효를 거쳐서 상효가 된다. 그렇기 때문에 대유괘大有卦의 상효를 설명하면서 초효에서 제시해야 할 입지를 설명하고 있다.

화천대유괘와 마찬가지로 모든 중괘의 초효는 성인의 가르침에 대한 믿음을 바탕으로 천도天道를 따르고자 하는 마음을 내야 한다. 이것을 한마디로 나타내면 대인, 군자의 도를 향하는 삶을 방향을 세우는 입지이다.

이효二爻의 효사는 "할아버지를 지나서 죽은 어머니를 만나니 군주君主에 이르지 못하고, 신하를 만남이니 허물이 없다."[163]이다. 할아버지는 산 세상의 근원이며, 죽은 어머니는 죽은 세상의 근원이다. 그것은 사람이 자신의 근원을 물리적 생명을 중심으로 할아버지를 찾은 후에 이어서 죽은 어머니라는 물리적 생명을 넘어선 경계에서 찾음을 뜻한다. 그러면

---

163 『주역』 뇌산소과괘 육이 효사, "六二는 過其祖하야 遇其妣니 不及其君이오 遇其臣이니 无咎니라."

군주에 미치지 못하고 신하를 만나니 허물이 없음은 무엇인가?

군주는 형이상의 근원인 본성을 상징하고, 신하는 본성의 작용인 마음을 상징한다. 그러므로 군주에 이르지 못하고, 신하를 만남은 바로 작용을 통하여 본체를 파악할 수 있을 뿐으로 본체 자체를 파악할 수 없음을 뜻한다.

이효에서 이미 학문의 방법과 학문을 통하여 도달하는 형이상의 본성의 경지에 대하여 상징적으로 밝혔다. 그러므로 삼효에서는 소인의 도와 대인의 도를 둘로 보고 소인의 도를 버리고 대인의 도를 찾고자 하는 학문의 과정을 나타낸다.

삼효의 효사에서는 "건너지 않고 막으면 쫓아서 혹 죽일 것이니 흉하다."[164]라고 하였다. 지금 여기의 나의 본래면목인 본성, 성품은 육신과 다를 뿐만 아니라 육신의 기능인 의식과 다르다. 그러면 의식, 육신과 본성은 어떤 관계인가?

본체의 관점에서 보면 매 순간에 마음으로 나타나고, 육신의 다양한 언행으로 나타남은 본성이 작용한 결과이다. 따라서 매 순간 대인, 군자는 육신의 감각지각을 통하여 나타나는 형상에 끌려다니지 말고, 마음으로 돌아와야 한다.

마음이라는 자신의 내면으로 돌아와야 비로소 모든 현상이 본체인 본성의 작용임을 안다. 이처럼 형이상의 도로 건넘은 바로 내 안의 참나인 본성을 자각함이다. 만약 본성을 자각하지 못하고, 육신의 기능인 의식에 의하여 살면서 자신의 본래면목을 부정하면 인간다운 삶은 사라진다. 그것을 효사에서는 혹 쫓아서 죽임을 당한다고 하였다.

---

164 『주역』 뇌산소과괘 구삼 효사, "九三은 弗過하야 防之니 從或戕之라 凶하리라."

삼효의 시위는 의식의 분별에 의하여 대인의 도와 소인의 도를 나누어서 소인의 도를 버리고 대인의 도를 따르고자 하기 때문에 군자의 내면에서 심한 갈등이 일어난다. 이는 심리적인 현상을 넘어서 생리적인 현상으로 나타난다. 그러면 사효의 효사는 무엇인가?

사효의 효사에서는 "허물이 없으니 지나가지 않고 만나기 때문이다. 가면 위태로우니 반드시 경계하여 사용하지 않으면 영원히 바르다."[165]라고 하였다. 효사는 내용에 따라서 앞부분과 뒷부분의 둘로 나누어서 이해할 수 있다.

뒷부분은 초효의 관점에서 효사를 전개하고 있다. 소인의 길을 가면 위태롭다. 그러므로 반드시 경계하여 사용하지 않으면 영원히 바르다. 이때 소인의 길은 바로 자신의 밖에서 도, 본성을 찾는 방법이다. 그러므로 그릇된 방법을 사용하지 않으면 영원히 바르다고 하였다. 그러면 대인의 방법은 무엇인가?

효사의 앞부분에서 논한 "지나치지 않고 만남이다."라는 말이 사효의 효사이다. 지나치지 않음은 밖에서 찾지 않고, 안에서 찾음이다. 그것은 삼효까지 오로지 밖을 향하여 구하고, 찾으려고 하다가 사효에서 비로소 찾으려는 마음을 지나치지 않음을 뜻한다.

사효에 이른 대인, 군자는 본성을 찾으려는 마음을 놓아 버리고, 본성을 구하려는 마음을 쉰다. 우리는 일상에서 이와 비슷한 경험을 한다. 어떤 물건을 어디에 두었는지 생각이 나지 않을 때가 있다.

만약 계속 "어디에 두었지?"라고 생각하면 결코 생각이 나지 않는다.

---

165 『주역』뇌산소과괘 구사 효사, "九四는 无咎하니 弗過하야 遇之니 往이면 厲니 必戒며 勿用코 永貞이니라."

그것은 마치 상대방이 나에게 전화를 걸 때 전화를 받지 않고 성급하게 계속 전화를 걸면서 "왜 이렇게 오래 통화를 하느냐?"라고 상대방에게 화를 내는 것과 같다. 그러면 어떻게 할 것인가?

즉시 전화기를 내려놓고 기다려야 한다. 왜냐하면 상대방은 항상 나에게 전화를 걸고 있기 때문이다. 그것은 마치 등에 업은 아이를 3년 동안 찾는 것과 같고, 달리는 말 위에서 말을 찾는 것과 같다. 따라서 찾는 마음을 내려놓고, 구하는 마음을 쉬어야 한다.

오효의 효사에서는 전화기를 들고 상대방과 통화를 하려고 애타게 전화기를 돌리는 것과 같은 군자의 태도를 구름이 빽빽하여 비가 내리기 이전으로 나타내고 있다.

오효의 효사에서는 "구름이 빽빽하여 아직 비가 내리지 않음은 우리 서쪽 교외로부터이니 공公이 주살을 쏘아서 동굴 속의 저것을 취한다."[166]라고 하였다.

오효 효사의 앞부분에서 나타내는 구름이 빽빽하여 아직 비가 내리지 않은 상태는 사효를 가리킨다. 사효에서 군자가 찾고자 하는 마음, 얻고자 하는 마음을 쉬는 일이 잘 이루어지면 비로소 오효에 이른다.

오효의 내용은 효사의 뒷부분에서 밝히고 있다. 공公이 주살을 쏘아서 동굴 안의 저것을 잡는다고 하였다. 이때 주살은 동물을 잡는 화살이고, 동굴은 동물이 살고 있는 장소이다. 그러므로 동굴 속에 있는 동물을 주살로 잡음은 군자가 마음 안에서 마치 동굴 속에 있는 짐승처럼 보이지 않아서 잡을 수도 없는 본성을 자각함을 뜻한다. 그러면 주살을 쏘아서

---

166 『주역』 뇌산소과괘 육오 효사, "六五는 密雲不雨는 自我西郊일새니 公이 弋取彼在穴이로다."

잡음은 무엇을 뜻하는가?

동굴은 군자의 마음을 나타낸다. 그리고 동굴 속의 짐승은 마음 안에 있다고 생각하는 본성을 상징한다. 공이 주살로 동굴 안에 있는 짐승을 잡음은 바로 매 순간 일어나는 마음이 바로 본성의 작용임을 파악함을 뜻한다.

공公이 나타내는 학문의 주체인 군자가 자신의 마음을 향하여 던진 주살 역시 마음이다. 그가 밖을 향하여 던지는 화살을 방향을 바꾸어서 자신의 마음을 향하여 쏘면 그대로 본성을 자각한다.

찾으려는 마음을 떠나고, 놓고 쉬는 마음을 떠나서 본성이 있는 것이 아니라 찾으려는 마음이 본성의 작용이고, 얻으려는 마음이 본성의 작용임을 자각함이 바로 오효의 내용이다. 그러면 본성이라는 실체가 있어서 그것을 자각하는가?

비록 군자가 오효에서 본성을 자각하였지만 그것은 순간에 일어나는 깨달음이다. 이것을 물리적 시간의 관점에서 나타내면 오효의 시위에 이르러서 비로소 이루어지는 시각始覺이라고 할 수 있다. 그러면 시각이 있는가?

어느 한순간에 일어나는 깨달음은 본래 깨달음이 어느 순간에 나타남이다. 그러므로 시각은 본각本覺이 어느 순간에 나타남이다. 따라서 시각이라는 본각을 떠난 별개의 시각이 없다. 그것을 나타내는 개념이 불각不覺이다. 이처럼 본각과 시각, 불각이 둘이 아니어서 일각一覺이다.

오효를 거쳐서 상효에 이른 군자는 시각과 본각, 불각이 둘이 아닌 일각一覺임을 안다. 그러므로 시각에 머물지 않고 불각과 본각을 둘로 보지 않아서 초효로 내려가서 불각의 소인에게 시각을 알려 주는 삶이 바로 자신이 살아가야 할 삶임을 안다. 그것은 상효에 이르러서 비로소 대인, 군자가 천명天命을 자각함을 뜻한다. 그러면 상효의 효사에서는 어떻게 말하는가?

상육의 효사에서는 "상육은 만나지 않고 지나가니 나는 새가 떠남이라 흉凶하니 이를 일러 재앙災眚이라고 말한다."[167]라고 하였다. 상육은 초효의 관점에서 소인이 자신의 본성과 만나서 하나가 되어 살지 않고 밖을 향하여 달려감을 나타낸다.

본성을 만나지 않음은 마치 나는 새가 떠나감과 같다. 그러나 본성은 만나고 헤어질 수 있는 사물이 아니다. 그러므로 소인이 스스로 없다고 생각하고, 성인이나 공자, 부처, 예수, 소크라테스와 같은 사람들과 관련이 있을 뿐으로 자신과는 관련이 없다고 생각할 뿐이다. 그러면 상효의 군자, 대인은 어떻게 하는가?

상효의 군자, 대인은 이미 오효에서 본성을 자각하였다. 그리고 상효에서 이르면 본각과 시각, 불각이 둘이 아닌 일각一覺임을 안다. 이처럼 일각을 파악한 대인, 군자는 본성의 경지에서 모든 사람들에게 불각과 시각이 다름을 알려 주고 시각始覺하도록 돕는 일이 자신의 삶의 길임을 파악한다.

상효에 이른 대인, 군자가 자신의 삶의 방법인 정명正命을 자각함을 지천명知天命[168]이라고 한다. 이때 천명天命의 천天은 인격적 뜻인 명령을 내리는 인격적 존재가 아니다. 바로 인간 자신이 어떤 존재이며, 어떻게 사

---

167 『주역』 뇌산소과괘 상육 효사, "上六은 弗遇하여 過之니 飛鳥離之라 凶하니 是謂 災眚이라."

168 『논어』 위정, "五十而知天命"

는 것인가의 삶의 방법을 자각함을 지천명知天命이라고 한다. 상효에서 천명을 자각한 대인, 군자는 상효에 머물지 않고, 초효로 내려가서 자신의 삶을 산다. 그러면 소과의 용심用心은 무엇인가?

소과괘가 형이하의 현상을 벗어나서 형이상의 도에 이르는 초월을 이 곳을 지나서 저곳에 이르는 사건에 의하여 상징적으로 나타내는 것과 달리 물리적 생명에서 형이상의 본성에 이르는 소과가 용심用心의 문제임을 밝힌 괘는 풍택중부괘風澤中孚卦이다.

소과괘와 중부괘의 효사를 중심으로 내용을 파악하기 위해 먼저 두 괘의 괘상을 중심으로 두 괘의 관계를 파악해 보자. 주역의 64괘를 일관하는 이치는 성명이다. 그리고 성명의 이치를 상징적으로 나타내는 체계는 64괘와 각각의 중괘이다. 그러면 64괘를 중천건괘로부터 화수미제괘에 이르기까지 나열하는 법칙은 무엇이며, 각각의 중괘를 구성하는 초효에서 상효에 이르는 육효를 나열하는 법칙은 무엇인가?

64괘가 30개의 상경과 34개의 하경으로 나누어지고, 각각의 중괘가 상하와 내외로 나누어지는 구조는 하나의 효가 여섯 합쳐져서 중괘가 형성되고, 다시 64괘의 중괘가 합쳐서 괘효가 형성됨을 뜻한다.

하나의 중괘를 구성하는 법칙은 상괘에서 하괘로 이어지는 순방향의 변화와 내괘에서 외괘로 이어지는 역방향의 변화가 하나로 합하여진 결과이다. 따라서 하나의 중괘를 구성하는 법칙은 순역합일順逆合一이다. 그러면 순역합일順逆合一이 64괘의 괘서에서는 어떻게 나타나는가?

소과괘와 중부괘의 순서는 오늘날 우리가 만나는 왕필에 의하여 편집된 체계에서는 중부괘가 앞에 있고, 소과괘가 뒤에 있다. 이러한 괘서에 대하여 서괘에서는 다음과 같이 말한다.

마디를 지음으로써 믿음이 있기 때문에 중부中孚로 받고, 믿음이 있는 사람은 반드시 행하기 때문에 소과小過로 받는다.[169]

위의 내용을 보면 수택절괘水澤節卦와 풍택중부괘風澤中孚卦 그리고 뇌산소과괘雷山小過卦가 선후로 연결된다. 이처럼 서괘에 의하면 첫 번째의 중천건괘로부터 마지막의 화수미제괘까지의 64괘가 선후로 연결되어 상경과 하경이 둘이 아님을 나타낸다.

상경과 하경은 비록 30괘와 34괘로 개수가 서로 다르지만 곤정혁정困井革鼎의 포태궁괘胞胎宮卦를 제외하면 상하가 모두 30개로 동일하다. 따라서 상경과 하경 역시 상하가 하나가 되는 상하합일을 나타낸다.

이때 64괘는 상경에서 하경의 방향으로 이해할 수 있을 뿐만 아니라 하경에서 상경의 방향으로 이해할 수 있다. 그러므로 상하합일 또한 순역합일이다. 그러면 64괘의 앞과 뒤로 연결되는 두 괘가 어떤 관계인지 살펴보자.

절괘節卦의 서괘에서는 "만물이 항상 떨어질 수 없기 때문에 절괘節卦로 받는다."[170]라고 하였다. "천지가 마디 지어져서 사시四時가 이루어진다. 마디를 지어서 문물제도를 제정하여 재화財貨를 상하지 않고, 백성들을 해치지 않는다."[171] 이처럼 마디 지음이 도의 작용이다. 그러면 절괘가 나타내는 마디 지음은 무엇에 의하여 이루어지는가?

---

169 『주역』 서괘, "節而信之라 故로 受之以中孚하고 有其信者는 必行之라 故로 受之以小過하고"

170 『주역』 서괘, "物不可以終離라 故로 受之以節하고"

171 『주역』 수택절괘 단사, "天地節而四時成하나니 節以制度하야 不傷財하며 不害民하나니라."

만약 서괘에서 선후라는 개념을 통하여 나타내는 두 괘의 관계가 인과 관계라면 절괘의 앞 괘인 환괘가 원인이 되어 절괘의 결과로 나타난다. 마디 지음은 흩어짐이라는 원인이 나타난 결과이다. 환괘의 서괘에서는 "환은 떨어짐이다."[172]라고 하였다. 그러면 풍수환괘와 수택절괘의 괘상을 중심으로 두 괘의 관계를 살펴보자.

풍수환괘를 그대로 뒤짚으면 수택절괘가 된다. 그것은 풍수환괘의 상괘와 하괘를 내괘와 외괘를 중심으로 다시 정렬함을 뜻한다. 이는 순과 역을 바꾸어서 나타내어 순방향의 풍수환괘와 역방향의 수택절괘가 둘이 아님을 나타낸다. 따라서 두 괘의 관계 역시 순역합일을 나타낸다. 그러면 순역을 통하여 무엇을 나타내는가?

순역은 형이상과 형이하의 양자의 관계를 나타내는 개념으로 형이하의 명命으로부터 형이상의 성性을 향하는 역逆방향과 형이상의 성性으로부터 형이하의 명命을 향하는 순방향이 본래 하나이다.

성명은 하나의 중괘를 상괘와 하괘, 내괘와 외괘의 순역을 통하여 표현된다. 64괘의 괘서를 이루는 선후의 두 중괘 역시 순역의 관계이다. 순역의 관계를 이루는 앞과 뒤의 두 중괘의 구성을 살펴보면 두 괘를 구성하는 팔괘의 괘상은 상하가 서로 뒤집어져 있다.

그것은 초효에서 상효에 이르는 역방향이 상효에 이르면 바뀌어서 상효에서 초효로 향하는 순방향이 되면서 시초에서 종말을 향하는 방향이 종말에서 시초를 향하는 방향으로 바뀜을 뜻한다. 그러면 수택절괘와 풍수환괘의 괘상을 중심으로 순역이 무엇인지 살펴보자.

풍수환괘와 수택절괘는 괘서로는 선후 관계이다. 이 두 괘의 괘상을

---

172 『주역』 서괘, "渙者는 離也니"

보면 풍수환괘의 초효에서 시작하여 상효에서 끝나는 시종의 사건이 바로 환渙이라는 괘명이 나타내는 사건이다. 환은 형이하의 명에서 시작하여 형이상의 성에 이르는 변화를 나타낸다.

환괘가 나타내는 차원의 변화가 이루어지면 수택절괘가 나타내는 변화가 이루어진다. 그것은 환괘의 상효에서 절괘의 초효로 내려옴을 뜻한다. 환괘가 나타내는 대천大川을 건너는 소사小事가 이루어졌기 때문에 비로소 절괘가 나타내는 큰 수레에 자신과 남을 태우고 여기에서 저기로 건너는 대사大事가 이루어진다. 그러면 64괘의 모든 괘의 순역이 상하를 뒤집어서 이루어지는가?

우리가 앞에서 살펴본 풍택중부괘와 뇌산소과괘의 경우에는 선후의 두 괘 가운데서 하나의 괘의 상하를 뒤집어도 나머지 괘사의 괘상이 나타나지 않는다. 두 괘의 경우에는 음효를 양효로 바꾸고, 양효를 음효로 바꾸어야 비로소 다른 괘의 괘상을 얻을 수 있다. 그러면 64괘의 서괘를 구성하는 선후의 두 괘가 나타내는 차이는 무엇인가?

우리가 형식적인 관점에서 64괘의 괘상을 중심으로 괘의 순서를 이해하면 그 차이가 드러나지 않는다. 64괘 가운데서 상경의 중천건괘와 중지곤괘, 산뢰이괘와 택풍대과괘, 중수감괘와 중화이괘 그리고 하경의 풍택중부괘와 뇌산소괘의 여덟괘는 음효와 양효를 서로 바꾸어야 하는 괘이고, 나머지 58괘는 괘상의 상하를 변화시켜서 선후의 괘를 구성한다. 그러면 이러한 두 유형의 괘상의 변화가 무엇을 뜻하는가?

먼저 괘를 구성하는 음효를 양효로 그리고 양효를 음효로 바꾸는 변화를 나타내는 여덟의 괘는 부모를 나타내는 중천건괘, 중지곤괘와 중남, 중녀를 나타내는 중수감괘와 중화이괘를 비롯하여 진간과 손태를 나타내는 네 괘이다. 따라서 64괘의 괘서와 각 중괘를 구성하는 육효의 구성원리는 순역順逆이라고 할 수 있다. 그러면 순역을 통하여 나타내고자 하는 내용은 무엇인가?

주역의 64괘가 나타내는 괘서의 이치는 주역이 아닌 정역을 통하여 이해할 수 있다. 주역이 물건적 관점에서 성명을 중심으로 역도를 나타내고 있는 것과 달리 정역에서는 사건적 관점에서 선천과 후천을 중심으로 역도를 나타낸다.

> 선천의 역易은 서로 사귀는 역易이며, 후천의 역易은 변화의 역易이다.[173]

정역에서는 시간적 관점에서 선천과 후천을 나눈다. 이때 선천과 후천은 물리적 시간의 차원과 다르다. 왜냐하면 선천과 후천이 모두 원천原天이라는 형이상의 차원을 바탕으로 전개되기 때문이다. 따라서 정역의 관점에서 보면 주역의 64괘는 선천과 후천을 바탕으로 전개된다. 그러면 선천과 후천의 관점에서 64괘는 어떻게 전개되는가?

중천건괘와 중지곤괘를 비롯하여 8괘는 모두 음효를 양효로 변화시키고, 양효를 음효로 변화시켰을 때 나타나는 괘이다. 그것은 후천의 변역을 나타내는 괘가 8괘임을 뜻한다.

이와 달리 괘상의 상하를 뒤집어서 얻는 58괘는 성명이 서로 사귀는 선천의 변화를 나타내는 괘이다. 따라서 64괘의 괘서는 후천의 변역원리를 나타내는 8괘를 바탕으로 이루어지는 선천의 교역원리를 나타내는 58괘가 구성되었다. 그러면 괘서卦序는 어떻게 이루어지는가?

---

173 김항, 『정역』 제22張, "先天之易은 交易之易이니라. 后天之易은 變易之易이니라."

64괘의 내용인 성과 명을 나타내는 두 개인 중천건괘와 중지곤괘가 상경의 시작이다. 이어서 산뢰이괘山雷頤卦, 택풍대과괘澤風大過卦, 중수감괘重水坎卦, 중화이괘重火離卦에 의하여 성명의 변화가 이루어지는 변역變易을 나타낸다. 따라서 상경은 변역의 후천원리를 중심이라고 할 수 있다.

그러나 하경은 택산함괘澤山咸卦와 뇌풍항괘雷風恒卦로 시작하여 진간震艮과 손태巽兌의 교역交易을 나타내고 있을 뿐만 아니라 감괘坎卦와 이괘離卦의 교역交易을 나타내는 수화기제水火旣濟와 화수미제火水未濟로 끝을 맺고 있다. 따라서 비록 풍택중부와 뇌산소괘가 변역의 후천원리를 나타내고 있지만 하경의 괘는 선천원리가 중심이라고 할 수 있다. 그러면 주역의 64괘가 나타내는 내용은 무엇인가?

정역의 관점에서 보면 후천을 원리를 바탕으로 한 선천원리를 밝히고 있음을 알 수 있다. 정역에서는 후천원리를 나타내는 도상을 하도와 낙서라고 규정한다. 따라서 후천에서 선천을 향하는 하도와 낙서의 원리를 바탕으로 선천에서 후천을 향하는 주역의 64괘가 형성되었다고 할 수 있다.

> 도서의 이치는 후천이면서 선천이고, 천지의 도는 기제이면서 미제이다.[174]

도서는 하도와 낙서를 나타내는 개념이다. 따라서 위의 내용은 하도와 낙서가 나타내는 내용이 후천을 바탕으로 한 선천의 원리이고, 천지의 도를 나타내는 주역이 기제를 바탕으로 한 미제임을 나타내고 있다.

기제는 현상의 차원이고, 미제는 형이상의 차원이다. 따라서 주역이

---

174 김항, 『정역』 제1장張, "圖書之理는 后天先天이오 天地之道는 旣濟未濟니라."

현상에서 형이상의 성품, 도를 향하는 역방향이 중심인 것과 달리 정역은 형이상의 도, 성품으로부터 현상을 향하는 순방향이 중심임을 알 수 있다. 그러면 이어서 풍택중부괘의 내용을 살펴보자.

풍택중부괘의 괘사卦辭에서는 "중부는 돼지와 물고기이면 길吉하니 대천大川을 건넘이 이롭고 정도正道가 이롭다."[175]라고 하였다. 괘사에서 중요한 내용은 대천을 건넘이 이롭다는 부분이다. 이는 풍택중부괘가 나타내는 내용이 대천을 건너서 이쪽에서 저쪽으로 건너감임을 알 수 있다. 그러면 대천을 건너감은 무엇인가?

뇌산소과괘에서 형이하의 기로부터 형이상의 도로 건너감은 지금 여기의 나의 물리적 생명인 명으로부터 형이상의 본성인 성에 도달함을 논한다. 이처럼 명으로부터 성에 이름을 대천을 건넘에 비유하여 나타낸 것이 풍택중부괘이다. 그러면 어떻게 대천을 건너는가?

뇌산소과괘가 나타내는 물리적 생명에서 형이상의 본성에 이르는 과정은 용심법의 문제이다. 본성과 물리적 생명을 연결하는 작용인 마음을 통하여 마음을 쓰는 용심법에 의하여 대천을 건널 수 있음을 나타내는 괘가 풍택중부괘이다. 그러면 중부中孚는 무엇인가?

중부中孚의 중中은 형이상의 본성을 가리키며, 부孚는 작용을 나타낸다. 그러므로 본성의 작용에 의하여 대천을 건너는 일이 이루어짐을 뜻한다. 본체와 작용의 관점에서 중부는 본체인 본성에 의하여 이루어지는 작용인 마음을 가리킨다.

그러나 마음의 측면에서는 중심에서 일어나는 믿음, 진실한 믿음을 가리킨다. 그것은 용심법에서 가장 중요한 요소 곧 대천을 건너는 방법에

---

175 『주역』 풍택중부괘 괘사, "中孚는 豚魚니 吉하고 利涉大川이니 利貞하니라."

서 가장 중요한 요소가 믿음임을 뜻한다. 그러면 중부괘의 육효에서는 마음의 작용을 어떻게 표현하고 있는지 살펴보자.

초효에서는 "초구初九는 사냥을 안내하는 우인虞人의 안내를 받으면 길吉하니 다른 일이 있으면 편안하지 않다."[176]라고 하였다. 이때 우인은 소과괘에서 나타내는 날아가는 새가 남긴 소리이다. 그것은 성인이 남긴 경전의 안내를 받아서 마음을 쓰는 방법을 찾아야 함을 뜻한다. 그러면 우인의 안내를 따름은 무엇인가?

초효에서 우인의 안내를 받음은 바로 대인의 삶을 살고자 하는 뜻을 세우는 입지가 되어야 함을 뜻한다. 대인의 삶을 살고자 하는 뜻을 세우는 입지가 되어야 비로소 자신이 어떤 존재인가를 찾는 수기, 수도, 수행이 이루어진다.

이효의 효사에서는 "구이는 우는 학鶴이 그늘에 있으니 그 새끼가 화답한다. 나에게 좋은 잔이 있으니 내가 너와 함께 주고받고자 한다."[177]라고 하였다. 우는 학은 새끼를 부르는 어미 학이다. 이때 새끼 학은 초효에서 뜻을 세우고 자신의 본래면목을 찾는 군자를 상징하고, 어미 학은 성인을 상징한다. 군자는 초효에서 세운 자신의 뜻을 이루기 위하여 이효에서 학문을 하고, 수기를 하며, 수도를 한다. 그러면 삼효의 군자는 어떤 용심을 하는가?

내괘의 끝의 시위인 삼효는 군자가 여전히 대인과 소인, 대인의 소와 소인의 도, 시비, 선악, 형이상의 도와 형이하의 기, 본성과 생명을 구분

---

176 『주역』 풍택중부괘 초구 효사, "初九는 虞하면 吉하니 有他면 不燕하리라."
177 『주역』 풍택중부괘, 구이 효사, "九二는 鳴鶴이 在陰이어늘 其子和之로다 我有好爵하야 吾與爾靡之하노라."

하여 이해한다. 그렇기 때문에 학문, 수기를 하면서 자신을 돌아보지만 여전히 버리고 떠나야 할 소인의 도가 있고, 그름이 있으며, 악惡이 있고, 따르고자 하는 대인의 도가 있으며, 옳음과 선善이 있어서 따르고자 한다.

삼효의 효사에서는 "육삼은 적을 얻어 혹은 북을 치면서 나가고, 혹은 그만두며 혹은 울고 혹은 노래한다."[178]라고 하였다. 적과 아군이라는 분별이 없으면 적을 물리치거나 아군과 함께 할 일이 없다. 이는 모두 마음을 어떻게 쓰느냐의 문제이다.

대인과 소인, 대인의 도와 소인의 도를 구분하여 소인의 도를 버리고 대인의 도를 따르고자 하는 마음이 지극해지면 자신의 마음을 돌아보게 된다. 그는 자신의 내면에서 일어나는 사고를 돌아본다.

그리고 자신의 사고가 분별이 없는 무심無心, 적연寂然하여 부동不動한 대인의 사고가 아님을 안다. 그의 사고는 매 순간 시비를 분별하고, 선악의 가치를 판단하여 옳고 선함을 소유하고, 악하고 그름을 버리고자 한다. 이처럼 소인의 용심을 벗어나서 대인의 용심을 갖고자 하기 때문에 항상 갈등이 일어난다.

적을 만남은 바로 마음에서 일어나는 갈등을 가리킨다. 내면의 갈등은 밖의 문제가 아니다. 그럼에도 불구하고 삼효의 군자는 여전히 마음의 문제가 아니라 밖의 대상의 문제, 세계의 문제라고 착각한다. 그러므로 혹은 북을 울리면서 적을 향하여 전진하고 때로는 두려워서 그만두고 그 결과에 대하여 스스로 울면서 슬퍼하고, 노래하면서 즐거워한다. 그러면 삼효의 군자의 용심이 그릇된 것인가?

군자의 용심은 초효에서 상효에 이르기까지 둘이 아니다. 그는 이미

---

178 『주역』풍택중부괘 육삼, "六三은 得敵하여 或鼓或罷或泣或歌이로다."

초효에서 뜻을 세우고 그 방향을 향하여 나아간다. 그럼에도 불구하고 그는 자신이 앞으로 나아가고 있음을 모른다. 사효에 이르면 군자가 비로소 용심의 방법을 바꾼다. 그것은 역방향에서 이루어지는 용심의 방향을 바꾸어서 순방향에서 용심을 함을 뜻한다. 그러면 사효의 군자는 용심법을 어떻게 바꾸는가?

사효의 효사에서는 "육사는 달이 거의 보름이 되었으니 말이 짝을 잃으면 허물이 없다."[179]라고 하였다. 달이 보름에 이르렀음은 사효가 대인을 나타내는 오효와 가까움을 뜻한다. 그러면 그것이 무엇을 의미하는가?

사효의 구체적인 내용을 나타내는 부분은 뒷부분이다. 뒷부분에서는 말이 짝을 잃으니 허물이 없다고 하였다. 이때 말은 중지곤괘의 괘사에서 언급한 군자를 상징하는 개념이다. 그러면 말이 짝을 잃음은 오히려 나쁜 일이 아닌가?

짝을 잃음은 짝을 지어서 달리던 방법을 버렸음을 뜻한다. 이때 말이 짝을 지어 달림은 바로 이것과 저것을 나누어서 사고하는 방법을 뜻한다. 군자가 삼효까지는 의식의 분별에 의하여 이것과 저것을 구분하여 이것을 버리고 저것을 찾아서 얻고자 한다. 그러면 사효에서 짝을 잃음은 무엇을 의미하는가?

사효에서 말하는 짝이 없음은 삼효까지 해 왔던 분별을 멈춤을 뜻한다. 초효에서 삼효에 이르는 동안 군자는 대인과 소인, 도道와 기器, 성性과 명命을 나누어서 소인, 기器, 명命을 버리고 도, 성, 대인을 찾아서 얻고자 하였다.

그러나 사효의 군자는 버리거나 소유하고자 하는 마음, 찾아서 얻고자

---

179 『주역』풍택중부괘 육사, "六四는 月幾望이니 馬匹이 亡하니 无咎니라."

하는 마음을 놓아 버린다. 삼효까지는 소인의 도를 버리고, 대인의 도를 찾는 역방향의 용심을 했으나 사효에 이르면 순방향에서 찾고자 하는 마음을 놓아 버리고 쉬는 용심을 한다. 찾아서 소유하고자 함은 유위적有爲的이고 인위적人爲的인 마음 씀이며, 놓아 버리고 쉼은 무위적이고 자연스러운 마음 씀이다.

군자가 오효에 이르면 비로소 자신의 본래면목을 파악한다. 그는 찾으려는 마음이 바로 본성이라는 본체의 작용임을 느끼고, 얻으려는 마음이 바로 대인의 마음임을 안다. 오효에 이른 군자는 마음이 허공과 같아서 둘로 분별하거나 하나라고 할 수 없음을 안다.

오효의 효사에서는 "구오는 생산이 있어서 하나인 듯하면 허물이 없다."[180]라고 하였다. 생산이 있음은 바로 군자가 찾거나 놓아 버리는 마음이 바로 근원, 본체의 작용임을 앎을 뜻한다. 그러면 본체는 무엇인가?

효사의 뒷부분에서는 하나인 듯함을 말한다. 그것은 본체와 작용이 둘이 아니어서 매 순간 본체가 바로 작용으로 드러남을 파악함을 뜻한다. 구오에서 군자는 찾거나 찾는 마음을 놓아 버리는 마음이 둘이 아니어서 모두 본성의 작용임을 파악한다. 이처럼 사효에서 시작된 순방향의 용심의 결과가 오효에 이르러서 비로소 나타난다.

64괘를 구성하는 각 중괘의 삼효와 사효에서 순역이 서로 바뀌는 변화가 잘 나타난다. 64괘 가운데서 삼효와 사효의 변화를 가장 잘 나타낸 괘는 중부괘中孚卦와 소과괘小過卦이다. 중부괘의 삼효와 사효에서 건도의 변화가 이루어지고 이에 따라서 동시에 성명性命이 각각 바르게 됨을 나타낸다. 이처럼 삼효에서 시작된 변變이 화化하여 사효에서 이루어지

---

180 『주역』풍택중부괘 육사, "九五는 有孚攣如면 无咎이리라."

고 그 결과가 오효에서 나타난다. 그러므로 오효에 이르면 이미 군자는 자신의 본래면목을 파악하게 된다. 그러면 왜 길吉하다고 하지 않고, 허물이 없다고 하였는가?

군자가 오효에서 자신의 본래면목을 파악하는 것은 올바른 삶을 살기 위한 시작이다. 이때 군자는 본성과 천도가 둘이 아닌 경계를 체험한다. 이러한 경지에서 보면 현상의 어떤 다양함도 둘이 아님을 알기에 생사生死, 유무有無, 선천과 후천, 천국과 지옥, 대인과 소인, 도道와 기器, 성性과 명命을 둘로 보지 않는다.

그러나 이처럼 본체의 경계에 머물면 그는 소인이 현상의 경지에 머물러 있는 것과 같이 본성, 도에 얽매여서 자유로운 삶을 살지 못한다. 그렇기 때문에 본체인 형이상의 경계에 머물지 않고 현상에서 자유로운 삶을 살고자 하는 뜻을 다시 가져야 한다. 그러면 상효에서 군자는 무엇을 느끼는가?

상구효의 효사에서 "상구는 나는 새의 소리가 하늘로 올라가니 바르더라도 흉凶하다."[181]라고 하였다. 이때 나는 새가 남긴 소리는 소과괘小過卦에서 나타내는 성인의 가르침, 경전의 내용을 가리킨다. 따라서 성인이 남긴 소리가 하늘로 올라감은 군자의 심성 내면에서 일체화하여 형이상의 본성과 둘이 아니게 자각하지 못하였음을 뜻한다. 그렇기 때문에 효사의 뒷부분에서 흉凶하다고 하였다. 그러면 왜 군자가 이미 오효에서 본성을 자각했음에도 불구하고 상효에서 아직 자각하지 못한 소인을 언급하는가?

중부괘의 상효는 중부괘 육효의 결론이다. 군자가 오효에서 이미 자신의 본래면목이 이것과 저것으로 구분하여 나타낼 수 있는 실체가 아니

---

181 『주역』 풍택중부괘 구사, "上九는 翰音이 登于天이니 貞하여 凶하도다."

라 시공을 초월하면서도 시공을 벗어나지 않는 존재임을 어느 순간에 파악한다. 그러면 이처럼 어느 순간에 자신의 본래면목을 파악함이 있는가?

어느 순간에 자신을 파악했다고 하여 본래면목이 과거에는 없었다가 지금 나타난 것이 아니다. 지금 비로소 본래면목을 파악했음(始覺)은 바로 본래 항상 나타나 있음(本覺)이다. 그렇기 때문에 지금 나의 본래면목을 파악해도 파악함이 없다(不覺).

군자가 상효에서 이르러서 비록 자신의 본래면목을 파악했지만 파악함이 없어서 불각과 본각, 시각이 둘이 아님을 파악하기 때문에 시각의 상태에 머물지 않고 불각의 상태에 머무는 소인을 시각始覺의 상태로 안내하는 것이 자신의 삶임을 알게 된다.

유학에서는 상효의 군자를 나타내어 천명을 자각한 지천명知天命이라고 말한다. 이때 천명은 천天이라는 실체적 존재가 내려 주는 뜻인 명령이 아니라 스스로 느끼는 자신의 역할이다. 그러므로 그것은 바른 삶의 방법인 정명正命이다. 따라서 지천명知天命은 지정명知正命이다.

상효에 이른 군자는 앞선 성인이 그러했듯이 상효에 머물지 않고 초효로 내려가서 소인들과 함께 산다. 그는 사람들로 하여금 자신이 어떤 존재이며, 어떻게 살아야 하는지를 안내한다. 이것을 괘의 관점에서 나타내어 종말에서 다시 시작하여 그침이 없는 천도의 작용이라고 한다. 지뢰복괘地雷復卦의 괘사에서는 종시가 시종으로 이어짐을 다음과 같이 밝힌다.

> 돌아옴이 형통하니 나아가고 들어옴에 허물이 없어서 벗이 와야 허물이 없다. 그 도를 반복하여 칠일에 돌아와서 반복하니 갈 바를 둠이 이롭다.[182]

---

182 『주역』 지뢰복괘 괘사, "復은 亨하니 出入에 无疾하야 朋來라야 无咎리라. 反復其道하야 七日에 來復하니 利有攸往이니라."

돌아옴은 형이상의 극단에 이르러 형이하로 방향을 바꾸고, 형이하의 극단에 이르러 다시 형이상을 향하여 방향을 바꾸는 순과 역의 변화를 나타낸다. 모든 중괘의 초효는 이미 상괘에서 하괘로의 종시변화를 바탕으로 시초에서 종말을 향하는 변화가 시작되는 시위이다.

초효가 이효, 삼효를 거쳐서 상효에 이르면 비로소 종말이 되어 다시 초효로 내려가기 때문에 그 도를 반복함이다. 육효의 관점에서 보면 상효에서 다시 초효로 내려감은 일곱 번째의 날과 같이 새로운 시위가 시작됨이다. 지뢰복괘의 단사에서는 괘사에 대하여 다음과 같이 말한다.

> 복復이 형통함은 강剛으로 되돌아옴이니 움직이되 천도天道에 순응하여 움직인다. 그러므로 출입에 잘못됨이 없어 벗이 찾아와서 허물이 없다. 그 도道를 반복하여 칠일七日에 돌아옴은 천도天道의 운행이고, 갈 바를 둠이 이로움은 강剛이 자라남이다. 복復에 그 천지의 마음을 볼 수 있구나![183]

복이 형통함은 유柔가 변하여 강剛으로 돌아옴이다. 그것은 순역의 측면에서는 역방향에서 움직임이 순방향으로 바뀜이다. 이것을 물건적 관점에서 나타내면 강剛이 돌아옴이다. 양이 변하여 음이 되었다가 다시 양으로 변함이 바로 양이 돌아옴이다. 이처럼 양이 음이 되고, 음이 양이 되는 것이 도의 반복이다. 따라서 반복은 도의 작용을 나타내는 개념이다.

도를 중괘를 중심으로 나타내면 초효에서 시작하여 상효를 거쳐서 다시 초효로 돌아온다. 이를 칠일七日에 처음으로 다시 돌아오는 칠일래복

---

[183] 『주역』 지뢰복괘 단사, "彖曰 復亨은 剛反이니 動而以順行이라 是以出入无疾朋來无咎이니라. 反復其道 七日來復은 天行也이오 利有攸往은 剛長也일세니 復에 見天地之心乎인져."

七日來復이라고 표현하였다. 이것이 바로 천도의 작용, 운행이다. 천도는 시작에서 끝에 이르러서 다시 새롭게 시작하는 작용(終則有始)을 한다.

천도의 반복적인 작용을 인사人事의 측면에서 나타내면 출입出入에 잘 못됨이 없어서 벗이 와도 허물이 없음이다. 벗이 옴은 음이 변하여 양이 되고, 양이 변하여 음이 됨을 나타낸다. 군자의 심성 내면에서 성인의 도가 자각됨 곧 본성의 자각이 벗과의 만남이다.

"벗이 있어서 먼 곳에 찾아오면 또한 즐겁지 않는가!"[184]라는 말은 성인의 관점에서 군자가 학문을 통하여 본성을 자각함이 바로 먼 곳에 있는 벗이 자신에게 찾아옴과 같음을 나타낸다. 학문을 통하여 수기하여 본성을 자각한 군자는 본성을 주체로 사는 대인의 삶이 천명임을 자각自覺한다.

그러나 천명을 자각한 군자는 수기를 통하여 자신의 안심입명安心立命에 머물지 않는다. 그는 다른 사람과 함께 살면서 그들을 대인의 삶으로 안내하는 것을 자신의 삶으로 여긴다. 괘사에서 가야 할 길을 두는 것이 이롭다는 것은 이를 나타낸다.

단사에서는 갈 바를 둠이 이로움은 강이 자라기 때문이라고 하여 칠일래복이 되었음을 나타내고 있다. 군자는 반복되는 천도의 작용을 통하여 천지의 마음을 자각한다. 계사에서는 "천지의 위대한 덕성은 생生이다."[185]라고 하여 천지의 본성이 천지의 생성으로 드러남을 밝히고 있다.

---

184 『논어』학이學而, "有朋이 自遠方來면 不亦樂乎아"
185 『주역』계사하편 제2장, "天地之大德曰生이오 聖人之大寶曰位니 何以守位오 曰仁이오 何以聚人고 曰財니 理財하며 正辭하며 禁民爲非曰義라."

3. 순역順逆을 통한 상하, 내외의 합일과 형이상적 삶

우리는 앞에서 뇌산소과괘를 통하여 형이하의 물리적 생명을 중심으로 사는 소인의 삶을 버리고 형이상의 본성을 주체로 사는 대인의 삶을 사는 일이 중부괘에서 밝히고 있는 용심법用心法에 의하여 이루어짐을 살펴보았다.

현상적 패러다임, 형이하적 패러다임에 의하여 형이하의 현상을 중심으로 주체와 객체를 분석하고, 다시 주체와 객체를 대상으로 끊임없이 분석하여 원자에 이르고, 원자를 구성하는 미립자에 이르는 과정을 통해서 드러나는 자연은 실재하지 않은 환상의 세계이다.

그러나 주역에서는 형이상적 패러다임에 의하여 과학, 인문학, 사회학과 같은 학문과 달리 학문과 삶을 구분하고, 주체와 객체를 구분하지 않고, 주객이 구분되기 이전의 경지에서 본성, 신이라는 근원을 드러낸다.

비록 주역이 형이상과 형이하를 구분하여 도와 기로 나누고, 도기를 지금 여기의 나를 중심으로 내외로 구분하여 양자가 둘이 아님을 순역을 통하여 나타내고자 하였지만 그럼에도 불구하고 물건적 관점에서 분합의 방법을 사용했기 때문에 우주, 생명, 삶 자체를 드러내지는 못하였다.

주역이 용심을 통하여 본성과 물리적 생명이 둘이 아님을 나타내는 소사를 성명합일性命合一로 나타내고, 운신을 통하여 사람, 사물, 세계와 함께하는 대사를 천인합일天人合一로 나타냈지만 모두 둘을 대상으로 한 합일이라는 점에서 분합의 방법을 벗어나지 않는다.

성과 명은 인간의 두 측면을 나타낸다. 성이 없는 명은 없고, 명이 없는 성은 없다. 그것은 만약 인간을 형이상의 본성과 형이하의 물리적 생명 또는 육신으로 구분하여 나타내는 순간 그것은 실재하지 않는 환상을 개념으로 나타낸 것에 불과함을 뜻한다. 그러면 성과 명을 구분하여 나타냄이 아무런 의미가 없는가?

주역의 64괘가 천도天道를 바탕으로 인도人道를 논하기 때문에 순역을 모두 언급하지만 효용爻用은 역방향에서 인도를 나타내고, 순방향에서 인도를 나타낸다. 그러므로 인간을 중심으로 내면으로 향하는 측면과 내면에서 다시 외면으로 향하는 내외가 중심이 되어 주역의 괘효사가 이루어진다.

주역에서 밝히는 인도人道는 지도地道의 관점에서 이루어진다. 그것은 공간적 관점에서 물건을 중심으로 도와 기를 논하고 성과 명을 논함을 통해서도 드러난다. 이처럼 물건적 관점에서 지도를 바탕으로 인도를 논하면 순과 역, 학문과 실천, 지知와 행行이 둘인가 아니면 하나인가의 문제가 발생한다.

도와 기, 성과 명, 지知와 행行이 하나인가 둘인가의 문제는 길흉吉凶이 나누어지는 기준이 된다. 변화하는 현상의 삶은 항상 둘이어서 하나가 아니다. 그러므로 변화의 근원인 하나를 찾지 않을 수 없다.

현상의 측면에서 현상의 근거인 하나를 찾을 때 드러나는 인간의 본성, 성품은 현상의 근원에 그칠 수 있다. 그것은 본성, 성품을 현상의 차원에서 선과 악, 옳음과 그름, 대인과 소인의 근원으로서의 이해할 수 있음을 뜻한다.

계사에서는 중천건괘와 중지곤괘가 나타내는 본성, 성품을 현상적 관점에서 태극太極으로 나타내고 있다. 이는 지금 여기의 나의 본성과 태극太極이 둘이 아님을 뜻한다. 그것은 계사에서 오로지 태극만을 언급하고 그것을 중괘가 나타내는 근원이라고 말하고 있기 때문에 태극이 바로 인극人極으로서의 본성일 뿐만 아니라 천지의 근원인 천극天極이라고 이해할 수 있음을 뜻한다.

태극을 중심으로 삼극三極을 이해하면 삼극은 인태극人太極, 천태극天太極, 지태극地太極[186]이다. 만약 인간의 본성과 하늘의 본성, 그리고 땅의 본성이 하나라면 왜 천도와 지도, 인도를 나누어서 서로 달리 나타내었을까? 그리고 왜 도를 삼재에 의하여 삼재의 도라고 나누어서 말하고, 다시 역도라고 하였을까?

비록 십익에서 변화의 근원을 태극으로 나타냈지만 서경에서 논하고 있는 것과 같이 황극皇極을 논하지 않을 수 없고, 이와 더불어 천도의 관점에서 무극無極을 논하지 않을 수 없다. 그것은 천도와 지도, 인도를 하나의 차원에서 이해하는 경우와 세 관점에서 나누어서 보는 것이 다름을 뜻한다. 그러면 주역에서 삼극의 도를 논하고, 삼재의 도를 논한 까닭이 무엇인가?

역도는 시간과 공간의 측면에서 이해할 수 있다. 십익에서 형이상의 도를 논하고 천도와 지도, 인도의 삼재의 도를 논한 까닭은 시간의 관점에서 사건을 중심으로 역도를 나타내어 천도로 규정하고, 공간의 관점에서 물건을 중심으로 역도를 나타내어 지도라고 말하며, 인간의 관점에서 사덕四德을 중심으로 인도로 나타내었기 때문이다. 그러면 삼재의 도의

186　주희, 『주역본의』 계사상편 제2장, "三極天地人之至理 三才各一太極也."

관계는 무엇인가?

천도와 지도는 체용體用의 관계이다. 천도는 시간성의 원리이며, 그것이 본체가 되어 이루어지는 작용을 나타내는 것이 지도이다. 지도는 한 마디로 나타내면 공간성의 원리이다. 주역에서 도를 나타내는 형이상자는 바로 공간성을 나타내며, 도는 지도이다. 따라서 천도와 지도는 체용의 관계이다.

중천건괘의 단사에서 주역의 64괘를 사건의 관점에서 나타내어서 천도를 근거로 지도에 바탕을 둔 인도가 형성됨을 밝히고 있다.

> 종시를 크게 밝혀서 (그것을 나타내는) 육효六爻가 때에 따라서 이루어진다. 때가 육용六龍을 타고 천天을 어거御車한다.[187]

종시는 천도인 시간성의 작용을 나타내고, 육효는 시종을 나타낸다. 그것은 계사에서 초효와 상효를 언급하면서 초효는 근본이자 시초이고, 상효는 지말이자 종말을 나타낸다고 함을 보아도 알 수 있다.

종시는 상괘에서 하괘를 통하여 나타내고, 시종은 내괘에서 외괘를 통하여 나타낸다. 그러므로 종시를 바탕으로 한 시종의 변화를 근본과 지말을 통하여 나타낸 것이 64괘이다. 이처럼 천도를 근거로 지도의 관점에서 인도를 나타내는 64괘가 구성되었음이 설괘에서도 논해진다.

옛날에 성인이 주역을 저작할 때 그윽이 신명神明에 참여하여 시초를 낳

---

187 『주역』계사하편 제9장, "易之爲書也는 原始要終하야 以爲質也코 六爻相雜은 唯其時物也라."

았으며, 삼천양지參天兩地를 수數에 의하여 나타내고, 음양의 변화를 보고 괘를 세웠으며, 강유로 발휘됨을 나타내어 효가 만들어졌다.[188]

신명은 형이상과 형이하, 불역과 변역을 비롯하여 어떤 분별도 없는 경계를 나타낸다. 그러므로 신명에 참여함은 신명에 통하여 그것을 나타내기 위하여 시초점으로 표현하는 역도를 나타내었음을 뜻한다. 따라서 시초점을 통하여 나타내는 경지는 신명이다. 그러면 신명의 경지는 어떻게 나타내는가?

인용문을 보면 삼천양지參天兩地의 구조를 수에 의하여 나타낸다. 삼천양지의 구조에 의한 수는 계사에서 밝히고 있는 천지의 수이다.

천지의 수는 기수奇數인 천수天數와 우수偶數인 지수地數로 구성된다. 삼천양지는 5를 기준으로 1, 3, 5와 2, 4를 가리킨다. 따라서 이면에는 삼지양천의 6, 8, 10과 7, 9의 두 수에 의하여 나머지 천지의 수가 구성된다. 그러면 천지의 수에 의하여 도상은 무엇인가?

천지의 수에 의하여 구성된 도상은 하도와 낙서이다. 비록 중국인들에 의하여 자신들의 지방을 중심으로 하도와 낙서라고 이름을 규정하였지만 물리적 현상을 중심으로 하도와 낙서를 이해하는 것은 형이하의 차원에 머물러서 현상을 이해함이다.

형이상의 관점에서 보면 하도와 낙서는 천도天道를 상징적으로 나타내는 도상이다. 그것은 하도가 형이상의 천도를 나타내는 동시에 형이하의 관점에서는 물리적 시간의 근거를 나타냄을 뜻한다.

---

188 『주역』 설괘 제1장, "昔者聖人之作易也애 幽贊於神明而生蓍하고 參天兩地而倚數하고 觀變於陰陽而立卦하고 發揮於剛柔而生爻하니"

다음 부분에서는 천도에 근거하여 인도를 나타내는 괘효卦爻를 언급하고 있다. 음양의 변화를 나타내기 위하여 괘를 세웠다고 하였다. 그리고 강유로 작용함을 나타내기 위하여 효를 만들었다고 하였다.

그러나 괘와 효는 둘이 아니다. 괘와 효를 둘로 나누어서 나타낸 까닭은 효가 나타내는 인도人道는 작용으로, 작용의 근거가 되는 본체가 괘卦임을 나타내기 위함이다. 그러므로 천도의 음양의 작용이 양효와 음효에 의하여 초효에서 상효에 이르는 여섯 효를 통하여 강유의 작용으로 표현된다.

그리고 강유라는 지도의 작용을 통하여 인도가 드러난다. 이처럼 괘효가 지도에 근거하여 인도를 밝히고 있기 때문에 인도의 내용을 오로지 태극을 중심으로 이해하면 그 전모가 드러나지 않는다. 그것이 바로 주역이 갖는 장점이자 한계이다. 그러면 태극을 중심한 인도가 어떤 한계를 갖는가?

64괘를 집약하여 나타내는 중천건괘와 중지곤괘를 중심으로 살펴보자. 중천건괘는 용심법을 중심으로 형이상의 본성을 나타낸다. 그리고 중지곤괘는 운신법을 중심으로 형이하의 물리적 생명을 나타낸다.

용심법에 의하여 자신이 어떤 존재인가를 파악하는 자아성찰이 이루어진다. 이때 자아성찰은 앎을 중심으로 이루어진다. 이처럼 학문을 통하여 자신의 본래면목을 찾아가는 일을 소사小事라고 말하고, 진덕進德이라고 말한다.

운신법을 통하여 어떻게 살 것인가의 삶의 방법이 논의된다. 따라서 운신법을 통해서는 앎을 실천하는 문제가 제시된다. 그것을 중지곤괘에서는 업業을 확충하는 광업廣業이라고 말하고, 대사大事라고 말한다.

그런데 마음과 몸이 둘이 아닐 뿐만 아니라 소사와 대사가 둘이 아니고, 앎과 실천이 둘이 아니다. 그럼에도 불구하고 역방향에서 마음을 중심으로 둘의 현상으로부터 하나의 근원을 찾아가는 지知를 논하고, 순방향에서 육신을 중심으로 하나의 본성으로부터 현상의 둘로 드러나는 행行을 논한다.

마음과 몸이 둘이 아닐 뿐만 아니라 순과 역, 지와 행이 둘이 아니기 때문에 둘로 나누어서 나타낼 때 양자를 하나로 하는 지행합일知行合一, 언행합일言行合一, 학행합일學行合一, 순역합일順逆合一과 같은 합일合一의 문제가 발생한다. 그것은 공자가 수기와 안인, 안백성을 중심으로 선지후행先知後行을 통하여 지행합일知行合一을 추구하는 것에서도 드러난다.

앎과 실천을 둘로 나누어서 인간의 삶을 논하는 구조는 주역을 연원으로 형성된 중국불교에서도 나타난다. 중국불교는 상구보리上求菩提와 하화중생下化衆生이 둘이 아닌 대승불교를 표방한다.

그러나 견성성불見性成佛의 상구보리가 중심이 되어 하화중생下化衆生의 실천, 제도의 문제는 뒷전이 되었다. 그것은 유가와 불가, 도가를 막론하고 역방향에서 지知에 치중함으로서 인仁의 측면이 사라졌음을 뜻한다.

오늘날에는 지식, 정보를 생산하는 주체와 속도 그리고 생산의 양이 과거와 비교할 수 없을 정도로 광범위하고, 빠르며, 많기 때문에 빅데이터라고 말한다. 현대인들에게 가장 필요한 것은 지식, 정보가 아니라 지식, 정보를 어떻게 선택하고 어떻게 활용할 것인가의 문제이다.

또한 A.I.에 의하여 생산되는 지식, 정보는 기존의 지식, 정보를 결합하여 재생산되기 때문에 의도적이거나 아니거나를 막론하고 거짓 정보, 지식이 많다. 그것을 어떻게 활용한 것인가는 거짓과 진실을 파악할 수 있는 지혜와 진실을 활용하여 모두를 이롭게 하려는 자비, 인이 있어야 한다.

오늘날 인류 사회에서 거짓 정보를 악용하여 사람들을 선동하여 패거리를 만들어서 자신의 이득을 추구하는 독재자獨裁者들이 국가의 지도자가 되어 전쟁을 일으키고 국민들을 고통에 빠뜨린다.

그리고 정치인들은 편 가르기를 통하여 자신의 이익을 추구하며, 그들과 부화뇌동附和雷同하여 이익을 추구하는 사람들이 패거리를 이루어서 활개를 치고 있다.

오늘날 인류는 자신과 남, 자신과 집단을 둘로 보지 않는 자비悲悲, 인仁에 의한 공감능력이 절실하게 필요하다. 그것은 의식적으로 구하고자 하면 구해지고, 얻고자 하면 얻어지지 않는다. 오로지 자신의 본래면목을 자각하였을 때 비로소 나타난다.

주역의 중천건괘와 중지곤괘를 보면 중천건괘에서 용심을 통하여 군자가 자신의 본래면목을 찾을 것을 제시하고, 중지곤괘를 통하여 본래면목으로 살아가는 실천을 논한다. 이때 자신의 본래면목을 찾는 일이 인仁으로부터 출발함을 밝히고 있다.

주역에서는 철저하게 역도를 인예의지仁禮義知의 사덕四德을 중심으로 전개하고 있다. 중천건괘의 초효에서는 지知를 제시하고 있다. 그렇기 때문에 초효에서 오효에 이르는 과정이 모두 지성知性을 중심으로 본성에 이르는 과정이다. 그리고 상효에 이르면 지정명, 지천명하여 인仁에 이른다.

오효에서 지성을 자각한 후에 상효에서 지정명知正命하는 동시에 인성仁性을 자각함은 바로 지성知性에 머물지 않을 때 비로소 이면의 인성이 드러남을 뜻한다. 이처럼 인仁과 지知가 둘이 아니기 때문에 초효에서 입지가 가능한 것도 인성이 바탕이 되고, 상효에서 지성이 드러나는 동시에 인성이 드러나는 것도 양자가 둘이 아니기 때문이다.

상효에서 인성을 자각한 군자는 본래의 자리로 돌아와서 자신의 삶을 산다. 그것을 나타내는 괘가 중지곤괘이다. 중지곤괘는 인仁을 바탕으로 한 지혜의 활용을 나타낸다. 다만 중천건괘가 용심用心을 중심으로 나타낸 것과 달리 중지곤괘에서는 운신運身을 중심으로 나타냄이 서로 다르다.

중지곤괘의 초효에서는 나와 남, 나와 세계가 둘이 아닌 인성을 바탕으로 현상에서 그를 그로 대하고, 그것을 그것으로 대하는 운신을 논한다. 그렇기 때문에 중지곤괘의 초효에서 비로소 선善과 불선不善을 논한다.

선과 불선은 선악善惡과는 다르다. 선악善惡은 양립이 불가능한 모순 관계이다. 선을 보존하기 위해서는 악을 제거해야 하여 양자가 함께 존재할 수 없다. 그러나 불선은 아직은 선이 아니지만 선으로 변화할 수 있음을 나타낸다. 불선은 인에 바탕한 지혜로 변화시켜야 할 대상일 뿐으로 제거할 대상이 아니다. 대인과 도와 소인의 도를 비롯하여 시是와 비非 역시 양립이 불가능한 관계가 아니다. 그러면 선과 불선을 논하는 군자는 어떤가?

이효에서는 유위와 무위를 논하여 양자가 둘이 아님을 밝히고 있다. 선善과 불선不善을 논하는 것은 유위有爲이지만 그것이 그대로 무위無爲이다. 노자가 언급한 것처럼 "함이 없이 하지 않음이 없음"[189]이며, 금강경에서 말하는 "머무는 바가 없이 마음을 냄"[190]이다. 그러므로 "익히지

---

189 『노자』 제37장, "道常無爲而無不爲"
190 『금강반야바라밀경』 1권(ABC, K0014 v5, p.986c20), "應無所住而生其心"

않아도 이롭지 않음이 없다."¹⁹¹라고 하였다. 그것은 후대의 선사들이 말하는 닦음이 없는 닦음¹⁹²이다. 이처럼 유위와 무위, 선과 불선이 둘이 아닌 본성이 현상에서 유위와 무위, 선과 불선으로 나타난다.

삼효에서는 천도天道와 지도地道, 부도夫道와 처도妻道, 군도君道와 신도臣道를 나눈다. 천지天地, 부처夫妻, 군신君臣은 현상에 매 순간 다양하게 드러나는 한순간의 모습일 뿐이다. 이는 천지, 부처, 군신으로 구분하여 나타낼 수 없는 도道가 현상에서 다양하게 드러남을 보여 준다. 그러므로 도는 역도이고, 변화의 도라고 말한다.

사효에서는 천지의 변화와 인간의 변화를 구분하여 나타낸다. 천지가 변화하면 초목이 번성하고 현인이 세상에서 활동을 하지만 천지가 폐색되어 소통하지 않아서 초목이 번성하지 않으면 현인이 숨는다고 하였다.

천지가 변화한 후의 경계는 후천이다. 후천의 경계는 천지와 만물이 서로 소통하는 세계로 지천태괘地天泰卦로 표현된다. 이와 달리 천지가 폐색된 경지는 선천이다. 선천의 경계는 천지와 만물이 막혀서 소통이 되지 않는 세계로 천지비괘天地否卦로 표현된다.

그런데 천지가 폐색된 선천의 시대라고 하여 현인이 숨고, 천지가 변화하여 후천의 시대가 되었다고 하여 현인이 활동한다면 그는 천지의 노예이다.

인간이 오로지 천지의 부속품과 같고, 천지에 종속된 노예와 같다면 결코 인간의 삶이 자유로울 수 없을 뿐만 아니라 인간의 삶이 천지와 평등하다고 할 수 없다.

---

191 『주역』 중지곤괘 육이 효사, "六二는 直方大라 不習이라도 无不利하니라."
192 『종경록』 20권(ABC, K1499 v44, p.111a26), "不修之修"

불교학자들이 유학을 비판하는 가장 근본적인 문제는 바로 천명天命이다. 그들은 유학을 천명天命이라는 운명의 덫에 걸려 벗어나지 못한 저차원적이고, 형이상의 도가 없는 일종의 처세술이라고 비판한다. 그러면 유학을 창시한 공자가 그랬는가?

공자는 시대적인 상황에 따라서 때가 어려우면 현상에서 물러나서 자신의 안일을 추구하는 도가의 사람들이 자신을 비판하자 도가 행해지지 않을 것을 알면서도 도를 논한다고 하였다. 그러면서 그는 자신이 인간의 삶을 떠나서 어디로 가겠느냐고 되물었다.

불교가 중국에 들어와서 대승불교가 중심이 되고, 선불교가 중심이 될 수 있었던 토양은 바로 공맹의 유학이다. 공자는 지옥의 고통을 피하고, 무명의 번뇌를 벗어나서 열반에 이르고, 이곳을 떠나서 다른 곳에서 천국을 찾으며, 나를 떠나서 다른 이상적인 부처나 구세주를 찾지 않는다.

유학에서 제시한 군자가 모델이 되어 중국불교의 보살사상이 형성될 수 있었다. 그럼에도 불구하고 오늘날 유학을 연구하는 학자들은 아직도 성리학자들의 이단과 정통을 구분하는 사유에서 벗어나지 못하고 불교, 도가, 도교를 이단이라고 멀리한다.

『중용』에서는 "도라는 것은 잠시도 떨어질 수 없으니 떨어질 수 있다면 도가 아니다."[193]라고 하였다. 도가 바로 나의 본래면목인 성품이다. 그렇기 때문에 지금 여기의 나를 떠나서 도라는 것을 찾을 수 없다.

오효에서는 인간의 본성을 통하여 천도가 용심으로 드러나고 운신으로 나타남을 밝히고 있다. 대인, 군자는 중천건괘의 오효에서 이미 맹자

---

193   주희.『중용장구』경1장, "道也者 不可須臾離也 可離非道也"

가 말한 "마음을 다하여 성품을 알고, 성품을 알면 곧 천도를 안다."[194]라는 경지에 이른다. 이처럼 중천건괘가 나타내는 내용은 "사람을 알아야 비로소 지혜로워짐"[195]을 나타낸다.

그런데 비록 오효에서 하늘을 나는 용처럼 본성을 주체로 자유롭게 살 수 있는 지혜의 문에 들어갔지만 그 상태에 머물러서는 안 된다. 마음과 몸이 둘이 아니기 때문에 오효에서 자신의 본래면목을 파악한 사람은 본래면목이나 성품, 도, 신이라는 경계에도 머물지 않는다. 만약 성품, 도, 신의 경계에 머물러서 얽매이면 그 사람은 여전히 현상의 사물에 얽매이는 소인의 삶과 다르지 않다.

중천건괘의 상효에서 "지나친 용이 후회함이 있다."[196]라고 말함은 바로 오효에서 자신의 본래면목을 파악한 사람이 상효가 나타내는 경지에 이르지만 설사 상효의 경계라고 할지라도 결코 머물러서는 안 됨을 나타낸다.

오효를 거쳐서 상효에 이른 대인, 군자가 상효에 머물 수 없는 까닭은 상효에 이르면 비로소 마음의 관점에서 앎의 문제에 머물지 않고 몸을 통한 실천이 바로 대인, 군자의 삶임을 파악하기 때문이다.

대인, 군자는 상효에 이르러서 앎이 반드시 실천으로 드러나지 않으면 앎이 앎일 수 없음을 자각自覺한다. 이처럼 대인, 군자는 천과 인간이 둘이 아님을 알고 둘이 아니게 살아감이 바른 삶인 정명正命임을 파악한다. 설괘에서는 대인, 군자가 정명正命을 파악하는 지천명知天命을 지명至命으로 나타내고 있다.

---

194 『맹자』 진심장구상盡心章句上, "孟子曰 盡其心者, 知其性也. 知其性, 則知天矣."
195 『서경』 고요모皐陶謨, "知人則哲 能官人 安民則惠 黎民懷之 能哲而惠"
196 『주역』 중천건괘 상구 효사, "亢龍有悔"

대인, 군자가 상효에 이르면 상효에 머물지 않고 초효로 내려간다. 그것은 마치 천도를 씨로 심어서 인도로 싹이 트도록 하는 일이라고 할 수 있다. "진실로 사람이 아니면 도가 헛되이 행해지지 않는다."[197] 왜냐하면 비록 천지와 인간이 둘이 아니지만 둘이 아닌 경계는 언제나 하나가 아닌 현상으로 나타날 뿐만 아니라 "하늘의 일을 인간이 대신하기"[198] 때문이다. 그러면 다시 중지곤괘의 오효로 돌아가서 살펴보자.

중지곤괘의 오효에서는 대인, 군자가 관청에서 관복을 입고 천하를 다스리는 일을 통하여 대인의 도를 나타내고 있다. 그것은 대사大事를 중심으로 인류와 더불어 사는 삶이 바로 대인, 군자의 바른 삶임을 뜻한다.

비록 오효에서 대인, 군자의 삶을 살지라도 그것에 얽매여서는 안 된다. 그렇기 때문에 중지곤괘의 상효에 이르면 대인, 군자의 삶에도 머물지 말고, 끝없는 실천을 강조하고 있다. 중지곤괘의 상육 효사에서는 "용이 들판에서 싸우니 그 피가 검고 누렇다."[199]라고 하였다.

중지곤괘의 상육 효사는 중천건괘 상효의 내용을 소인의 관점에서 나타내고 있다. 그것은 바로 앎과 행으로 구분해서 보면 앎이 행으로 드러나서 양자가 둘이 아님을 나타낸다. 상효에서는 음과 양, 용과 용이 아닌 이무기를 구분하여 나타내고 있다.

사덕의 관점에서 중지곤괘 상효의 내용은 다음과 같이 이해할 수 있다. 중지곤괘의 상육 효사는 인仁을 바탕으로 지혜로 드러남이 생명 현상이자 운신의 방법임을 뜻한다.

---

197 『주역』 계사하편 제8장, "苟非其人이면 道不虛行하나니라."
198 『서경』 고요모皐陶謨, "天工人其代之."
199 『주역』 중지곤괘重地坤卦, "上六은 龍戰于野하니 其血이 玄黃이로다."

중천건괘의 관점에서 보면 지知를 바탕으로 인仁에 이르지만 중지곤괘의 관점에서 보면 인仁을 바탕으로 지知를 활용한다. 따라서 역방향의 수기, 학문은 인仁에 이름이고, 순방향의 제도, 실천은 지知를 활용함이다.

주역에서는 인仁과 지知를 둘로 나누어서 나타내지 않는다. 그것은 인仁이 바탕이 되면 지知가 작용하고, 지知가 바탕이 되면 인仁으로 작용하여 양자가 둘이 아님을 나타낸다. 계사繫辭에서 인간의 본성을 인仁과 지知를 중심으로 다음과 같이 나타낸다.

> 어진 사람이 성품을 보면 인仁이라고 말하고, 지혜로운 사람이 성품을 보면 지知라고 말하며, 백성들을 날마다 하여도 모른다. 그러므로 군자의 도가 드물다. 인仁에서 드러나고, 용用에서 감추어진다. 만물을 고동鼓動시키지만 성인과 함께 근심하지 않으니 성대한 덕과 위대한 사업이 지극하다.[200]

위의 내용은 군자의 도를 통하여 인도를 나타내고 있다. 사람의 성품은 언어로 나타낼 수 없다. 그러므로 성인은 지知라고 말하고, 군자는 인仁이라고 말한다. 성인과 군자는 성품을 알고 쓰며 말하지만 백성들은 날마다 쓰면서도 알지 못한다.

군자의 도는 인仁에서 드러나고, 작용의 결과로 드러나는 본체는 드러나지 않는다. 그것은 지知를 본체로 인仁으로 작용하기 때문에 인仁에서 드러나지만 본체인 지知가 드러나지 않음을 뜻한다.

성인은 과거적 존재로 미래의 군자의 세상을 대하기 때문에 우환의 마

---

200 『주역』 계사상편 제5장, "一陰一陽之謂道니 繼之者善也오 成之者性也라. 仁者見之애 謂之仁하며 知者見之애 謂之知오 百姓은 日用而不知라 故로 君子之道鮮矣니라."

음이 있다. 그러나 군자는 과거의 성인이 밝힌 인도를 실천하기 때문에 성인과 같이 우환을 갖지 않는다. 이는 과거와 미래가 둘이 아닌 현재로 드러남을 뜻한다. 그러면 주역에서는 왜 원형이정元亨利貞의 사상四象과 인예의지仁禮義知의 사덕四德을 논하는가?

원형이정과 인예의지는 본성의 작용이 현상에서 드러나는 순방향에서 괘사를 나타내었기 때문이다. 이처럼 순방향에서 논의된 괘사가 바탕이 되기 때문에 효용을 나타내는 효사는 역방향에서 지를 바탕으로 출발하여 인에 이른다.

원형이정을 사건의 관점에서 생주이멸生住異滅로 이해하면 멸滅로부터 시작하여 이異, 주住, 생生의 방향으로 합일하여 건乾에 이른다. 그것은 초효에서 지知를 바탕으로 출발하여 상효에서 인仁에 이르는 과정과 같다. 그러면 원형이정과 인예의지의 사덕이 둘인가?

중천건괘의 문언에서는 천도의 사상을 논한 까닭이 군자가 사덕을 행함을 나타내기 위함이라고 하였다. 그것은 원형이정과 인예의지의 사덕이 둘이 아님을 뜻한다. 그러므로 원형이정과 정이형원貞利亨元의 어느 방향에서 이해하느냐를 막론하고 둘이 아니다. 그러면 주역의 한계는 무엇인가?

주역에서는 물건적 관점에서 세계를 형이상과 형이하의 둘로 나누고 다시 도를 천도와 지도, 인도로 나누며, 기器 역시 천지인의 셋으로 나누었다. 이처럼 천지의 삼재 가운데 인간 역시 형이상의 성품, 본성과 형이하의 물리적 생명으로 구분하였다.

형이상과 형이하를 구분하였기 때문에 순과 역을 구분하지 않을 수 없다. 이를 인간에 적용하였을 때 역방향에서 수도, 수행, 수기를 논하고,

순방향에서 제도, 실천을 논하지 않을 수 없다.

그런데 형이상과 형이하를 구분하는 순간 양자의 관계가 문제가 되어 순과 역이 양립할 수 없는 모순을 유발한다. 마찬가지로 인간에 도와 기, 순과 역을 바탕으로 분합을 적용하여 수도와 제도를 논하는 순간 양자가 양립할 수 없는 논리적인 모순이 발생한다.

인간의 삶은 매 순간 수도와 제도가 함께 이루어진다. 그것은 형이상의 도와 형이하의 기가 삶의 매 순간에 둘로 나누어지지 않음을 뜻한다. 도와 기를 나누고, 성과 명을 나누어서 순과 역을 통하여 양자의 관계를 순과 역으로 나타내는 순간 양자가 양립할 수 없다. 그러면 문제는 어디에서 발생하는가?

도와 기, 성과 명, 순과 역이라는 개념이 지금 여기의 나와 별개의 대상으로 존재한다는 실체적 세계관을 바탕으로 하지 않으면 도와 기, 성과 명, 순과 역과 같은 언어와 문제는 물론 괘효, 수와 같은 도구를 활용하여 역도를 나타낼 수 없다. 그러면 이 문제를 어떻게 해결할 수 있는가?

첫째는 주체인 인간과 객체인 천지의 삼재가 실재하고, 역도가 실재한다는 사고에서 벗어나야 한다. 이처럼 주체와 객체를 구분하여 보는 이분법적인 사유구조, 논리구조는 의식에 의하여 이루어지는 분별 작용의 결과이다. 따라서 의식에 의하여 학문을 해서는 안 된다.

주체와 객체를 벗어나기 위해서는 주체와 객체를 구분하기 이전의 양자가 둘이 아닌 본성을 주체로 하지 않을 수 없다. 물론 이때의 본성이라는 개념은 실체를 가리키지 않는다. 그것은 일종의 경지, 경계를 가리키는 개념이다.

둘째는 물건적 실체를 대상으로 하는 분합의 학문 방법을 버리고 생성의 학문 방법을 사용해야 한다. 주체와 객체라는 실체가 없고, 양자의 상호 작용에 의하여 일어나는 사건의 연속, 변화의 연속이 세계의 실상이다. 따라서 물건적 관점에서 입자를 대상으로 분합하는 학문의 방법으로는 실상의 경지를 밝힐 수 없다.

셋째는 물건적 관점을 버리는 것은 동시에 사건적 관점을 버리는 것이다. 그것은 역방향에서 앎과 모름을 구분하여 모름의 상태에서 관찰과 실험을 통하여 앎에 이르는 것이 학문이 아니라 앎이 없음의 무지無知에서 출발하여 앎과 모름으로 나타내는 방법이다. 이처럼 순방향에서 출발하여 역방향에서 이루어지는 생성을 바탕으로 역방향에서 출발하여 순방향에 이르는 방향의 전환이 이루어져야 한다.

넷째는 생성은 과거와 미래를 구분하여 현재를 중심으로 전개되는 세 요소에 의하여 나타낼 수 있다. 그러므로 주역의 물건적 관점에서 이루어지는 이원론적 사고를 벗어나기 위해서는 생장성의 구조에 의한 삼원론적 논리구조에 의하여 학문을 해야 한다.

삼원론적 논리구조를 철학적인 개념으로 나타내면 본체와 작용 그리고 현상이다. 이 세 요소의 관계를 통하여 매 순간 이루어지는 생성의 연속, 사건의 연속, 사태의 연속을 통하여 본체와 작용 그리고 현상을 나타낼 수 있다. 그러면 주역의 내용이 어떻게 드러나는가?

비록 순과 역을 구분하고, 중천건괘와 중지곤괘를 구분하여 나타내지만 순과 역이라는 실체가 지금 여기의 나를 떠나서 있지 않으며, 중천건괘와 중지곤괘가 나타내는 성명의 이치가 지금 여기의 나를 떠나서 있지 않다.

사덕 역시 그렇다. 인과 지 그리고 그것을 바탕으로 작용하는 예와 의가 매 순간의 삶 가운데서 항상 드러난다. 건도가 변화하는 선후천 변화와 인간의 성명이 바르게 되는 각정성명各正性命은 건도가 변화하여 비로소 각각의 성명이 바르게 되는 장차 일어나야 할 미래적 사건이나 이미 일어난 과거적 사건이 아니라 지금 여기에서 항상 일어나는 현재적 사건이다.

그러나 주역은 세계를 사건의 관점에서 불역不易과 변역變易으로 구분하고, 종시와 시종으로 나누며, 물건적 관점에서 근본과 지말을 구분하여 형이상과 형이하, 도道와 기器를 나누며, 인간의 관점에서 성과 명을 나누고, 용심과 운신을 나누어서 나타내었기 때문에 양자가 현상의 관점에서는 하나가 아니지만 본체의 관점에서는 둘이 아니라고 표현할 수밖에 없다.

지금 여기의 나를 중시하는 물건적 관점에서 보면 중국사상을 잘 나타내고 있는 주역은 중국유가, 중국불가, 중국도교의 연원이라고 하지 않을 수 없다. 지금 여기의 나와 지금 여기의 삶에 집중하기 때문에 의식과 마음, 육신과 생명을 착각하고, 물리物理인 태극太極과 성리性理인 황극皇極을 착각할 수 있다.

태극을 알고 황극을 모르면 한 쪽 눈을 가진 사람이고, 태극을 알고 황극을 알아서 활용할 줄 아는 사람은 한 단계 진보한 사람이며, 황극을 알고 무극을 알아서 황극에 얽매이지 않는 사람은 활용을 하면서도 활용을 모르는 사람이다.

그러나 무극마저도 얽매이지 않는 사람이라야 본체와 작용을 넘어서 자유자재한 사람이다. 그는 무엇이라고 말을 해도 어긋나는 동시에 무엇이라고 말하여도 합당하다.

진정한 의미의 군자는 어느 하나의 틀로 나타낼 수 없어서 "군자는 그릇처럼 한정하여 나타낼 수 없다."[201]라고 말한다. 그러면 이 말이 군자라는 실체적 존재의 특성을 나타내는가?

도와 기, 성과 명, 순과 역이라는 개념들이 지금 여기의 나와 다를 별개의 세계를 나타내는 개념들이 아니듯이 군자라는 개념도 매 순간에 다양하게 드러나는 삶의 관점, 현상의 관점에서 인간을 기술한 것에 불과하다.

군자나 성인 그리고 성인과 군자를 논하는 나라는 실체적 존재는 없다. 단지 매 순간 다양하게 드러나고, 사라짐으로써 드러나도 드러남이 없고, 사라져도 사라짐이 없는 사건의 연속이 있을 뿐이다. 따라서 물건적 관점에서 이것과 저것을 나누어서 양자가 둘이 아니면서도 하나가 아님을 통하여 나타냈던 방법과 다른 방법, 다른 관점에서 인간과 세계를 이해하는 일이 필요하다. 그러면 주역이 한계가 있다는 말인가?

주역이 저작되어야 할 필요는 인간이 시공의 형이하의 차원, 물질적 경계, 물건적 경계에서 벗어나지 못하고, 육신에 갇혀서 의식을 벗어나지 못하기 때문이다. 그것은 마치 병 속에 갇힌 새와 같아서 아무리 새가 몸을 키워서 자유롭게 날고자 하여도 벗어나지 못하는 것과 같다.

병은 육신을 가리킨다. 사람들은 육신을 자신으로 여기고, 육신의 기능인 의식이라는 새에 의하여 분합하고 궁리하여 몸집을 키우고 의식을 확대한다. 비록 그들이 우주 의식을 가질지라도 여전히 우주라는 틀을 벗어나지 못한다.

그럼에도 불구하고 사람들은 끊임없이 병 속의 새처럼 생각하고 또 생

---

201 『논어』위정爲政, "子曰 君子不器"

각하여 그것을 언어와 수, 도식, 도상과 같은 기호로 나타내면서 병 속에서 또다시 수많은 틀을 만들어서 그 안에 숨는다.

주역의 저자는 밖으로 달려 나가는 의식이 아무리 멀리 달려가서 우주 끝까지 가도 역시 물질인 육신이라는 가죽 주머니 안을 벗어나지 못함을 알려 준다. 그리고 허공을 나는 새처럼 자유로워지려면 병을 벗어나서 마음의 경계에 이르고 마음을 통하여 마음으로 드러나기 이전의 본성, 도를 자각하라고 말한다.

허공을 나는 새처럼 자유로운 삶을 사는 것은 두 번째의 문제이다. 만약 인간이 자신의 본래면목이 항상 변화할 수 있는 고정된 실체가 아님을 알면 그 후의 삶은 저절로 이루어지기 때문이다. 그러면 우리는 주역의 괘효와 괘효사를 어떻게 이해할 것인가?

주역의 저자는 괘효와 괘효사를 통하여 그것을 읽고 공부하는 사람들이 자기 자신의 본래면목을 파악하기를 원했다. 그것이 바로 성명의 이치에 순응함[202]이고, 매 순간에 마음의 다양한 작용으로 나타나는 성품이 도의의 경지에 나아가는 문[203]이라고 말한 뜻이다.

만약 주역의 괘효와 괘효사, 십익을 대하는 사람이 괘효와 괘효사, 십익에 얽매여서 벗어나지 못하면 그것은 육신에 또 하나의 틀을 만들어서 그 속에 들어가는 것과 같고, 병 속의 새가 다시 또 하나의 작은 병을 만들어서 그 속에 들어가는 것과 같다.

주역의 모든 중괘는 언제나 초효에서 시작하여 상효에서 끝나지만 상

---

202   『주역』설괘 제2장, "昔者聖人之作易也는 將以順性命之理니"
203   『주역』계사상편 제7장, "天地設位어든 而易이 行乎其中矣니 成性存存이 道義之門이라."

효는 초효로 다시 돌아와서 새로운 초효로 시작한다. 그것이 기제괘와 미제괘로 주역을 마치는 이유이다.

중천건괘와 중지곤괘에서 형이상의 본성과 그것을 바탕으로 이루어지는 삶을 나타내지만 중부괘와 소과괘를 통하여 모두 마음의 문제임을 나타내고, 그 결과를 현상에서 고통스러운 삶, 병속의 새와 같은 삶을 사는 천지비괘와 소통하는 자유자재한 삶을 나타내는 지천태괘로 나타내며, 산택손괘와 풍뢰익괘를 통하여 마음을 쓰는 용심이 형이상과 형이하의 연기에 의하여 현상으로 드러남을 나타내고, 그것이 인간의 사회적 관계를 형성함을 택산함괘와 풍뢰익괘를 나타내는 것처럼 주역의 64괘는 하나이다.

64괘를 모으면 중천건괘와 중지곤괘로 집약할 수도 있고, 기제미제괘로 집약할 수도 있으며, 비태否泰, 손익損益, 함항咸恒으로 집약할 수도 있다. 그리고 이 두 괘는 하나의 태극으로 집약되며, 태극은 결국 지금 여기의 마음으로 수렴된다.

주역을 연원으로 한 중국사상의 특징은 유가와 불가, 도가에서 서로 다르게 나타난다. 선불교禪佛敎에서는 밖으로 향하는 마음을 안으로 돌려서 내면의 나 아닌 나, 참나, 본성을 자각하는 반문문자성反聞聞自性[204]을 강조한다.

선사들이 불법을 묻는 제자들에게 던지는 "똥을 닦는 마른 막대기이

---

[204] 『대불정여래밀인수증요의제보살만행수능엄경』 6권(ABC, K0426 v13, p.830a23). "反聞聞自性 性成無上道 圓通實如是"

다(乾屎橛)."²⁰⁵, "북을 칠 줄 안다(解打鼓)."²⁰⁶, "차나 마시고 가라(喫茶去)."²⁰⁷, "뜰 앞의 잣나무(庭前柏樹子)"²⁰⁸는 사물이나 불법이라는 글자의 의미, 뜻을 가리키지 않는다.

선사들이 "영리한 사냥개는 흙덩이를 물고, 사자는 흙덩이를 던지는 사람의 손을 문다."²⁰⁹라고 말함은 바로 말과 글을 따라가지 말고 그것을 말하는 사람의 뜻이 무엇인가를 파악하라는 말이다.

주역을 읽고 연구하는 사람 역시 주역의 괘효, 괘효사, 십익에 끌려가고, 그것들에 대한 수많은 사람들의 연구 내용을 따라가면 흙덩이를 고기로 알고 남보다 먼저 뛰어가서 무는 영리한 사냥개와 같다.

사냥개가 아무리 영리해도 영성靈性이 없으면 독수리가 이미 잡아간 토끼의 냄새를 맡으면서 이리저리 돌아다니는 것²¹⁰과 같다. 그러므로 주역을 보면서도 보는 일에 머물지 말고 더불어 주역을 보는 마음을 보고, 마음을 보면서도 마음을 봄에 머물지 말고, 마음으로 드러나기 이전

---

205 『선문염송집』25권(ABC, K1505 v46, p.408a12), "雲門因僧問 如何是佛 師云 乾屎橛"
206 『선문염송집』26권(ABC, K1505 v46, p.432b09-b12), "僧問 如何是眞 師云 解打鼓 問 如何是眞諦 師云 解打鼓 問 卽心卽佛卽不問 如何是非心非佛 師云 解打鼓"
207 『선문염송집』11권(ABC, K1505 v46, p.175a09-a12), "趙州問僧 曾到此閒否 僧云 曾到 師云 喫茶去 又問僧 曾到此閒否 僧云 不曾到 師云 喫茶去 院主問 爲什麼 曾到也 敎伊喫茶去 不曾到也敎伊喫茶去 師召院主 主應喏 師云 喫茶去"
208 『선문염송집』11권(ABC, K1505 v46, p.184a08-a10), "趙州因僧問 如何是祖師西來意 師云 庭前柏樹子 僧云 和尚莫將境示人 "師云 我不將境示人 僧云 如何是祖師西來意 師云庭前柏樹子"
209 『선문염송·염송설화회본拈頌說話會本』12권(ABC, K1505 v46, p.200b19), "師子咬人 韓獹逐塊"
210 『선문염송·염송설화회본拈頌說話會本』11권(ABC, H0076 v5, p.354a12-a14), "兔橫身當古路 蒼鷹一見便生擒 後來獵犬無靈性 空向枯椿舊處尋."

의 본성을 보아야 한다. 그러면 구체적으로 주역을 이해하는 방법, 학문하는 방법이 무엇인가?

　주역은 크게 괘효와 괘효사로 구분할 수 있다. 그러나 효는 괘의 구성요소이기 때문에 괘에 포함되며, 괘효사 가운데서 괘사는 효사의 전체이고, 효사는 괘사를 구성하는 요소이다. 그렇기 때문에 주역은 크게 괘상을 중심으로 이해하고, 효사를 중심으로 이해야 한다. 그러면 괘상과 효사를 어떻게 이해할 것인가?

　과거의 주역을 이해했던 학자들은 언사 중심의 의리학파와 괘상 중심의 상수학파로 구분하는 것이 일리는 있지만 정확한 파악은 아니다. 왜냐하면 양자는 별개의 것이 아니라 일체의 두 측면이기 때문이다. 그러면 양자를 어떻게 이해할 것인가?

　주역은 역방향에서 시작해서 순방향에 이르는 구조로 이해해야 하다. 먼저 효사를 통하여 64괘의 각 효가 나타내는 육효를 이해해야 안다. 효사는 크게 길흉으로 구분하여 길을 대인, 성인, 군자의 도로 나타내고, 흉을 소인의 도로 나타낸다. 그러면 이러한 효사를 통하여 무엇을 파악해야 하는가?

　길과 흉, 대인과 소인, 성과 명, 도와 기로 구분하는 경계는 물건적 경지이다. 그리고 이러한 이분법적인 분별의 근저에는 마음이 있다. 따라서 효사를 통하여 마음을 파악해야 한다.

　그것은 효사가 나타내는 이름(名)과 이름이 나타내는 모습(相) 그리고 개념과 개념을 연결하여 구성된 문장, 문장과 문장이 연결하여 형성된 글을 따라가지 말고 명상으로 드러나기 이전의 마음을 파악해야 함을 뜻한다.

효사에서는 현상의 다양함 모습을 길과 흉이라는 둘로 나타냈다. 그리고 이 길과 흉이 고정된 실체가 아니라 길이 흉으로 변하고, 흉이 길로 변한다고 하였다. 이처럼 길과 흉으로 변화하는 모습으로 나타내는 것이 바로 생명이다. 따라서 변화하는 현상의 근저에 변화하지 않은 실체로서의 명命이 있음을 파악해야 한다. 그러면 명命이라는 실체가 있는가?

현상에서 희로애락을 비롯하여 다양한 감정을 나타내고, 수많은 언행으로 나타나는 생명은 공간적 물건이 아니라 물건의 차원을 넘어선 형이상적 존재인 본성의 드러남이다. 본성은 현상의 물건이 변화하는 모습에서 찾을 수 없다. 본성은 변화의 현상을 넘어선 형이상적 차원에서 찾을 수 있다.

물건의 변화하는 다양한 모습을 넘어서는 일은 오로지 마음에 의하여 이루어진다. 마음의 작용인 앎에 의하여 형이하의 현상으로부터 형이상의 근원에 이를 수 있다. 형이상의 근원인 본성은 괘상을 통하여 파악할 수 있다. 그러면 괘상을 통하여 어떻게 이해할 것인가?

앞에서 살펴보았던 풍택중부괘를 보자. 상괘는 손괘이며, 하괘는 태괘이다. 중부괘는 형이상의 근원을 나타내는 중中과 작용을 나타내는 부孚가 하나가 되어 형성된 개념이다.

이때 효사는 내괘로부터 시작하여 외괘에 이르는 역방향의 변화를 나타내고, 괘상은 상괘에서 하괘에 이르는 순방향의 변화를 나타낸다.

역방향에서 보면 내괘인 태괘가 나타내는 물리적 생명의 경계를 벗어나서 외괘인 손괘가 나타내는 형이상의 생명인 본성의 경계에 이른다. 그것은 새끼 학이 어미 학의 도움을 받아서 성장하는 변화를 통하여 상징적으로 나타내고 있다.

그러나 순방향에서 보면 상괘인 손괘가 나타내는 신도神道가 하괘가 나타내는 태괘인 현상의 지도地道로 나타난다. 그렇기 때문에 하괘를 외괘가 아닌 내괘로 나타낸다. 이처럼 주역에서는 역방향에서 출발하여 순방향에 이르는 관점에서 성명의 이치를 나타내고 있다.

역방향에서 물리적 생명으로부터 출발하여 형이상의 본성에 이르고, 다시 본성을 바탕으로 물리적 생명에 이르면 물리적 생명은 형이상의 본성이 드러난 생명이기 때문에 생명을 공유하면서 사는 삶인 정명이 된다.

의식의 분별이 없는 본성의 경지에 이르면 말로 형언할 수 없는 삶이 전개된다. 삶의 고통은 의식에 분별에 의하여 이루어진다. 그러므로 분별이 없는 본성의 경지에 이르면 삶의 고통이 사라질 뿐만 아니라 온갖 즐거움의 연속이다.

육신의 병을 가진 사람은 본성을 자각하면 병이 사라진다. 과학자들은 수행을 통하여 체험하지 않고, 관찰과 실험을 통하여 현상으로 드러난 사건을 통해서 증명한다. 그들은 플라세보 효과를 실험하고, 단지 병과 건강을 둘로 보지 않는 마음만으로도 병이 치유됨을 목격한다.[211]

정명을 자각한 군자와 본성을 자각한 보살의 삶은 언제나 함께하는 대인의 삶, 중생을 제도하는 삶을 산다. 주역에서 의식의 분별에 의하여 사는 사람을 소인이라고 말하고, 소인의 삶의 방법을 흉하다고 한 까닭을 알 수 있다.

카오스와 코스모스, 평형과 비평형, 신과 사물, 인간과 신, 삶과 죽음, 생물과 무생물을 비롯하여 온갖 이름을 지어서 나타낼 수 있는 분별은

---

211 마이클 탤보트, 이균형 옮김, 『홀로그램 우주』, 정신세계사, 2016, 131-136.

현상적 패러다임에 의하여 나타난다. 그리고 이러한 분별에 의한 삶은 공생共生, 공존共存, 공영共榮이 없는 고통의 삶이다.

이제 오늘날의 인류가 현상적 패러다임, 형이하의 패러다임에 의하여 자연이라는 기계적인 인과의 세계, 생명이 없는 무생물의 세계를 대상으로 분석하고 종합하는 분합의 삶을 통하여 끊임없이 새로운 주장, 지식, 정보, 이론에 의하여 남과 다른 자신의 존재를 증명하는 삶을 버리고, 형이상적 패러다임, 초월적 패러다임에 의하여 본성, 자성, 신이 주체가 된 공생, 공존, 공영의 삶을 살아야 함을 알 수 있다.

오늘날 인류는 소인, 중생, 죄인의 삶인 소인의 도를 나타내는 현상적 패러다임을 벗어나서 형이상적 패러다임, 초월적 패러다임에 이르는 것도 옳은 일이지만 본성, 자성이라는 근원, 형이상적 패러다임에도 얽매이지 말고, 대인의 도, 성인의 도, 부처에도 얽매임이 없이 군자, 보살의 삶을 살아야 한다.

현대의 생물학자들은 데카르트와 뉴턴에 의하여 제시된 근대과학의 기계론적이고, 인과적 세계, 결정론적 세계를 비판하면서 자연을 생명을 가진 생태계로 규정할 뿐만 아니라 입자라는 부분에 의하여 구성될 수 없는 전일적이고, 유기체적인 세계를 제시하였다. 그들은 생명을 가진 전체가 매 순간 다양한 부분의 생명 현상으로 나타나는 전일적이고 시스템적인 세계관을 주장한다.

그러나 비록 그들이 동아시아의 유학, 불교, 도가, 주역에 관심을 갖고 형이상의 신, 성품에 관심을 가질 뿐만 아니라 영성을 개발하여 신의 경지에 이르고자 하지만 여전히 입자적인 사고에서 벗어나지 못하였다.

주역에서는 형이상적 패러다임에 의하여 물리적 생명을 초월한 신, 본성의 경지를 제시하고 있다. 그것은 생물학자인 에리히 얀치에 의하여 제시된 프리고진의 자기초월적 특성이 주역에서 주제가 되어 64괘를 통하여 체계적이고, 구체적으로 제시되었음을 뜻한다.

주역에서는 개체적 존재의 본성에 의하여 입지를 바탕으로 한 궁리, 진성, 지명의 세 단계의 과정을 통하여 형이하의 물리적 생명을 초월하여 형이상의 근원적 신의 경지에 도달하는 과정을 나타내고 있다. 그러면 신, 본성이라고 부르는 형이상의 근원은 무엇인가?

칠레의 과학자인 움베르토 마투라나Humberto Maturana (1928-2021)와 프란시스코 바렐라Francisco Varela(1946-2001)는 살아 있는 시스템의 특성인 자기 스스로 생산하고, 유지하는 능력을 자기생성 autopoesis이라고 불렀다.[212]

자기 생성 이론은 인지 과정이 단순히 뇌에서만 일어나는 것이 아니라 신체와 환경과의 상호 작용을 통해 형성된다는 체화된 인지(Embodied Cognition)이론의 발전에 중요한 역할을 했다.

주역에서는 자기생성을 실체화하여 물건적 관점에서 순과 역의 두 방향에서 상괘에서 하괘로의 변화와 내괘에서 외괘로의 변화로 나타내었다. 역방향에서는 용심법을 통하여 자신의 본성을 파악하고 삶의 방법을 파악하는 과정을 소사小事로 규정하였다.

역방향에서 본성을 자각하여 삶의 방법을 파악하는 궁리, 진성. 지명은 프리고진에 의하여 제시된 자기 조직화의 한 측면인 자기 초월을 나타낸다. 주역에서는 현상적 자아(命)를 벗어나서 형이상적 진아眞我인 성

---

212   스튜어트 A. 카우프만, 김희봉 옮김, 『무질서가 만든 질서』, 2021, 알에이치코리아, 35.

性에 이르는 과정을 소사라고 말한다.

용심用心을 통하여 물리적 생명의 차원에서 형이상의 본성의 차원으로 고양하는 일은 개체적인 문제일 뿐이다. 뇌산소과괘의 상효에 이른 대인, 군자는 상효에 머물지 않고 초효로 내려간다.

그리고 초효에서 다시 또 다른 자신인 남들을 위하여 자신이 걸었던 길을 다시 다른 사람과 함께 걷는다. 그것을 대사大事라고 말한다. 그러면 대사는 어떻게 이루어지는가?

대사는 언행을 통하여 이루어진다. 그렇기 때문에 대사는 육신을 움직이는 운신법運身法을 통하여 제시된다. 운신법은 실천의 방법, 세상과 함께 사는 방법, 모두가 하나가 되어 서로가 서로를 존재하게 하고, 서로가 서로를 진화하게 하며, 서로가 서로를 창조하게 하는 삶의 방법을 나타낸다.

대사大事는 지금 여기의 나를 통하여 드러나는 신의 현현顯現이다. 그것은 신이라는 개념이 나타내는 우주의 본성이 매 순간 자신을 새롭게 하고, 자신을 다양하게 하는 자기 갱신, 자가 복제의 자기 조직화self-organization이다.

과학자들이 자기-조직화, 자기 생성으로 나타낸 신, 도, 본성은 언행을 통하여 현실의 삶을 사는 순방향의 대사를 통하여 이루어진다. 지금 여기의 나를 통하여 신, 본성이 매 순간 새롭고 다양한 생명으로 드러나지 않으면 그것은 하나의 이론에 불과할 뿐이다.

자신이 어떤 존재인가를 파악하고, 남과 더불어 자신으로 사는 삶인 대사大事는 물건적 관점에서 자기 초월의 과정이 아니라 온 우주와 하나가 되어 끊임없이 새롭고 다양한 생명 현상을 통하여 나타낼 수밖에 없다.

이제 오늘날의 한국인 그리고 인류에게 필요한 삶은 지금 여기의 나의 본래면목을 찾는 소사가 아니라 스스로 성인, 대인, 구세주가 되어 대사를 실천하는 군자君子, 보살菩薩의 삶이다.

군자, 보살은 신이나 종교, 정치, 사회, 교육, 문화를 비롯한 나 밖의 사물에 의존하는 삶을 살지 않고, 자기 자신의 삶을 산다. 하나의 종교를 선택하여 따르고, 한 사람의 정치 지도자를 선택하여 그에게 기대며, 어떤 사상이나 이념에 의하여 사는 삶은 노예의 삶이다. 그것은 자유롭지 못한 삶이고, 평등하지 않는 삶이며, 자기 자신의 삶이 아니다.

이제는 정치, 경제, 문화, 종교, 교육, 사회, 문화, 사상, 예술, 문학을 비롯하여 삶의 모든 분야에서 자신이 주인이 되어 살아야 한다. 어느 때 어느 곳에서 무엇을 하더라도 자신이 주인이 되어 살아야 비로소 진실하고, 선하며, 아름다운 삶이다.

이제 여기까지 함께 온 독자들은 자신에게 질문을 해야 한다. 그리고 답을 찾아야 한다. 이미 수많은 사람들이 제시한 답, 주역에서 제시한 답, 과거의 선사禪師들이 제시한 답, 기독교의 성경聖經이나 불교의 불경佛經, 도교의 도장道藏에서 제시한 답은 자기의 답이 아니다.

오로지 자신이 스스로 찾은 답이어야 자신의 답이다. 천지와 다르고, 남과 다른 나는 있는가? 있다면 나는 누구인가?

    잣나무 끝에서 한 발을 내 디디니
    마음속 한가한 일 홀연히 사라지네.
    대붕은 바람을 거슬러 장천을 날고
    진흙 소는 향수 바다를 토해 낸다.

柏樹上頭進一步

掛心閑事頓自歇

大鵬逆飛九萬里

泥牛吐洩香水海

제4부

생성적 패러다임과 다차원적 변화

 우리는 앞에서 물건적 관점에서 형이하의 시공을 중심으로 주체와 객체를 나누어서 종합하는 분합적 방법을 통하여 이루어지는 학문과 실천에 대하여 살펴보았다.

 현상적 패러다임에 의하여 주체와 객체를 구분하고, 객체인 자연, 우주를 대상으로 분합하며, 주체를 대상으로 분합하는 학문에 의하여 드러나는 세계는 생명이 없는 기계적인 세계이며, 대상을 분합하는 삶은 사물을 소유하려는 욕망의 지배를 받는 고통스러운 삶이다.

 현상적 패러다임에 의하여 주체와 객체를 나누어서 의식과 자연을 대상으로 소유하려는 삶을 벗어나는 방법은 주체에 있다. 형이상적 패러다임에 의한 학문, 수행, 삶은 의식과 자연의 주객으로 드러나기 이전의 마음에 이르고, 다시 마음으로 드러나기 이전의 본성, 자성을 통하여 인간의 본래면목을 찾는 과정으로 나타난다.

 현상의 차원에서 주체와 객체를 나누어서 객체인 자연을 대상으로 분석하고 종합하는 분합적分合的 방법은 학문과 실천을 막론하고 공존共存, 공생共生이 없다. 왜냐하면 분합의 방법에 의하여 사는 사람은 어떤 주장이나 이론, 사상, 언행을 막론하고 자신의 욕망을 이루기 위한 도구로 사용하기 때문이다.

현상적 패러다임에 의하여 드러나는 형이하의 현상이 생명이 없는 세계이듯이 형이상적 패러다임에 의하여 전개되는 본성, 신의 경계도 역시 생명과 무생명의 구분이 없다. 그것은 현상적 패러다임에 의한 삶이 평면적인 좌우의 공존, 공생이 없듯이 형이상적 패러다임에 의한 삶 역시 상하의 공존, 공생이 없음을 뜻한다.

형이상과 형이하의 어느 차원을 중심으로 삶을 사는가를 막론하고 역설逆說에 빠져서 공존, 공생이 없는 까닭은 비록 두 패러다임이 서로 다른 차원에서 세계, 우주를 나타내지만 모두 세계, 우주를 형이상과 형이하로 구분할 수 있는 물질과 같은 실체로 접근하기 때문이다.

과학, 사회학이 E.P.에 의하여 시공을 대상으로 분석을 통하여 근대의 기계론적이고 결정론적인 세계관을 제시한 것과 달리 현대에 이르러서 통합의 관점에서 생태적이고, 유기체적有機體的이며, 시스템적인 전일적 세계관을 제시한 것이나 유가, 불가, 주역에서 M.P.에 의하여 시공을 초월한 형이상의 도, 성을 제시하여 근원과 현상을 불이不二의 관계로 제시한 것은 모두 실체적 세계관을 바탕으로 한다.

M.P.에 의하여 현상의 기器와 그것의 근원인 형이상의 도道를 제시하고, 개체적 존재의 근원인 성性과 그것을 담는 도구인 명命의 통합, 합일에 의하여 인간과 세계가 둘이 아닌 천인합일天人合一을 추구하는 주역은 E.P.에 의하여 전개되는 수학, 과학과 같은 역설의 문제를 그대로 안고 있다.

도와 기, 성과 명을 구분하여 양자의 관계를 순과 역으로 나타내는 순간 어느 하나를 중심으로 어떤 주장을 제기하더라도 다른 주장과 양립할 수 없는 모순 관계에 떨어진다. 옳음과 그름을 구분하는 존재론과 선과 악을 구분하는 윤리학, 아름다움과 추함을 구분하는 미학 그리고 이 주제들을 주체를 중심으로 고찰하는 인식론이 구분되면서 수많은 다양한 주장들이 제기된다. 그러면 어떤 주장이나 이론을 멈추면 되는가?

사람의 삶은 소통의 연속이고, 소통이 바로 생명의 현상이다. 만약 어떤 사람이 언어를 비롯한 다양한 도구를 사용하거나 다른 수단을 활용하거나를 막론하고 자신과 밖의 사람, 사물, 세계와 소통하지 않는다면 그가 산다고 할 수 없다.

E.P.에 의하여 학문하고 삶을 사는 사람들은 수많은 주장, 이론, 사상을 전개하고 다양한 통로를 통하여 자신의 뜻을 소통한다. 그들의 소통은 주장, 이론, 사상을 제시하고, 옳고 그름, 선과 악, 아름다움과 추함에 의하여 증명하고, 판단하는 삶이다. 따라서 하나의 주제에 대하여 시비, 선악, 미추가 공존하고, 공생할 수 없다.

M.P.에 의하여 학문을 하고, 언행을 통하여 소통하면서 사는 삶은 같다. 유학이나 불교를 비롯하여 주역을 연구하고 삶에서 실천하는 사람들도 주장, 이론, 사상을 구성하여 제시한다. 그들은 자신들의 주장, 이론, 사상이 타당함을 증명하는 수단으로 도통道統을 제시한다.

유학이나 불교, 도가를 비롯하여 동아시아의 다양한 사상을 제시한 사람들은 도통을 통하여 자기 학파의 이론, 사상이 정통正統이고, 다른 학파의 사상은 이단異端이라는 구분을 한다. 사실 정통과 이단을 구분하여 자신이 정통이고, 다른 학파, 다른 사상이 이단이라는 주장 자체가 바로 이단적異端的 사고이다.

공자는 "이단異端을 공격하면 해로울 뿐이다."[213]라고 하여 정통과 이단을 구분하는 사고 자체가 갖는 위험을 경고한다. 그럼에도 불구하고 공자의 사상을 계승한 맹자는 도통道統을 제시하여 유학이 아닌 다른 학파를 이단으로 맹렬하게 공격한다. 그러면 왜 분별이 없는 신, 성의 경지를 추구하는 주역을 비롯한 유가, 불가, 도가의 사상가들이 도통을 통하여 이단과 정통을 주장하는가?

그들이 이단과 정통을 주장하는 까닭은 신, 성품과 사물을 둘로 나누어서 이해하기 때문이다. E.P.에 의한 현상 중심의 삶과 M.P.에 의한 신神, 성性 중심의 삶을 막론하고 현상이나 근원을 실체화하여 주체와 객체를 나누거나 형이상과 형이하를 나누어서 어느 하나를 중심으로 여기는 순간 그것에 얽매여서 공생共生, 공존共存하는 자유로운 삶은 없다.

도와 기, 성과 명의 관계를 나타내는 본체와 작용의 체용이라는 개념은 M.P.에 의한 삶이 어떤 한계를 갖는지를 분명하게 보여 준다. 본체가 근원이며, 이상이고, 작용은 현상이고, 현실이라면 양자가 하나이어야 한다.

본체의 작용에 의하여 현상이 나타나기 때문에 본체와 현상이 다를 수 없다. 사람마다 본성이 그대로 드러나서 모두가 성인, 군자이고, 부처, 보살이며, 구세주이다. 따라서 소인, 중생, 죄인이 없어서 극락極樂의 정토淨土와 고통의 예토穢土, 천국과 지옥이 없어야 한다.

그러나 현상을 보면 대인과 소인의 삶이 서로 다를 뿐만 아니라 대인의 삶을 사는 사람은 드물고, 대부분의 사람들은 소인의 삶을 산다. 그렇기 때문에 주역, 논어, 불경, 성경을 통하여 소인, 중생, 죄인의 삶을 버리

---

213 『논어』 위정爲政, "子曰 攻乎異端 斯害也已"

고 대인, 부처, 구세주의 삶을 살라고 가르친다.

우리의 삶은 스스로 인식하거나 그렇지 않거나를 막론하고 일정한 지식을 바탕으로 형성된 지견에 의하여 말하고 움직이면서 이루어진다. 따라서 주장, 이론의 측면에서 일어나는 역설은 삶에서 고통을 일으킨다.

사람다운 삶의 길인 대인의 도를 앎과 실천으로 나누어서 나타낸 중천건괘重天乾卦와 중지곤괘重地坤卦를 따르면 역설과 그것에 의한 삶의 고통이 일어난다. 중천건괘는 나는 누구이며, 어떻게 살아야 하는가를 마음을 중심으로 앎의 문제로 제시하였고, 중지곤괘에서는 앞의 문제를 몸을 중심으로 실천의 문제로 제시하였다.

마음과 몸은 본래 둘이 아니다. 그럼에도 불구하고 마음과 몸을 나누어서 앎과 실천으로 나타내는 순간 양자를 하나로 하는 지행합일知行合一의 문제가 일어난다.

마음을 통하여 어떻게 살 것인지를 알아야 비로소 몸에 의하여 실천이 가능하다. 그러므로 먼저 알고 뒤에 앎의 내용일 실천하는 선지후행先知後行이 되지 않을 수 없다.[214] 그러면 선지후행에 의하여 지행합일이 이루어지는가?

앎과 실천의 문제는 그대로 마음을 쓰는 용심用心과 몸을 운전하는 운신運身의 문제이다. 용심이 된다고 하여 동시에 반드시 운신이 되지 않기 때문에 용심과 운신을 나누어서 소사小事와 대사大事를 구분한다.

소사는 용심을 중심으로 운신을 논하며, 대사는 이미 이루어진 소사를

---

[214] 만약 앞의 경우와 달리 먼저 실천을 하고 그것을 통하여 위에 아는 선행후지先行後知를 주장하면 몸으로 이미 실천하는데 굳이 앎이 필요한가라는 의문을 제기할 수도 있다.

바탕으로 이루어지는 운신을 중심으로 삶을 나타낸다. 자신이 먼저 스스로 어떤 존재이며, 어떻게 살 것인가를 파악하는 소사가 이루어져야 비로소 사회 안에서 다른 사람과 함께하는 대사를 실천하는 대인의 삶을 살 수 있다.

그러나 선지후행, 지행합일은 모두 물리적 시간의 차원에서 몸과 마음을 이해하고, 앎과 행을 이해한 결과이다. 물리적 시간이란 실체적인 시간, 물건적인 시간이 실재함을 전제로 하여 성립된다.

선후라는 개념 자체가 물리적 시간이 없으면 성립하지 않으며, 주체와 객체라는 구분과 형이상과 형이하, 성품과 생명이라는 도道와 기器의 구분 역시 의식에 의하여 일어나는 분별일 뿐으로 마음에 의하여 일어나는 현상이 아니다.

본체인 성품의 작용으로 일어나는 마음의 모든 현상은 선후, 상하, 유무, 시비, 선악, 미추와 같은 분별이 없다. 따라서 비록 모든 분별을 초월하여 분별이 없는 도, 성품, 공, 중에 이르렀을지라도 그곳에 안주安住하지 말아야 한다.

M.P.에 이르러서 깨달음이 이루어져서 자신이 어떤 존재인지를 파악했음에도 불구하고 실천의 문제가 남았다면 그러한 깨달음은 진정한 깨달음이 아니다. 왜냐하면 이미 찾았음에도 불구하고 여전히 찾아야 할 뭔가가 남아 있다면 이미 찾은 그것은 완전한 경계가 아니기 때문이다. 그러면 어떻게 해야 하는가?

E.P.를 초월해서 M.P.에 이르렀듯이 M.P.에도 머물지 말고 한 걸음 더 나가야 한다. M.P.에 머물지 않고 한 걸음 더 나가면 G.P.에 이른다.

그것은 파르메니데스의 실체적 세계관을 따르는 유럽적인 삶의 방법을 극단으로 밀고 나갈 때 도달하는 불교, 유학, 도가에서 제시하는 도, 성에 이르며, 도, 성에도 머물지 않고 한 걸음 더 나가면 비로소 G.P.와 만남을 뜻한다.

과학이나 주역을 비롯한 유불도儒佛道사상, 바라문교, 힌두교와 같은 종교는 자연이나 본성, 자성, 도, 신이라는 실체적 존재를 대상으로 한다. 과학이 자연을 대상으로 관찰과 실험을 통하여 지식을 발견하여 설명하는 것과 달리 주역, 유불도 사상, 바라문교, 힌두교는 신, 본성, 자성과 합일을 추구하는 방법의 차이가 있다.

주역, 유불도 사상이 추구하는 신, 성과의 합일은 바라문교의 아트만과 브라만의 합일과는 다르다. 주역을 비롯한 동아시아 사상은 비록 합일을 논하지만 물건적인 이것과 저것의 둘이 합하여 하나가 되는 합일이 아니라 이것이 변하여 저것으로 화化하는 변화를 나타낸다.

우리가 앞에서 주역을 통하여 살펴보았던 M.P.는 변화의 세계관으로 나타난다. 유럽 중심의 실체적 세계관과 다른 변화의 세계관은 동아시아의 세계관이다. 한국과 중국을 중심으로 동아시아의 변화의 세계를 바탕으로 한 역사상이 형성되었다.

한국과 중국을 중심으로 형성된 동아시아의 역사상易思想을 바탕으로 전개되는 역문화易文化는 헤라클레이토스의 변화의 세계관과 전통이 같다.

변화의 세계관을 바탕으로 전개되는 동아시아의 역문화는 사건적 관점에서 전개되는 한국역韓國易과 물건적 관점에서 전개되는 중국역中國易으로 나누어져서 발전하였다.

한국역은 한국사상의 특성이자 한국사상의 고갱이이다. 한국역학의 특성은 한마디로 나타내면 생성이다. 이때 생성은 물리적 차원에서 언급되는 개념이 아니라 형이상과 형이하가 둘이 아닌 중, 공의 차원에서 언급되는 개념이다.

한국역학을 전개시키고, 한국사상을 발전시켰으며, 한국문화, 한국역사를 전개한 근원, 연원, 에너지, 패턴, 원리, 사상을 한마디로 나타내면 생성적 패러다임generative paradigm이다. 생성적 패러다임은 한국사상을 역학적 이론 체계로 나타내고 있는 정역을 통하여 파악할 수 있다.

일부—夫(1826-1898)가 정역을 저작한 시대는 조선 말기인 19세기이다. 19세기에 유럽에서는 근대과학의 기계론적 세계관에 의하여 시간이 중심이 아닌 공간이 중심이 되어 물건적 관점에서 분석을 바탕으로 자연을 설명하는 학문 방법을 사용하였다.

그러나 19세기에 열역학이 형성되면서 비로소 공간이 아닌 시간의 문제가 학문의 중심 문제로 떠올랐다. 그것은 서양의 본체론이 존재 중심에서 생성 중심으로 변화하기 시작했음을 뜻한다. 화이트헤드(1861-1947)의 『과정과 실재(1929)』, 하이데거(1889-1976)의 『존재와 시간(1927)』은 서양사상에서 생성이 중심 주제임을 보여 주는 대표적인 저서이다.

20세기에 이르러서 프리고진(1917-2003)에 의하여 생성 중심으로 복잡계 과학을 연구하는 브뤼셀 학파가 형성되었고, 현대에는 산타페 연구소에서 복잡계 과학에 대하여 활발한 연구를 진행하고 있다.

그러나 프리고진은 비록 시간을 중심으로 생성의 관점에서 과학을 연구하지만 여전히 한계를 갖고 있음을 다음과 같이 말한다.

> 대부분의 고전과학의 창시자들에게는 과학은 나타난 그대로의 세계를 넘어서 지고한 합리성의 영원한 세계에 도달하고자 하는 시도였다. 그러나 아마도 법칙들과 놀이들, 시간과 영원을 모두 포함하는 실재의 보다 교묘한 형태가 존재하는 것 같다.[215]

프리고진은 시간이 중요함을 파악했고, 시간의 관점에서 존재가 아닌 생성이 우주를 밝힐 수 있는 패러다임이라는 것을 파악했지만 과학이 탐구하는 형이하의 물리적 시간과 형이상의 영원을 포함한 생성은 밝힐 수 없었음을 고백했다.

서양에서 19세기에 이르러서 과학의 관점을 공간의 관점에서 시간으로 전환하여 물건적 존재를 밝히는 일에서 사건적 생성을 밝히고자 했지만 21세기의 오늘날에도 여전히 형이상의 시간성의 경계는 밝히지 못하고 있다.

그러나 일부—夫는 프리고진이 영원으로 나타내고, 하이데거가 시간성으로 밝힌 영원의 경계인 시간성을 주제로 하여 시간이 생성되는 생성적 세계관, 생성적 우주론 그리고 생성적 삶, 창조적 삶을 내용으로 하는 생성적 패러다임을 정역을 통하여 밝히고 있다.

그는 역학적 이론 체계를 통하여 하이데거가 밝히고자 했으나 완성하지 못했고, 프리고진이 탐구하고자 했으나 성과를 내지 못했던 시간성과 시간이 둘이 아닌 경지를 금화정역도金火正易圖, 하도와 낙서, 삼역팔괘도三易八卦圖, 십이월이십사절기후도수十二月二十四節氣候度數와 같은 도상과

---

215 일리야 프리고진·이사벨 스텐저스, 신국조 옮김, 『혼돈으로부터의 질서』, 자유아카데미, 2013, 406-407.

수, 언어를 통하여 밝히고 있다.

우리가 현상의 차원에서 G.P.를 잘 이해할 수 있는 도상은 팔괘八卦에 의하여 구성된 세 가지의 도상인 삼역팔괘도三易八卦圖이다. 삼역팔괘도에서는 형이상의 시간성과 형이하의 시간이 둘이 아님을 통하여 천지, 우주가 고정되지 않는 변화의 연속으로서의 생성임을 밝힌다.

G.P.를 통하여 형이상과 형이하가 둘이 아닌 생성의 관점에서 보면 4차원의 형이하의 시공, 시공 안에 존재하는 사건과 물건, 그리고 5차원을 넘어선 고차원의 시공은 물론 시공을 넘어선 형이상의 도, 성, 신이라는 실체적 존재를 인정하지 않는다. 그러면 정역에서는 절대적인 허무虛無를 말하는가?

정역에서는 형이하의 시공의 현상과 형이상의 도, 신, 성이 둘이 아닌 중中을 중심으로 매 순간 생성을 내용으로 하는 변화의 연속을 논한다. 그것은 정역이 시간성의 시간화와 시간의 시간성화를 바탕으로 한 영원한 현재적 시간관을 바탕으로 전개됨을 뜻한다.

영원한 현재적 관점에서 보면 천지는 매 순간 끊임없이 변화한다. 영원의 측면에서는 끊임없이 새로워지는 화옹化翁이라고 말하고, 현재의 측면에서는 본래의 자리로 돌아가는 화무상제化無上帝라고 말하며, 양자가 둘이 아님을 나타내어 화화옹化化翁이라고 말한다. 그러면 왜 화옹, 화무상제, 화화옹이라는 개념을 사용하는가?

'영원한 현재'에서 '영원'은 시간의 존재근거인 시간성이며, '현재'는 시간과 관련된 개념이다. 그러나 '영원한 현재'는 시간성과 시간이 둘이 아닌 경계에서 제시된 개념이기 때문에 양자를 구분하여 이해하는 경우와 다르다. 그러므로 화옹, 화무상제, 화화옹이라는 개념을 사용한다. 그러면 시간성과 시간의 관계를 통하여 세 개념을 어떻게 이해할 수 있는가?

세 개념을 시간성과 시간의 관계를 통하여 나타내면 시간성의 시간화를 화옹이라고 말하고, 시간의 시간성화를 화무상제라고 말하며, 양자가 둘이 아님을 화화옹이라고 말한다. 따라서 정역의 세계관은 한마디로 나타내면 시간성時間性이라고 할 수 있다.

시간성이라는 개념은 고정된 실체를 가리키지 않는다. 화옹, 화무상제, 화화옹을 비롯하여 원역原曆, 원천原天이라는 개념이 나타내듯이 시간성은 시간으로 화化하는 동시에 시간은 다시 시간성으로 화化한다. 그러므로 정역의 시간관을 한마디로 나타내면 변화의 시간관이다.

변화의 세계관에 의한 삶은 실천과 학문, 행위와 앎, 제도와 수행이 둘이 아니다. 실천과 학문이 생성이고, 행위와 앎이 생성이며, 제도와 수행이 생성이다. 형이상과 형이하, 도道와 기器, 성性과 명命, 나와 천지가 모두 생성의 연속이다.

시공과 근원, 사물과 근원의 관계를 나타내는 본체와 작용, 현상은 둘이 아니라 매 순간 본체가 현상으로 나타나는 작용인 생성이다. 그것은 성과 명, 도와 기, 주체와 객체라는 실체가 변화함이 아니라 매 순간 형이상의 도, 성품에서 시작하여 형이하의 기器, 명命에서 끝나는 사건의 연속됨을 뜻한다. 그러면 사건의 생성이 연속되는가?

매 순간 나타나는 사건의 완성은 소멸이다. 그것은 사건이 나타나는 동시에 소멸됨이 사건의 생성임을 뜻한다. 이때 소멸은 단순한 소멸이 아니라 새로운 나타남을 위한 소멸이라는 점에서 본래의 자리로 돌아가는 귀체歸體, 귀공歸空이다.

정역에서는 생성을 도倒와 역逆의 두 방향과 관련하여 도역의 생성으로 나타낸다. 시간성의 측면에서 보면 생성은 시간성에서 시작하여 시간에서 끝나는 도생역성이고, 시간의 측면에서 보면 생성은 시간에서 시작하여 시간성에서 끝나는 역생도성이다. 그러면 도역의 생성은 어떤 관계인가?

생성의 방향과 성격을 나타내는 도倒와 역逆은 주역의 순역順逆과 다르다. 순역은 물건적 관점에서 형이상과 형이하를 구분하여 양자의 관계를 나타내기 때문에 가치상의 우열이 있다. 이와 달리 도역은 사건적 관점에서 시초와 종말의 연속, 순환을 나타내기 때문에 가치상이 우열이 없다. 도생역성과 역생도성은 화화옹, 반고, 원역의 두 측면을 나타낸다.

지금부터는 도역생성을 내용으로 하는 G.P.에 의하여 정역을 고찰하고자 한다. 먼저 정역이 출판된 이후 지금에 이르기까지 정역의 연구가 어떻게 이루어졌는지를 살펴볼 것이다.

이를 통하여 현상적 패러다임, 초월적 패러다임에 의한 연구를 벗어나서 생성적 패러다임에 의하여 정역을 연구해야 할 필요성이 밝혀질 것이다.

다음에는 이어서 정역팔괘도를 중심으로 복희팔괘도, 문왕팔괘도와의 관계를 통하여 생성적 패러다임의 내용인 도역생성에 대하여 고찰하고자 한다. 이를 통하여 주역의 설괘說卦에 나타난 역도와 정역의 내용이 어떻게 다른지가 밝혀질 것이다.

마지막으로 도역생성의 내용이 무엇인지 원천原天과 선후천을 통하여 살펴볼 것이다. 이를 통하여 생성이 시간성을 중심으로 전개되는 사건적 변화임이 드러날 것이다. 그것은 시간성의 사건적 생성이 물건적 사건으로 드러남이 밝혀짐을 뜻한다.

1. 형이상적 패러다임과
   선후천의 분합

　현상의 관점에서 보면 사상이나 학문, 종교, 이념, 철학, 예술은 물론 세계마저도 인간과 관련이 없는 것은 없다. 왜냐하면 사상, 철학, 종교, 학문, 이념은 물론 세계가 모두 인간을 통하여 나타나고, 나타난 결과는 다시 인간에게 수용되어 인간으로 돌아가기 때문이다.

　그러나 인간과 세계를 구분하여 나타내는 순간 양자의 관계에 대한 어떤 주장이나 이론을 막론하고 옳음과 그름을 판단할 수 없다. 그것은 인간과 세계를 구분하여 양자나 양자의 관계에 관한 어떤 주장이라도 옳고 그름을 판단할 수 없는 독단獨斷일 수밖에 없음을 뜻한다.

　인류의 역사를 보면 인간은 스스로 실체적 관점에서 인간과 세계를 나누고, 다시 세계를 형이상과 형이하로 나누어서 다양한 도구들에 의하여 양자의 관계를 나타내는 수많은 사상이나 이론 체계를 생산해 왔다.

　다양한 사상, 종교, 철학, 학문, 이념은 모두 인간이 만든 창조물이다. 일단 생성된 사상이나 이론을 비롯한 다양한 도구들은 생성의 주체인 인간에게 영향을 미친다. 그리고 때로는 인간이 스스로 창조한 다양한 사상이나 이념, 이론의 영향을 받는 것은 물론 그것들에 구속되어 벗어나지 못하고 지배를 받는다. 그러면 어떻게 해야 하나?

　어떤 이름이나 주장, 이론, 사상, 종교는 물론 실재한다고 여기는 자연, 시공, 천지, 신, 성품, 도는 모두 하나의 실체적인 개념일 뿐으로 그것이 가리키는 존재는 실재하지 않는다. 따라서 어떤 이론 체계나 개념, 사상은 물론 본성, 도, 신에도 얽매이지 말아야 한다.

주역을 비롯하여 유가와 노장, 불교를 막론하고 다양한 방법을 통하여 본성, 도, 신이라는 개념이 가리키는 경지를 나타내고자 하지만 그것은 하나의 도구일 뿐으로 도구 자체가 가리키는 대상이 아니다.

도를 아는 사람은 도에 대하여 어떤 말도 하지 않는다, 만약 어떤 사람이 도에 대하여 말한다면 그 사람은 도를 모른다고 할 수밖에 없다.[216] 왜냐하면 입을 열어서 도에 대하여 말하면 도와 둘이 되어 어긋나고, 그렇다고 하여 도에 관하여 묻는 말에 대답하지 않으면 질문을 한 사람은 도를 모르기 때문이다.[217] 그러면 이러한 노자老子와 선사禪師의 말은 말이 아닌가?

그들은 스스로 언어의 한계를 제기하면서도 여전히 도덕경을 쓰고, 선어록에 기록된 수많은 말들을 했다. 이처럼 인류의 사상사는 언어를 통하여 제기되는 주장이나 주장을 담고 있는 이론 체계, 사상의 한계를 극복하기 위하여 전개되었다고 해도 과언이 아니다. 그러면 언어의 한계는 언어 자체의 문제인가?

주역이나 선사, 노장 사상가들이 여전히 말을 많이 하는 까닭은 바로 언어의 한계에도 불구하고 언어를 방편으로 사용하지 않을 수 없기 때문이다. 설사 언어를 대체하는 다른 도구를 찾아서 활용할지라도 여전히 그 문제는 해결할 수 없다.

형이하의 천지, 자연은 물론 형이상의 도, 신, 성품을 언어로 나타낼 수

---

216 『노자』제56장, "知者不言, 言者不知"
217 『선문염송집』25권(ABC, K1505 v46, p.407a14-a15), "開口即錯 閉口即失"

없는 한계는 언어의 문제가 아니라 그것을 사용하는 사람의 문제이다.

공자는 다양한 주장들이 서로 모순 관계를 이루는 현상은 주장이나 이론 자체의 문제가 아니라 그것을 제기하는 사람의 문제임을 다음과 같이 밝힌다.

> 말해야 할 때 말하지 않으면 사람을 잃고, 말하지 말아야 할 때 말하면 말을 잃는다. 그러므로 지혜로운 사람은 사람도 잃지 않고, 말도 잃지 않는다.[218]

말해야 할 때 말해서 묻는 사람이 스스로 지혜를 체득體得하게 하고, 말하지 말아야 할 때 말을 아껴서 스스로 자신이 어떤 존재인가를 파악할 수 있도록 기다림은 말을 잘 사용하여 다른 사람을 이롭게 함으로 본성이라는 근원을 활용하는 일이다.

일부一夫는 "이치는 본원에서 모이니 본원은 성품이다."[219]라고 하여 밖으로 드러난 수많은 이치가 근원인 성품에서 나옴을 밝히고 있다.

그리고 그는 "도가 셋으로 나누어지는 것은 이치의 자연스러움"[220]이라고 하여 이치는 다양하게 나누어짐을 밝힌다. 이처럼 그는 현상의 다양한 이론 체계, 사상이 본성이라는 근원에서 나왔음을 밝힌다. 그러면 정역도 M.P.를 통하여 도, 성, 신을 찾고자 하는가?

일부는 간지도수, 도서상수와 같은 이수理數를 사용할 뿐만 아니라 금화정역도, 하도와 낙서, 삼역팔괘도와 같은 괘상은 물론 언어를 사용하

---

218 『논어』 위령공衛靈公, "子曰 可與言而不與之言失人 不可與言而與之言失言 知者不失人 亦不失言"
219 김항, 『정역』 제7장, "理會本原은 原是性이오 乾坤天地에 雷風中이라."
220 김항, 『정역』 无位詩, "道乃分三理自然이니 斯儒斯佛又斯仙을"

여 정역을 저작하였다.

그럼에도 불구하고 그는 그 어떤 도구라도 단지 도구일 뿐임을 강조한다. 그는 "천지에 일월이 없으면 빈껍데기이고, 일월에 지인至人이 없으면 빈 그림자이다."[221]라고 하였다.

천지일월은 여러 관점에서 다양한 의미로 이해할 수 있다. 다만 괘상의 관점에서는 중천건괘와 중지곤괘 그리고 중수감괘와 중화이괘를 가리키는 개념으로 이해하면 네 괘는 성명의 이치를 상징한다. 따라서 위의 내용은 어떤 성명의 이치라도 그것을 나타내는 인간이 없으면 아무런 의미가 없음을 뜻한다. 그러면 일부는 자신의 저서를 어떻게 말하는가?

오늘날 우리는 정역을 비롯하여 인류 사회에 나타난 수많은 이론 체계, 사상, 종교를 지금 여기의 나와 둘이 아닌 도, 성, 신의 차원에서 이해해야 한다. 왜냐하면 모든 이치는 성품에서 나오기 때문이다.

> 천지는 일부의 말을 말하고, 일부는 천지의 말을 말한다.[222]

위의 내용은 정역이라는 저작도 본성의 작용이고, 오늘날 우리가 정역을 읽는 것도 정역의 작용임을 뜻한다. 그것은 온 우주가 일부를 통하여 정역의 저작으로 나타나고, 지금 여기의 나를 통하여 정역을 읽는 사건으로 나타남을 뜻한다.

일부는 스승인 연담이 제시한 영동천심월影動天心月이라는 주제를 공부하는 일이나 그 결과를 선천과 후천이나 신, 도, 성과 같은 언어와 간

---

221 김항, 『정역』 제7장, "天地는 匪日月이면 空殼이오 日月은 匪至人이면 虛影이니라."
222 김항, 『정역』 제9장, "天地는 言一夫言하고 一夫는 言天地言이니라."

지도수, 도서상수, 수지상수, 금화정역도, 하도와 낙서, 삼역팔괘도, 십이월이십사절기도수와 같은 도상 그리고 수를 사용하여 정역을 저작하는 일은 물론 삶 자체를 솔성率性[223]으로 규정한다.

그는 도道, 중中, 공空, 신神을 M.P.에 의하여 찾아서 하나가 되는 역逆 방향의 수기, 수행에 중심을 두지 않고, G.P.에 의하여 매 순간 본성에 의하여 현상으로 드러나는 작용에 중심으로 둔다. 그는 정역을 통하여 매 순간 본성에 의하여 변화의 도를 자유자재하게 현상으로 드러나는 일을 보여 준다. 그러면 일부의 정역은 어떻게 G.P.를 나타내는가?

E.P.와 M.P.에 의하여 전개되는 이원적 구조에 의한 분합적 학문이 조화와 균형을 이루는 이론, 주장, 학문, 사상, 종교를 제시할 수 없고, 분합적 삶이 자유와 평등이 함께하는 자유자재한 삶을 살 수 없는 까닭은 제3의 중재자가 없기 때문이다.

본체와 작용, 근원과 현상, 형이상과 형이하, 안과 밖, 주체와 객체라는 이분법으로는 아무리 통합을 하고자 해도 통합이 이루어지지 않는다. 만약 둘을 통합하는 제3의 이론 체계를 제시하더라도 다시 기존의 이론과 제3의 이론을 통합하는 문제가 일어나서 통합의 문제는 끊임없이 계속된다.

그러나 G.P는 이분법적인 구조가 아닌 삼원적 구조를 바탕으로 전개된다. 우리는 물리적인 시간을 삼세三世로 그리고 물리적인 공간을 삼재三才로 이해한다.

현상의 구조가 삼세, 삼재이므로 현상의 근원인 변화의 도는 삼재의

223　김항, 『정역』 일부사적一夫事蹟, "三千年積德之家에 通天地第一福祿云者는 神告也요 六十年率性之工이 秉義理大著春秋事者는 上教也시니라."

도이다. 그럼에도 불구하고 주역이나 유학, 불가, 도가를 막론하고 이원적인 구조를 통하여 인간과 우주, 삶을 나타내기 때문에 나타나는 한계는 삼원적인 구조에 의하여 해결된다.

일부가 정역에서 G.P.를 나타내는 또 하나의 특징은 물건적 관점이 아닌 사건적 관점이다. 물건은 고정되어 항상 변화하는 생명 현상을 다 표현할 수 없을 뿐만 아니라 우주, 삶도 나타낼 수 없다. 그것은 마치 박제된 다람쥐처럼 모습은 다람쥐이지만 속이 텅 빈 죽어 있는 물건인 것과 같다.

그가 정역을 통하여 생성적 패러다임을 나타내는 도구는 무극과 태극, 황극이라는 개념이다. 삼극이라는 개념은 십익에서 나타난다. 그러나 노자의 무극과 서경의 황극 그리고 주역의 태극을 하나로 하여 삼극을 이해한 사람은 일부이다.

역도, 변화의 도를 현상의 시공의 차원에서 나타낸 개념이 태극太極이고, 시공을 초월한 무, 공의 측면에서 나타낸 개념이 무극無極이며, 양자가 하나가 아니면서도 둘도 아님을 나타낸 개념이 황극皇極이다.

그러나 삼극은 실체가 아니기 때문에 무극에서 시작하여 태극으로 드러나는 생성과 태극이 변하여 무극화하는 생성이 둘이 아님을 통하여 삼극의 도를 나타낸다. 이처럼 정역을 한마디로 요약하여 나타내는 개념은 생성生成이다.

생성은 작용의 관점에서 본체와 현상이 둘이 아님을 나타내는 개념이다. 생성은 실체적 존재의 변화가 아니라 중, 역도, 변화의 도의 사건적 변화를 나타낸다. 정역에서 주역의 괘효사에서 나타나는 시비, 선악, 미추가 없고, 길흉이 없으며, 선후가 없고, 생사와 같은 분별이 없는 까닭이 정역의 관점이 주역의 관점과 다르기 때문이다.

오늘날 우리가 정역을 연구하기가 어려운 까닭은 정역의 연구 방법이 주역의 연구 방법과 다름에도 불구하고 정역의 연구 방법을 사용하지 않기 때문이다. 일부는 정역에서 자신의 삶이 그대로 공부임을 밝히고 있을 뿐만 아니라 그 방법도 구체적으로 밝히고 있다.

오늘날 주역, 유가, 불가, 도가를 비롯하여 세계의 다양한 사상, 종교를 연구하는 사람들은 E.P.나 M.P.에 의하여 연구한다. 그들이 사상, 종교, 철학을 연구하는 방법이 갖는 단적인 특징은 도통道統을 통하여 파악할 수 있다.

오늘날 유학, 불교, 도가, 도교를 비롯하여 다양한 사상, 종교를 연구하고, 주역과 정역을 연구하는 사람들은 도통道統을 중시한다. 어떤 학파를 막론하고 중국사상은 도道가 스승과 제자 사이에 은밀하게 전해지는 전수傳受 관계인 학통學統, 도통道統을 논한다. 그러면 정역에서는 이 문제를 어떻게 이해하였는가?

일부는 정역에서 유소有巢, 수인燧人으로부터 시작하여 자신에 이르는 도통道統을 제시하고 있다. 그러나 도통이 시간적 관점에서 전개됨에도 불구하고 도통을 제시한 후에 과거와 미래, 현재를 하나의 금일今日이라는 현재로 나타내고 있다. 따라서 금일은 과거와 미래, 현재가 둘이 아닌 영원한 현재를 나타낸다. 그렇다면 시간적 전수 계통인 도통은 없다. 그러면 그는 왜 도통을 언급한 것인가?

일부는 현상의 물리적 시간의 차원에서 도통을 논하지 않는다. 그는 형이하의 현상과 형이상의 차원이 둘이 아닌 경계에서 도통을 논한다. 따라서 물리적 차원에서는 도통이 무엇인지를 이해할 수 없다.

사람이 있으면 전하고 사람이 없으면 지키리라.[224]

위의 말을 보면 마치 도통을 따라서 자신의 도를 전할 것처럼 보인다. 그러나 어떤 사상이나 이치를 막론하고 그것을 제시하고 수용하여 이해하는 사람의 차원에 따라서 전수傳受의 문제가 발생할 뿐으로 도, 신, 성품 자체에는 전수의 문제가 없다. 그러면 왜 그는 앞의 말을 했는가?

무위無位의 경지에서는 사람과 도가 둘이 아니기 때문에 전수의 문제가 없다. 그러나 유위有位의 경지에서는 사람과 도를 구분하여 전수의 관계로 나타낼 수 있다. 그러므로 도의 전수는 유무有無의 어느 한 측면을 중심으로 논할 수 없다.

주역은 물론 유가, 불가를 비롯하여 수많은 종교, 사상을 나타내는 전적들에서 도통을 논하는 까닭은 그것을 통하여 자기 학파의 주장, 이론체계, 사상이 옳고, 다른 학파의 주장, 이론 체계, 사상이 옳지 않아 자기 학파가 정통이고, 다른 학파는 이단이라고 주장하기 위함이다.

우리가 수많은 사상, 종교에서 제시하는 도, 본성, 신에 관한 여러 이치에 얽매이거나 더 나아가서 이치를 주고받는 도통道統이나 성통聖統에 얽매이지 않아야 그것을 논하는 가치, 의미를 놓치지 않을 수 있다. 그러면 정역의 연구 방법은 무엇인가?

과학과 기술이 인류 사회를 압도하면서 유물론적인 세계관, 인간관이 세상을 풍미하는 오늘날에도 여전히 많은 사람들이 인문학에 관심을 가지며, 그 가운데 일부의 사람들은 관심을 넘어서 전문적으로 연구를 한다. 그러나 인문학을 전공하는 사람들마저도 인문학의 방법, 주제, 범위,

---

224   김항, 『정역』 무위시无位詩, "无人則守오 有人傳을"

방향에 관하여 관심을 갖지 않는다. 오늘날 정역에 관심을 갖거나 연구하는 사람들은 현상의 관점에서 물리적 시간에 얽매여 미래에 일어날 사건이 무엇이며, 그것이 인간에게 이로운지 혹은 해로운지의 길흉吉凶을 판단하는 점서적占筮的인 차원을 벗어나지 못한다.

그들은 정역이 주역의 근거인 천도天道, 신도神道를 제시하고 있음에도 불구하고 형이하의 현상적 관점에서 역수 구성의 법칙을 중심으로 이해하는 천문학적 관점을 벗어나지 못한다.

오늘날 사람들은 정역을 비롯하여 역학에 관한 전적들을 형이하의 현상적 관점에서 이해할 뿐으로 형이상적 경지에서 역도의 내용을 중심으로 이해하지 않는다. 그러면 연구 방법은 단순한 연구의 문제일 뿐인가?

정역의 연구 방법은 학문하고 연구하는 사람의 학문의 목적과 관련된다. 정역의 연구 과정은 그대로 연구하는 사람의 삶의 과정이다. 그러므로 연구하는 사람이 삶을 사는 목적에 따라서 연구 방법 역시 달라질 수밖에 없다.

만약 어떤 사람이 지식을 얻으려는 목적에서 정역을 연구하면 지식, 정보는 얻을 수 있을 것이다. 그러나 그것을 삶 가운데서 활용하여 자신도 이롭고 남도 이로운 삶을 사는 지혜는 얻을 수 없다.

지식을 얻는 방법은 자연과 같은 대상을 분석하여 얻는 탐구적 방법이자 과학적 방법이다. 과학적 학문 방법으로는 형이하의 현상을 설명할 수 있지만 주역에서 제시하는 형이상의 불역不易의 경지, 역도의 경계가 열리지 않으며, 정역에서 제시하는 자유로운 삶의 지혜를 얻을 수 없다.

일부는 제자들에게 설명하여 이해를 시키기보다는 수지상수手指象數의 추연推衍과 주역의 중천건괘와 중지곤괘, 계사, 설괘, 서괘, 잡괘의 내용을 공부하여 자득自得하기를 기다렸다.

그는 서경書經을 읽고 주역을 연구하는 선천의 일은 시작일 뿐으로 이치를 연구하여 자신을 닦는 후천의 일을 해야 함을 밝힌다.[225] 그러면 궁리窮理, 수신修身을 어떻게 해야 하는지 일부의 말을 살펴보자.

> 정성스러운 뜻과 바른 마음으로 종시終始에 게으름이 없으면 정녕 우리 화화옹化化翁이 반드시 친히 가르침을 베풀어 주실 것이니 이것이 바로 내가 좋아하는 일이 아니겠는가![226]

정역을 연구하는 방법은 성의誠意와 정심正心에 있다. 그리고 시종의 이치가 아닌 종시의 이치에 대하여 궁리해야 한다. 여기서 중요한 부분은 화화옹化化翁이 반드시 친히 가르침을 베푼다는 사실이다.

수도, 수행과 학문, 연구는 그대로 삶이다. 그리고 삶은 자신의 근원이자 온 우주의 근원인 상제, 화옹, 화화옹을 주체로 이루어진다. 그렇기 때문에 성인이라는 밖의 스승을 알기 위해서는 자신의 내면의 스승인 본래면목의 소리를 들어야 한다.

인용문의 끝부분에서 "이것이 바로 내가 좋아 하는 일이 아니겠는가!"라고 말하는 것은 이것이 바로 일부가 걸어온 학문의 방법임을 뜻한다.

그가 영가무도詠歌舞蹈를 한 것은 육신을 중심으로 노래를 부르고 춤을 추는 행위가 아니다. 그가 잠을 자고, 일어나 활동을 하고, 영가무도를 하는 것은 모두 화옹化翁과의 소통이다.

---

225 김항, 『정역』 구구음, "讀書學易은 先天事요 窮理修身은 后人誰오"
226 김항, 『정역』 구구음, "誠意正心하야 終始无怠하면 丁寧我化化翁이 必親施敎시리니 是非是好吾好아"

일부가 제자들에게 정역의 내용을 설명하지 않고 그들이 스스로 방법을 찾도록 기다렸던 까닭은 역도는 학문을 통하여 얻을 수 있는 지식이 아니라 자신의 내면에서 스스로 밝혀지는 자명自明한 경지이자 통관洞觀의 경계이기 때문이다.

통관해야 할 무형의 경계는 나와 대상으로 존재하는 실체가 아니기 때문에 나와 남, 나와 세계가 둘이 아닌 마음으로 모든 존재를 이롭게 하고자 하는 뜻을 세우고, 밖의 현상을 향하는 마음을 돌려서 내면의 안팎이 둘이 아닌 경계가 스스로 드러나도록 기다려야 한다. 그러면 그동안 정역의 연구는 어떻게 이루어져 왔는가?

먼저 현상적 관점에서 정역의 연구가 어떻게 이루어져 왔는지 살펴보자. 1885년 일부가 『정역』을 저작한 후 2024년에 이르기까지 140여 년의 세월이 흘렀다. 그의 사후에 제자들[227]에 의하여 저작된 정역에 관한 연구 성과는 십청十淸 이상룡李象龍의 『정역원의正易原義』, 명천 김황현金黃鉉의 『일부선생행장기一夫先生行狀記』, 원부元夫 김정현金貞鉉의 『정역주의正易註義』, 여강驪江 민영은閔泳恩의 『정역연해正易演解』가 있다. 이러한 자료들은 운곡芸谷 김주성金周成에 의하여 1999년에 출판된 『정역집주보해正易集註補解』에 수록되어 있다.[228]

일부는 그의 제자 가운데 덕당德堂 김홍현金洪鉉에게 수지상수를 전수했다. 그리고 덕당은 수지상수와 정역을 학산鶴山 이정호李正浩(1913-2004)에게 전수했다.

---

227 일부의 문인들의 목록은 李正浩, 『正易과 一夫』, 아세아문화사, 1985, 339-340에 제시되어 있다.
228 김주성, 『정역집주보해』, 新易學會, 1999, 1-414.

학산鶴山 이정호李正浩는 『정역』을 우리말로 번역한 『원문대조 국역주해 정역』(1988년)을 출판하고, 『정역연구』(1976), 『학역찬언』(1982), 『정역과 일부』(1985), 『제삼의 역학』(1992), 『주역정의』(1980), 『주역자구색인』(1962)를 출판하였으며, 『훈민정음의 구조원리』(1975)를 출판하였다.[229]

학산鶴山은 권영원權寧遠, 유승국柳承國, 육종철, 유남상柳南相, 김근수, 이용희, 강삼봉, 한장경韓長庚, 백문섭白紋燮, 김경운, 한동석韓東錫, 정성장 등 10명의 제자들에게 강의를 했다. 그는 일부가 제자들에게 가르쳤던 전통에 의하여 『주역』은 중천건괘와 중지곤괘 그리고 계사상하와 설괘, 서괘, 잡괘를 강의하였으며, 이와 더불어 수지상수를 강의했다.[230]

학산의 제자인 권영원은 『정역과 천문역』을 통하여 수지상수를 중심으로 중천건괘와 중지곤괘, 계사, 설괘, 서괘, 잡괘와 정역에 대하여 주석을 가하였다. 그는 일부의 사후에 이루어진 제자들의 연구 상황을 세 갈래로 나누어서 밝히고 있다. 그 첫째는 김홍현을 중심으로 손도수인 수지상수를 중심으로 연구하는 사람들이며, 둘째는 하심부의 영가詠歌를 통하여 정역을 연구하는 사람들이고, 세 번째는 김청탄에 의하여 윷판을 중심으로 정역을 연구하는 사람들이라고 한다.[231]

학산은 평생 주역과 정역을 연구하고, 많은 연구 성과를 학계에 제출하여 정역을 학문적으로 연구하는 풍토를 일으켰을 뿐만 아니라 충남대학교의 총장으로 재직하면서 제자들에게 주역과 정역을 가르쳐 정역을

---

229 학산이정호연구 간행위원회, 『학산 이정호 연구』, 지식과교양, 2021, 5.
230 삼정 권영원 저, 『정역과 천문역』, 상생출판사, 220-221.
231 李能和輯述, 李鍾殷 譯注, 『朝鮮道敎史』, 普成文化史, 1986, 334-336.

중심으로 주역을 연구하는 충남대학교의 학문적 전통을 세웠다.

학산이 세운 정역을 중심으로 역학을 연구하는 전통은 충남대학교에서 길러 낸 제자인 관중觀中 유남상柳南相교수에 의하여 계승되었다.

관중은 일부가 제자들에게 주역과 정역을 강의한 전통을 따라서 중천건괘와 중지곤괘 그리고 계사, 설괘, 서괘, 잡괘를 강의하였을 뿐만 아니라 수지상수를 강의했다. 그는 주역과 정역을 함께 연구하는 것이 역학을 연구하는 올바른 방법임을 강조하였다.

관중은 충남대학교 철학과의 교수로 재직하면서 평생 주역과 정역을 연구하였을 뿐만 아니라 주역과 정역을 바탕으로 한국사상을 연구하여 많은 논문을 발표하였고, 정년 후에는 연경원研經院을 설립하여 제자들을 양성하면서 평생의 연구 성과를 『주정역경합편周正易經合編』(2011)[232]에 담아 출판하였다.

관중의 제자인 남명진南明鎭과 송재국宋在國, 김만산金滿山, 이현중李鉉中, 김재홍, 윤종빈, 임병학은 주역과 정역에 대하여 많은 논문과 저서들을 출판하였다. 송재국, 김만산, 이현중, 김재홍, 임병학은 모두 정역과 주역을 주제로 박사학위를 취득한 후에 주역과 정역에 관한 많은 논문과 저서들을 출판하였다. 그러면 지금까지 이루어진 정역에 관한 연구 성과들이 어떤 내용을 담고 있는지 살펴보자.[233]

---

[232] 유남상柳南相, 『주정역경합편周正易經合編』, 연경원研經院, 2011, 216(143).

[233] 필자 개인의 노력만으로는 한계가 있어서 학산 선생님의 제자분들에 의하여 제시된 정역에 관한 연구 성과들을 모두 찾아서 수록하지 못하였다. 다만 학산 선생님과 필자의 은사이신 유남상 교수님을 중심으로 그의 제자들의 연구 성과를 일종의 표본으로 삼아서 그들의 연구 성과들을 소개하고 그것을 바탕으로 연구의 과거와 미래를 살펴보고자 한다.

정역이 출판된 이후에 이루어진 정역과 일부에 대한 연구와 그에 대한 평가는 학산 이전과 이후로 나누어서 이해할 수 있다. 왜냐하면 학산에 이르러서 비로소 정역을 학문적으로 연구하고 그것을 바탕으로 일부의 삶을 평가하는 객관적이고 합리적인 접근이 이루어졌기 때문이다.

학산 이전에는 정역을 중심으로 일부一夫의 삶을 평가하지 않았다. 그것은 일부를 평가하는 사람들이 일부의 제자들을 비롯한 주변 사람들의 삶을 바탕으로 그들의 삶에 비추어진 일부의 삶을 평가하는 이차적이고 간접적인 방법을 사용했음을 뜻한다.

일부는 평생을 초야에 묻혀 학문을 했을 뿐으로 관직에 나간 적이 없기 때문에 그의 삶에 관한 자세한 전기傳記가 없다. 그리고 그의 삶을 평가할 수 있는 유일한 자료인 정역의 내용이 난해難解하여 이해하기가 쉽지 않아서 사후에 제자들이나 다른 사람들에 의하여 삶이 왜곡되고, 종교적으로 악용되는 현상이 일어났다.[234]

일부가 돌아간 후에 그의 제자들 가운데서 신흥종교에 가담을 하거나 신흥종교를 운영하면서 그를 신흥종교의 교주로 내세우는 사람이 있었다.[235] 이러한 제자들이나 주변 사람들의 행태는 일부의 삶과 정역을 종교로 평가하는 원인이 되었다.

일제 강점기의 촌산지순村山智順은 조선총독부가 일제의 식민지 통치를 정당화하려는 목적에서 그에게 제시한 조선의 민속, 종교를 미신으로 격하格下하는 연구 활동을 수행하고, 그 결과를 『朝鮮의 類似宗敎』로 발표하였다. 그는 『朝鮮의 類似宗敎』에서 일부一夫를 신흥종교인 대종교大

---

234 柳南相 林炳學, 『一夫傳記와 正易哲學』, 도서출판연경원, 2013, 13-14.
235 柳南相 林炳學, 『一夫傳記와 正易哲學』, 도서출판연경원, 2013, 14-18.

宗教의 교주로 규정²³⁶하였다.

일제日帝시대에 일부를 종교의 교주로 규정한 또 한 사람이 있다. 그는 조선총독부의 촉탁, 조선사편찬위원회朝鮮史編纂委員會의 위원委員으로 근무하였던 이능화李能和이다. 이능화는 일부一夫의 스승인 연담 이운규를 남학南學의 1세 교주, 일부를 2세 교주, 일부의 제자 권십청을 3세교주로 규정²³⁷하였다.

이능화는 남학南學을 영가무도교詠歌舞蹈敎, 대종교라고 규정하였으나 연담과 동학, 남학, 일부가 서로 연관된다는 주장을 하지는 않았다.

그러나 훗날 학산은 연담이 동학東學의 최제우崔濟愚, 남학南學의 김광화金光華, 김일부金一夫를 불러서 각각 도교道敎와 불교佛敎, 유학儒學의 미래를 부촉²³⁸했다고 주장했다.

대한민국이 건국된 이후에 신도안의 신흥종교집단의 실태를 조사했던 학자들은 일부一夫를 남학의 교주로 규정하였다.²³⁹ 이강오李康五 교수는 촌산지순, 이능화의 주장과 학산의 연구 성과를 바탕으로 남학, 대종교가 모두 연담이나 그의 제자들에 의하여 형성되었다고 주장했다.²⁴⁰

촌산지순은 민속학자였고, 이능화는 불교학자, 도교학자였으며, 이강오 교수 역시 신도안의 종교단체에 대한 실태를 민속학적 관점에서 조사하였을 뿐으로 정역을 연구한 성과를 반영하여 조사 결과를 발표한

---

236   무라야마 지쥰村山智順, 최석영崔錫榮 해제,『朝鮮の類似宗教』, 民俗苑, 2008, 468-469.
237   李能和 輯述 李鍾殷 譯注,『朝鮮道教史』, 普成文化史, 1986, 334-336.
238   이정호,『정역연구』, 국제대학인문사회과학연구소, 1976, 200.
239   柳南相 林炳學,『一夫傳記와 正易哲學』, 도서출판연경원, 2013, 16.
240   이강오李康五,『韓國新興宗教總覽』, 韓國新興宗教研究所, 146-185.

것은 아니다. 따라서 그들의 일부와 정역에 대한 연구 성과는 피상적이라고 하지 않을 수 없다.

일제의 어용御用 학자들이 일부를 대종교의 교주, 남학의 2세 교주로 규정한 내용은 일부와 정역을 폄하貶下하려는 의도적인 결과라는 점에서 객관적인 연구 성과라고 볼 수 없다.

일부는 평생을 오로지 역학易學을 연구하고, 그 성과를 정역으로 나타내고, 제자들을 가르치는 일을 해 왔다. 따라서 그의 삶은 정역을 통하여 평가되어야 마땅하다.

학산의 『정역 연구』, 『정역과 일부』를 비롯한 많은 연구 성과는 정역을 연구한 성과들이다. 학산은 정역을 학문적 관점에서 체계적이고 종합적으로 연구했다. 그의 연구 성과는 훗날 정역을 연구하려는 사람들이 연구를 시작하는 기초자료이다. 따라서 정역 연구의 미래는 그의 연구 성과에 대한 반성으로부터 시작하지 않을 수 없다.

이동준은 학산의 삶을 정역과 주역의 연구로 일관된 삶으로 규정하고 그의 역학 연구 성과를 다음과 같이 정리하여 제시하였다.[241]

첫째는 인간은 우주 자연을 삶의 터전으로 삼아 산다. 그렇기 때문에 천지일월天地日月의 운행運行의 틀을 벗어날 수 없다. 학산이 정역에서 주목한 내용은 낙서가 제시하는 365와 1/4일 윤역이 운행되는 선천에서 하도에 바탕을 둔 후천, 360일 정역이 운행되는 후천으로의 변화이다.

그가 선천에서 후천으로의 변화를 주목한 까닭은 선천의 윤역의 시대에는 인간이 이상적인 삶을 살 수 없다는 점이다. 인간은 정역이 운행되

---

241 이동준, 「鶴山선생의 저술과 易學사상」, 학산이정호연구 간행위원회, 『학산 이정호 연구』, 지식과교양, 2021, 19-36.

는 후천 시대가 도래到來해야 비로소 이상적인 유리 세계에서 서로가 서로를 존중하고, 서로가 서로를 사랑하는 이상적인 삶을 살 수 있다. 그리고 선천에서 후천으로의 변화는 조물주의 친정親政에 의하여 이루어진다.

둘째는 학산은 인간 혁명을 말한다. 그는 세심경洗心經인 주역이 모든 경전의 뿌리라고 말한다. 비록 그렇다고 하더라도 학산은 주역과 정역의 차이를 분명하게 밝힌다. 그는 복희역은 원역, 생역, 동이역東夷易, 자연역이고, 문왕역은 주역, 윤역, 장역이며, 인위의 역이라고 규정하고, 정역은 미래역, 성역, 인류의 역, 세계의 역, 신화의 역, 조화의 역으로 규정한다. 그러면 선천에서 후천으로의 변화는 무엇인가?

학산은 주역인 복희역, 문왕역에서 정역으로의 변화가 바로 선천에서 후천으로의 변화라고 말한다. 이때 정역의 시대는 조물주인 하나님의 뜻을 따르는 인간의 역할이 중요하다. 그는 일부가 하나님을 상제, 화옹이라고 부르고 자신을 불초자라고 하듯이 인간이 천지부모에 대한 정륜正倫을 지켜야 한다고 주장한다.

학산이 후천의 시대에 인간이 모두 인간다운 인간인 지인至人이 되어야 한다는 주장의 이면에는 정륜正倫에 의하여 전개되는 종교가 있다. 그는 화옹, 상제를 하나님으로 부른다. 그리고 선천에서 난무하는 온갖 종교들이 사라지고 일부가 정역을 통해 제시한 하나의 진리에 의하여 하나님을 믿는 세계의 종교, 하나의 종교, 보편적인 종교로 통합될 것이라고 말한다. 따라서 후천의 사람들은 모두 하나님에 귀의하여 하나의 종교를 가져야 한다고 주장한다.

셋째는 사회변혁의 문제이다. 오늘날은 남존여비가 아니라 여성 상위 시대가 도래했다. 정신보다는 물질이, 종교보다는 과학이, 남성보다는 여성이, 인문의 선비보다는 농공상병의 실력이, 하늘보다는 땅의 가치를 더 높이 사는 시대이다.

그러나 학산은 낙서가 나타내는 선천이 중심이 된 주역에서는 음을 누르고 양을 받들지만 후천에서는 음과 양이 조화를 이룬다고 말한다.[242] 그것은 억음존양과 억양존음을 넘어서 근본적으로 음양이 둘이 아닌 경계를 나타낸다고 할 수 있다.

학산은 인류가 하나가 되는 새로운 나라, 인류가 하나가 되는 새로운 이념을 논한다. 그것은 특정한 종교, 특정한 이념, 특정한 사상이 중심이 아니라 인류가 하나가 되고, 세계가 하나가 되며, 모든 사상이 하나가 되는 인류의 미래 그것이 그가 정역을 통하여 발견한 인류 사회의 미래이다.[243] 그러면 오늘날 우리는 학산의 정역 연구의 성과를 어떻게 이해할 것인가?

학산의 시대는 20세기이고, 오늘날은 21세기로 시대적 상황이 다를 뿐만 아니라 당시 학계에는 아직 정역이 소개되지 않았지만 오늘날은 이미 정역에 관한 많은 연구 성과가 있다. 따라서 오늘날의 정역 연구는 학산 이전의 연구 방법과 목적이 달라야 한다.

우리는 시대적 상황과 학문적 상황을 따라서 오늘날의 시대적 상황에 알맞게 현대적 관점에서 재해석하여 미래를 제시하는 방법을 사용하지 않을 수 없다. 그것은 기존의 연구 성과를 비판적으로 발전시키는 작업

---

[242] 이는 정역에서 나타내는 도학道學의 내용으로 주역의 내용은 아니다. 그뿐만 아니라 억음존양의 내용 역시 현상적 관점에서 남녀의 관계만을 나타내는 개념은 아니다. 이에 대하여는 정역의 도학을 논하는 이 책의 제5부에서 상세하게 논의가 이루어질 것이다.

[243] 李正浩, 『正易과 一夫』, 亞細亞文化史, 1985, 291-297.

이다.

그러나 비판은 물건적 관점에서 학산의 정역에 관한 연구 성과를 대상으로 시비是非라는 잣대를 통하여 수용할 내용과 배제할 내용을 구분하여 배제할 부분에 새로운 내용을 추가하는 분석과 종합의 분합적 방법이 아니라 사건적 관점에서 아직 그가 드러내지 않은 부분을 드러내어 새롭게 하는 생성적 방법이다.

한 사람의 언행, 주장, 이론은 언제나 그가 처한 특수한 상황에서 이루어진다. 따라서 그가 처한 상황을 이해하지 않으면 진의를 파악하기 어렵다.

학산은 기존의 정역에 대한 평가가 정역의 연구를 바탕으로 이루어지지 못하고, 그의 제자들이 밝힌 일부와의 관계를 통하여 간접적이고 피상적으로 일부의 삶을 조사한 결과 일부의 사상이 왜곡된 상황에 직면하였다.

그는 일부가 생존 당시에도 성균관의 유림儒林에서 정역正易이 유학儒學이 아니라는 비판에 대하여 유림들과 학문적인 토론을 벌였던 사실과 당시의 시대적 상황을 고려할 수밖에 없었을 것이다. 그는 시대적 상황에 따라서 방편적으로 실체적 세계관에 의한 분석과 종합의 분합적 방법을 활용하였다.

그가 주역과 정역의 차이를 구분하여 정역의 특성, 가치, 본질을 드러내고자 사용한 키워드는 선천과 후천이다. 그는 주역에서 제시된 선천과 후천이라는 이분법적二分法的인 구조에 의하여 주역과 정역을 비교하여 양자의 차이를 분명하게 밝혀서 정역의 특성을 드러내려고 했다.

그의 주역과 정역, 중국역학과 한국역학을 선천과 후천의 관점에서 구분하여 양자의 차이를 일목요연一目瞭然하게 드러내는 전략은 성공했다. 정역은 유학儒學이 아니라는 비판과 유사종교類似宗敎의 교서라는 곡해를 한꺼번에 제거하고, 정역이 주역과 같은 역도를 나타내는 역학의 전적일 뿐만 아니라 더 나아가서 주역과 다른 정역의 우수성을 밝힌 점에서 그의 의도는 성공했다.

그는 정역을 학문적인 측면에서 연구하여 인류가 원하는 모두가 행복한 아름다운 세상, 유리 광명의 세계, 후천이 도래할 것이라는 정역의 메시지를 분명하게 나타내어 인류에게 희망을 안겨 주고, 한국인들로 하여금 긍지와 자부심을 안고, 인류사적인 역할을 자임自任할 수 있게 해 주었다.

그러나 사람들이 학산의 학문적 성과를 대하면 주역과 정역의 선악善惡, 시비是非, 미추美醜가 선명하게 부각되어 주역을 버리고 정역을 따르며, 중국역을 버리고 한국역을 따르고, 특정한 지역地域의 역易인 주역을 버리고 인류역이자 세계역인 정역을 따르라는 주장으로 이해하게 된다.

그는 또한 정역에서 제시된 상제, 화옹, 화화옹, 화무상제를 모든 종교가 대상으로 하는 하나님이라는 하나의 신神이라고 주장하고, 앞으로 후천에 이르면 모든 종교들이 갈등과 대립을 멈추고 하나님을 신앙하는 하나가 될 것이라는 메시지를 밝혔다.

다양한 신과 유일신唯一神이라는 사고는 실체적 사고의 결과이다. 하나는 언제나 둘과 상대적이다. 유일신과 다신은 상대적일 뿐으로 그 차원이 같다. 인간과 신의 관계는 유일신이나 다신을 막론하고 상하적일 뿐으로 평등한 관계는 없다.

만약 그가 밝힌 하나님을 바탕으로 한 종교적 메시지가 정역의 내용이라면 총독부의 하수인인 촌산지순이나 일제의 촉탁이었던 이능화의 조사 결과를 증명하는 결과가 된다. 오늘날의 정역을 아는 대부분의 사람들이 정역을 신흥종교의 교서로 이해하는 것도 이러한 사실과 무관하지 않다.

오늘날 어떤 사람이 아무런 편견을 갖지 않고 객관적으로 정역을 연구하고자 학산의 연구 성과나 그의 제자들의 연구 성과를 참고로 하다 보면 이전의 종교적 접근과 차이가 없는 현상과 마주하게 된다. 그러면 학산을 비롯한 과거의 정역에 관한 연구 성과를 어떻게 이해할 것인가?

오늘날 우리는 정역의 학문적 특성을 밝히고, 그것을 통하여 정역에서 제시된 인류의 미래를 제시하여 모두가 행복한 아름다운 세상을 만들고자 했던 학산을 비롯하여 정역을 연구했던 사람들의 뜻 자체를 부정할 필요는 없다.

다만 그러한 뜻을 따라서 학산의 연구 성과를 시대적 상황에 맞도록 새롭게 해석할 필요가 있다. 학산의 연구 성과에 대한 새로운 해석은 정역에 대한 새로운 해석을 바탕으로 한다.

학산이 사용한 연구 방법을 포함하여 그것을 넘어선 새로운 연구 방법에 의하여 그의 연구 성과는 물론 주역과 과학의 연구 성과마저도 포용할 수 있는 새로운 패러다임이 필요하다.

주역은 형이상과 형이하, 도와 기, 성과 명을 구분하고, 순과 역을 구분하며, 체와 용을 구분하고, 대인과 소인, 음과 양을 구분하여, 지천태地天泰와 천지비天地否를 이해한다. 이는 주역의 사유구조, 논리구조가 물건적 관점에서 세계와 사람을 이해함을 뜻한다. 그러므로 주역에서는 시간 역시 물리적 차원에서 기제旣濟와 미제未濟의 둘로 나누어서 이해한다.

주역은 M.P.에 의하여 실체적 관점, 물건적 관점에서 형이상의 도와 형이하의 기를 구분하고 그것을 바탕으로 개체적 사물의 성과 명을 나누어서 순과 역의 두 방향에서 양자를 합이라는 분석과 종합의 분합적 방법을 사용하였다.

분합적 사고는 중도中道를 드러낼 수는 있다. 그러나 비록 주역에서 중도를 역도, 변화의 도로 나타내지만 역방향에서 소인이 대인이 되고자 하고, 물리적 생명을 벗어나서 형이상의 본성에 이르고자 하며, 초효에서 상효에 이르기까지 궁리, 진성, 지명의 과정을 논한다.

학산의 정역에 대한 연구 성과는 선천에서 후천으로의 변화에 초점이 맞추어져 있다. 선천에서 후천으로의 변화를 물리적 시간의 차원에서 이해하면 상제上帝, 하나님, 원역에 의하여 이루어진다. 따라서 인간과 무관한 하나님의 뜻이 언제 구현되는가의 시기가 중요하다.

학산은 일부가 밝힌 반고盤古 오화五化가 시작되는 원년인 임인년壬寅年으로부터 정역을 저작하기 시작한 해인 갑신년甲申年 1884년까지를 118,643년으로 나타낸 것에 주목한다.[244]

그는 소강절邵康節의 원회운세元會運世에 의하여 129,600을 주기로 12회로 나누어서 10,800년을 바탕으로 선천이 끝나고 후천이 시작되는 때를 추연推衍한다.

그리고 원년인 임인壬寅을 임술壬戌로 규정하고, 이를 바탕으로 118,800년을 추연한다. 이처럼 자회子會가 끝나는 때를 추연하면 그때는 단기 4374년이자 서기 2041년이다. 따라서 상원의 축회丑會가 시작되는

---

244 김항, 『정역』 제19장, "盤古 五化元年壬寅으로 至大淸光緖十年 甲申에 十一萬八千六百四十三年이니라."

해는 2042이다.²⁴⁵ 그러면 2042년에 기울어진 지구의 축이 반듯하게 일어서고 그에 따라서 수많은 기후변화가 일어나는 것일까?

학산이 제시한 선후천 변화의 시기에 대한 추연은 그의 제자인 관중의 연구 성과에서도 나타난다. 관중은 선천에서 후천의 변화의 과정을 사역의 변화를 통하여 정치精緻하게 연구하여 경자년庚子年(2019년)을 선천에서 후천으로 변화하는 시기로 제시하였다. 그의 연구 성과는 지금도 정역을 연구하는 사람들에 의하여 널리 공유되고 있다.

학산에서 관중으로 그리고 관중의 제자들로 이어진 정역 연구의 중심 주제는 선천에서 후천으로의 변화의 시기를 추연하는 문제이다. 오늘날 정역에 관심을 갖고 정역을 주목하는 사람들은 모두 선천에서 후천으로의 변화하는 시기가 언제인지에 관심을 갖는다. 그러면 일부는 선천에서 후천으로의 변화의 시기를 나타내고자 정역을 저작했는가?

일부는 정역에서 선천과 후천을 말할 때는 반드시 원천原天을 말하고, 윤역과 정역을 말할 때는 반드시 원역原易을 말한다. 그것은 일부가 선천에서 후천으로의 물리적 변화를 말하는 동시에 후천에서 선천으로의 형이상적 변화를 함께 말했음을 뜻한다. 그가 하도와 낙서를 중심으로 한 정역의 관점과 괘효를 바탕으로 한 주역이 어떤 관점에 서 있는지를 밝히고 있는 부분을 살펴보자.

> 도서圖書의 이치는 후천后天이면서 선천先天이고, 천지天地의 도道는 기제旣濟이면서 미제未濟이다.²⁴⁶

---

245 李正浩,『正易과 一夫』, 아세아문화사, 1985, 384-389.
246 김항金恒,『정역正易』제1장, "圖書之理는 后天先天이오 天地之道는 旣濟未濟니라."

하도와 낙서는 주역에서 언급되었지만 정역에서 비로소 역학적 의미와 가치가 드러난다. 그리고 기제와 미제는 주역의 마지막 부분을 구성하는 두 괘이다.

일부는 하도와 낙서가 나타내는 이치가 후천을 바탕으로 선천을 향하는 방향이 중심임을 밝힌다. 그것은 하도와 낙서의 이치가 바로 형이상적 변화, 후천에서 선천으로의 변화를 나타냄을 뜻한다.

그러나 주역은 기제를 바탕으로 미제를 향하여 이루어지는 현상적 변화, 과거에서 미래로의 변화를 나타낸다. 그렇기 때문에 언제나 주역은 초효에서 상효를 향하는 역逆방향, 물리적 현상의 차원에서 형이상의 도, 본성을 향하는 방향에서 학문을 논하고, 수기修己를 논하며, 제도를 논한다.

이제 일부가 정역을 통하여 나타내고자 하는 내용은 단순하게 물리적 현상의 관점에서 선천에서 후천으로의 변화가 아님을 알 수 있다. 주역에서 제시하는 기제에서 미제로의 변화 역시 물리적 시간의 변화나 지구의 변화, 기후의 변화와 같은 물리적 변화, 사회적 변화를 나타내는 것은 아니다.

정역과 주역을 막론하고 형이상의 경지와 형이하의 현상을 구분하여 양자의 관계를 중심으로 전개된다. 그러므로 정역과 주역을 막론하고 형이하의 관점에서 지구와 기후의 변화, 인류 사회의 변화와 같은 현상의 변화만을 나타내지 않는다. 그러면 정역과 주역의 내용이 오늘날의 학문과 무관한가?

주역에서는 형이상과 형이하의 도道와 기器를 구분하고 그것을 인간에게 적용하여 형이상의 본성과 형이하의 물리적 생명, 현상적 삶을 구분한다.

그리고 형이하의 기器인 물리적 생명의 차원에서 형이상의 근원인 본성으로의 변화와 본성으로부터 물리적 생명을 향하는 변화를 나타낸다.

이때 형이상의 도道는 형이하의 기器로 드러나기 때문에 기器의 차원에서 두 전적의 내용을 인문학, 과학, 사회학으로 나타낼 수 있다. 그럼에도 불구하고, 수학이나 과학, 사회학, 인문학이 그대로 정역과 주역은 아니다. 그러면 정역과 주역의 차이는 무엇인가?

주역은 인도를 나타내기 위하여 지도地道의 관점에서 역도를 나타낸다. 그것이 바로 주역이 공간적 위상을 나타내는 상하, 내외라는 구조를 통하여 변화의 도를 나타내는 까닭이다.

이와 달리 정역에서는 사건적 관점에서 그것도 형이상의 도, 화화옹, 상제의 관점 곧 본체의 관점에서 작용을 중심으로 역도, 변화의 도를 나타낸다. 따라서 학산이 강조했던 물리적 차원의 선천에서 후천으로의 변화는 정역의 일부일 뿐으로 전모全貌가 아니다.

이제 다시 학산이 정역의 내용이라고 강조하는 사회적인 변화, 사회적인 개혁에 대하여 살펴보자. 그가 제시한 사회적인 개혁에 관한 내용 가운데서 천지를 부모로 여기고, 인간을 자녀로 여기는 태도는 이미 주역에서 밝히고 있다.

그리고 음양이 조화를 이루고, 남녀가 평등한 세계는 주역의 지천태에서 밝히고 있으며, 64괘의 곳곳에서 대사大事로 나타내고 있다.

학산이 선천에서 후천으로의 변화를 바탕으로 세계관을 제시하고, 인간관, 사회관, 가치관, 종교관을 언급했지만 그 내용은 주역의 세계관, 인간관, 가치관, 종교관을 벗어나지 않았다. 그러면 학산을 비롯하여 지금까지 정역을 연구한 사람들의 공통적인 특징은 무엇인가?

우리가 기존의 정역에 대한 연구 성과들을 살펴보는 까닭은 연구 방향, 연구 방법, 연구 범위, 연구 목적이 무엇인지를 살펴보고자 함이다.

정역이 주역과 다름을 나타내기 위해서는 주역과 다른 정역의 학문 방법, 학문 주제, 연구 방향, 연구 목적이 무엇인지를 파악해야 한다.

주역의 연구 방법은 분합적 방법이며, 학문 주제는 성명의 이치이고, 연구 범위는 인도人道이며, 연구 목적은 인간이란 어떤 존재이며, 어떻게 살 것인가의 방법 제시이고, 연구 범위는 지도地道이다.

그런데 기존의 정역에 관한 연구 성과들은 모두 물리적 시간관, 직선적인 시간관에 의하여 정역을 연구했기 때문에 오로지 선천에서 후천으로의 현상적 변화에 관심을 갖게 된다.

그것은 바로 일부가 정역에서 제시한 기제에서 미제로의 변화만을 생각할 뿐으로 그 이면에 있는 후천에서 선천으로의 변화를 연구하지 않았음을 뜻한다.

지금까지 정역을 연구한 사람들이 공통적으로 보여 주는 연구 방법을 한마디로 나타내면 실체적 세계관에 의한 물건적 분합의 방법이다. 그것은 E.P.에 의한 학문 방법으로 선천과 후천을 논하는 지금 여기의 나 곧 학문의 주체를 배제하고 오로지 대상인 자연, 세계, 천지를 중심으로 정역을 연구하는 태도이다.

학문의 주체를 배제하고 정역을 연구하는 태도는 인간의 심성 내면에서 드러나는 형이상의 경지, 도의 경지, 신의 경계를 배제하고 오로지 형이하의 차원, 현상의 차원에서 정역을 연구함을 뜻한다.

그것은 유물론적 세계관, 유물론적 가치관, 유물론적 인간관을 바탕으로 정역을 연구하는 점에서 과학적 접근이라고 할 수 있다. 그러면 유물론적 관점에서 수지 상수, 도서 상수, 간지 도수를 연구하면 어떤 성과를 낳는지 살펴보자.

유물론적 관점은 형이하의 관점이고, 형이하의 관점은 바로 시공의 관점이다. 형이하의 유물론적 관점에서 보면 수지 상수, 도서 상수, 간지 도수를 막론하고 하나의 수에 관한 이론으로서의 수학數學에 그친다.

일부는 자신이 유가와 불가, 선가로 나누어서 나타낼 수 있는 도를 파악하였고, 그것을 형이하의 경계인 무無와 형이하의 경계인 유有를 넘어서면서도 유무를 벗어나지 않은 경지로 밝히고 있다.[247]

수학은 형이하의 차원에서 수들을 이해하기 때문에 유有라는 한 측면만을 연구한다. 정역에서 가장 많이 눈에 띄는 것은 역수曆數이다. 정역의 도처에서 연원일시를 논하기 때문에 현상의 관점에서 정역이 역수를 구성하는 법칙을 나타낸 저작으로 오해한다.

정역에서 삼오착종三五錯綜 삼원수三元數는 인월寅月 세수歲首로 시작하는 선천의 역수를 구성하는 법칙을 나타내고, 구이착종九二錯綜 오원수五元數는 묘월卯月 세수歲首로 시작하는 후천의 역수의 구성 법칙을 나타낸다. 그러면 이처럼 정역이 단순하게 역수의 구성 법칙을 나타내는가?

정역은 원천이 선천으로 변화하는 후천에서 선천으로 변화하는 시간성의 원리, 천도를 나타낸다. 따라서 선천과 후천의 문제를 오로지 형이하의 현상의 차원에서 물리적 변화를 중심으로만 이해하거나 형이상의 경지에서 오로지 형이상적 변화로만 이해하는 것은 정역의 내용의 한

---

247 김항金恒, 『정역正易』 입도시立道詩, "靜觀萬變一蒼空하니 六九之年에 始見工을 妙妙玄玄에 玄妙理는 无无有有无中을"

측면일 뿐이다. 그러면 어떻게 할 것인가?

앞으로 정역의 연구는 기존의 형이하적 연구 성과를 출발점으로 삼아서 그 바탕에 있는 형이상적 차원을 밝혀서 양자가 둘이 아닌 통합적 경지에서 이해되어야 한다.

그것은 현재 이루어지고 있는 형이하의 차원에서 과학이나 수학, 풍수지리, 천문학, 관상, 사주와 같은 현상적 연구를 넘어서 정역에 알맞은 연구 방법을 사용해서 연구해야 함을 뜻한다.

첫째는 현상의 근원이 되는 형이상의 경지에서 천도를 중심으로 정역을 연구해야 한다. 그것은 정역을 본연의 차원인 본체의 차원에서 연구해야 함을 뜻한다.

본체의 관점에서 정역을 연구해야 비로소 본래면목이 드러난다. 그것은 E.P.에 의하여 정역을 연구하는 방법을 버리고 M.P.에 의하여 정역을 연구해야 함을 뜻한다.

일부는 그가 54세가 되던 해에 천지의 무형無形의 경계境界를 통관洞觀했음[248]을 밝혔다. 그는 입도시立道詩를 통하여 통관한 내용이 형이하의 유와 형이상의 무를 넘어선 중도中道이자 역도易道[249]임을 밝히고 있다.

그리고 일부는 정역을 통하여 밝힌 도가 유가儒家와 불가佛家 선교仙敎를 포함하면서도 넘어섬[250]을 밝히고 있다. 그것은 정역을 통하여 밝힌

---

[248] 김항金恒, 『정역正易』 대역서大易序, "洞觀天地無形之景은 一夫能之하고 方達天地有形之理는 夫子先之시니라."

[249] 김항金恒, 『정역正易』 입도시立道詩, "靜觀萬變一蒼空하니 六九之年에 始見工을 妙妙玄玄에 玄妙理는 无无有有无中을"

[250] 김항金恒, 『정역正易』 무위시无位詩, "道乃分三理自然이니 斯儒斯佛又斯仙을 誰識一夫眞蹈此오 无人則守오 有人傳을"

역도가 중도임을 뜻한다.

중도인 역도는 유가, 불가, 선가의 관점에서 다양한 이치로 나타낼 수 있지만 그와 반대로 유가, 불가, 선가의 내용을 합合하거나 불교나 유교, 도가와 같은 하나의 이치를 중심으로 회통시켜서 드러나지 않는다.

그렇다고 하여 중도는 형이하의 현상을 대상으로 근원을 찾는 과학이 제시하는 물리物理도 아니다. 왜냐하면 유불도儒佛道에서 제시하는 도道는 과학이나 수학, 천문학에서 제시하는 법칙과 다르기 때문이다. 역수의 구성 법칙은 천문학의 일종으로 천문학이 추구하는 천체의 법칙은 물리이지 형이상의 도가 아니다. 그러면 무엇이 문제인가?

만약 정역이 오로지 지구와 달, 태양의 관계를 나타내는 법칙을 나타낸다면 그것은 지구와 관련된 과학적인 법칙일 뿐으로 태양계를 넘어서고 은하계를 넘어서 다른 우주에서는 통하지 않을 법칙이다.

그러나 무엇보다 근본적인 문제는 주역과 정역을 막론하고 역易은 현상의 변역變易뿐만 아니라 불역不易의 법칙인 도 역시 역도, 변화의 도라고 말하여 어떤 것도 고정된 실체가 없음이 역학의 대전제라는 점이다. 따라서 만약 오로지 선천에서 후천으로의 변화하는 법칙만이 있다면 그것은 역도가 아니다.

또 하나의 문제는 이미 주역에서 드러나듯이 건도변화乾道變化 각정성명各正性命[251]의 문제이다. 주역에서 형이상의 천도를 논하고 그것을 다시 인간의 관점에서 성명이 바르게 됨을 논한다.

이때 건도변화가 중심이거나 각정성명이 중심이면 양자를 함께 논할

---

251 『주역』 중천건괘重天乾卦 단사彖辭, "주乾道變化에 各正性命하나니 保合大和하야 乃利貞하니라."

수 없다. 그렇다고 하여 양자를 별개로 하면 양자의 관계가 무엇인지의 문제가 발생한다.

이제 우리는 선천에서 후천으로의 변화를 중심으로 정역을 이해하지 말고, 원천을 중심으로 선천에서 후천으로의 변화와 후천에서 선천으로의 변화를 함께 살펴보아야 한다. 그것은 정역에서 제시한 생성적 패러다임에 의하여 정역을 이해함을 뜻한다.

원천을 바탕으로 한 연구 방법은 과학과 주역, 불교, 도가, 유가에서 제시하는 실체적 세계관에 의하여 본성, 자성, 불성, 성품을 찾는 분합적 방법이 아니라 매 순간 새롭고 다양하게 나타나지만 나타남이 없는 생성적 관점에서 정역을 이해하는 방법이다.

생성적 패러다임에 의한 생성적 이해의 중심에 지금 여기의 나의 본성, 성품이 있다. 주역이나 유가, 불가, 도가를 비롯하여 어떤 이론을 막론하고 그 근원은 바로 본성, 자성이다. 우리가 본성을 주체로 살기 위해서는 도, 자성自性이 현상에서 다양하게 드러나는 생성적 관점에서 정역을 이해하지 않을 수 없다.

예나 지금이나 사람들이 정역에서 찾고자 하는 내용은 선천에서 후천으로의 변화이다. 그들은 지구의 변화를 통하여 일어나는 자신들의 삶의 변화가 어떻게 이루어질 것인가에 관심을 갖는다. 과연 그들이 바라는 것과 같이 윤역閏曆에 의한 선천先天의 시대가 가고, 정역正曆에 의한 후천의 시대가 오면 모든 사람이 행복할까?

만약 마음을 악하게 쓰면서 사는 사람이 있다면 설사 그를 천국天國에 데려가더라도 견디지 못할 것이다. 그는 서로를 위하여 목숨도 버리는 조건이 없는 자비慈悲의 삶을 받아들이지 못하고 서로 싸우는 지옥으로 만들어 버릴 것이다.

　그와 달리 만약 어떤 사람이 선하게 마음을 쓰고 산다면 설사 그를 지옥에 보내더라도 천국처럼 살 것이다. 그는 자신을 버려서라도 남을 살리고자 하는 자비로운 삶을 살기 때문에 주변을 변화시켜서 천국으로 만들 것이다.

　대인과 군자, 성인, 부처, 보살, 구세주는 선천의 시대적 상황에서도 후천의 삶을 살지만 소인, 죄인, 중생은 후천의 시대적 상황에서도 선천의 삶을 산다. 이처럼 현상에서 드러나는 언행이 중요하고, 언행으로 드러나는 사고는 더욱 중요하다.

　바로 삶은 고정된 기성품이 아니라 매 순간 어떻게 사는가에 따라서 달라지는 신생품이라는 점에서 삶의 방법, 삶의 방식이 중요하다.

　대인의 도와 소인의 도, 부처와 중생의 삶, 구세주와 죄인의 삶이라는 현상의 차이는 바로 대인의 도, 부처의 도인 불도라는 삶의 방법, 삶의 방식의 차이다. 그러므로 인간의 삶은 물리적 사건으로 나타나는 선천에서 후천으로의 변화보다 스스로 매 순간을 어떻게 사느냐가 중요하다.

　그리고 만약 선천에서 후천으로의 변화가 단순한 물리적 현상이라면 변화의 현상이 일어나기 전에는 아직 일어나지 않았기 때문에 지금 여기의 삶과 아무런 관련이 없고, 일어난 후에는 이미 지나갔기 때문에 지금 여기의 삶과 아무런 관련이 없으며, 일어나는 순간은 그저 일어날 뿐이기 때문에 알거나 모름에 아무런 상관이 없다. 그러면 도대체 미래에 일어날 선후천 변화의 현상이 있기는 한 것인가?

　물리적 현상으로서의 선천에서 후천으로의 변화는 육신을 중심으로 세계를 이해할 때 나타나는 사건이다. 그것은 물리적 시간의 근원인 시간성에 의하여 이루어지는 변화의 관점에서 보면 물리적 시간의 차원에서 일어나는 사건은 실재하지 않는 환상임을 뜻한다. 따라서 현상으로서의 선후천 변화는 오로지 인간이 나타낸 개념이나 수의 변화를 통하여 나타날 뿐이다.

둘째는 형이상의 차원에서 본체를 바탕으로 한 연구 성과를 바탕으로 기존의 현상적 연구 성과와 통합하는 연구가 필요하다. 우리는 형이상의 본체 중심의 연구와 형이하의 현상 중심의 연구를 하나로 하는 작용 중심의 연구가 필요하다. 그것은 G.P.를 바탕으로 M.P.와 E.P.를 포함하여 통섭적인 학문과 실천의 삶이 요구됨을 뜻한다.

작용 중심의 연구는 본체인 삼극의 도를 현상에서 십이월이십사절기 후도수가 나타내는 것처럼 정역의 경지로 나타내는 작용인 도역생성을 바탕으로 정역을 연구하는 방법이다.

일부가 제시한 도역의 생성을 바탕으로 연구하고 실천하는 삶을 살 때 비로소 인간다운 삶이 무엇인가의 문제가 해결된다. 그것은 이미 주역을 통하여 해결한 것이 아닌가?

역도를 인간을 중심으로 나타내어 밖의 현상에서 벗어나서 주체인 나의 내면으로 들어와서 심층의 본성, 성품을 자각함으로 이해함은 주역의 관점이다.

64괘를 집약하여 나타내는 중천건괘와 중지곤괘를 살펴보면 중천건괘에서는 앎을 중심으로 인간의 밖에서 안을 향하는 용심用心을 나타내고, 중지곤괘에서는 심성 내면에서 밖을 향하여 이루어지는 운신運身을 중심으로 역도를 나타낸다.

중천건괘와 중지곤괘를 통하여 드러나는 사유구조, 논리구조는 역방향에서 출발하여 순방향에 이르는 구조이다. 오로지 역방향에서 인간 주체적 자각만을 중심으로 주역을 연구하는 것은 한계가 있다. 왜냐하면 중천건괘의 앎을 중심으로 주역을 연구하면 중지곤괘가 나타내는 순방향의 실천을 소홀하게 되기 때문이다.

그러나 정역의 논리구조는 주역의 논리구조와는 다르다. 주역이 지도地道의 관점 곧 물건적 관점에서 인도人道를 논하지만 정역은 천도天道의 관점 곧 사건의 관점에서 신도神道를 논한다. 따라서 물건적인 변화가 중심인 주역과 달리 정역은 사건의 생성이 중심이다. 그러면 현상과 다른 근원인 역도는 있는가?

역도는 현상의 근원이기 때문에 현상의 측면에서 보면 현상과 존재 양상이 달라서 있다고 할 수 없다. 그러나 현상이 일어나는 측면에서 보면 현상의 근원이 역도이기 때문에 없다고 할 수 없다. 그러면 역도는 있는가 아니면 없는가?

본체인 역도와 현상인 역수, 사건, 물건, 시공, 천지, 사물은 하나이다. 왜냐하면 본체가 작용하여 현상으로 드러나기 때문이다. 그러나 현상의 측면에서 보면 사물이 그대로 역도는 아니다. 다시 말하면 현상이 그대로 본체가 아니다. 그렇기 때문에 양자가 하나라고 할 수 없다. 그러면 양자는 무엇인가?

작용에 따라서 본체가 나타나는 현상이 달라진다. 작용은 바로 지금 여기의 나에 의하여 이루어진다. 이때의 나는 육신으로서의 내가 아니라 본성으로서의 참나이자 나 아닌 나를 가리킨다. 따라서 작용에 의하여 둘로 나타나는 현상이 전개된다.

이것과 저것, 있음과 없음과 같은 다양한 둘의 현상은 모두 작용의 결과이다. 그러므로 지금 여기의 나를 떠나서 역도와 현상을 말할 수 없다. 그러면 지금까지의 정역에 관한 연구 성과를 어떻게 이해할 것인가?

현상의 관점에서 정역을 연구하거나 본체의 관점에서 정역을 연구하고, 작용의 관점에서 정역을 연구하는 것이 모두 하나의 일이다. 왜냐하면 인간의 본성은 둘이 아니기 때문에 하나의 본성이 다양하게 작용하여 나타난 연구 성과가 바로 정역을 다양한 관점에서 연구한 성과이기 때문이다. 그러면 정역의 연구 성과만이 그런가?

우리는 정역이라는 하나의 대상을 중심으로 논했다. 그러나 우리는 이러한 작업을 통하여 삶에서 일어나는 사건과 물건이 모두 본성의 작용임을 아는 일이 중요하다. 그것은 지금까지의 정역에 대한 연구 성과가 모두 인간의 본성이 허공과 같이 아무런 한계가 없는 완전한 존재임을 보여 줌을 뜻한다.

인간의 모든 활동이 본성에 의하여 이루어지기 때문에 정역의 연구 자체가 그대로 자유로울 뿐만 아니라 연구의 성과 역시 가치상의 우열이 없이 평등하다.

만약 이처럼 현상이 그대로 완전하여 부족함이 없는 본체의 드러남임을 알면 본체를 지혜롭고 자비롭게 활용하여 자신과 모든 존재를 이롭게 할 것이다.

그는 정역을 연구하거나 주역을 연구하고 다른 전적을 연구하는 인문학을 하거나 자연을 연구하는 과학을 하고, 사회를 연구하는 사회학은 물론 종교, 문학, 예술의 어떤 것을 막론하고 인간이 하는 모든 일들이 육신이 하는 유위有爲가 아니라 본성이라는 하나의 근원에서 하기 때문에 그 어떤 것도 함이 없는 무위無爲임을 안다.

그는 잠을 자고, 밥을 먹고 일어나 걷고 움직이는 모든 일들이 온 우주와 더불어 함을 알기 때문에 자신이 무엇을 한다고 하거나 얻고자 하는 욕심이 없이 그저 모든 사람, 모든 존재를 사랑하는 마음으로 정역을 연구하고, 인문학, 사회학, 과학을 연구하며, 예술, 종교, 문학을 하면서 다른 존재와 공유하는 삶을 산다.

지금까지의 정역에 관한 연구 성과는 모두가 본성의 작용이기 때문에 소중하다. 그러나 한편으로는 오로지 현상을 중심으로 태극을 찾았기 때문에 황극, 무극의 차원이 드러나지 않았던 한계를 보인다. 따라서 과거의 연구자들이 아직은 드러내지 않은 황극과 무극이 둘이 아니고, 태극과 무극이 둘이 아닌 관점에서 본체와 현상, 작용을 함께 드러내는 과정이 필요하다.

2. 생성적 패러다임과
화화옹化化翁의 도역생성倒逆生成

형식과 내용의 측면에서 정역은 십오일언과 십일일언의 상하적 구조가 있고, 선천과 후천, 도서의 이치와 천지의 도, 태음과 태양, 무위戊位와 기위己位의 음양적 구조, 이원적 구조가 있다.

상하와 내외는 주역이 공간적 관점에서 물건을 중심으로 전개되는 인도, 지도가 바탕인 역도를 나타내는 이원적 구조이다. 주역은 형이상과 형이하, 도와 기, 음과 양, 성과 명의 이원적 구조에 의하여 불일不一의 현상으로부터 불이不二의 근원을 찾는 과정이 주제이다.

그러나 일부는 "천지의 이치는 삼원三元이다."[252]라고 하여 주역의 이원적 구조와 다른 삼원적 구조를 제시하였다. 그는 송대宋代의 이기론을 수용하여 지도地道를 형체를 가진 실체로 그리고 천도天道를 실체가 없는 그림자로 제시하여 체용體用의 도에 이기理氣가 있음을 말하면서도 동시에 신명神明을 제기하여 이理와 기氣, 신명神明의 삼원적 구조로 이해한다.[253]

또한 그는 천황天皇, 지황地皇, 인황人皇을 논하고, 무극无極, 태극太極, 황극皇極의 삼극三極을 논하며, 복희팔괘도와 문왕팔괘도에 정역팔괘도

252　김항金恒, 『정역正易』 제1장, "天地之理는 三元이니라."
253　김항, 『정역』 제1장—張, "地는 載天而方正하니 體니라. 天은 包地而圓環하니 影이니라. 大哉라 體影之道여 理氣囿焉하고 神明이 萃焉이니라. 天地之理는 三元이니라."

를 더하여 삼역팔괘도三易八卦圖를 논한다. 이처럼 일부는 중中과 무위無位, 유위有位의 세 차원을 바탕으로 정역을 저술한다.

그러나 일부가 정역에서 제시하는 세 차원은 고정된 실체가 아니다. 그는 삼원을 말하면서도 이원은 물론 일월戊己日月, 천지일월天地日月의 사원적四元的 구조를 논하고, 오원五元, 칠원七元을 논할 뿐만 아니라 원원元元을 논하여 다차원적인 구조를 논한다.

그가 비록 도道라는 개념을 사용하지만 불변不變의 실체, 불역不易의 도道를 가리키지 않는다. 그는 주역의 중심 주제인 도道와 달리 도수度數를 통하여 화화옹化化翁, 화옹化翁, 화무옹化无翁, 화무상제化無上帝를 나타낸다.

화화옹, 화무옹은 우주가 매 순간 끊임없이 새롭고 다양하게 생성하는 변화의 연속, 변화의 흐름임을 나타낸다. 그러면 그가 정역을 통하여 변화의 연속인 우주, 천지를 어떻게 나타내는지 살펴보자.

M.P.에 의하여 현상의 근원인 도, 성품을 밝히는 유학, 불교, 도가, 주역은 현상의 근원인 명命과 형이상의 근원인 성性을 나타내는 도구로 수數와 괘상卦象, 언사를 사용하면서도 수보다는 괘상과 효사를 주로 사용한다.

그러나 일부一夫는 중中, 공空을 나타내는 도구로 수와 도상, 언사의 세 가지를 자유자재로 사용한다. 그는 수를 기본적인 도구로 활용하면서 이와 더불어 괘상을 비롯한 도상을 사용할 뿐만 아니라 필요한 경우에는 언사도 사용한다. 그러면 일부가 삼원적 구조를 통하여 나타내는 중中, 공空, 화화옹化化翁은 무엇인가?

일부는 정역의 내용을 스스로 삼원을 나타내는 세 관점에서 정리하여 나타내고 있다. 그가 밝힌 정역의 내용은 입도시立道詩, 무위시無位詩, 정역시正易詩를 통하여 파악할 수 있다. 그가 중中을 나타내는 입도시는 다음과 같다.

> 고요히 끝없이 변화하는 하나의 창공蒼空을 보니 54세에 비로소 천공天工을 보았네. 묘하고 묘하며, 그윽하고 그윽하여, 묘하고 그윽한 이치는 무無라 하면 무無이고, 유有라 하면 유有이지만 유무有無가 모두 중中이라네.²⁵⁴

우리가 현상의 차원에서 창공을 이해하면 눈으로 볼 수 있는 푸른 하늘을 가리킨다. 그러나 창공은 형이상의 도를 나타내는 개념으로 사용되고 있다.

형이상의 차원에서 보면 창蒼은 푸름이 아니라 늙음, 오래됨, 영원을 가리킨다. 따라서 창공은 육신을 넘어선 마음을 통하여 파악할 수 있는 형이상의 경지를 나타낸다.

창공은 형이상의 차원에서는 변화의 현상으로 드러나면서도 변화의 현상을 넘어선 영원한 공空의 경지를 나타낸다. 공은 중관학을 나타내는 핵심적인 개념일 뿐만 아니라 논어에서도 사용되는 개념이다. 그러면 일부는 왜 공을 사용하는가?

공은 일부가 정역을 통하여 제시하는 핵심적인 개념인 화옹, 화무상제, 화화옹의 특성을 나타내는 개념이기도 하다. 그가 반고를 언급하고, 상제, 도를 언급할 뿐만 아니라 화옹, 화화옹, 화무상제를 언급하는 까닭은 공, 중이 실체가 아님을 나타내기 위함이다.

---

254 김항, 『정역』 立道詩, "靜觀萬變一蒼空하니 六九之年에 始見工을 妙妙玄玄에 玄妙理는 无无有有无中을"

제4부 생성적 패러다임과 다차원적 변화

그는 화화옹을 비롯한 다양한 개념과 수, 도상을 통하여 공, 중이 있지만 활동을 하지 않는 생명이 없는 물건이 아니라 항상 변화함을 나타낸다. 그것은 선사禪師들이 성품을 앎과 모름을 넘어선 공적空寂으로 나타내면서도 신령하게 아는 작용을 하는 영지靈知[255]로 나타내는 것과 같다.

공, 무위, 공적의 측면에서 보면 중도, 역도는 현상의 사물을 대상으로 이루어지는 이성적 사유에 의한 분석과 합일에 의하여 밝혀지지 않는다. 일부는 분석하고 합일하는 분합의 사고가 사라졌을 때 나타나는 지혜의 작용을 정관靜觀이라고 하였다.

그가 공의 경지를 정관했다고 말함은 바로 자신이 54세 이르러서 비로소 천지의 무형의 경계를 통관洞觀했음을 뜻한다. 그가 통관한 창공은 유有와 무無를 초월하면서도 유와 무를 벗어나지 않은 중中이다. 그러면 그는 왜 중을 현묘한 이치로 나타내는가?

그는 자신이 정역을 통하여 밝힌 중中, 공空이 불교, 도가, 주역에서 논한 내용과 한국역학, 한국사상과 어떤 관계인지를 밝히기 위하여 현묘한 이치라는 개념을 사용한다. 최고운崔孤雲은 우리나라의 전통사상을 현묘玄妙한 도道라고 말한다.

> 나라에 현묘한 도가 있으니 풍류風流라고 말한다. 가르침을 베푸는 근원이 선사仙史에 상세하게 갖추어져 있으니 실로 안에 삼교三敎를 포함하고 있어 뭇 생명들을 접하여 교화한다. 집에 들어와서 효도하고, 밖에 나가서 나라에 충을 행하는 것은 노나라의 사구司寇의 뜻과 같고, 무위無爲의 일에 처하여 말이 없는 가르침을 행함은 주周나라의 주사柱史의 종지

---

255 『법집별행록절요 병입사기』法集別行錄節要幷入私記(ABC, H0074 v4, p.763b01-b02), "所悟空寂靈知的是佛祖"

와 같으며, 모든 악을 행하지 않고, 모든 선을 받들어 행함은 축건竺乾의 태자의 교화와 같다.[256]

고운은 고조선으로부터 시작하여 신라에 전해진 한국의 전통사상을 현묘한 도로 규정하고 그 내용을 풍류風流라고 불렀다. 풍류風流의 풍은 단순한 바람이 아니라 신에 의하여 나타나는 흐름, 바람을 뜻한다. 따라서 풍류는 우리말의 신바람이다.

신바람은 진리, 도와 하나가 되어 살아가는 자유로운 삶을 나타낸다. 고운이 당시의 신라에 전해진 현묘한 도를 선교仙敎의 관점에서 풍류도로 규정한 것과 달리 일부는 현묘한 도를 유학儒學을 중심으로 밝힌다.

일부는 중국의 유불도儒佛道를 포함하면서도 삼자를 벗어나 삼자의 근원인 중도中道, 역도를 현묘한 도로 규정한다. 끊임없이 변화하면서도 변화함이 없는 영원한 공, 중이 본체라면 반드시 작용을 하지 않을 수 없다. 그는 기구起句에서 본체의 관점에서 창공을 언급했다. 그러면 본체의 작용은 무엇인가?

그는 입도시의 승구承句에서 작용의 관점에서 중, 공을 논한다. 본체로서의 중, 공은 시공을 초월하기 때문에 시공의 차원에서 작용을 논하고, 현상의 사물로 표현할 수 없다. 그렇기 때문에 정관이라는 표현을 했다.

그러나 작용의 관점에서 시종을 논하고, 견문각지見聞覺知의 작용을 논할 수 있다. 그가 승구에서 54세라는 물리적 시간의 차원에서 비로소 천공을 보았다는 표현한 것을 보면 이를 알 수 있다. 그러면 천공은 무엇인가?

---

[256] 김부식金富軾, 『삼국사기三國史記』, 鸞郎碑序文, "國有玄妙之道 曰風流 設敎之源 備詳仙史 實內包含三敎 接化群生 且如入則孝於家, 出則忠於國 魯司寇之旨也 處無爲之事, 行不言之敎 周柱史之宗也 諸惡莫作 諸善奉行 竺乾太子之化也"

천공은 현묘한 도를 작용의 관점에서 나타낸 개념이다. 천공의 천天은 시간을 나타내고, 공工은 일, 작업을 뜻한다. 그러므로 천공은 시간의 흐름을 따라서 드러나는 중, 공의 작용을 가리킨다.

전구轉句에서는 중의 특성을 밝힌다. 중은 이것과 저것의 중간이 아니라 그윽하고 그윽하며, 묘하고 묘하여 현묘한 이치이다. 현묘한 이치는 시간과 공간을 초월하지만 시간과 공간을 떠나지 않는다. 그러면 결구結句는 무엇인가?

중이 시공을 초월한 현묘한 이치이지만 시공을 벗어나지 않아서 시공에서 자신을 드러낸다. 결구에서는 중을 현상의 관점에서 나타내고 있다. 중을 무로 나타내기도 하고, 유로 나타내기도 한다. 그러나 무로 나타내거나 유로 나타내거나를 막론하고 모두 중이다.

이제 중과 무, 유의 세 차원을 바탕으로 정역의 삼원적인 세계가 전개됨을 알 수 있다. 중이 중인 까닭은 무와 유를 초월하면서도 벗어나지 않기 때문이다. 비록 중과 무, 유가 실체적 존재가 아니지만 체용상의 구조를 통하여 이해할 수 있다. 그러면 중의 작용은 무엇인가?

일부는 공, 중을 무를 통하여 나타낸다. 그는 위의 내용을 입도시入道詩로 규정하여 비록 중은 언어를 비롯한 어떤 도구로도 가리킬 수 없지만 그럼에도 불구하고 말에 의하여 시詩로 중을 나타냄을 밝힌다.

도는 비록 말로 나타낼 수 있지만 말로 일컬어진 도는 본래의 도가 아니다. 왜냐하면 언어에 의하여 어떤 개념이나 주장, 이론, 사상을 제시할 수 있지만 그렇게 제시된 개념, 주장, 이론, 사상은 개념, 주장, 이론, 사상으로 나타내기 이전의 그것은 아니기 때문이다.[257]

---

257   노자, 『도덕경』 제1장, "道可道非常道, 名可名非常名."

오죽하면 노자는 도를 아는 사람은 도에 대하여 말하지 않으며, 도에 대하여 말하는 사람은 도를 알지 못한다고 했을까!²⁵⁸ 그러나 그것도 도에 대한 말이고, 주장, 이론, 사상이다. 이처럼 말해야 할 때는 말을 하고, 말하지 말아야 할 때는 침묵하는 것은 지혜롭고, 자비로운 행위이다.²⁵⁹

일부는 무위시無位詩를 통하여 중을 작용의 측면에서 논한다. 무위는 시간과 공간의 위상이 없는 경지를 가리킨다. 그러므로 무위시는 중을 무위의 차원에서 나타낸 시이다.

> 도道가 셋으로 나누어지는 것은 이치의 스스로 그러함이니, 이에 유儒가 있고, 불佛이 있으며, 선仙이 있다. 누가 일부一夫가 진실로 이를 밟았음을 알리오. 사람이 없으면 지키고, 사람이 있으면 전하리라.²⁶⁰

도가 셋으로 나누어짐은 중을 작용의 관점에서 나타냄을 뜻한다. 이때 도는 천지의 도와 같이 형이상적 존재를 가리키기도 하지만 말을 가리키기도 하고, 말함이라는 동사적인 의미도 있다. 그러면 도가 셋으로 나누어짐은 무엇을 의미하는가?

다음 부분에서 유가, 불가, 선가의 세 사상이 언급되기 때문에 유불선의 세 사상을 가리킨다고 할 수 있다. 이때 셋은 본체와 작용, 현상의 세 측면을 나타내고, 시간의 관점에서는 과거와 미래, 현재의 세 양상이며,

---

258　노자, 『도덕경』 제56장, "知者不言, 言者不知"

259　『논어』, 위령공衛靈公, "子曰 可與言而不與言, 失人, 不可與言而與之言, 失言. 知者不失人, 亦不失言."

260　김항, 『정역』 无位詩, "道乃分三理自然이니 斯儒斯佛又斯仙을 誰識一夫眞蹈此오 无人則守오 有人傳을"

공간의 관점에서는 천지인의 세 요소라고 할 수 있다.

사상의 측면에서는 뒤에서 언급되고 있는 유불선의 세 사상을 가리킨다. 이와 달리 현대적 학문의 관점에서는 인문학, 사회학, 과학의 세 학문을 가리킨다고 할 수 있다.

다만 정역시와 관련하여 이해하면 생장성의 사건의 변화의 과정을 나타내는 생장성의 세 단계를 가리키는 것으로 이해하는 것이 타당하다. 그러면 도가 생장성의 세 단계의 과정으로 드러남은 무엇인가?

중은 시공을 초월하지만 작용인 도는 생장성의 과정이다. 이러한 생장성은 이치가 스스로 그러할 뿐으로 인위적人爲的이지 않을 뿐만 아니라 유위적有爲的이지 않다.

자연自然은 물리적 대상인 자연을 가리키지 않는다. 자연을 현상의 관점에서 이원적인 구조에 의하여 이해하면 이원을 구성하는 양자가 서로가 서로의 존재근거가 되는 동시에 서로가 서로의 소멸 근거가 되는 연기적 관계, 인과적 관계를 벗어난 경지를 나타낸다. 그러므로 중은 자연과 인연을 초월하면서도 벗어나지 않는다. 그러면 유불선은 어떤 관계인가?

유가와 불가, 선가는 사람의 말을 통하여 이론 체계로 나타난 사상이다. 모두 하나의 근원인 중을 서로 다른 관점에서 나타낸 결과로 옳고 그름이나 선과 악, 아름다움과 추함과 같은 가치상의 우열이 없다.

그러나 사람들은 유가와 불가, 선가를 서로 다른 실체로 여기고 그 가운데서 어느 하나의 사상을 선택한다. 그리고 시비, 선악의 기준으로 자신이 선택한 이론, 사상은 옳고, 선하여 정통이고, 다른 이론, 사상은 그르고, 악하며 이단이라고 말한다. 그러면 삼자의 회통이 필요한가?

삼가의 회통은 삼가를 셋으로 이해할 때 비로소 필요한 작업이다. 그러나 현상의 측면에서 이론, 사상이 셋일 뿐으로 그것이 가리키는 내용은 하나의 도이기 때문에 본래 둘이 아니어서 셋을 회통하는 새로운 이론이나 사상을 필요로 하지 않는다.

중, 도라는 개념은 단지 개념일 뿐이다. 중, 도가 가리키는 지금 여기의 나와 별개의 대상은 없다. 도라는 것은 그것을 논하는 지금 여기의 나와 둘이 아니다. 만약 잠시라도 나와 둘일 수 있다면 그것은 도가 아니다.[261] 그러면 우리는 어떻게 해야 하는가?

어떤 이름이나 주장, 이론, 사상을 막론하고 지금 여기의 나로 주체화하여 이해해야 한다. 바로 지금 여기의 나의 본성을 주체로 모든 개념, 사상, 이론을 이해해야 함을 뜻한다. 일부는 전구를 통하여 바로 이 점을 분명하게 밝힌다.

그는 "누가 일부가 이를 진실로 밟았음을 알겠는가?"라고 반문한다. 이는 일부라는 특정한 한 사람이 도를 체험하는 하나의 사건을 가리키지 않는다. 일부는 물론 온 우주의 모든 사람이 매 순간 항상 생장성의 세 단계의 과정으로 나타나는 언행을 통하여 삶을 산다.

사람은 하루 가운데 매 순간 때로는 유가의 관점에서 말하고, 행동하며, 때로는 불가의 관점에서 말하고 행동하고, 언행하며, 때로는 선가의 관점에서 말하고 행동한다. 이처럼 모든 사람이 매 순간의 다양하고 새로운 생명 현상으로 드러나는 도의 작용에 의하여 삶을 한다. 그러면 마지막 부분에서 그는 왜 전해 줌과 지킴을 말하는가?

일부는 사람이 없으면 지키고, 사람이 있으면 전한다고 말했다. 그는

---

261 주희朱熹, 『중용장구中庸章句』 경1장, "道也者 不可須臾離也 可離非道也"

도를 시공의 위상을 갖는 실체적 존재가 아니기 때문에 무위無位라고 말하였다. 도는 지키거나 전해 줄 수 있는 물건이 아니다. 따라서 누가 누구에게 도를 줄 수 없을 뿐만 아니라 그렇다고 하여 스스로 소유할 수도 없다. 그러면 그는 왜 그렇게 말했는가?

그가 지키거나 전해 주기 위하여 제시한 조건은 사람의 유무有無이다. 이때 사람은 육신을 중심으로 동물이나 식물과 다른 인간을 가리키지 않는다.

그는 천지에 일월이 없으면 빈껍데기와 같고, 일월에 지극한 사람이 없으면 비어 있는 그림자와 같다고 하였다. 따라서 그가 말하는 사람은 바로 지인至人이다.

지인至人은 그가 유아사儒雅士라고도 부르는 군자君子, 대인大人이자 평범한 일상의 한 사람인 일부一夫이다. 그는 서경과 주역을 공부하여 성명의 이치를 궁구하여 수신修身한 사람[262]이자 솔성率性하는 사람이다.

사람들은 삶 가운데서 수많은 지식, 정보와 만난다. 그리고 모습, 소리, 맛, 냄새, 감촉을 비롯하여 매 순간 만나는 정보, 지식에 끌려가서 시비, 선악을 나누어서 소유하려는 욕망을 일으키고, 그것을 소유하고자 한다.

일상의 사람들은 오로지 밖의 사물을 향하여 마음을 쓰고, 사물을 소유하려는 욕심에 끌려서 사물의 노예가 되어 살기 때문에 욕심을 갖고 소유하려는 자신이 어떤 존재이며, 어떻게 살아야 하는지를 모른다.

그러나 자신이 어떤 존재인지를 알고 자신으로 사는 사람이 사람다운 사람인 지인至人이다. 일부는 도도滔滔한 삶의 격랑激浪 속에서 사람답게

---

262 김항, 『정역』 구구음九九吟, "讀書學易은 先天事요 窮理修身은 后人誰오"

살고자 하는 대장부의 뜻을 놓지 않는 유아사儒雅士[263]라야 비로소 화화옹化化翁이 친히 베푸는 가르침과 만난다고 하였다.[264] 그러면 어떻게 화옹과 만나는가?

화옹은 무위적 존재이지만 지금 여기의 나와 둘이 아니다. 지금 여기의 나의 성품이 화화옹이다. 따라서 화화옹은 만나야 할 존재가 아니다. 오직 매 순간 나타나는 성품의 작용인 마음을 통하여 본체인 성품이 화화옹임을 파악하는 통관洞觀이 필요하다.

통관은 인위적인 수행이나 공부, 수기를 통하여 이루어지는 것이 아니라 스스로 밝혀지는 자명自明이다. 그것은 마치 구름이 걷히면 본래 태양의 밝은 빛이 항상 빛나고 있음을 확인하는 것과 같다. 따라서 자신의 주장이 타당함을 다른 사람이 인정하도록 증명하는 일이 필요하지 않다.

태양의 빛을 가로막는 구름은 의식에 의하여 일어나는 분별심이다. 그러므로 분별심을 제거할 것이 아니라 분별심이 일어나는 의식을 넘어서 본성에 이르면 밝고 어둠이 없음을 안다.

일부는 용심법用心法을 중심으로 진실한 뜻과 바른 마음으로 종시終始에 게으름이 없으면 반드시 화화옹이 직접 가르쳐 준다고 하였다.[265] 그러면 화화옹과 둘이 아닌 지인至人의 삶은 무엇인가?

화옹, 화화옹과 둘이 아닌 지인의 삶이 현상이다. 화화옹은 지인의 용

---

263 김항金恒, 『정역正易』 구구음九九吟, "凡百滔滔儒雅士아 聽我一曲放浪吟하라."
264 김항金恒, 『정역正易』 구구음九九吟, "讀書學易은 先天事요 窮理修身은 后人誰오 三絶韋編吾夫子도 不言无極有意存이라 六十平生狂一夫는 自笑人笑恒多笑라 笑中有笑 笑何笑오 能笑其笑笑而歌라."
265 김항, 『정역』 구구음九九吟, "誠意正心하야 終始无怠하면 丁寧我化化翁이 必親施敎시리니 是非是好吾好아"

심을 통하여 현상의 둘이 아닌 삶으로 나타난다. 일부는 지금 여기의 현상에서 이루어지는 화화옹이 나타난 생명 현상인 삶을 시간을 중심으로 사건으로 나타낸다.

화화옹이라는 시간성은 스스로 변하여 사건으로 화하여 시간의 세계를 전개시키면서 대상화한 물건으로 나타나는 동시에 물건의 세계는 다시 사건으로 변하여 시간성으로 화함으로써 시간성의 경계로 돌아간다.

화화옹과 함께하는 삶은 시간성의 시간화로 시작되고, 인간에 의하여 대상화되어 물건으로 드러남으로써 완성되는 동시에 인간에 의하여 다시 사건으로 변하여 시간성으로 화함으로써 비로소 새로운 시간화를 준비한다.

현묘한 도가 본체가 되어 이루어지는 작용이 인간에 의하여 유불선이라는 이론 체계로 나타나고, 이론 체계는 언어를 통하여 시공에서 그 모습을 나타내면서 현상의 물건으로 대상화되어 나타난다. 일부는 정역시正易詩를 통하여 천공의 결과로 나타나는 사건적 현상을 다음과 같이 밝힌다.

> 천지의 수數는 일월을 셈하는 수이니, 일월이 바르지 않으면 역易이 역易이 아니다. 역易이 정역正易이 되어야 역易이 역易이니 원역原易이 어찌 항상 윤역閏曆을 쓰겠는가![266]

그동안 정역을 연구하는 사람들이 가장 관심을 많이 가졌던 주제가 비

---

266 김항, 『정역』正易詩, "天地之數는 數日月이니 日月이 不正이면 易匪易이라 易爲正易이라사 易爲易이니 原易이 何常用閏易고"

로소 정역시에서 드러난다. 정역이라는 저작에 관심을 갖는 대부분의 사람들은 윤역閏曆과 정역正曆을 중심으로 선천과 후천의 변화에 관심을 갖는다.

그들은 형이하의 물리적 시간의 차원에서 윤역과 정역이라는 역수의 변화를 중심으로 정역을 이해한다. 그리고 윤역의 선천에서 정역의 후천으로 변화하는 후천의 시작을 가리키는 후천개벽後天開闢이 언제 일어날 것인지에 관심을 집중한다.

사람들은 지금 여기에서 이루어지는 자신의 삶을 고통으로 느낀다. 그리고 그들은 고통스러운 선천의 세계가 끝이 나고 낙원, 천국과 같은 후천의 삶이 시작되기를 간절하게 바란다.

그들은 지금을 벗어나고, 여기를 떠나며, 지금 여기의 내가 아닌 다른 자신에 의하여 이루어지는 새로운 삶을 원한다. 그러면 정역에서 새로운 시대, 새로운 공간에서 다른 나에 의하여 이루어지는 새로운 삶이 제시되고 있는가?

일부는 먼저 수數를 언급한다. 수는 셈을 하는 도구인 수, 수학이라는 학문의 도구로인 수, 물리적 시간을 나타내는 단위로서의 수가 있다. 일부는 수의 다양한 측면 가운데서 천지의 도수를 논한다.

천지의 도수는 시간성의 스스로 작용하여 시간으로 화함을 나타내는 도구이다. 이 천지의 도수는 일一에서 시작하여 십十에서 끝나는 열 가지의 기수基數이다. 이 기수는 동시에 서수序數가 되어 다섯 위치에서 수와 수가 만나서 하도와 낙서라는 도상을 형성한다. 그러면 천지의 수는 수학에서 말하는 기수, 서수와 같은가?

천지의 도수는 천도의 내용인 역도를 상징하는 수라는 점에서 형식적인 수가 아님을 나타내어 이수理數²⁶⁷라고 말한다. 이수는 현상의 관점에서는 수리數理를 포함하지만 단순하게 수리를 나타내는 것에 그치지 않고, 현묘한 이치를 나타내는 수라는 의미이다.

현묘한 도는 시공의 위치가 없는 무위이다. 그러나 천지의 도수라는 도구를 통하여 날과 달이라는 시간으로 분절分節하여 나타냄으로써 비로소 시간의 세계, 사건의 세계가 전개된다. 천지의 도수가 일월을 셈하는 수라는 의미가 바로 이것이다. 그러면 일부는 왜 일월이 바르지 않으면 역이 역이 아니라고 하는가?

일월은 시간을 나타내는 단위이다. 그가 현상의 시간을 올바로 나타내지 않으면 역이 역이 아니라고 말함은 역의 본래면목이 사건을 통하여 전개되는 시간을 통하여 드러남을 밝힌 것이다. 그는 대역서大易序에서 정역의 내용을 다음과 같이 밝힌다.

> 역易은 역曆이다. 역曆이 없다면 성인이 없고, 성인이 없다면 역易도 없다.²⁶⁸

역曆은 성인을 비롯한 인간의 존재근거이다. 그러므로 성인聖人이 없다면 인간의 존재근거인 역曆을 밝히는 학문인 역학易學이 존재할 수 없다. 이처럼 역학은 성인에 의하여 형성된 성학聖學이다. 그러면 역은 무엇인가?

역이라는 개념은 연월일시의 시간을 나타내는 책력을 나타낸다. 책력

267　김항金恒『정역正易』화무상제중언化无上帝重言, "推衍에 无或違正倫하라 倒喪天理父母 危시니라. 不敢焉推理數리오마는 只願安泰父母心이로소이다."

268　김항金恒『정역正易』大易序, "聖哉라 易之爲易이여 易者는 曆也니 無曆이면 無聖이오 無聖이면 無易이라."

은 인류가 사용하는 시간의 단위인 연을 기준으로 수에 의하여 나타낸다. 사람들은 역을 구성하는 도구인 수를 역에 더하여 역수曆數라고 말한다.

논어와 서경에서는 성통聖統을 제시하면서 요堯가 순舜에게 전하고, 순舜이 우禹에게 전해 준 성인의 도가 역과 관련됨을 다음과 같이 밝히고 있다.

> 천天의 역수曆數가 네 몸에 있으니 진실로 그 중中을 잡으라! 사해四海가 곤궁하면 천록天祿이 영원히 끊어질 것이다.[269]

위의 인용문에서는 요가 순에게 전해 주고, 순이 우에게 전해 준 나라를 다스리는 도가 무엇인지를 밝히고 있다.[270] 주역, 논어, 서경, 맹자를 비롯하여 유가의 여러 전적에서는 성인의 도를 성통과 관련하여 나타낸다.

그러나 요와 순, 우에 관한 내용들은 역사적 사실이 아니다. 이 부분은 고대의 전통사상이 후대에 이르러서 이론 체계화하여 유가를 비롯하여 다양한 사상으로 정리되었음을 나타내는 부분으로 이해하는 것이 타당하다.

인용문에서 우리가 주목할 부분은 "천의 역수가 네 몸에 있다."라는 말이다. 주희는 역수曆數를 천문학적인 관점에서 물리적 시간을 나타내는 수로 이해하여 "제왕들이 서로 자리를 계승하는 차례를 나타내는 것으

---

269 『論語』堯曰篇, "天之曆數在爾躬, 允執其中. 四海困窮, 天祿永終."

270 『論語』堯曰篇, "堯曰 咨 爾舜 天之曆數在爾躬, 允執其中. 四海困窮, 天祿永終. 舜亦以命禹 曰 予小子履敢用玄牡, 敢昭告于皇皇后帝, 有罪不敢赦. 帝臣不蔽, 簡在帝心. 朕躬有罪, 無以萬方, 萬方有罪, 罪在朕躬."

로 세시 기절의 선후와 같다."²⁷¹라고 하였다.

만약 주희와 같이 역수를 이해하면 "천의 역수가 네 몸에 있다."라는 말은 순이 운명론적으로 장차 제왕에 오를 차례가 되었음을 나타낸다. 그리고 윤집기중允執其中은 자유의지에 의한 선택의 문제이다. 따라서 본래 그러함을 나타내는 존재론적인 내용과 인간이 선택하는 인식론적인 뒤의 내용이 서로 모순을 일으킨다. 그러면 어떻게 할 것인가?

우리는 정역이 형이상의 도, 본성, 화화옹, 중의 차원에서 논의를 시작함을 생각해야 한다. 역수는 물리적 시간을 나타내는 도구이지만 또한 형이상의 천도를 상징하는 도구이기도 하다. 따라서 역수를 형이상의 차원에서 시간성을 상징하는 도구로 이해해야 한다.

중, 공, 도의 관점에서 보면 앞의 부분은 천도가 인간의 본성임을 밝히고 있다. 그러므로 위의 내용은 요가 순에게만 전한 말이 아니라 두 사람을 통하여 모든 사람이 그러함을 밝힌 존재론적 언급이다. 그러면 다음 부분의 집중은 무엇을 의미하는가?

집중의 중은 인간의 근원인 본성을 가리키는 개념이다. 몸도 아니고, 마음도 아니지만 몸과 마음으로 드러나는 근원인 본성을 자각함이 집중이다. 이는 서경의 다음과 같은 내용을 통하여 확인할 수 있다.

> 천의 역수가 네 몸에 있으니, 너는 마침내 원후元后에 오를 것이다. 인심人心은 위태롭고, 도심道心은 은미隱微하니 오직 정일精一해야 진실로 그 중

---

271   주희, 『논어집주論語集註』, "帝王相繼之次第 猶歲時氣節之先後也"

을 잡을 것이다. (만약) 사해가 곤궁해지면 천록天祿이 영원히 끊어진다.²⁷²

위의 내용 가운데서 주목할 부분은 집중에 대하여 덧붙여 설명한 부분이다. 집중은 마음을 어떻게 쓰는가의 용심의 문제이다. 우리가 집중을 해야 하는 까닭은 인심人心과 도심道心의 서로 다른 특성에 있다.

인심人心은 사람이 육신을 자신으로 여기고 본능에 따라서 일으키는 마음이며, 도심은 본성, 성품을 주체로 일어나는 마음이다. 인심이 위태로움은 그것이 소인의 삶으로 드러나기 때문이고, 도심이 숨어 있어서 미약한 까닭은 밖으로 향하는 마음을 되돌려서 안으로 살펴서 사물에 끌려가지 않을 때 비로소 드러나는 대인의 마음이기 때문이다. 그러면 집중은 어떻게 이루어지는가?

집중은 유정유일惟精惟一에 의하여 이루어진다. 유정惟精은 안으로 매 순간 일어나는 마음을 살펴서 밖으로 향하지 않음이며, 유일惟一은 안으로 마음을 살피는 유정이 한결같이 이루어져서 항상함이다.

밖으로 사물을 향하여 달려가는 마음을 멈추고 안으로 마음을 살펴서 항상 움직임이 없이 고요하면 마음이 드러나기 이전의 본성, 성품을 스스로 파악하게 된다. 그것을 인용문에서는 집중執中이라고 말한다. 그러면 일부는 천지의 수와 집중을 어떻게 이해하는가?

일부는 천지의 수를 주역에서 밝히고 있는 것처럼 단순하게 하도와 낙서를 구성하는 일에서 십까지의 열 개의 수로 여기지 않는다. 그가 천지

---

272 『서경』 대우모, "天之曆數在汝躬, 汝終陟元后, 人心惟危, 道心惟微, 惟精惟一, 允執厥中, 無稽之言勿聽, 弗詢之謀勿庸, 可愛非君, 可畏非民, 衆非元后何戴, 后非衆罔與守邦, 欽哉, 愼乃有位, 敬修其可願, 四海困窮, 天祿永終"

의 수를 어떻게 이해하고 있는지는 다음의 언급을 통하여 확인할 수 있다.

> 천天이 사四면 지地는 육六이고, 천이 오五면 지는 오五이며, 천이 육六이면 지는 사四이다. 천지의 도度는 수가 십十에서 그친다.[273]

그는 천지의 수를 도度와 수數로 나누어서 천지의 도수로 규정한다. 그것은 도수가 물리적 관점에서 천지의 도를 나타내는 천수天數, 지수地數와 다름을 뜻한다. 그러면 그는 왜 천지의 수를 천지의 도수로 나타내는가?

일부는 십十에서 시작하여 구九, 팔八, 칠七, 육六, 오五, 사四, 삼三, 이二, 일一이 모두 중임을 밝히면서[274], 천지의 도수가 중中이라는 의미가 무엇인지를 다음과 같이 말한다.

> 중中은 십과 십, 하나와 하나의 공空이다. 요순의 궐중厥中의 중이고, 공자의 시중時中의 중이며, 일부의 포오함육包五含六 십퇴일진十退一進의 자리이다.[275]

인용문의 처음 부분에서는 천지의 도수를 두 방향에서 나열하여 제시한 수가 무엇인지를 밝히고 있다. 십과 십, 일과 일은 일에서 십까지의

---

273 김항,『정역』제2장, "天四면 地六이오 天五면 地五요 天六이면 地四니라. 天地之度는 數止乎十이니라."

274 김항金恒,『정역正易』십일귀체시十一歸體詩, "十은 十九之中이니라 九는 十七之中이니라. 八은 十五之中이니라. 七은 十三之中이니라. 六은 十一之中이니라. 五는 一九之中이니라. 四는 一七之中이니라. 三은 一五之中이니라. 二는 一三之中이니라. 一은 一一之中이니라."

275 김항金恒,『정역正易』십일귀체시十一歸體詩, "中은 十十一一之空이니라. 堯舜之厥中之中이니라. 孔子之時中之中이니라. 一夫所謂包五含六十退一進之位니라."

방향과 십에서 일까지의 방향에서 천지의 도수를 나열한 것을 가리킨다. 이처럼 두 방향으로 천지의 도수를 나열하여 열 쌍의 각각의 수를 합하면 십十과 일一, 구九와 이二, 팔八과 삼三과 같이 모두 십일十一이 된다.

일에서 십까지의 역逆방향과 십에서 일까지의 순順방향에서 나열한 수는 모두 이십二十이다. 이 이십수二十數를 무위수無位數라고 한다. 무위수가 나타내는 경지는 공空이다. 따라서 무위수는 공空의 경계를 나타낼 뿐만 아니라 유무를 초월하면서도 유무를 벗어나지 않는 중中을 함께 나타낸다. 그러면 중은 무엇인가?

일부는 요순이 말한 윤집궐중允執厥中의 중中이고, 공자가 말한 시중의 중이라고 규정한다. 집중과 시중은 그 방향이 서로 다르다. 집중은 중의 체득體得, 자각自覺이지만 시중은 중中을 정도正道로 실천하는 중용中庸이다.

일부는 천지의 도수를 통하여 나타내는 내용이 요순과 공자에 의하여 언어에 의하여 집중執中과 중용中庸으로 전승되었음을 밝힌다. 그러면 천지의 도수가 나타내는 중은 구체적으로 무엇인가?

일부는 집중과 중용, 시중과 같은 언어를 통하여 논하지 않고, 천지의 도수에 의하여 구성된 하도와 낙서를 통하여 논한다. 그는 하도와 낙서가 나타내는 내용을 도서의 이치라고 말하고, 도서의 이치와 주역의 64괘가 나타내는 천지의 도를 구분하여 도서의 이치는 후천에서 선천을 향하고, 천지의 도는 기제에서 미제를 향함[276]을 밝힌다.

하도와 낙서는 미제와 상象과 기제의 수數를 천지의 도수를 통하여 상징적으로 나타내는 도상이다. 일부는 정역을 구성하는 도구로 수와 상 그리고 언어를 사용한다. 이때 수와 상, 언어는 모두 중, 공의 경계를 나

276　김항金恒, 『정역正易』 제1장, "圖書之理는 后天先天이오 天地之道는 旣濟未濟니라."

타낸다.

그것은 수와 상, 언어가 모두 때로는 형이상적 차원에서 중, 공을 상징하는 도구로 사용되기도 하고, 때로는 형이하의 현상의 관점에서 물리적 사건이나 물건을 나타내는 도구로 사용됨을 뜻한다. 그러면 일부는 형이상과 형이하를 어떻게 나타내는가?

일부는 형이상을 무위无位로 그리고 형이하를 유위有位로 나타낸다. 중, 공과 무위无位, 유위有位의 삼원적 구조는 정역을 일관하는 논리구조, 사유구조, 생성구조이다. 그는 "천지의 이치는 삼원三元"[277]이라고 하여 그 점을 분명하게 밝힌다. 그리고 그는 삼원을 나타내는 중, 공과 무위, 유위를 수에 의하여 다음과 같이 나타낸다.

> 들어서 펴면 곧 무극无極이니 십十이다. 십十은 곧 태극太極으로 일一이다. 일一은 십十이 없으면 체가 없고, 십은 일이 없으면 용이 없다. 합하면 토土로 가운데 거처하는 수가 바로 오五로 황극皇極이다.[278]

인용문에서는 무극과 태극, 황극의 삼극을 통하여 정역의 내용이 삼극의 도임을 밝힌다. 삼극을 수로 나타내면 무극은 십十이고, 태극은 일一이며, 황극은 오五이다. 그러면 삼극은 어떤 관계인가?

삼극은 중, 화화옹, 체영의 도를 체용상의 관점에서 나타낸다. 무극无極은 본체의 관점에서 중, 화화옹을 나타내며, 태극은 시공의 차원, 유위有位의 차원에서 중을 나타낸다. 이 양자를 합한 것이 오행五行의 토土이다.

---

277 김항金恒, 『정역正易』 제1장, "天地之理는 三元이니라."
278 김항, 『정역』 제1장, "擧便无極이시니 十이니라. 十便是太極이니 一이니라. 一이 无十이면 无體요 十이 无一이면 無用이니 합하면 土라 居中이 五니 皇極이니라."

수로 보면 십十과 일一을 합하면 토土라는 개념이 형성된다. 그 가운데 거처하는 수는 토의 중심에 있는 수가 오임을 뜻한다. 오행에서 토土는 무戊와 기己의 둘이다. 기己는 수로는 십이며, 무는 수로는 오五이다. 이때 십十은 오五와 오五를 더하여 형성된다. 그러면 수와 수를 더함이 무엇을 의미하는가?

수와 수를 운용하는 추연推衍은 수학에서 논하는 가감승제加減乘除의 연산演算과 다르다. 수와 수를 더함은 합덕合德을 나타내고, 수와 수를 곱함을 상승相乘을 나타낸다. 이러한 추연을 통하여 중, 공, 무위, 유위의 경지가 표현된다. 그러면 오五가 상징하는 황극皇極은 무엇인가?

본체인 십무극과 작용인 일태극을 합한 것이 오황극이다. 그것은 오황극에 의하여 십무극과 일태극이 합일合一되는 동시에 둘로 나누어짐을 뜻한다. 이를 체용상의 구조에 의하여 나타내면 본체인 십무극과 현상인 일태극이 작용인 오황극에 의하여 하나가 되고, 둘로 나누어짐을 뜻한다. 그러면 일부는 왜 체용體用을 사용하는가?

체용은 물건적 관점에서 사용되는 개념이다. 그는 물건적 관점에서 사용되는 체용을 그대로 사용하면서도 삼극의 도를 다른 관점에서 나타낸다. 일부는 삼극의 도가 바로 정역의 내용임을 밝힌 후에 삼극의 특성을 다음과 같이 논한다.

> 지地는 천天을 싣고 방정方正하니 체體이다. 천天은 지를 싸고 원환하이 영影이다. 위대하다, 체용의 도여! 이기理氣가 들어 있고, 신명神明이 모여 있다.[279]

---

279 김항, 『정역』 제1장, "地는 載天而方正하니 體니라. 天은 包地而圓環하니 影이니라. 大哉라 體影之道여 理氣囿焉하고 神明이 萃焉이니라."

위의 내용을 보면 일부는 주역을 비롯하여 기존의 유학에서 말하는 천지를 물리적 관점에서 실체로 이해하지 않음을 알 수 있다. 그는 기존의 유학에서 천지를 본체와 작용으로 이해한 것과 달리 지천태地天泰가 나타내는 후천後天의 관점에서 체영體影의 도道로 제시한다.

일부가 천지의 도와 달리 삼극의 도를 체영의 도로 제시한 까닭은 그가 생존했던 당시의 치국이념이었던 성리학과 다름을 분명하게 밝힌 것이다. 성리학자들은 오로지 이기론理氣를 중심으로 본체론을 제기하였다.

그러나 일부는 이기理氣와 더불어 신명神明을 제시한다. 신명神明은 형이상과 형이하, 무위와 유위, 성과 명의 이분법적인 사고를 넘어서 중, 공이 존재하면서도 활동하지 않는 실체적 존재가 아니라 화옹, 화무상제, 화화옹이라는 개념이 나타내듯이 항상 자신을 드러냄이 없이 드러냄을 나타내기 위하여 사용하는 개념이다.

신명은 신령스러운 밝음이 아니라 신령스럽게 밝히는 작용, 활동, 기능이라고 할 수 있다. 일부는 신명의 작용을 생성으로 나타낸다. 이러한 신명의 작용을 나타내는 개념이 삼극의 도이자 천지의 이치이다. 그러면 천지의 이치는 무엇인가?

이치는 나눌 수 없는 공, 중의 경계를 하나로, 둘로, 셋으로 나누어서 나타낸다. 따라서 체영의 도인 삼극의 도를 하나로 나타내는 개념인 중, 공과 같이 삼극의 도를 하나로 나타내는 상징적인 도상이 없을 수 없다.

일부는 체용의 도를 무극과 태극, 황극의 삼극이라는 개념을 통하여 나타내기도 하고, 십과 일, 오라는 수에 의하여 하나로 나타내기도 한다. 그리고 입도시立道詩에서는 중中, 공空이라는 개념을 통하여 나타내고, 오행五行을 논하면서 화옹, 화화옹, 화무상제로 나타낸다.

그는 중中, 공空, 화화옹化化翁, 체영의 도라는 개념이나 수를 통하여 그리고 오행을 통하여 나타낼 뿐만 아니라 도상을 통하여 나타내기도 한다. 그가 체용의 도를 중, 공, 화화옹의 차원에서 나타낸 하나의 도상은 금화정역도金火正易圖이다.

금화정역도는 십오일언의 끝부분에서 제시된 도상이다. 이는 십오일언의 내용을 요약하여 나타낸 도상이라고 할 수 있다. 도상의 구조를 보면 역시 삼원적 구조이다. 금화정역도는 원방각圓方角의 세 가지 도형을 통하여 구성되었다.

도상의 밖에는 원형圓形이 있고, 그 가운데 방형方形이 있으며, 원과 방을 채우는 내용이 바로 각형角形이다. 따라서 원방각의 삼원적 구조를 나타내고 있지만 나타나는 것은 원방이다. 이때 원방은 바로 체영의 도를 상징한다. 금화정역도의 도상은 다음과 같다.[280]

도표 10. 금화정역도

280　김항金恒, 『정역正易』 제21장.

체영의 도라는 개념 자체에는 천지만이 나타날 뿐으로 그것을 논하는 주체인 인간은 겉으로 드러나지 않는다. 그러나 금화정역도의 원형에는 천간天干과 지지地支의 간지干支와 더불어 팔괘를 함께 제시하고 있다. 이는 주역이 나타내는 인도인 성명의 이치와 더불어 천도와 지도가 둘이 아닌 신도神道를 나타낸다.

그리고 원형의 안에 있는 사각형에는 무기일월戊己日月의 천지일월을 나타내고, 이어서 동서남북에 임계壬癸, 병정丙丁의 수화水火를 나타내고 있다. 이처럼 원형이 나타내는 천도天度와 방형이 나타내는 지수地數가 천지의 도를 하나로 나타냄으로써 언어와 도상이 하나가 되어 제시되었을 뿐만 아니라 원이 상징하는 천도와 방이 상징하는 지도 그리고 각이 상징하는 인도가 하나가 된 체영의 도, 삼극의 도를 그대로 나타내고 있다. 그러면 체영의 도, 삼극의 도는 오로지 하나의 도상으로 밖에 나타낼 수 없는가?

우리는 일부가 입도시에서 제시하고 있는 중中, 공空의 경계를 금화정역도로 나타내었음을 살펴보았다. 그런데 금화정역도를 통하여 체영의 도를 나타내는 순간 도와 금화정역도는 둘이다. 둘로 나눌 수 없는 불이不二의 경지인 공空, 중中을 어떻게 나타내거나를 막론하고 나타낸 그것은 이미 도, 중, 공과 둘이다.

일부는 중, 공을 하나의 관점에서 신도神道로 나타낸 금화정역도와 함께 그것을 다시 둘의 관점에서 하도와 낙서로 나타낸다. 그것은 무위시無位詩에서 밝힌 경계가 하도와 낙서를 통하여 두 개의 도상으로 표현되었음을 뜻한다.

하도와 낙서라는 개념은 주역에서 비로소 함께 언급된다. 주역에서는 하도와 낙서를 논하면서 변화의 도, 신도神道를 말하고, 그것을 구성하는 요소를 천수天數와 지수地數를 합한 천지의 수라고 했으나 이와 달리 일부는 천지의 도수度數로 규정한다. 그러면 하도와 낙서의 내용은 무엇인가?

일부는 하도와 낙서를 체영의 도를 나타내는 삼극을 중심으로 밝히고 있다. 그가 하도와 낙서의 내용으로 제시하는 중심에 도역의 생성이라는 개념이 있다.

> 용도龍圖는 미제未濟의 상象으로 도생역성하여 선천태극이다. 귀서龜書는 기제既濟의 수數로 역생도성하여 후천무극이다. 오五는 중위中位에 위치하는데 황극皇極이다.[281]

십익에서 처음으로 하도와 낙서라는 개념이 함께 사용되었으나 하도와 낙서의 도상은 없었다. 한대漢代 이후에 도상이 나타나기 시작하였고, 송대宋代에 이르러서 비로소 도상이 확정되었다.

일부가 정역을 통하여 밝힌 하도와 낙서는 주역을 비롯하여 후대의 중국의 학자들이 말한 도서圖書[282]와 다르다. 그러면 일부가 제시한 도서圖書가 무엇인지 살펴보자. 그는 도서를 말하기에 앞서 도서의 특성과 내용을 다음과 같이 밝힌다.

> 천지의 이치는 삼원三元이다. 원元에서 성인을 내려보내어 신물神物을 보

281　金恒, 『正易』 十五一言 第一張, "龍圖는 未濟之象而倒生逆成하니 先天太極이니라. 龜書는 既濟之數而逆生倒成하니 后天无極이니라. 五居中位하니 皇極이니라."

282　예로부터 하도와 낙서를 하나로 합하여 도서圖書라는 말로 나타낸다. 따라서 이후에는 하도와 낙서를 하나로 나타낼 때는 도서로 나타내고자 한다.

이니 그것이 하도이고 낙서이다. [283]

도서는 천지의 이치를 상징적으로 나타내는 하나의 물건일 뿐이다. 이처럼 하나의 물건으로 하여금 신령스럽게 하고, 물건을 보고 신령스러움을 느끼는 것은 인간이다. 그러면 굳이 도서가 필요한가?

도서와 그것을 대하는 인간을 물건적 차원에서 이해하면 신령스러움은 드러나지 않는다. 오로지 도서와 내가 둘이 아닌 본성의 차원, 형이상의 경지에서 비로소 도서의 신령스러움을 느낀다.

천지의 이치인 체영의 도를 상징적으로 나타낸 도서는 성인이 자신의 존재근거인 삼원의 이치를 밝힌 도상이다. 그러면 일부는 왜 천지의 이치인 원에서 성인이 내려온다고 말하는가?

일부가 언급한 체영의 도, 삼원의 이치가 무엇이며, 왜 삼원으로부터 성인이 내려온다고 말했는지는 하도와 낙서를 살펴보면 알 수 있다.

앞의 인용문에서 용도龍圖는 하도河圖이며, 구서龜書는 낙서洛書를 가리킨다. 하도는 미제의 세계를 상징적으로 나타내고 있는 도상이며, 낙서는 기제의 세계를 헤아려서 나타낸 것이라고 하였다.

미제는 아직 현상으로 드러나지 않은 세계, 가능성으로 존재하는 미래의 세계를 나타내며, 기제는 이미 건너온 세계, 이미 현상화한 과거의 세계를 나타낸다.

낙서가 나타내는 기제의 세계는 수에 의하여 헤아릴 수 있는 세계이며, 하도가 나타내는 미제의 세계는 상象으로 나타낼 수 있을 뿐으로 수

283　金恒,『正易』十五一言 第一張, "天地之理는 三元이니라. 元降聖人하시고 示之神物하시니 乃圖乃書로다."

에 의하여 분석할 수 없는 세계이다. 그러면 도역의 생성과 삼극은 어떤 관계인가?

미제의 세계를 바탕으로 십무극에서 시작하여 일태극에서 완성되는 도생역성에 의하여 선천의 일태극이 밝혀지며, 기제의 세계를 바탕으로 일태극에서 시작하여 역생도성에 의하여 후천의 무극이 밝혀진다.

하도가 미제의 상이지만 도생역성하여 선천의 태극이 드러나고, 낙서가 기제의 수이지만 역생도성하여 후천의 무극이 드러난다. 따라서 하도는 후천의 무극의 세계를 나타내고, 낙서는 선천의 태극의 세계를 나타낸다.

그런데 하도와 낙서를 막론하고 그 중심에 오황극이 놓여 있다. 일부는 "오五가 중위中位에 있으니 황극皇極이다."라고 하여 그 점을 밝힌다. 그러면 중위中位에 오황극이 있음은 무엇을 의미하는가?

도서의 중심에 오황극이 놓여 있음은 도역생성의 중심이 오황극임을 뜻한다. 『정역』을 저작한 김일부가 인간이며, 역도를 역수원리로 밝힌 존재도 인간이다. 이처럼 인간에 의하여 도역생성의 문제가 제기되고, 그 답 역시 인간에 의하여 드러난다.

화화옹, 상제, 반고라는 개념을 사용하고, 중, 공을 통하여 현상의 근원을 밝히는 존재는 인간이다. 그것은 지금 여기의 나를 떠나서 도, 신, 화화옹, 상제, 반고가 드러나지 않음을 뜻한다. 그러면 도역생성은 무엇인가?

도역의 생성이 무엇인지를 살펴보기 위하여 먼저 도역의 생성을 나타내는 하도와 낙서의 도상에 대하여 살펴보자. 비록 계사에서 천지의 수에 의하여 구성된 도상을 언급했지만 실제의 도상은 제시되지 않았다.

『예기』에서 천자가 1년 사계절 동안 머물며 9개의 방인 명당을 그린 명당구실도明堂九室圖가 있다. 도상에 사용된 수의 위치는 오늘날의 낙서의 도상과 같다.

그러나 하도의 도상이 처음부터 오늘날의 도상과 같은 것은 아니었다. 유목劉牧은 도구서십설圖九書十說을 주장하여 오늘날의 도서의 수와 다른 도상을 제시하였다.

주희는 공안국孔安國, 유향劉向, 반고班固, 소옹邵雍을 비롯하여 채원정蔡元定의 의견을 수렴하여 오늘날 우리가 볼 수 있는 도십서구圖十書九의 도상을 확정하였다. 그러면 주희는 하도와 낙서를 어떻게 이해했는지 살펴보자.

> 하도와 낙서는 나타날 때의 선후가 있고, 수의 많고 적음이 있지만 그 이치가 되는 것은 하나일 뿐이다.[284]

주희는 하도와 낙서가 서로 다른 수의 변화를 나타내고 있지만 그 내용은 하나의 이치라고 하였다. 그는 하도와 낙서가 나타내는 하나의 이치를 계사에서 언급되고 있는 태극으로 이해하였다.

> 태극은 아직 수와 상이 형체를 갖추지 않았으나 그 리理가 이미 갖추어져 있음을 말한다. 형기形器가 이미 갖추어져 있는 후에는 그 리理는 동자가 없는 눈으로 하도와 낙서의 비어 있는 가운데의 수의 상象이다.[285]

---

284 朱熹,『易學啓蒙』是其時雖有先後 雖數有多寡 然其爲理則一而已
285 주희,『역학계몽易學啓蒙』, "太極者 象數未形 而其理已具之稱 形器已具 而其理無朕之目 在河圖洛書 皆虛中之象也"

주희는 하도와 낙서의 중심에 있는 10과 5를 태극으로 이해했다. 그는 삼극의 도를 삼재의 관점에서 천태극과 인태극, 지태극[286]으로 해석하여 태극이 음양의 효의 근거인 동시에 육효로 구성된 64괘의 근거로 이해하였다.

그러나 태극은 현상의 차원에서 나타내는 근원이다. 그것은 태극이 객체적 현상의 근원을 나타내는 개념이기 때문에 실체적 존재임을 뜻한다. 따라서 태극은 주체적 관점에서 근원인 황극과 더불어 주객을 넘어서고, 자타를 넘어서며, 형이상과 형이하를 넘어선 무극과 함께 논해야 비로소 그 전모가 드러난다. 정역에서는 하도와 낙서가 나타내는 내용을 삼극의 도로 규정하여 다음과 같이 밝히고 있다.

> 천지天地의 이理는 삼원三元이다. 원元에서 성인聖人이 내려와서 신물神物을 보이니 하도와 낙서이다. 도서의 이치는 후천에서 선천이고, 천지天地의 도道는 기제旣濟이면서 미제未濟이다.[287]

일부는 천지의 이치는 삼극과 삼재를 막론하고 삼원임을 밝히고 있다. 따라서 태극은 무극과 황극을 떠나서 논의가 될 수 없다. 이 삼극의 도가 물건적 관점에서의 인간과 만물의 근원이다. 그러므로 원元에서 성인이 탄강하여 자신의 존재근거인 신물神物을 제시하였다고 말하고 그것이 바로 하도와 낙서라고 하였다. 그러면 도서의 내용과 주역의 괘효가 나타내는 천지의 도는 어떤 관계인가?

---

286   주희, 『주역본의周易本義』, "極至也 三極天地人之至理 三才各一太極也"

287   김항, 『정역』 제1장, "天地之理는 三元이니라. 元降聖人하시고 示之神物하시니 乃圖乃書로다. 圖書之理는 后天先天이오 天地之道는 旣濟未濟니라."

하도와 낙서가 나타내는 내용은 후천을 바탕으로 선천을 나타내고, 천지의 도는 기제를 바탕으로 미제를 밝힌다. 선천과 후천, 기제와 미제는 모두 시간의 관점에서 현상을 나타낸다.

선천과 후천은 시간을 나타내고, 기제와 미제는 시간을 중심으로 일어나는 사건을 나타낸다. 선천과 후천이 세계의 관점이라면 기제와 미제는 인사人事의 관점이다. 그러면 하도와 낙서의 내용은 무엇인지 살펴보자.

하도와 낙서를 천지의 도의 관점에서 나타내면 하도는 미제未濟의 상象이고, 낙서는 기제旣濟의 수數이다. 이때 미제는 아직은 현상으로 드러나지 않았지만 장차 이루어질 사건을 나타내고, 기제는 이미 드러나서 분석하여 나타낸 사건을 나타낸다. 아직은 현상으로 드러나지 않은 사건은 도, 리理로 나타내고, 이미 드러난 사건은 이것과 저것으로 분석하여 수에 의하여 법칙으로 나타낸다.

미제의 상은 중심의 수를 통하여 이해하면 무극을 바탕으로 이루어지는 사상의 작용이다. 하도의 중심에는 무극을 나타내는 10과 황극을 나타내는 5가 있다. 그리고 낙서의 중심에는 황극을 나타내는 5가 있다. 삼극의 관계를 이해하기 위하여 먼저 삼극과 수를 어떻게 이해하고 있는지 살펴보자.

> 손가락을 펴면 무극이니 10이다. 10은 곧 태극이니 1이다. 1이 10이 없으면 체가 없고, 10이 1이 없으면 용이 없다. 합하면 토이니 중심의 수가 5이니 황극이다.[288]

---

288   김항, 『정역』 제1장, "擧便无極이시니 十이니라. 十便是太極이니 一이니라. 一이 无十이면 无體요 十이 无一이면 無用이니 합하면 土라 居中이 五니 皇極이니라."

위의 내용을 보면 무극은 10이며, 태극은 1이고, 황극은 5임을 알 수 있다. 그리고 하도와 낙서를 막론하고 중심에 있는 수가 5이다. 십무극은 본체이며, 일태극은 작용이다.

그런데 체용을 합하면 토土라고 하였다. 이는 십十과 일一을 합하면 하나의 토자土字가 형성되듯이 오행의 토에는 체용이 함께 들어 있음을 뜻한다. 그리고 토 가운데는 오황극이 있음을 밝히고 있다. 그러면 다시 앞으로 돌아가서 하도와 낙서의 내용에 대하여 살펴보자.

하도가 나타내는 미제의 상은 도생역성하여 선천의 태극을 밝힌다. 그것은 하도가 십무극을 본체로 이루어지는 도생역성의 작용에 의하여 일태극이 드러남을 뜻한다. 그리고 일태극이 나타내는 경계는 선천이다.

그러나 낙서가 나타내는 기제의 수는 역생도성하여 후천의 무극을 밝힌다. 그것은 낙서가 태극으로부터 시작하여 무극에서 끝나는 역생도성의 작용을 나타냄을 뜻한다. 역생도성하여 드러나는 경계는 후천의 무극이다. 이를 통하여 선천은 태극의 경계이고, 후천은 무극의 경계임을 알 수 있다. 그러면 도역생성은 무엇인가?

도역생성이 무엇인지를 파악하기 위해서는 먼저 하도와 낙서의 내용이 무엇인지를 파악하는 것이 중요하다. 송대의 주희가 하도가 10수의 도상이고, 낙서가 9수의 도상이라고 확정을 하기 이전에는 주희의 주장과 반대로 낙서가 10수의 도상이고, 하도는 9수의 도상이라는 주장이 있었다. 이는 하도와 낙서의 내용과 관계를 파악하지 못하였기 때문에 일어나는 현상이다.

하도의 도상을 보면 5를 바탕으로 중앙의 10이 있다. 그리고 사방의 네 곳에는 1과 6, 2와 7, 3과 8, 4와 9가 한 자리에 놓여 있다. 이는 오황극을 바탕으로 십무극이 형성될 뿐만 아니라 사방의 1, 2, 3, 4와 6, 7, 8, 9가 모두 5황극에 의하여 1태극의 현상이 다양한 위상으로 나타남을 상징한다.

사상의 수를 나타내는 1, 2, 3, 4와 6, 7, 8, 9의 내용은 모두 1이다. 그것은 현상의 근원인 1태극을 나타낸다. 그러나 수의 위상이 서로 다르기 때문에 1, 2, 3, 4와 6, 7, 8, 9를 통하여 차례를 바꾸어서 나타낸다. 이처럼 하도에는 수가 갖는 특성과 내용이 모두 포함되어 있다. 그러면 낙서의 도상은 무엇을 나타내는가?

하도에는 10과 5, 1의 수의 특성이 나타나고 있다. 그것은 하도가 10과 5, 1을 바탕으로 1에서 10까지의 수에 대하여 모든 내용이 담겨 있음을 뜻한다.

그러나 10과 5, 1의 관계는 나타나지 않는다. 그것은 5에 의하여 중앙의 10이 형성되고, 사방의 1, 2, 3, 4가 6, 7, 8, 9로 변화하는 과정이 하도에서는 나타나지 않음을 뜻한다.

하도로 나타나는 작용, 하도가 형성되는 과정을 나타내는 도상이 낙서이다. 낙서의 구성을 보면 중앙에 5가 그리고 1에서 9까지의 수가 사방에 둘씩 짝을 지어서 모여 있지 않고 팔방에 흩어져 있다.

북방의 1은 남방의 9와 마주 보고 위치하며, 동방의 3은 서방의 7과 마주보고 있다. 그리고 서북의 6은 동남의 4와 마주하며, 북동의 8은 남서의 2와 마주하고 있다. 이처럼 마주하는 수의 조합은 1, 2, 3, 4와 9, 8, 7, 6이다.

낙서의 팔방에서 서로 마주하는 수의 합은 모두 10이다. 이때 10을 구성하는 9와 1, 8과 2, 7과 3, 6과 4는 비록 수의 위상은 서로 다르지만 그 내용은 모두 하나의 1수이다. 이처럼 1에서 10까지의 수가 나타내는 내용은 1이면서 위상으로는 10을 나타내어서 10과 1이 둘이 아님을 나타낸다.

그리고 중앙의 5에 팔방의 마주하는 10을 더하면 모두 15가 된다. 이는 하도가 나타내는 중앙의 수이다. 이는 낙서의 내용이 15임을 뜻한다. 이를 통하여 하도와 낙서의 관계를 파악할 수 있다. 그러면 하도와 낙서의 관계는 무엇인가?

낙서의 15가 하도의 중앙수인 15가 되고, 하도의 중앙수인 15는 낙서가 나타내는 5를 바탕으로 형성된 9와 1, 8과 2, 7과 3, 6과 4의 위상 변화에 의하여 그 내용을 나타낸다.

하도의 15와 사방의 1, 2, 3, 4와 6, 7, 8, 9는 1에서 10까지의 모든 수의 특성을 나타내고, 낙서는 1에서 10까지의 수의 위상에 의하여 나타나는 수의 변화를 나타낸다. 그러면 하도와 낙서는 어떤 관계인가?

예로부터 학자들은 하도와 낙서를 체용의 논리에 의하여 하도가 본체이고, 낙서가 작용이라고 말하거나 그와 반대로 낙서가 본체이고, 하도가 작용이라고 규정하였다. 하도와 낙서의 구조를 보면 하도는 10과 5가 나타날 뿐만 아니라 1에서 9까지의 위상의 변화로 나타나는 수의 특성이 1임을 동시에 나타내고 있다. 따라서 하도에는 본체를 나타내는 10과 작용을 나타내는 5 그리고 현상을 나타내는 1이 모두 들어있다.

낙서에도 역시 중앙의 5를 통하여 작용을 나타내고, 팔방의 수의 위상의 변화를 통하여 그 내용인 1을 나타낼 뿐만 아니라 중앙의 5와 마주하는 수의 합인 10을 통하여 15를 모두 나타내고 있다. 이를 통하여 낙서에도 역시 본체와 작용, 현상이 모두 나타나고 있음을 알 수 있다. 따라서 하도와 낙서를 체용의 논리로 구분하는 것은 큰 의미는 없다. 그러면 일부는 왜 정역에서 하도와 낙서를 제시하고 이어서 삼역팔괘도를 제시한 것일까?

주역에서 제시한 천지의 수를 바탕으로 구성된 하도와 낙서의 내용을 팔괘를 통하여 분명하게 나타낸 도상이 삼역팔괘도이다. 중국학자들은 하도와 낙서를 본체와 작용, 형이상과 형이하의 이원론적 관점에서 이해하였다.

그러나 일부는 삼역팔괘도를 통하여 하도와 낙서의 내용이 이원론이 아닌 삼원론임을 밝히는 동시에 물건적 관점이 아닌 사건적 관점에서 본체와 작용 그리고 현상의 셋으로 이해한다. 이는 주역이 물건적 관점에서 이원론적 구조에 의한 분합의 사유 방법을 사용한 것과 달리 정역이 사건적 관점에서 삼원론적 구조에 의하여 생성의 사유 방법을 사용하였음을 뜻한다. 그러면 삼역팔괘도와 하도, 낙서의 차이는 무엇인가?

일부가 하도와 낙서의 관계를 나타내는 개념은 도역생성이다. 이는 그가 삼역팔괘도를 통하여 나타내고자 했던 내용이기도 하다.

그는 삼극의 관계를 나타내는 개념인 도역생성을 통하여 하도와 낙서의 관계를 나타낸다. 도역의 생성은 무극과 태극, 황극의 삼극이나 삼역팔괘도가 하나의 고정된 실체가 아님을 분명하게 나타낸다.

삼역팔괘도는 생장성의 관점에서 정역팔괘도에서 시작하여 문왕팔괘도를 거쳐서 복희팔괘도에 이르는 방향의 생장성의 변화와 그와 반대로 복희팔괘에서 시작하여 문왕팔괘도를 거쳐서 정역팔괘도에 이르는 생장성의 변화를 포함한다.

전자는 수로 나타내면 10에서 시작하여 5를 거쳐서 1에서 끝나는 변화이며, 후자는 1에서 시작하여 5를 거쳐서 10에서 끝나는 변화이다.

삼극의 관점에서는 전자는 무극에서 시작하여 황극을 거쳐서 태극에서 완성되는 변화이며, 후자는 태극에서 시작하여 황극을 거쳐서 무극에서 완성되는 변화이다. 그러면 도역생성과는 어떤 관계인가?

도생역성은 무극에서 시작하여 태극에서 끝나는 작용이다. 앞의 인용문에서는 하도를 중심으로 도생역성하여 선천의 태극이라고 말하였다. 이와 달리 역생도성은 태극에서 시작하여 무극에서 끝나는 작용이다. 그렇기 때문에 낙서를 논하면서 후천의 무극이라고 하였다. 그러면 일부는 "역易은 역曆이다."[289]라고 하여 "역易은 상象이다."[290]라는 주역과 정역을 구분하는데 그 내용은 무엇인가?

일부는 하도와 낙서를 구성하는 천지의 수가 바로 일원의 운행을 나타내는 도수이며, 이 일월의 운행도수에 의하여 천도를 상징적으로 나타냄을 밝힌다.[291] 그는 의도적으로 역曆을 역易으로 나타내어 역曆과 역易을 동일한 의미로 사용한다.

그리고 역曆은 일월의 운행도수를 나타내기 때문에 역曆과 일월日月을 동일한 의미로 사용하고 있다. 이를 통하여 천지의 수에 의하여 구성된

---

289 김항,『정역』대역서大易序, "易者는 曆也니"
290 『주역』계사하편 제2장, "是故로 易者는 象也니 象也者는 像也오"
291 김항,『정역』정역시正易詩, "天地之數는 數日月이니 日月이 不正이면 易匪易이라 易爲正易이라사 易爲易이니 原易이 何常用閏易고"

하도와 낙서가 역수원리인 천도를 나타내는 도상임을 알 수 있다.²⁹² 그러면 역수원리는 어떻게 나타내는가?

일부는 원역과 윤역, 정역을 논하고 있다. 이는 역수의 관점에서는 원역, 윤역, 정역이다. 그는 정역에서 원역과 윤역, 정역의 구체적인 기수를 다음과 같이 밝히고 있다.

> 제요帝堯의 기朞는 366일日이며, 제순帝舜의 기朞는 365와 1/4일日이고, 일부一夫의 기朞는 375도度니 십오十五를 존공尊空하면 바로 우리의 부자夫子의 기朞로 360일日에 해당된다.²⁹³

위의 내용을 보면 윤역은 요의 366일과 순의 365와 1/4일이고, 일부의 기는 375도로 15를 존공尊空하면 360일의 기수가 됨을 알 수 있다.

이때 요의 366일은 과거의 기수이고, 순의 365와 1/4일의 기수는 현행의 기수이다. 그리고 이 두 역은 윤역이다. 따라서 공자가 밝힌 360기수는 정역正曆임을 알 수 있다. 그러면 이 네 역의 관계는 무엇인가?

정역시를 보면 원역이 어찌 항상 윤역을 쓰겠는가라고 한 부분을 통하여 원역이 본체이며, 나머지 두 윤역과 정역이 작용임을 알 수 있다. 그

---

292 그러나 하도와 낙서가 단순하게 천도만을 나타내는 도상은 아니다. 다만 이 부분에서 천도의 관점에서 하도와 낙서를 설명하고 있음을 뜻한다. 삼극이라는 개념 자체가 천지인을 일관하는 근원을 나타내는 점에서 그렇다. 학문과 실천을 논하는 제5부에서는 인도를 중심으로 하도와 낙서를 비롯하여 정역의 내용을 살펴볼 것이다.

293 김항, 『정역』 제6장, "帝堯之朞는 三百有六旬有六日이니라 帝舜之朞는 三百六十五度四分度之一이니라. 一夫之朞는 三百七十五度니 十五를 尊空하면 正吾夫子之朞로 當朞三百六十日이니라."

리고 원역이 윤역을 계속 사용하지 않는다고 말한 부분을 통하여 366일 역에서 365와 1/4일력으로 변화했듯이 365와 1/4일역이 360의 정역으로 변화할 것임을 알 수 있다.

유남상 교수는 하도와 낙서가 나타내는 내용이 사역의 변화를 통하여 나타내는 역수원리임을 하나의 도상으로 정리하여 제시하였다.[294]

구육원리	체십용구(용일)	용팔(용이)	용칠(용삼)	용육(용사)
원역과 정역	원역(정역) 375	366	365와 1/4	정역(원역) 360
성수작용(정령)	81	72	63	54
생수작용(율려)	9(108)	18(117)	27(126)	36(135)
정역역수	90	90	90	90

도표 11. 사역변화원리도

우리가 이 도표를 통하여 사역이 변화하는 과정을 통하여 나타내는 내용이 무엇인지를 파악하기 위해서는 다음과 같은 몇 가지 전제를 이해해야 한다.

---

294 유남상柳南相,『주정역경합편周正易經合編』, 연경원硏經院, 2011, 75-117. 유남상 교수는 사역변화원리를 바탕으로 하도와 낙서의 내용을 도표화하여 논문으로 발표하였으나『주정역경합편』에서는 사역변화원리에 관한 도표를 수정하여 십오존공 사역변화원리도로 규정하였다.『주정역경합편周正易經合編』은 주역과 정역을 하나로 합하고, 다양한 도표들을 제시하여 두 저서를 연구하는 길잡이로 제시한 저서이다. 이 저서는 유남상 교수의 역학에 관한 평생의 연구 성과를 담고 있다. 관중은 이 저서에서 일부一夫로부터 시작하여 학산鶴山을 거쳐서 자신에게 계승된 정역의 전승 과정을 밝히고 있다. 또한 주역과 정역을 일관하는 주제가 선천에서 후천으로의 변화임을 밝히고 있다. 그는 송경자춘誦庚子春이라는 게송을 통하여『주정역경합편』의 내용을 요약하여 나타내었다. 이 책에서는 그가 처음 제시한 도표를 중심으로 사역변화원리를 살펴본다.

첫째는 위의 도표를 비롯하여 하도와 낙서와 같은 도상들이 나타내는 수는 단순한 셈을 하는 단위로서의 수학의 수가 아니다. 수학의 수는 상징하는 의미가 없이 다만 계산의 도구로 사용되지만 위의 수들은 상징하는 의미가 있다. 정역에서 사용되는 수들에 대하여 현상의 관점에서 단순한 계산수로 사용되는지 아니면 형이상의 근원, 본체를 상징하는 이수인지를 판단해서 이해해야 한다.

정역의 수지상수, 도서상수, 간지도수를 수를 중심으로 이해하고, 주역의 괘효를 상을 중심으로 괘변과 효변을 생각할 수 있다. 이때 만약 정역의 수를 산수로 이해하면 수학이 될 수 있지만 그것이 정역의 전부는 아니다. 마찬가지로 주역의 괘효를 중심으로 변화를 헤아릴 수 있지만 그것이 일종의 기하학일 수는 있어도 그것이 주역의 내용 자체는 아니다.

둘째는 정역의 수가 이수理數라고 함은 바로 수지상수, 도서상수, 간지도수를 막론하고 그것을 사용하는 사람이 사용하는 일종의 도구라는 점이다. 따라서 도구에 얽매이지 말고 도구를 통하여 나타내고자 하는 뜻을 파악해야 한다.

만약 뜻을 나타내는 도구에 얽매여서 뜻을 모른다면 저자와의 소통이 불가능하다. 그것은 과학, 물리학, 수학, 천문학을 비롯하여 다양한 각도에서 정역을 연구할 수 있지만 그것을 통하여 일부가 제시하는 뜻인 도를 파악할 수 없다면 아무런 의미가 없음을 뜻한다.

셋째는 추연의 방법인 구구법九九法이다. 구구법九九法은 오늘날뿐만 아니라 과거에도 사용되어 왔던 기본적인 셈법이다. 춘추시대 제齊나라의 관이오管夷吾에 의하여 저술된 것으로 여겨지는 『관자管子』에서는 구구법에 대하여 다음과 같이 밝힌다.

> 복희伏羲가 육효六爻를 그어서 음양陰陽의 원리를 드러내었으며, 구구九九의 수를 만들어서 천도天道에 합당하도록 천하天下를 교화敎化하였다.[295]

위의 내용을 보면 『주역』에서 복희가 처음으로 팔괘를 만들었다고 한 것과 달리 육효六爻를 만들어서 음양을 모두 드러내었다고 하였을 뿐만 아니라 천도에 순응하여 구구의 수를 만들어서 천하를 교화하였다고 하였다.

이때 구구의 수를 지었다는 것은 구구법이라는 원리를 밝힌 것이 아니라 구구의 수를 만들어서 계산을 하는 방법을 가르쳐서 백성들의 삶을 풍요롭게 했다는 의미로 이해할 수 있다. 그것은 『구장산술九章算術』의 서문을 살펴보면 더욱 분명하게 알 수 있다.

> 옛날 복희씨伏羲氏 때에 처음으로 팔괘八卦를 그어서 신명神明한 덕德에 통通하여 만물의 만물情僞를 구분하였으며, 구구九九의 술術을 만들어서 육효六爻의 변화를 드러내었다.[296]

위의 인용문의 내용 역시 복희가 팔괘를 만들었을 뿐만 아니라 구구의 술術을 만들었음을 밝히고 있다. 앞의 인용문과 뒤의 인용문을 연결하여 이해하면 복희가 시작한 것은 구구의 술수術數이다. 그것은 계산법으로서의 구구법을 사용하였음을 나타낸 것이다. 복희의 관심은 괘효를 통하여 인간의 도를 밝히고자 할 뿐으로 천도를 밝히고자 하지 않았다.

---

295 『管子』輕重戊 第八十四, "包羲作造六爻 以仰陰陽 作九九之數 以合天道以天下化之"
296 『九章算術』, 序文, "昔在包羲氏 始劃八卦 以通神明之德 以類萬物之情 作九九之術 以合六爻之變."

그러나 복희가 괘효를 저작하면서 그 원리를 모르고 저작을 했다고 할 수 없다. 다만 육효괘는 음양원리를 표상하고, 구구법은 육효의 변화원리를 표상하고 있음을 알 수 있다. 계사에서 "역易은 상象이다."[297]라고 하였을 뿐만 아니라 "상象을 세워서 뜻을 다 드러내었고, 괘卦를 베풀어서 정위情僞를 다 드러내었다."[298]라고 하였다. 이는 만물의 정위를 나타내기 위하여 괘가 형성되었으며, 그것이 바로 음양원리가 바탕이 되었음을 밝힌 것이다.

또한 "육효六爻의 변화는 삼극三極의 도이다."[299]라고 하였을 뿐만 아니라 "육효는 삼재의 도를 표상한다."라고 하였다. 그리고 『서경』과 『논어』에서도 "천天의 역수曆數가 네 몸에 있으니 진실로 그 중中을 잡으라."라고 하여 천도의 내용이 역수원리이며, 그것이 인간의 본래성으로 주체화하였음을 밝히고 있다. 그러면 위의 도표를 중심으로 일부가 나타내는 역수원리에 대하여 살펴보자.

낙서가 나타내는 천도의 내용인 역수원리는 시간성이자 화화옹인 원천原天이 역수의 근원인 원역原易으로 작용하는 이치를 나타낸다. 사역의 변화는 원역原曆인 375도의 본체 15도와 작용을 나타내는 360도의 분화로부터 시작된다. 본체 도수인 15도는 다시 정령도수인 6도와 율여도수인 9도로 나누어지면서 사역변화가 시작된다.

도표에서는 낙서의 사상수四象數를 성수成數인 구九, 팔八, 칠七, 육六과

---

297 『周易』 繫辭上篇 第三章, "是故로 易者는 象也니 象也者는 像也오."
298 『周易』 繫辭上篇 第十二章, "聖人이 立象하야 以盡意하며 設卦하야 以盡情僞하며 繫辭焉하야 以盡其言하며 變而通之하야 以盡利하며 鼓之舞之하야 以盡神하니라."
299 『周易』 繫辭上篇 第二章, "六爻之動은 三極之道也니."

생수生數인 일一, 이二, 삼三, 사四로 나누고, 양자를 모두 사상의 작용도수로 나타냈다. 성수는 용구用九, 용팔用八, 용칠用七, 용육用六의 변화를 통하여 역수의 변화로 나타나는 정령작용을 나타내고, 생수는 용일用一, 용이用二, 용삼用三, 용사用四의 변화를 통하여 역수변화의 마디를 규정하는 율려작용을 나타낸다.

정령의 측면에서 사역의 원역과 윤역, 윤역, 정역은 각각 용구, 용팔, 용칠, 용육과 상응한다. 원역은 용구역이며, 366일의 윤역은 용팔역이고, 365와 1/4일역은 용칠역이며, 360일의 정역은 용육역이다.

율여의 측면에서는 용구의 이면에서 작용하는 용일은 108시時의 율여도수를 나타내고, 용팔의 이면에서 작용하는 용이는 117시의 율여도수를 나타내며, 용칠의 이면에서 작용하는 용삼은 126시의 율여도수를 나타내고, 용육의 이면에서 작용하는 용사는 135시의 율여도수를 나타낸다.

만약 우리가 사역의 변화를 형이하의 물리적 시간의 차원에서 이해하면 현행의 선천역인 365와 1/4일의 윤역이 후천역인 360의 정역으로 변화하는 선천에서 후천으로의 변화에 관심을 갖는다.

학산을 비롯하여 관중과 그의 제자들 그리고 오늘날의 정역을 연구하는 사람들이 선천에서 후천으로서의 변화의 시기에 관심을 갖는 것도 역시 물리적 시간의 차원에서 사역의 변화를 이해하기 때문이다. 그들은 일부가 말한 "원역이 어찌 윤역만을 사용하겠는가!"를 오로지 현상의 차원에서 이해한다. 그러면 어떻게 이해해야 하나?

일부는 선천과 후천을 형이하의 현상, 유위의 차원에서 이해하지 않는다. 그는 유위와 무위, 형이상과 형이하가 둘이 아닌 중의 차원에서 이해한다. 그가 순역順逆을 도역倒逆으로 사용하고, 그것을 생성과 결합하여 나타낸 것을 보아도 알 수 있다. 도역생성은 원과 같아서 비록 둘로 나타내었지만 둘이 아니다. 그러면 그가 역수를 중심으로 선천과 후천을 어떻게 이해하는지 살펴보자.

> 선천先天은 체體는 방方이고 용用은 원圓이니 27개월에 윤달을 사용한다. 후천后天은 체體 원圓이고 용用은 방方이니 360으로 바르다. 원천은 무량하다.[300]

위의 내용을 보면 방원을 중심으로 본체와 작용을 서로 바꾸어서 사용함으로써 윤달을 사용하는 윤역의 시대와 정역을 사용하는 정역의 시대가 전개됨을 알 수 있다. 그러면 이때 윤역과 정역을 사용하는 존재는 누구인가?

정역시에서는 원역原易이 윤역과 정역을 쓴다고 하였다. 따라서 위의 인용문에서 체용을 번갈아서 쓰는 존재는 원천原天임을 알 수 있다. 이때 원역은 원천, 화화옹, 상제라고 표현된 경지이자 중으로 나타낸 경지이다. 그러면 방원方圓은 무엇인가?

원圓은 천도天道를 나타내고, 방方은 지도地道를 나타낸다.[301] 천도와 지도가 체용의 관계가 아니라 천도와 지도를 번갈아서 체용으로 사용한다. 이처럼 천도와 지도를 체용으로 번갈아 쓰는 원역, 화화옹에 의하여 선천과 후천이 나누어진다. 그러면 윤달을 사용하는 선천은 무엇인가?

---

300 김항,『정역』先后天正閏度數, "先天은 體方用圓하니 二十七朔而閏이니라. 后天은 體圓用方하니 三百六旬而正이니라. 原天은 无量이니라."

301 『주역』계사상편 제11장, "是故로 蓍之德은 圓而神이오 卦之德은 方以知오 六爻之義는 易以貢이니"

인용문에서는 지도를 본체로 사용하여 천도로 작용한다고 하였다. 그것은 사역변화도표에서 나타내는 정령중심의 사역변화가 그대로 체방용원의 선천임을 알 수 있다. 그러면 후천은 무엇인가?

정역이 작용으로 돌아가서 15도가 본체가 되는 체원용방의 시대이다. 그것은 윤역이 생장하여 정역으로 돌아가면서 그 이면에서 바로 윤도가 본체도수가 되고, 360도수가 작용도수가 되는 변화이다. 따라서 사역변화원리를 나타내는 도상에서 방원이 서로 체용으로 번갈아서 작용하는 원리가 그대로 나타난다. 그러면 사역변화원리를 어떻게 이해할 것인가?

사역변화원리를 현상의 관점에서 선천에서 후천으로의 변화를 중심으로 이해함은 그것을 논하는 주체인 지금 여기의 나와 무관하게 객관적 대상으로 존재하는 실체적인 자연을 전제로 하여 자연의 변화로 이해함을 뜻한다.

만약 우리가 주역과 정역이 하나의 이치를 서로 달리 나타낸 저서이며, 하나의 이치가 선천에서 후천으로의 변화하는 이치라면 현상적 차원에서 변화의 시기가 중요하지 않을 수 없다.

「사역변화원리도」는 물론 64괘의 순서가 나타내는 서괘원리와 잡괘가 놓이는 순서를 통하여 나타내는 잡괘원리 역시 선후천 변화의 시기를 나타낸 것으로 이해할 수밖에 없다. 그러면 사역변화원리를 나타내는 도상을 어떻게 이해할 것인가?

사역변화는 15도의 본체도수가 9와 6으로 나누어져서 용구와 용육으로 작용하는 과정이다. 싹이 트고 자라서 꽃이 피고 열매를 맺는 과정과 같은 사역변화는 본래 열매가 씨로 심어지는 과정을 전제로 하여 나타나는 과정이다.

원역이 본체가 되고, 원천이 본체가 되어 도생역성의 작용을 하기 때문에 윤역이 시생하여 생장하고 정역으로 장성하는 역생도성의 작용이 가능하다. 원역, 화화옹의 차원에서 보면 윤역이 정역으로 변하여 선천에서 후천으로의 역수변화와 그 결과 나타나는 현상의 변화는 있다고 할 수 없다.

윤역의 시생도 생장도 정역으로서의 장성도 모두 원역에 의하여 이루어지고, 원천에 의하여 선천과 후천의 변화가 이루어진다. 따라서 현상에서 보면 선천도 후천도 윤역의 시대도 정역의 시대도 모두 본체인 원천의 드러남이고, 원역의 나타남이다.

사역의 변화를 통하여 이해할 수 있는 천도의 역수원리는 음양을 포함한 오행을 통하여 나타내기도 한다. 그는 오행五行이 바로 도역의 생성을 나타냄을 다음과 같이 밝힌다.

> 역易은 역逆이니 궁극에 이르면 곧 돌아간다. 토土가 극極하면 수水를 낳고, 수가 극하면 화火를 낳으며, 화가 극하면 금金을 낳고, 금이 극하면 목木을 낳으며, 목이 극하면 토를 낳으니 토는 화를 낳는다. 금과 화가 서로 자리를 바꾸는 것은 도역倒逆의 이치이다.[302]

추연騶衍에 의하여 오행이라는 개념이 형성된 후에 오행의 상생相生과 상극相克이 논의되어 왔다. 그러나 오행의 의미를 인간의 내면으로 들어와서 오행의 이치와 인간의 본성이 둘이 아닌 성리性理의 차원에서 밝힌 사람은 일부一夫이다.

---

302 金恒, 『正易』 十五一言 第一張, "易은 逆也니 極則反하나니라. 土極하면 生水하고 水極하면 生火하고 火極하면 生金하고 金極하면 生木하고 木極하면 生土하니 土而生火하나니라. 金火互宅은 倒逆之理니라."

인용문은 한대漢代 이후 학자들이 논하는 오행의 상생相生 이치와 다르지 않다. 그는 하도와 낙서를 오행과 연결하여 오행의 금화金火가 서로 바뀌어 상생相生이 상성相成으로 변화함을 밝히고 있다. 그가 상생相生과 상성相成을 통하여 오행을 논하는 부분은 다음과 같다.

> 지십기토地十己土는 천구경금天九庚金을 낳고, 천구경금天九庚金은 지육계수地六癸水를 낳으며, 지육계수地六癸水는 천삼갑목天三甲木을 낳고, 천삼갑목天三甲木은 지이병화地二丙火를 낳으며, 지이병화地二丙火는 천오무토天五戊土를 낳고, 천오무토天五戊土는 지사경금地四辛金을 낳으며, 지사경금地四辛金은 천일임수天一壬水를 낳고, 천일임수天一壬水는 지팔을목地八乙木을 낳으며, 지팔을목地八乙木은 천칠정화天七丁火를 낳고, 천칠정화天七丁火는 지십기토地十己土를 낳는다. 지십기토地十己土는 천일임수天一壬水를 이루고, 천일임수天一壬水는 지이정화地二丁火이 루며, 지이정화地二丁火는 천구신금天九辛金을 이루고, 천구신금天九辛金은 지팔을목地八乙木을 이루고, 지팔을목地八乙木은 천오무토天五戊土를 이룬다. 천오무토天五戊土는 지육계수地六癸水를 이루고, 지육계수地六癸水는 천칠병화天七丙火를 이루며, 천칠병화天七丙火는 지사경금地四庚金을 이루고, 지사경금地四庚金은 천삼갑목天三甲木을 이루고, 천삼갑목天三甲木은 지십기토地十己土를 이룬다.[303]

---

303 김항『정역』제12장~제13장, "地十己土는 生天九庚金하고 天九庚金은 生地六癸水하고 地六癸水는 生天三甲木하고 天三甲木은 生地二丙火하고 地二丙火는 生天五戊土하고 天五戊土는 生地四辛金하고 地四辛金은 生天一壬水하고 天一壬水는 生地八乙木하고 地八乙木은 生天七丁火하고 天七丁火는 生地十己土니라. 地十己土는 成天一壬水하고 天一壬水는 成地二丁火하고 地二丁火는 成天九辛金하고 天九辛金은 成地八乙木하고 地八乙木은 成天五戊土니라. 天五戊土는 成地六癸水하고 地六癸水는 成天七丙火하고 天七丙火는 成地四庚金하고 地四庚金은 成天三甲木하고 天三甲木은 成地十己土니라."

한대漢代 이후의 오행을 논하는 사람들은 반드시 상생相生과 상극相克의 생극生克을 논한다. 그들이 상생相生과 상극相克을 통하여 오행을 논함은 오행을 실체적 관점에서 일종의 물건적 실체로 이해한 결과이다. 그들은 오행을 각각 나무(木), 불(火), 흙(土), 쇠(金), 물(水)과 같은 물질로 여기고 물질의 성질을 바탕으로 양자의 관계를 나타낸다.

그와 달리 일부는 오행을 상생相生과 상성相成의 생성生成을 통하여 논한다. 그는 한대漢代 이후의 학자들이 주장하는 상극相克을 상성相成으로 바꾸어서 기존의 오행과 다른 새로운 차원에서 오행을 나타낸다. 그는 중中, 공空의 차원에서 오행을 나타낸다.

그는 상생相生을 천간을 중심으로 지수地數이자 십수十數인 기토己土가 천수天數이자 오수五數인 무토戊土를 생하고, 무토戊土는 기토己土를 생한다고 말한다.

그는 오행의 상성相成 역시 지수地數이자 십수十數인 기토己土가 천수天數이자 오수五數인 무토戊土를 성하고, 무토戊土는 기토己土를 성하여 무기토에 의하여 생성이 이루어짐을 밝히고 있다. 이처럼 십토와 오토, 천수와 지수의 생성원리가 간지도수의 내용이다. 따라서 하도와 낙서는 오행으로 통하여 생성원리를 나타낸다. 그러면 하도와 낙서는 중국에서 나타난 것인가?

주희에 의하여 도십서구圖十書九의 도서의 도상이 확정되었고, 십익에서 천지의 수에 의하여 하도와 낙서의 도상이 구성됨을 밝혔지만 주희를 비롯하여 그 누구도 도서의 내용이 천도임을 체계적으로 밝히지 못하였다.

하도와 낙서의 내용이 오행원리이자 생성원리이며, 시간성을 내용으로 하는 천도임을 밝힌 사람은 김일부이다. 그는 신도를 천지의 도로 구분하여 하도와 낙서라는 도상에 담아서 나타낸다. 따라서 체영의 도, 삼극의 도를 나타내는 의미체로서의 도서는 김일부에 의하여 저작되었다고 할 수 있다. 그러면 그것이 무엇을 의미하는가?

간지干支가 나타내는 오행의 생성은 시간성의 시간화와 시간의 시간성화이다. 시간성의 시간화가 오행의 상생相生 작용이며, 시간의 시간성화가 오행의 상성相成 작용이다. 그러므로 금화정역도가 나타내는 오행원리를 생성원리로 나타내는 도상이 하도와 낙서이다.

일부는 하도와 낙서가 나타내는 오행원리를 사역四曆의 변화에 의하여 상징적으로 나타낸다. 사역의 변화를 통하여 나타내는 현상은 물건적 세계가 아니라 사건적 세계, 시간의 세계이다. 그렇기 때문에 시간의 단위인 연원일시가 어떻게 구성되고 네 가지의 요소가 어떤 관계인지를 밝히고 있다. 그러면 정역에는 오로지 본체인 형이상의 도道와 현상인 형이하의 기器만을 나타내는가?

사역변화의 특성은 존공尊空이라는 개념을 통하여 그 실마리를 찾을 수 있다. 공空으로 받듦은 공, 중의 문제가 아니라 인간의 문제이다. 그것은 공, 중과 인간이 둘이 아니라 중, 공이 지금 여기의 삶에서 드러남을 뜻한다.

일부는 입도시에서 밝힌 천지인을 구분할 수 없는 중中, 화화옹化化翁의 경지를 금화정역도로 나타내고, 무위시無位詩에서 밝힌 도道를 하도와 낙서로 나타낸다. 그러면 일부는 정역시를 통하여 나타낸 역수변화를 어떤 도상으로 나타내는가?

금화정역도, 입도시가 중, 공을 불이不二의 경계로 나타내는 것과 달리 하도와 낙서, 무위시는 중, 공을 불일不一의 경계로 나타낸다. 이와 달리 정역시에서 중, 공을 사역의 변화로 나타낸다. 정역시가 나타내는 사역 변화를 나타내는 도상은 삼역팔괘도이다.

금화정역도가 본체, 무극을 중심으로 공空, 중中의 경계를 나타내는 것과 달리 하도와 낙서는 작용, 황극을 중심으로 공, 중의 경지를 나타내고, 삼역팔괘도는 현상, 태극을 중심으로 공, 중의 경계를 나타낸다.

팔괘의 중첩을 통하여 구성된 주역의 64괘는 현상의 관점, 지도의 관점, 태극의 관점에서 인도를 중심으로 역도를 나타낸다. 그러므로 팔괘에 의하여 구성된 세 가지의 팔괘도를 통하여 나타내는 삼역팔괘도는 인간을 중심으로 현상적 관점에서 생성적 패러다임을 나타낸다.

삼역팔괘도의 셋이 상징하는 의미는 천지인의 삼재와 과거, 미래, 현재의 삼세 그리고 삼재와 삼세의 근원인 천도와 지도를 상징한다. 도생역성의 관점에서 보면 금화정역도를 바탕으로 하도와 낙서가 성립하고, 이어서 삼역팔괘도가 구성된다.

그러나 역생도성의 관점에서 보면 삼역팔괘도로부터 출발하여 하도와 낙서에 이르고, 하도와 낙서를 바탕으로 금화정역도에 이른다. 따라서 우리가 정역을 통하여 생성적 패러다임이 무엇인지를 파악하기 위해서는 삼역팔괘도를 고찰해야 한다.

일부의 정역 저작도 정역팔괘도로부터 시작한다. 그는 54세가 되는 해(1896년 기묘己卯)에 정역팔괘도를 그렸다. 이어서 56세가 되는 해(1881년 신사辛巳)에 서문인 대역서大易序를 썼으며, 59세가 되는 해(1884년 갑신甲申)에 본문인 십오일언十五一言을 쓰고, 60세가 되는 해(1885년 을유乙酉)에 십일일언十一一言을 썼다.

그가 정역팔괘도와 더불어 복희팔괘도, 문왕팔괘도를 함께 나타낸 것이 언제인지는 확인할 수 없다. 다만 정역팔괘도를 그릴 때 이미 그것을 바탕으로 기존의 복희선천팔괘도와 문왕후천팔괘도 역시 수정하여 삼역팔괘도를 완성했을 것으로 짐작할 수 있다.

삼역팔괘도는 일부가 주역의 내용을 정리하여 주역과 정역의 다른 점 그리고 양자의 관계를 나타낸다. 그러므로 삼역팔괘도를 통하여 주역의 내용을 파악할 수 있을 뿐만 아니라 삼역팔괘도를 통하여 정역의 내용을 파악할 수 있다.

그러나 정역에서는 세 가지의 팔괘도만 제시되었을 뿐으로 도상에 대한 구체적인 설명은 없다. 그렇기 때문에 삼역팔괘도의 내용에 대하여 많은 다양한 주장들이 있을 뿐만 아니라 도상 자체도 이본異本[304]이 있어서 논란이 있다. 그러면 삼역팔괘도를 어떻게 이해할 것인가?

주역과 정역이 모두 역도를 나타내고 있는 점에서는 둘이 아니지만 주역이 지도地道, 인도人道를 나타내고, 정역이 천도天道, 신도神道를 나타내는 점에서는 서로 다르다. 따라서 삼역팔괘도 역시 주역과 정역의 관점에서 이해할 수 있다. 그러면 삼역팔괘도를 어떻게 이해할 것인가?

오늘날 학자들은 삼역팔괘도를 주역의 설괘와 관련하여 이해한다. 정역에서 직접 삼역팔괘도를 설괘와 관련하여 언급한 내용은 없다. 그러

304　학산鶴山 이정호李正浩는 『정역연구正易硏究』에서 계해년癸亥年(1923)에 판각된 저본에는 정역팔괘도의 이천二天과 칠지七地가 곤괘坤卦, 건괘乾卦와 결합되어 있으나 건곤乾坤과 간태艮兌가 기강紀綱과 경위經緯이기 때문에 이천二天은 간괘艮卦와 하나가 되고, 칠지七地는 태괘兌卦와 하나가 되어야 한다고 주장하였다. 그리고 그는 이천二天과 간괘艮卦, 칠지七地와 태괘兌卦가 결합된 정역팔괘도正易八卦圖를 제시하였다. 이 책에서는 1966년 정경학회正經學會에서 발간한 판본을 중심으로 삼역팔괘도를 고찰한다.

나 전해오는 말에 의하면 일부가 정역팔괘도를 그리는 과정에서 정역팔괘도의 내용이 설괘 제6장의 내용을 나타내는 도상임을 확인했다고 한다.[305]

삼역팔괘도를 바탕으로 설괘의 내용을 분석하면 설괘의 내용은 세 부분으로 나누어서 이해할 수 있다. 그것은 정역팔괘도를 나타내는 제6장의 내용과 소옹이 문왕팔괘도를 나타내는 부분으로 이해한 제5장 그리고 복희팔괘도를 작성하는 근거로 이해한 제3장이다. 그러면 정역팔괘도에 의하여 설괘를 세 부분으로 구분하여 이해하는 것과 다른 중국적 이해 방법은 무엇인가?

주역이 기제와 미제를 중심으로 물리적 시간을 이해하듯이 비록 형이상의 도를 논하더라도 물리적 시간을 출발점으로 삼아서 그 근원을 찾기 때문에 근원 자체인 도, 성품이 드러나는 관점에서 도와 성품을 논하지 않는다.

주역이 물리적 시간의 관점에서 과거와 미래인 기제와 미래를 바탕으로 전개됨을 잘 나타내고 있는 학설은 소옹邵雍에 의하여 제시된 선후천론先後天論이다. 그는 선천에서 후천을 향하여 흐르는 직선적인 시간관을 바탕으로 선후천역을 제시한다.

소옹은 중국의 역사를 129,600년을 단위로 나눈다. 그는 129,600년을 일원一元으로 하여 그것을 12로 나누어서 10,800년을 일회一會로 나타내고, 10,800년을 30으로 나누어서 360년을 일운一運으로 하며, 360년을 12로 나누어서 30년을 일세一世로 삼는다.[306]

305　이정호李正浩, 『정역연구』, 국제대학인문사회과학연구소, 1976, 28-30.
306　윤용남 외, 『완역성리대전』, 『황극경세서』, 학고방學古房, 2018, 325-331.

그리고 소옹은 원회운세元會運世에 의하여 중국의 역사를 황皇, 제帝, 왕王, 패霸의 넷으로 나누고, 각각을 무위無爲에 의한 정치시대, 은혜와 신뢰에 의한 정치시대, 공평과 정의에 의한 정치시대, 지혜와 힘에 의한 정치시대로 나눈다.

이 네 시대는 삼황三皇, 오제五帝, 삼왕三王, 오패五霸로 대표되는 시대이다. 그는 그 후의 역사를 이적夷狄 이하의 시대로 규정하여 금수와 같다[307]고 말한다.

소옹의 역사관은 선후천역학과 직결된다. 그는 자신의 시간관을 바탕으로 역학사易學史를 선천과 후천으로 나눈다. 그가 정치사와 역학사를 하나로 이해하고 있음은 다음과 같은 그의 말을 통하여 확인할 수 있다.

> 요堯 이전은 선천이며, 요 이후는 후천이다. 후천은 이에 (선천을) 법으로 삼아 본받았다.[308]

요 이전은 그가 무위無爲의 정치 시대로 규정한 삼황三皇의 시대이다. 그리고 요 이후는 제帝, 패霸, 이적夷狄의 시대이다. 그는 삼황의 시대를 본받아서 이후의 정치가 시행된다고 말하였다. 그러면 그는 선천과 후천을 역학의 관점에서 어떻게 이해하는가?

그는 "상고시대의 성인은 모두 역易이 있다. 작용은 같지 않지만 도道는 하나이다."[309]라고 하여 역학사가 그대로 정치사이자 역사임을 밝힌다.

---

307 윤용남 외, 『완역성리대전』, 『황극경세서』, 학고방學古房, 2018, 371.
308 『황극경세서皇極經世書』, 觀物內篇上, "堯之前先天也 堯之後後天也 後天乃效法耳"
309 『性理大全』「皇極經世書」, "上世聖人皆有易 作用不同 其道一也"

이때 삼황에 의하여 시행된 무위정치의 근본은 태극이다.[310] 태극은 괘상卦象과 언사를 통하여 나타낼 수 없다. 그는 역학을 괘상과 언어로 나타내기 이전의 태극을 중심으로 이루어지는 선천학과 괘상과 언어로 표현된 이후의 후천학으로 나눈다.

소옹은 선천학을 처음으로 팔괘를 그린 복희의 역학을 통하여 나타낸다. 비록 그가 복희를 빌어서 선천역을 말하지만 그의 역학이 바로 선천역이다. 그는 자신이 제시한 팔괘차서도八卦次序圖, 팔괘방위도八卦方位圖, 육십사괘차서도六十四卦次序圖, 육십사괘방원도六十四卦方圓圖를 바탕으로 선천역을 논한다.

소옹이 자신의 역학을 선천학으로 규정한 까닭은 선천학의 근본인 태극을 마음으로 이해하기 때문이다. 그는 마음을 태극으로 규정한다.[311] 태극이 본체가 되어 온갖 작용이 이루어진다. 그는 선천과 후천을 본체와 작용의 관계로 규정한다. 그러나 본체와 작용은 고정되지 않아서 끊임없이 변화한다.

그는 "체는 고정된 용이 없어서 오직 변이 용이고, 용은 고정된 체가 없어서 오직 화가 체이다. 체와 용이 교류하여 사람과 사람의 도가 여기에서 갖추어진다."[312]라고 했다. 그러면 그는 왜 선천학과 후천학을 논하는가?

그는 태극인 마음을 본체로 하여 일어나는 작용을 변화로 이해한다.

---

310 『황극경세서皇極經世書』外書, "太極者何物 日無爲之本也"

311 『性理大全』「皇極經世書」, "心爲太極 又曰 道爲太極"

312 『性理大全』「皇極經世書」, "體無定用 惟變是用 用無定體 惟化是體 體用交而人物之道 於是乎備矣"

그리고 변화를 바탕으로 세계를 나타내는 학문이 역학이다. 그러므로 그는 역학을 마음을 중심으로 체와 용의 관점에서 선천과 후천으로 구분한다.

> 선천의 학은 마음이고, 후천의 학은 흔적이다. 삶과 죽음, 있음과 없음을 출입하는 것은 도이다.[313]

> 선천의 학은 마음이다. 그러므로 도道가 모두 그 가운데에서 나오고, 온갖 변화와 사건이 마음으로부터 나타난다.[314]

태극은 형상이 없다. 그러나 태극을 본체로 하여 이루어지는 변화의 현상은 온갖 사물이 나타나는 만물의 세계이다. 이처럼 그는 형이상의 도와 형이하의 기를 역학에 적용하여 태극을 중심으로 형이상의 근원인 태극이 중심인 선천역과 현상의 기가 중심인 후천역으로 구분한다.

본체인 태극을 중심으로 한 역학이 선천학이며, 작용인 흔적, 기器를 중심으로 한 역학이 후천학이다. 그는 "복희의 역은 문자와 문장이 없이 오직 괘획과 순서만이 있었을 뿐으로 공자가 문장을 붙여서 실제 내용을 서술하였다."[315]라고 말한다. 소옹이 제시한 복희선천팔괘도는 다음과 같다.

---

313 『性理大全』「皇極經世書」, "先天之學心也 後天之學迹也 出入有無生死者道也"
314 『性理大全』「皇極經世書」, "先天學心法也 故圖皆自中起 萬化萬事生乎心也"
315 『性理大全』「皇極經世書」, "伏羲之易 無文字語言 獨有卦劃次序而已 孔子於繫辭實述之矣"

도표 12. 복희선천팔괘도伏羲先天八卦圖

소옹은 후천학에 대하여 말한다. "지금의 역경은 문왕文王의 역이다. 그러므로 주역이라고 부른다."[316]라고 하였다. 후천역은 문왕에 의하여 저작된 주역이다. 그는 선천역이 본체인 태극을 중심으로 전개되는 것과 달리 후천역은 작용을 중심으로 전개된다고 말한다.

아! 지극하다 문왕의 역을 지음이여! 그가 천지의 작용을 얻었구나.[317]

소옹이 후천역으로 규정한 주역은 바로 오늘날 우리가 만나는 64괘와 괘효사를 가리킨다. 이제 소옹이 팔괘차서도에 의하여 그린 팔괘방위도가 어떻게 그려졌는지 살펴보자. 소강절이 복희팔괘도의 도상을 만들었던 근거는 설괘의 제3장이다. 설괘 제3장에서는 역도의 내용을 다음과

---

316 『性理大全』「皇極經世書」, "上世聖人皆有易 作用不同 其道一也 今之易經 文王之易也 故謂之曰周易"

317 『황극경세서皇極經世書』 觀物內篇上, "至哉文王之作易也 其得天地之用乎"

같이 밝히고 있다.

> 천지가 자리를 정하며, 산과 못이 기운을 통하고, 우레와 바람이 서로 엷으며, 물과 바람이 서로 쏘지 않아서 팔괘가 서로 어긋난다. 지나간 것을 헤아림은 순이고, 다가올 일을 앎은 역이다. 그러므로 역易은 역逆으로 헤아린다.[318]

위의 내용을 보면 건곤乾坤이 상하로 자리를 잡고, 산택山澤이 서로 작용한다. 그러나 진손震巽은 서로 작용하지 않으며, 감리坎離도 역시 작용하지 않는다. 이처럼 장남과 장녀를 나타내는 진손과 중남과 중녀를 나타내는 감리가 작용하지 않고 오로지 소남과 소녀를 나타내는 산택이 기운을 통하여 작용함은 소남과 소녀가 태어나서 장차 생장해야 할 때를 나타낸다. 이 부분에 대하여 소강절은 다음과 같이 말하였다.

> 위의 내용은 복희팔괘의 자리이다. 건은 남쪽에 있고, 곤은 북쪽에 있으며, 이는 동쪽에 있고, 감은 서쪽에 있으며, 태괘는 동남쪽에 있고, 진을 동북쪽에 자리 잡으며, 손은 서남쪽에 자리 잡고, 간은 서북쪽에 자리 잡았다. 이에 팔괘가 서로 사귀어 64괘를 이루니 이른바 선천학이다.[319]

팔괘도는 단순한 하나의 도상이 아니라 도상을 구성하는 팔괘의 관계를 통하여 그 내용을 상징적으로 나타낸다. 그러므로 하나의 팔괘도는

---

[318] 『주역』 설괘 제3장, "天地定位, 山澤通氣, 雷風相薄, 水火不相射, 八卦相錯. 數往者順, 知來者逆, 是故易逆數也."

[319] 주희, 『주역본의周易本義』, "邵子曰 此伏羲八卦之位 乾南坤北離東坎西 兌居東南 震居東北 巽居西南 艮居西北 於是八 卦相交而成六十四卦 所謂先天之學也"

그대로 64중괘가 나타내는 내용을 요약하여 나타낸다. 따라서 소옹은 64괘의 내용을 복희선천팔괘도와 문왕후천팔괘도의 두 도상을 통하여 나타내었다. 소옹이 문왕의 후천학을 나타내는 팔괘도의 근거로 제시한 부분은 설괘 제5장이다. 설괘 5장의 내용은 다음과 같다.

> 제帝가 진震에서 나오고, 손巽에서 가지런히 하고, 리離에서 서로 보고, 곤坤에서 노역을 이루고, 태兌에서 기뻐하고, 건乾에서 싸우고, 감坎에서 위로하고, 간艮에서 이룬다.[320]

위의 내용은 제5장의 내용을 요약하여 나타내고 있다. 전체의 내용은 진괘에서 시작하여 간괘에서 끝나는 작용을 나타내고 있다. 그런데 여기서 주목할 부분은 3장에서 건곤괘를 언급하고 있지만 천지로 나타낼 뿐으로 그 본성을 나타내고 있지 않는 것과 달리 5장에서는 그 본성을 나타내고 있다는 점이다. 그러면 5장의 특성을 나타내는 천지의 본성이 무엇인가?

그것은 바로 제帝라는 개념이다. 제5장이 나타내고 있는 내용의 성격을 파악하기 위해서는 제라는 개념이 의미하는 내용을 올바로 파악하는 것이 관건이다. 제는 일반적으로 신과 같은 개념으로 천지, 우주를 창조하고 주재하는 인격적 존재로 이해한다.

그런데 제는 인격적인 측면에서 나타낸 천지의 창조적 본성, 주재적 본성을 나타내지만 그것은 인간의 본성을 나타낸다. 왜냐하면 계사상편

---

[320] 『주역』 설괘 제5장, "帝出乎震, 齊乎巽, 相見乎離, 致役乎坤, 說言乎兌, 戰乎乾, 勞乎坎, 成言乎艮."

제5장에서 밝히고 있듯이 천지의 도가 인간에 있어서는 본성이기 때문이다. 계사상편의 제5장을 보면 그 내용은 다음과 같다.

> 한 번은 음陰으로 작용하고, 한 번은 양陽으로 작용하는 것을 일러서 도道라고 하며, 작용이 계속되는 것을 선善이라고 하고, 이루어진 것을 성性이라고 한다.[321]

위의 내용을 보면 음양의 작용으로 드러나는 것은 천도이다. 그리고 천도의 작용이 계속되는 것을 선善이라고 말하고, 선성이 이루어진 것을 성性이라고 한다고 하였다. 그것은 천도가 개체적 존재로서의 인간에 있어서 본성임을 나타낸다.

제, 상제는 신이라는 개념과 같이 도의 특성을 나타내는 개념일 뿐으로 대상적 존재가 아니다. 따라서 위의 내용은 인간의 본성의 작용을 팔괘를 통하여 상징적으로 나타내고 있음을 알 수 있다. 그러면 팔괘를 통하여 인간의 본성을 어떻게 이해할 것인지 살펴보자. 설괘 제5장의 뒷부분에서는 이어서 각 괘를 중심으로 본성의 작용에 대하여 다음과 같이 논한다.

> 만물이 진에서 나오니 진은 동쪽이다. 손에서 깨끗함은 손은 동남이며, 제라는 것은 만물이 가지런하게 됨을 뜻한다. 이離라는 것은 밝음으로 만물이 서로 드러남으로 남방의 괘이다. 성인이 남쪽으로 얼굴을 향하여 천하의 소리를 듣고, 밝은 곳을 향하여 다스림은 이를 취하였다. 곤이라는 것은 땅으로 만물이 길러짐을 이루기 때문에 곤에 일을 맡긴다고 말한다.

---

321 『주역』 계사상편 제5장, "一陰一陽之謂道니 繼之者善也오 成之者性也라."

태는 바로 가을로 만물이 기뻐하는 때이기 때문에 태에 기뻐한다고 하였다. 건에서 싸움은 건은 서북의 괘로 음양이 서로 부딪침을 말한다. 감은 수로 정북방의 괘이다. 위로를 받는 괘이니 만물이 돌아가는 바이기 때문에 감에서 위로를 받는다고 하였다. 간은 동북의 괘로 만물이 종말을 이루고, 시초를 이룬다. 그러므로 간에서 이룬다고 하였다.[322]

제가 진괘에서 나옴은 진괘를 통하여 본성의 작용이 시작됨을 나타낸다. 이때 진괘와 간괘는 각각 성인과 군자의 관점에서 이해할 수 있다. 그러므로 역사적 측면에서 보면 본성을 밝히는 가르침, 성명에 관한 가르침이 성인에 의하여 처음으로 제시되었음을 나타낸다고 할 수 있다.

성인의 가르침으로 나타난 본성의 작용이 세상에 널리 펴져서 인류가 공유하는 것을 나타내는 괘가 손괘이다. 손괘는 흩어진다는 의미와 더불어 그것을 중심으로 가지런하게 됨 곧 성인의 가르침으로서의 본성이 인간의 삶의 근거, 기준이 됨을 나타낸다.

이괘離卦를 통하여 서로 봄은 본성을 통하여 비로소 인간의 인간다움을 알 수 있고, 인간과 인간의 관계가 무엇이며, 인간의 삶이 무엇인지를 알 수 있음을 뜻한다. 인간은 본성의 지혜로 사람과 세계를 보지 않으면 인간의 진면목을 알 수 없다.

곤괘坤卦에서 부림을 이룬다는 것은 곤괘는 수용, 수장을 나타낸다. 그

---

322 『주역』 설괘 제5장, "帝出乎震, 齊乎巽, 相見乎離, 致役乎坤, 說言乎兌, 戰乎乾, 勞乎坎, 成言乎艮. 萬物出乎震, 震東方也, 齊乎巽, 巽東南也, 齊也者, 言萬物之絜齊也. 離也者, 明也, 萬物皆相見, 南方之卦也, 聖人南面而聽天下, 嚮明而治, 蓋取諸此也. 坤也者, 地也, 萬物皆致養焉, 故曰致役乎坤. 兌, 正秋也, 萬物之所說也, 故曰說言乎兌. 戰乎乾, 乾西北之卦也, 言陰陽相薄也. 坎者, 水也, 正北方之卦也, 勞卦也, 萬物之所歸也, 故曰勞乎坎. 艮東北之卦也, 萬物之所成終而所成始也, 故曰成言乎艮."

것은 본성을 주체로 인간의 물리적 생명 현상이 나타나면서 그것이 서로가 서로를 존재하게 해 줌을 나타낸다. 그리고 태괘兌卦에서 기쁨을 말하는 것은 본성을 주체로 서로 생명을 주고받으면서 공생共生하는 것이 삶의 기쁨임을 뜻한다.

건괘에서 싸움은 본성은 지혜와 자비를 내용으로 한다. 그렇기 때문에 본성을 주체로 할 때 비로소 지혜가 드러남에도 불구하고 의식에 의하여 운용되는 지식을 지혜와 혼동할 수 있다. 그것을 나타내는 것이 건괘에서 싸운다는 의미이다.

감괘坎卦에서 수고롭다는 것은 건괘의 정수를 나타내는 감괘를 통하여 지혜의 원천인 본성에 도달함을 나타낸다. 물은 무심하여 어떤 것과도 하나가 될 뿐만 아니라 모든 더러움을 깨끗하게 씻어 주고, 부족한 부분을 채워 준다. 그러나 자신의 그 어떤 더러움에도 물들지 않고, 어떤 부족함에도 끝없이 채워져서 언제나 충만하다. 이처럼 무심無心하면서 공심共心으로 마음을 쓰는 것이 본성에 도달하는 방법이다.

간괘艮卦에서 완성을 말한다는 것은 간괘가 완성을 나타냄을 뜻한다. 완성은 다른 것이 아니라 본성을 자각하여 본성과 하나가 됨을 뜻한다. 그러면 다음 부분에서 구체적으로 나타내고 있는 내용을 살펴보자.

"만물이 진괘에서 나오니 진괘는 동방이다."라고 하였다. 그것은 본성에 의하여 만물이 생성됨을 나타낸다. 그리고 "손괘에 의하여 가지런해진다. 손은 동남이다. 가지런해짐은 만물의 결제를 말한다."라고 하였다. 만물이 가지런해지고 깨끗해진다는 것은 본성에 의하여 인간이 인간으로 존재하고, 만물이 만물로 존재함을 나타낸다.

"이괘는 밝음을 나타낸다. 만물이 모두 서로 보니 남방의 괘이다. 성인이 남쪽을 향하여 천하의 소리를 들으면서 밝음을 향하여 다스리니 대개 이를 취한 것이다."라고 하였다. 이괘는 제3장에서는 불로 규정하고 있다. 그것은 지혜의 밝음을 나타낸다고 할 수 있다. 따라서 이괘는 지혜에 의하여 천하를 다스리는 왕천하가 이루어짐을 나타내고 있다.

그런데 본성의 내용인 지성知性에 의하여 지혜가 발현된다. 이 지혜를 통하여 사물의 본질을 파악하는 것은 물론 사람과 사람의 관계 역시 밝혀진다. 그렇기 때문에 만물이 서로를 본다고 하였다. 이것이 천하를 다스리는 이치가 된다.

"곤坤이라는 것은 땅이다. 만물이 모두 땅에서 길러진다. 그러므로 곤에서 부려진다고 하였다." 건괘가 사람의 사람다움으로서의 본성을 나타내는 것과 달리 곤괘는 역사적 사명, 사회적 사명을 나타낸다. 그것은 본성의 측면에서는 자비를 나타낸다. 이 자비에 의하여 만물을 만물로 존재하게 하는 보시가 이루어지기 때문에 곤괘에서 길러진다고 하였다.

"태兌는 가을로 만물이 기뻐하는 바이다. 그러므로 '태괘에서 기쁨을 말한다.'라고 하였다." 태괘가 나타내는 내용은 가을에 얻는 수확의 기쁨과 같다. 그런데 만물이 사람처럼 기쁨을 느낄 수는 없다. 따라서 이 부분은 성명을 중심으로 이해하면 본성과 하나가 되었을 때 비로소 열락悅樂을 느낌을 나타낸다.

"건乾에서 싸우니 건은 서북의 괘이다. 음양이 서로 엷음을 말한다." 음양이 서로 엷다는 것은 하나가 되어 서로 작용하지 못함을 나타낸다.

"감괘는 물이다. 정북의 괘이다. 수고로움을 나타내는 괘로 만물이 돌아갈 바이다. 그러므로 '감괘에서 수고롭다.'라고 하였다." 이 부분을 감괘를 통하여 본성을 주체로 자라는 것을 나타낸다. 그렇기 때문에 수고롭다고 하였을 뿐만 아니라 만물이 돌아갈 곳이라고 하였다.

"간은 북방의 괘이다. 만물이 종말을 이루는 곳이면서 시작을 이룰 곳이다. 그러므로 '간을 통하여 완성을 말한다.'라고 하였다." 간괘艮卦는 그침을 나타낸다. 그것은 본성을 깨달아서 천명에 도달함으로써 궁리, 진성, 지명의 과정을 완성하였음을 뜻한다. 그렇기 때문에 궁리, 진성, 지명의 과정이 끝나고 새로운 시작을 나타내는 괘가 간괘임을 밝히고 있다. 그러면 이 부분을 달리 이해할 수 있는가?

현상적 관점에서 팔괘가 그대로 현상의 사물을 나타낸다고 여기는 사람은 이 부분을 물리적 시간의 미래적 관점에서 일종의 예언으로 이해한다. 그들은 주나라는 서방이고, 동북의 간방이 동이의 나라인 우리나라이기 때문에 이 부분이 우리나라의 미래를 나타낸다고 말한다.

그러나 동서남북의 공간적 위상은 팔괘의 위치를 가리킬 뿐으로 물리적인 공간과 무관하다. 그리고 팔괘도는 64괘와 같이 형이상의 성명의 이치를 상징적으로 나타내는 도구일 뿐이다. 따라서 특정한 지역의 미래의 사건에 관한 예언으로 이해하는 것은 옳지 않다.

그러나 그것이 전혀 의미가 없지는 않다. 문왕팔괘도는 간괘艮卦가 상징하는 성종成終과 성시成始가 동시에 이루어지는 것이 천도의 내용임을 알고, 그것을 삶에서 실천하는 것이 필요함을 밝힌 상징체계이다. 왜냐하면 궁리, 진성, 지명은 오로지 본성을 자각하고 천명을 자각하는 성명합일에 이르는 일이 끝나면 그것을 바탕으로 실천을 시작하는 것이 필요함을 나타낸 것이 이 부분[323]이기 때문이다.

소옹은 앞에서 우리가 살펴본 설괘 제5장의 내용을 도상화하여 문왕후천팔괘도文王後天八卦圖로 규정하였다. 문왕팔괘도의 내용은 주희가 편집한 『주역본의』에 제시되어 있는데 도상의 구조는 다음과 같다.

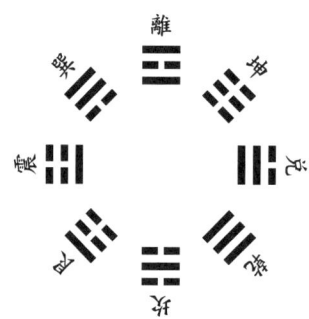

도표 13. 문왕후천팔괘도文王後天八卦圖

소옹이 제시한 두 도상은 설괘 제1장부터 제5장까지의 내용을 정리하여 나타낸 것일 뿐만 아니라 64괘의 내용을 선천학과 후천학으로 구분하여 나타낸 것이다. 64괘를 상경과 하경으로 나누고, 다시 62괘를 중천건괘와 중지곤괘로 집약하여 이해한 것은 64괘의 체계에 어긋나지 않는다.

소옹이 제시한 두 개의 도상은 팔괘에 의하여 구성된 도상이다. 그것

---

323 『주역』 설괘 제5장, "帝出乎震, 齊乎巽, 相見乎離, 致役乎坤, 說言乎兌, 戰乎乾, 勞乎坎, 成言乎艮. 萬物出乎震, 震東方也, 齊乎巽, 巽東南也, 齊也者, 言萬物之絜齊也. 離也者, 明也, 萬物皆相見, 南方之卦也, 聖人南面而聽天下, 嚮明而治, 蓋取諸此也. 坤也者, 地也, 萬物皆致養焉, 故曰致役乎坤. 兌, 正秋也, 萬物之所說也, 故曰說言乎兌. 戰乎乾, 乾西北之卦也, 言陰陽相薄也. 坎者, 水也, 正北方之卦也, 勞卦也, 萬物之所歸也, 故曰勞乎坎. 艮東北之卦也, 萬物之所成終而所成始也, 故曰成言乎艮."

은 오늘날 우리가 볼 수 있는 팔괘와 팔괘가 중첩되어 형성된 64괘의 주역이 구성되는 원리와 같다. 소옹은 두 도상을 중심으로 선천역학과 후천역학이라는 이론 체계를 제시하였다. 그러면 소옹이 제시한 두 도상이 갖는 의미는 무엇인가?

주역의 64괘는 우리가 천도天道를 나타내고 있는 것으로 알고 있는 중천건괘重天乾卦나 지도地道를 나타내고 있는 것으로 알고 있는 중지곤괘重地坤卦를 막론하고 천지의 도를 나타내지 않는다.

그것은 주역의 64괘가 효용爻用의 관점에서 인도를 중심으로 성명性命의 이치를 밝히고 있기 때문에 괘체卦體의 관점에서 천지의 도를 밝히고 있지 않음은 뜻한다.

성명은 우리 자신을 형이상과 형이하의 두 측면에서 본성과 물리적 생명으로 구분하여 나타낸 것이다. 따라서 성명, 성명의 이치는 인간의 삶의 길인 인도人道이다.

주역의 괘효卦爻가 인도인 성명원리를 나타내고 있음은 십익을 통하여 반복적으로 언급되고 있다. 그리고 형이상과 형이하를 중심으로 순順과 역逆의 두 방향을 구분하여 형이하의 육신으로부터 형이상의 도 곧 본성에 이르는 역방향과 형이상의 도로부터 형이하의 육신에 이르는 순방향을 구분하여 역방향에서 시작하여 순방향에 이르는 순역합일을 추구하는 것이 주역의 근본문제임[324]을 분명하게 밝히고 있다.

> 옛날에 성인이 주역을 지음은 장차 성명性命의 이치에 순응하도록 하기 위함이다. 그러므로 천도를 세워서 음과 양을 말하고, 지도를 세워서 강

---

324 『주역』설괘 제3장, "數往者順, 知來者逆, 是故易逆數也."

과 유를 말하며, 인도를 세워서 인과 의를 말한다. (이처럼) 삼재가 모두 양지작용을 하기 때문에 역은 여섯 번 획을 그어서 괘가 이루어진다. 그리고 (괘는) 음과 양으로 나누어져서 유와 강이 교대하면서 작용을 한다. 그러므로 주역은 여섯 위에 의하여 이루어진다.[325]

위의 내용을 보면 성인이 주역을 저작한 목적이 성명의 이치에 순응하는 삶이 무엇인지를 밝히고자 함임을 알 수 있다. 그것은 성인이 주역을 저작하여 후세의 사람들로 하여금 본성이라는 심층의 자신을 파악하여 자신이 어떤 존재인지를 알고, 자신으로 살아가는 삶인 정명正命을 파악하여 자신으로 사는 방법을 제시하였음을 뜻한다. 성명의 이치를 나타내는 도구는 바로 육효에 의하여 구성된 하나의 중괘이다. 그러면 주역의 64괘를 어떻게 이해할 것인가?

주역을 이해하는 방법은 주역의 저작 과정을 통하여 확인할 수 있다. 설괘의 제1장에서는 주역의 저작 과정과 더불어 주역을 활용하는 방법 곧 공부하는 방법에 대하여 다음과 같이 밝히고 있다.

> 옛날에 성인이 주역을 지을 때에 그윽이 신명神明과 하나가 되어 시초를 통하여 점을 치는 방법을 나타냈다. 그것은 삼천양지參天兩地의 법칙에 의하여 수로 나타낸다. 음양의 변화를 보고 괘를 세웠으며, 강유로 작용하는 것을 보고 효를 만들었다. 도덕에 화순하고자 의리를 다스리며, 이

---

[325] 『주역』 설괘 제2장, "昔者聖人之作易也는 將以順性命之理니 是以立天之道曰陰與이오 立地之道曰柔與剛이오 立人之道曰仁與義니 兼三才而兩之라 故로 易이 六畫而成卦하고 分陰分陽하며 迭用柔剛이라 故로 易이 六位而成章하니라."

치를 궁구하여 성품을 다하고, 명에 이른다.[326]

주역의 저자가 성인이라는 것은 이 부분에서도 다시 밝힌다. 그리고 성인이 주역을 저작하는 과정을 다음과 같이 밝힌다.

그 첫째 과정은 신명에 참여이다. 그것은 성인이 신명의 경지에 이르러서 하나가 되어 작용함을 뜻한다. 그것이 바로 시초를 통하여 점을 치는 방법이다. 이때 점을 치는 일은 스스로 의문을 알고자 함이 아니라 의문을 풀고자 하는 사람으로 하여금 시초점을 통하여 의문을 풀도록 함이다.

두 번째는 시초점의 원리에 근거하여 음양이 변화하는 이치를 보고 그것을 나타내는 괘를 세웠고, 음양이 강유로 작용하는 것을 나타내기 위하여 효를 세웠다. 그러면 이 두 단계가 무엇을 상징하는가?

첫 번째의 시초점을 운용하는 방법은 다름이 아니라 천도天道를 나타낸다. 그것은 신명이라는 음과 양으로 나누어서 나타낼 수 없는 경지를 수를 통하여 나타냄을 뜻한다. 논어에서 공자가 "천지역수가 네 몸에 있다."라고 함은 바로 천도가 인간의 본성, 근원임을 뜻한다. 이와 더불어 천도는 수에 의하여 상징적으로 나타냄을 밝히고 있다.

계사에서는 신, 신명의 경지를 나타내는 수에 의하여 구성된 도상을 나타내고 있다. 그것은 천지의 수에 의하여 구성된 하도와 낙서라는 도상이다. 정역은 하도와 낙서에서 나타내고 있는 이치를 바탕으로 한다.

---

326 『주역』 설괘 제2장, "昔者聖人之作易也에 幽贊於神明而生蓍하고 參天兩地而倚數하고 觀變於陰陽而立卦하고 發揮於剛柔而生爻하니 和順於道德而理於義하며 窮理盡性하야 以至於命하니라."

그러나 정역의 출발점은 이치로 나타내기 이전의 화화옹化化翁, 상제上帝를 출발점으로 삼는다. 설괘에서 말하는 신명, 신의 경계를 출발점으로 삼아서 그것을 신도, 천도로 나타내는 관점에서 정역이 전개된다. 그러면 두 번째의 내용은 무엇인가?

두 번째의 내용은 천도에 근거하여 구성된 주역이다. 주역을 구성하는 괘효는 바로 시초점으로 표현된 신도, 천도에 의하여 성립된다. 이처럼 신도, 천도에 근거하여 형성된 주역의 내용은 형이상의 도가 아니라 인간의 관점에서 나타낸 성명의 이치이다. 그러면 주역을 어떻게 공부하고, 활용할 것인가?

설괘 제1장의 마지막 부분에서 주역을 어떻게 활용할 것인지를 밝히고 있다. 설괘 제1장의 결론인 끝부분의 내용은 두 부분으로 나누어서 이해할 수 있다. 이때 앞의 부분과 뒷부분의 내용은 같다. 그러면 왜 같은 내용을 반복하는가?

앞의 내용은 주역을 연구하는 사람이 가져야 할 태도이다. 도덕이라는 천지의 본성을 따라서 조화를 이루고자 하는 마음으로 주역을 연구해야 한다. 그것이 바로 주역을 연구하는 사람이 가져야 할 마음의 태도이다. 그것이 무엇인가?

천지의 본성인 도덕은 바로 인간의 성명이다. 그러므로 천지의 본성인 도덕과 조화를 이루어 따름은 바로 성명의 이치에 순응하는 삶이다. 설괘 제2장에서 주역의 내용으로 제시한 성명의 이치에 순응하는 삶이 바로 천지의 도덕에 화순하는 삶이다. 그러면 다음은 무엇인가?

천지의 이치에 순응하는 삶을 살기 위하여 성명의 이치를 연구하는 일이 이루어진다. 그것이 바로 주역의 의미, 가치, 뜻을 파악하는 일이다.

뜻을 다스림인 이의理義는 말에 얽매이고, 괘효의 이미지에 얽매여서 이름과 모습에 끌려다니지 말라는 경고이다. 후대의 학자들이 의리역이나 상수역으로 구분하여 서로 자신들이 옳다고 여기는 것은 뜻을 파악하는 이의理義가 아니다. 그러면 뜻의 파악은 어떻게 이루어지는가?

주역을 연구하는 사람이 성명의 이치를 파악하는 과정은 그대로 주역을 이해하는 과정이 된다. 이를 각각의 중괘를 중심으로 나타낸 것이 뒷부분의 내용이다.

그 단계는 궁리, 진성, 지명이다. 첫 번째 단계는 성명의 이치를 연구하는 궁리이다. 그리고 두 번째 단계는 궁리를 통하여 내 안의 참나를 파악하는 진성이다. 그리고 세 번째 단계는 참나라는 내 안의 나 아닌 나, 본래면목을 파악한 후에 자신으로 살아가는 삶을 파악함이다. 이처럼 자신이 어떤 존재인지를 알고, 자신으로 사는 방법을 파악한 후에 비로소 자신의 삶을 살 수 있다. 그러면 설괘 제1장과 제2장의 내용은 어떻게 나타낼 수 있는가?

설괘 제1장과 제2장에서 신명과 성인 그리고 성인에 의하여 저작된 천도를 나타내는 전적과 인도를 나타내는 전적으로 구분하여 나타내고 있음을 알 수 있다. 다음에 이어지는 설괘의 내용은 신명, 신을 나타내는 부분과 형이상의 본성을 나타내는 부분 그리고 형이하의 현상의 관점에서 물리적 생명을 나타내는 부분으로 구분할 수 있다. 그러면 소옹의 선후천팔괘도는 무엇을 나타내고, 어떤 한계를 갖는가?

설괘 제1장에서는 궁리窮理, 진성盡性, 지명至命의 과정을 거쳐서 성性과 명命을 합일시키는 성명합일을 통하여 순역합일을 추구하는 것이 주역의 관점임을 분명하게 밝히고 있다. 그렇기 때문에 성명이 성립하기 위해서는 순역으로 구분하여 나타내기 이전의 차원 곧 천지의 본성이 도덕성이 하나가 된 신명, 신도의 세계를 통하여 성명원리를 밝히는 것이 필요하다.

송대에 형성된 복희선천팔괘도와 문왕후천팔괘도의 두 도상 역시 성명의 이치를 중심으로 역방향에서 성명의 이치를 궁구하여 본성이 무엇인지를 파악하고, 천명이 무엇인지를 파악하는 궁리, 진성, 지명에서 그치는 앎의 문제가 중심이다. 따라서 지명至命에서 출발하여 성명性命을 실천하는 성명합일, 순역합일의 삶의 문제가 여전히 남는다.

소옹이 제시한 복희선천팔괘도와 문왕후천팔괘도의 한계는 두 괘도가 각각 선천의 태극과 후천의 작용을 나타내고 있는 점에서 단적으로 드러난다. 소옹이 제시한 복희팔괘도를 보면 1에서 8까지의 수가 제시되어 있다.

복희팔괘도의 수가 1에서 8까지의 수에 그칠 뿐으로 9를 드러내지 못하고 있음은 낙서가 나타내고 있듯이 형이하의 현상 세계의 중심에 오五를 통하여 나타내는 성품, 본성이 드러나지 않고 있음을 뜻한다. 그러면 문왕팔괘도에는 오가 언급되고 있는가?

소옹에 의하여 제작된 것으로 제시되고 있는 문왕팔괘도에는 수 자체가 제시되지 않았다. 이를 통하여 하도와 낙서가 제시하고 있는 천지의 도와 두 팔괘도의 내용이 상응하지 않음을 알 수 있다. 그러면 선후천팔괘도의 한계가 구체적으로 무엇인가?

설괘에서는 궁리, 진성, 지명의 과정을 통하여 성명합일을 논하고 있다. 그리고 실천의 관점에서 천인합일을 논하고 있다. 내적 성명합일과 그것을 바탕으로 실천을 통하여 밖으로 확충하는 천인합일이 모두 하나의 경계를 추구한다.

성명합일, 천인합일을 막론하고 둘에서 출발하여 하나에 이르는 주역의 구조는 그와 반대의 관점인 순방향에서는 태극으로 시작하여 2, 4, 8, 64에 이르는 과정으로 분생한다. 주역과 십익, 소옹의 선후천학을 비롯하여 주역에 바탕을 둔 주희의 역학 역시 태극을 중심으로 전개된다. 그러면 소옹이 문왕후천팔괘도를 그렸으면서도 수를 나타내지 않고, 주희가 하도와 낙서의 본체를 태극으로 이해한 것이 어떤 의미를 갖는가?

태극은 그것을 논하는 지금 여기의 나와 대상적으로 존재하는 실체이다. 성리학은 성품과 이理인 태극이 둘이 아님을 나타내는 성즉리性即理를 바탕으로 이론 체계가 구성되었다. 이처럼 성리학은 성품과 태극이 둘인 경계를 추구하는 이론 체계이다.

그러나 형이상의 도와 형이하의 기를 나타내는 것은 인간이다. 그리고 태극을 논하는 것도 지금 여기의 나이다. 따라서 나와 둘인 태극은 관념상의 존재일 뿐으로 실재하지 않는다. 그것은 중용에서 논한 "도라고 하는 것은 잠시도 떨어질 수 없다. 떨어질 수 있다면 도가 아니다."[327]라는 부분을 통해서도 확인된다. 그러면 그것이 문왕팔괘도에 수를 넣는 것과 어떤 관계인가?

복희팔괘도는 천지의 수 가운데서 가장 중요한 수인 9, 10이 드러나지 않는다. 따라서 문왕팔괘도를 통하여 9수가 나타나야 하고, 또 하나의 도상을 통하여 10수가 나타나야 완비가 된다. 그것이 태극과 무슨 관계인가?

태극을 지금 여기의 나의 근원의 관점에서 이해하면 황극이 된다. 그

---

327 주희, 『중용장구』 경일장, "道也者 不可須臾離也 可離非道也"

것은 태극을 지금 여기의 나의 심성 내면으로 주체화했다는 의미도 되지만 사물적 관점, 현상의 차원에서의 근원이 인간의 근원인 본성, 성품과 둘이 아님을 뜻한다.

주역은 인도를 나타내고, 인도의 내용인 대인, 군자의 도는 인간의 근원을 나타내는 성과 근원이 현상에서 드러나는 명을 중심으로 전개된다. 그렇기 때문에 태극과 본성이 둘이 아님을 나타내는 황극을 드러내는 수와 도상이 제시되어야 한다.

황극이라는 개념은 이미 서경에서 제시되고 있다. 서경의 홍범구주洪範九疇에서는 중심의 본체수인 오황극을 바탕으로 사방의 1에서 9까지의 수를 제시하고 있다. 따라서 홍범구주의 범주를 통해서 황극을 본체로 이루어지는 인간의 삶을 나타낼 수 있다. 그러면 홍범구주의 내용과 설괘의 내용은 무관한가?

예로부터 많은 사람들이 주역과 홍범구주의 내용을 연관시켜서 이해하였다. 학자들은 주역을 바탕으로 산문의 서경과 운문의 시경이 전개되므로 시경과 서경이 주역으로 집약된다고 주장한다. 서경과 주역이 밀접한 관련이 있기 때문에 두 전적의 내용을 통섭적으로 이해하는 것이 필요하다. 그러면 설괘와 어떻게 연관되는가?

소옹이 문왕팔괘도 나타낸 설괘 제5장은 홍범구주의 내용과 관련하여 이해할 수 있다. 정역의 저자인 김일부는 소옹이 설괘 제3장과 제5장을 팔괘도로 나타내어 각각 선천과 후천으로 규정한 것과 다른 주장을 제기한다.

그는 소옹이 두 팔괘도와 다른 두 팔괘도를 제시할 뿐만 아니라 설괘의 제6장을 바탕으로 정역팔괘도라는 도상을 제기하여 소옹과 전혀 다른 세 가지의 도상을 제기하였다. 그는 설괘 제3장의 내용을 복희팔괘도로 나타내고, 설괘 제5장의 내용을 문왕팔괘도로 제시하면서 설괘 제6장을 정역팔괘도로 제시하고 있다. 그러면 소옹의 두 팔괘도와 김일부의 세 팔괘도가 어떻게 다른가?

소옹의 선후천팔괘도와 일부가 제시한 삼역팔괘도의 차이는 선천과 후천이라는 세계를 인간과 어떤 관계를 통하여 나타내느냐에 있다. 소옹은 두 괘를 통하여 선천과 후천이라는 세계를 나타내면서 그것을 문제로 삼는 인간과 다른 별개의 대상으로서의 선천과 후천을 논하였다.

소옹은 선천을 체로 그리고 후천을 용으로 나타내어 양자가 모두 고정된 실체가 아니어서 하나의 변화라고 하였다. 이처럼 체와 용을 중심으로 선천과 후천을 구분하여 이해하면 하나의 본체인 태극이 작용함에도 불구하고 왜 삼황오제의 성인이 다스리는 세상과 오패五霸 이후의 금수禽獸의 시대라는 서로 다른 현상이 전개되는지를 설명할 수 없다.

우리는 삼역팔괘도의 삼원적 구조를 통하여 선천과 후천의 이분법적인 사유구조, 실체적 세계관에 의한 상하, 내외의 구조에 의하여 천지, 우주, 인간을 이해하는 방법을 벗어나서 생성적 패러다임에 의하여 천지, 우주, 인간을 통섭적이고, 융복합적으로 이해할 수 있다.

일부가 제시한 삼역팔괘도를 보면 복희팔괘도는 씨와 같고 문왕팔괘도는 씨가 썩어서 싹이 트고 자라는 과정이라면 정역팔괘도는 열매를 수확하여 모두가 배불리 먹고 사는 것과 같다. 물론 이러한 생장성의 마디도 고정되지 않는다.

소옹의 선후천역이 태극을 바탕으로 선천과 후천의 이분법적인 구조에 의하여 직선적인 시간관으로 전개되는 것과 달리 정역에서는 원천을 바탕으로 선천과 후천을 논할 뿐만 아니라 직선과 다르고, 나선과 다른 영원한 현재의 시간관을 바탕으로 전개된다.

일부는 지금 여기의 나를 중심으로 내 안의 나를 나타내는 문왕팔괘도와 내 안의 나 아닌 나와 세계가 둘이 아닌 경지를 나타낸 정역팔괘도 그리고 내 안의 나 아닌 나와 세계가 둘이 아닌 경지에서 나타내는 다양한 현상을 중심으로 나를 나타낸 복희팔괘도의 세 도상으로 나타내고 있다.

삼역팔괘도는 세 팔괘도를 바탕으로 전개되기 때문에 어느 하나의 팔괘도를 떼어놓고 논할 수 없다. 다만 삼역팔괘도 가운데서 복희팔괘도와 문왕팔괘도는 소옹의 팔괘도를 수용하여 그 내용을 수정하였기 때문에 먼저 소옹의 팔괘도와 일부의 팔괘도를 비교하여 살펴보자.[328]

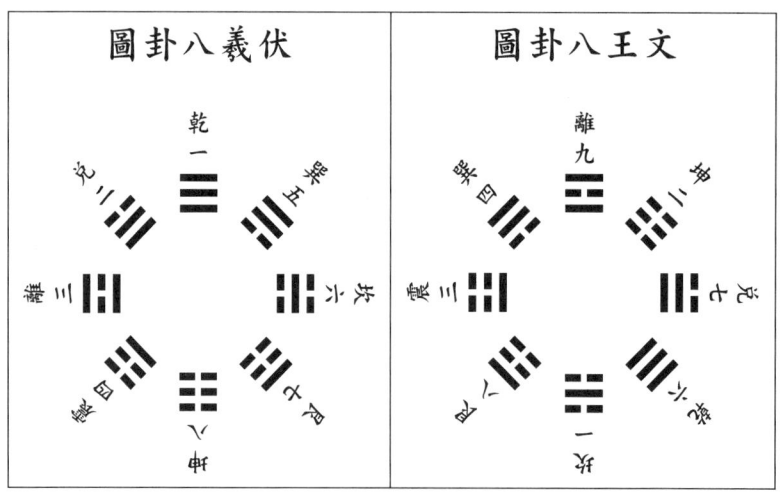

도표 14. 복희팔괘도   도표 15. 문왕팔괘도

---

328   김항, 『정역』 제28장~제29장, 정경학회正經學會, 1966.

일부는 소옹이 제시한 두 도상을 수용하면서도 두 도상을 선천과 후천으로 구분하여 나타내지 않았을 뿐만 아니라 소옹의 문왕팔괘도와 수가 결합되지 않았던 것과 달리 문왕팔괘도의 팔괘와 수를 연결하여 제시하고 있다. 따라서 소옹의 두 팔괘도와 김일부의 삼역 팔괘도는 전혀 다른 도상이다. 그러면 이어서 소옹이 제시하지 않았으나 일부가 제시했던 정역팔괘도의 도상이 무엇인지 살펴보자.

정역팔괘도는 삼역팔괘도의 성격을 결정하는 중요한 도상일 뿐만 아니라 정역의 인도人道가 무엇인지 그 성격을 나타내는 도상이다. 그가 정역팔괘도의 근거로 제시한 부분은 설괘의 제6장이다. 정역팔괘도를 살펴보기 위하여 먼저 설괘 제6장의 내용이 무엇인지 살펴보자.

> 신神이라는 개념은 만물을 오묘하게 하는 작용을 말로 나타낸 것이다. 만물을 움직이는 것은 우레보다 빠른 것이 없고, 만물을 흔드는 것은 바람보다 빠른 것이 없으며, 만물을 말리게 하는 것은 불보다 빠른 것이 없고, 만물을 기쁘게 하는 것은 못보다 기쁘게 하는 것이 없으며, 만물을 윤택하게 하는 것은 물보다 윤택하게 하는 것이 없고, 만물을 끝내고 만물을 시작하는 것은 간보다 더 성한 것이 없다. 그러므로 물과 불이 서로 미치고, 우레와 바람이 서로 어긋나지 않으며, 산택이 기운을 통하여 연후에 능히 변화하여 이미 만물을 이루었다.[329]

앞에서 신이라는 개념은 만물을 오묘하게 하는 작용을 말로 나타낸 것

---

329 『주역』 설괘 제6장, "神也者, 妙萬物而爲言者也. 動萬物者莫疾乎雷. 橈萬物者莫疾乎風. 燥萬物者莫熯乎火, 說萬物者莫說乎澤, 潤萬物者莫潤乎水, 終萬物始萬物者莫盛乎艮. 故水火相逮, 雷風不相悖, 山澤通氣, 然後能變化旣成萬物也."

이라고 하였다. 그것은 앞의 3장, 5장과 달리 팔괘 가운데서 오로지 건곤괘가 언급이 되지 않고, 신을 언급하고 있는 것을 통하여 신이란 바로 건곤괘가 합일되어 서로 작용하는 지천태의 세계를 나타냄을 뜻한다.

천지가 합덕하여 하나가 된 상태에서 천지의 작용은 나머지 여섯 괘를 통하여 나타내지 않을 수 없다. 그렇기 때문에 다음 부분에서는 여섯 괘가 서로 작용함으로써 변화를 이루어서 만물을 완성한다고 하였다.

그런데 제5장에서는 간괘를 언급하면서 종말을 이루고, 시초를 이루는 것이라고 말하였으나 제6장에서는 변화를 말하여 시초를 언급하고 이어서 이미 종말을 이루었다고 말하였다. 따라서 제5장에서 종시를 언급하고 있고, 제6장에서는 시종을 언급하고 있음을 알 수 있다.

그것은 시간성의 세계로서의 종시의 세계를 바탕으로 전개되는 변화로서의 시종의 세계 곧 형이하의 현상 세계를 함께 나타내고 있음을 뜻한다. 건곤이 합덕된 세계는 바로 성명이 합일된 세계를 나타낸다. 따라서 이 부분은 성명이 합일된 차원에서 출발하여 이루어지는 삶을 나타낸다.

육효가 모두 상호 작용을 할 수 있는 것은 장성하였기 때문이다. 부모가 낳아서 기른 자녀가 성장하여 새로운 가정을 이루었다면 당연히 부모의 역할을 할 수 있다. 이처럼 이미 장성하여 새로운 가정을 이룬 차원에서 언급되고 있는 것이 설괘 제6장이다.

여섯 괘를 언급하고 있는 부분을 보면 먼저 감리괘를 언급하고 이어서 진손괘를 언급한 후에 간태괘를 언급하고 있다. 그것은 건곤괘가 합일되어 이루어지는 감리의 작용에 의하여 진손과 간태가 각각 상호 작용함을 나타낸다. 그러면 일부가 위의 내용을 바탕으로 제시한 정역팔괘도의

도상이 무엇인지 살펴보자.[330]

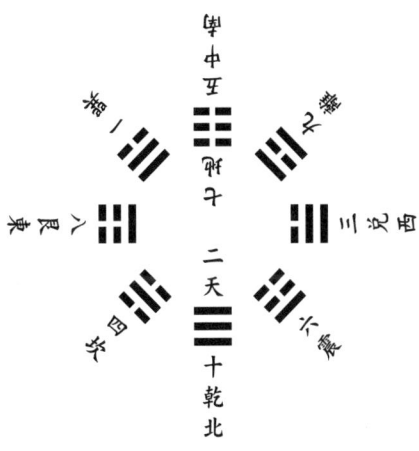

도표 16. 정역팔괘도

정역팔괘도의 도상을 보면 복희팔괘도가 곤남건북坤南乾北의 천지비괘 天地否卦의 상象을 띠고 있는 것과 달리 건남곤북乾南坤北의 지천태地天泰 의 상을 띠고 있고, 남북의 건곤괘에 각각 천天과 지地가 결합되어 중천 건괘와 중지곤괘를 나타내고 있다. 그러면 지금부터는 일부가 제시한 삼 역팔괘도를 통하여 생성적 패러다임이 무엇인지 살펴보자.

세 가지의 도상을 구성하는 기본 요소는 팔괘이다. 그러므로 세 가지 의 도상이 모두 팔괘도이다. 그러나 동일한 팔괘에 의하여 세 가지의 도 상이 나타나는 것은 팔괘의 배열과 그것에 따른 수의 변화이다. 따라서

---

330   김항, 『정역』 제30장, 정경학회正經學會, 1966.

우리는 세 가지의 팔괘도를 검토할 때 팔괘의 배열과 수의 변화를 살펴보지 않을 수 없다.

수는 괘상의 위치 변화에 따라서 괘상이 가리키는 의미가 달라짐을 나타낸다. 삼역팔괘도에서 나타나는 괘상의 변화는 수의 변화에 의하여 이루어지기 때문에 수의 변화를 중심으로 삼역팔괘도를 이해하는 것이 중요하다.

수를 중심으로 세 개의 팔괘도를 살펴보면 복희팔괘도의 8에서 문왕팔괘도의 9로 그리고 정역팔괘도의 10으로 변화함을 알 수 있다. 세 팔괘도가 모두 수에 의하여 규정되고 있음은 소옹의 팔괘도와 다른 특성이기도 하다. 소옹의 선후천팔괘도 가운데서 문왕후천팔괘도에는 수가 제시되지 않았다. 그러면 수의 변화가 세 괘도의 어떤 특성을 나타내는가?

복희팔괘도의 수는 8로 팔괘와 수가 일치한다. 이러한 특성은 문왕팔괘도의 수가 9까지 드러나고 있는 현상과 비교하여 보면 더욱 분명하게 파악된다. 문왕팔괘도는 팔괘의 8수에 1이 더한 9수이다. 그러면 그것이 무엇을 의미하는가?

복희팔괘도에서는 팔괘가 나타내는 현상의 근원을 나타낼 뿐으로 현상의 근원, 법칙을 문제로 삼아서 논하는 주체가 드러나지 않는다. 그것은 태극을 중심으로 형성된 도상이 복희팔괘도임을 뜻한다.

복희팔괘도는 현상의 차원에서 근원을 밝히고 있다. 그것은 수를 통하여 살펴보면 1에서 시작하여 8까지 이어지는 수는 모두 1로 그 위상을 나타내기 때문에 1, 2, 3, 4와 같은 수의 나열이 이루어짐을 뜻한다.

그러나 문왕팔괘도에서는 형이상과 형이하, 도와 기, 성과 명을 논하는 주체인 본성, 자성을 상징하는 오五가 나타난다. 오가 본성, 자성을 표현하고 있음은 팔괘를 1, 2, 3, 4와 6, 7, 8, 9의 여덟 수에 의하여 배당하고 있는 것과 달리 오는 팔괘와 연관되지 않고 있음을 보면 알 수 있다. 오는 팔괘의 중심에 있다고 하지 않을 수 없다. 그러면 정역팔괘도의 수는 어떤가?

정역팔괘도에는 10수가 나타나고 있다. 이를 복희팔괘도와 비교하면 팔괘를 나타내는 8에 5와 10이 더해진 수라고 할 수 있다. 5가 개체의 본성, 본질을 상징하는 수라면 10은 본성과 본성이 만나서 형성되는 우주, 세계, 천지의 본성을 상징한다. 그러면 괘상의 측면에서 세 팔괘도는 어떤 차이가 있는가?

우선 복희팔괘도, 문왕팔괘도는 팔괘가 밖을 향하고 있지만 정역팔괘도의 팔괘는 안을 향하고 있다. 이는 앞의 두 괘가 시생과 생장의 팔괘도라면 정역팔괘도는 장성의 괘도, 완성의 괘도임을 뜻한다.

세 팔괘도를 구성하는 팔괘의 위치 또한 서로 다르다. 복희팔괘도는 남북에 각각 곤괘와 건괘가 놓여 있고, 동서에는 이괘와 감괘가 놓여 있다. 그러나 문왕팔괘도에서는 남북에 감괘와 이괘가 놓여 있고, 동서에는 진괘와 태괘가 놓여 있다. 건곤감리는 팔괘의 본체와 작용을 나타내는 괘이다.

건곤은 본체를 나타내는 동시에 부모와 같은 괘이다. 그리고 감리는 중남, 중녀로 부모의 역할을 하는 괘이자 작용을 하는 괘이다. 그러므로 괘상을 중심으로 복희팔괘도를 보면 부모로부터 태어난 아이와 같은 상태, 앞으로 자라야 할 갓 태어난 아이와 같은 차원의 경지를 나타내는 괘이다.

복희팔괘도는 시생의 경계를 나타낸다. 그것은 현상의 근원인 태극을 중심으로 나타낸 경계가 복희팔괘도임을 뜻한다. 주역에서는 변화하는 현상의 근원으로 태극을 제시한다.

그리고 태극은 수로 나타내어 일-이다. 이 태극을 중심으로 음양의 효가 성립하고, 음양의 효에 의하여 사상이 형성되며, 사상에 의하여 팔괘가 형성되고, 팔괘의 중첩에 의하여 64괘가 형성된다. 따라서 복희팔괘도는 일태극의 경계를 나타낸다. 그러면 문왕팔괘도는 무엇을 나타내는가?

문왕팔괘도는 감리가 나타내는 작용이 가능하도록 성장을 나타내는 괘, 부모를 대신할 수 있도록 성장하는 자녀를 나타내는 괘이다. 인간의 측면에서는 현상의 차원을 초월하여 본성을 자각한 경지, 자신의 정체성, 주체성을 파악한 경지를 상징하는 괘이다.

문왕팔괘도의 중심에는 겉으로 드러나지 않는 5가 있다. 이는 오황극을 나타낸다. 따라서 문왕팔괘도가 나타내는 경지는 오황극이다. 문왕팔괘도는 오황극에 의하여 이루어지는 작용을 감리를 중심으로 나타내고 있다. 그러면 문왕팔괘도가 나타내는 오황극의 작용원리는 무엇인가?

문왕팔괘도는 진괘가 나타내는 성인의 도로 시작하여 간괘가 나타내는 군자의 도로 끝난다. 그러므로 문왕팔괘도가 나타내는 오황극원리는 성인의 도가 군자의 도로 변화하는 이치를 나타낸다. 인도는 성인의 도로 시생하여 군자의 도로 장성함을 나타내는 것이 문왕팔괘도이다. 그러면 정역팔괘도는 어떤가?

정역팔괘도에서는 이미 장성한 자녀가 부모의 역할이 가능한 경지를 나타낸다. 정역팔괘도를 인간의 중심으로 이해하면 본성을 자각하고 그 본성이 천지의 본성과 둘이 아님을 파악한 경지를 나타낸다. 그러므로 정역팔괘도는 팔괘가 나타내는 현상과 5가 나타내는 형이상 그리고 10이 나타내는 중도가 둘이 아닌 경계를 나타낸다.

건곤의 두 괘는 무극과 황극이 하나가 된 중도, 신, 화화옹을 상징하고, 이천칠지는 태극의 경계를 나타내며, 팔괘도는 현상의 세계를 나타낸다. 건곤괘가 형이상적 경지를 나타내는 것과 달리 이천과 칠지는 형이하의 경지를 나타낸다.

이천二天은 삼지양천參地兩天의 이천二天이며, 칠지七地는 삼천양지參天兩地의 칠지이다. 그러므로 십건十乾이 이천二天과 하나가 되어 중괘인 지천태地天泰의 괘상을 나타내고, 오곤五坤이 칠지七地와 하나가 되어 중괘인 지천태의 괘상을 이룬다. 그러면 십건과 오곤은 나머지 여섯 괘와 어떤 관계인가?

설괘 제6장에서 나타내고 있듯이 신이라는 말로 표현한 형이상과 형이하가 둘이 아닌 경지를 나타낸다. 따라서 정역팔괘도에는 신神이라는 십오十五건곤乾坤과 이천二天칠지七地의 이칠천지天地가 합덕된 경지를 나타낸다. 그러면 이천칠지가 간태와 결합되어 나타난 정역팔괘도를 어떻게 이해할 것인가?

정역팔괘도는 이미 육자녀가 성장하여 성인이 되었기 때문에 부모인 건곤괘의 역할을 한다. 그러므로 오로지 간태만이 성인의 역할을 하는 것이 아니다. 다만 육자녀괘를 직선적 시간관에 의하여 이해하면 진손으로부터 감간을 거쳐서 간태에 이르기 때문에 간태를 정역팔괘도의 중심으로 이해할 수 있다.

정역팔괘도는 십무극원리를 상징하는 팔괘도이다. 정역팔괘도는 건괘가 남쪽에 자리하고 곤괘가 북쪽에 자리하여 지천태의 경계를 나타내고 있다. 그것은 천지가 합덕하여 작용을 함으로서 천지의 합도가 이루어진 경계가 정역팔괘도임을 뜻한다.

천지의 합덕에 의한 작용은 성장한 육자녀에 의하여 이루어진다. 천지의 작용을 대행하는 장성한 육자녀의 대표는 간태이다. 그러므로 도상을 보면 간태가 동서에 위치하고, 진손과 감리가 모두 동서남북의 유위에 위치하고 있다.

동서의 간태는 간태합덕원리를 나타낸다. 간괘는 군자를 상징하고, 태괘는 백성을 상징한다. 그러므로 간태합덕은 지도자와 국민이 하나가 된 경계를 나타낸다. 간태합덕원리는 지도자와 국민이 하나가 되어 서로가 서로를 먹이고, 서로가 서로를 살리며, 서로가 서로를 새롭게 하고, 서로가 서로를 다양하게 하는 삶의 경지이다.

서로가 둘이 아님을 앎은 지혜이며, 서로를 둘이 아니게 대함은 자비, 인이다. 간태합덕은 천지의 합덕에 의하여 이루어지는 지천태의 경지이다. 천天이 나타내는 지혜와 지地가 나타내는 인仁이 하나가 되어 이루어지는 둘이 아닌 삶 그것이 간태합덕원리이다.

그러나 정역팔괘도를 비롯하여 삼역팔괘도에서는 직선적인 시간관, 실체적인 시간관은 없다. 이천칠지를 간태와 결합하여 나타낸 정역팔괘도의 도상은 다시 생각해 볼 부분이 있다.

정역팔괘도의 도상을 보면 건곤이 지천태의 괘상을 형성하듯이 간태가 동서로 자리하여 자신의 역할을 하고, 진손과 감리 역시 건곤간태의 사이에서 자신의 역할을 하고 있다. 그러면 세 가지의 팔괘도가 나타내는 내용은 무엇인가?

우리는 앞에서 세 가지 팔괘도 각각의 특성을 살펴보았다. 그것은 세

가지 팔괘도의 관계를 통하여 상징적으로 나타내는 내용이 무엇인지를 파악하기 위한 준비 과정이라고 할 수 있다. 삼역팔괘도는 금화정역도와 도서가 나타내는 내용을 팔괘에 의하여 나타내는 도상이다. 따라서 삼역팔괘도 역시 두 도상이 상징하는 내용을 벗어나서 다른 내용을 나타내지 않는다. 그러면 세 팔괘도가 나타내는 내용을 어떻게 이해할 수 있는가?

앞에서 살펴본 것과 같이 팔괘도는 현상, 물건적 관점에서 앞의 두 도상이 나타내는 중中, 공空, 화화옹化化翁을 상징적으로 나타낸다. 따라서 우리는 금화정역도가 나타내는 둘이 아닌 경지와 하도와 낙서가 나타내는 하나가 아닌 경지를 함께 고찰해야 한다.

그러면 먼저 하도와 낙서가 나타내는 하나가 아닌 경지를 중심으로 삼역팔괘도를 살펴보자. 일부가 밝힌 하도와 낙서의 내용은 도역의 생성이다. 도역의 생성을 중심으로 삼역팔괘도를 살펴보면 도생역성의 관점에서 정역팔괘도로부터 시작하여 문왕팔괘도를 거쳐서 복희팔괘도에서 완성되는 생성과 역생도성의 관점에서 복희팔괘도부터 시작하여 문왕팔괘도를 거쳐서 정역팔괘도에 이르는 생성으로 나누어서 이해할 수 있다.

복희팔괘도에서 시작하여 문왕팔괘도를 거쳐서 정역팔괘도에 이루는 과정은 수로는 8에서 시작하여 9를 거쳐서 10에 이르는 과정이다. 복희팔괘도가 나타내는 현상으로부터 시작하여 문왕팔괘도가 나타내는 형이상의 근원을 찾고, 형이상의 근원을 찾은 후에 정역팔괘도가 나타내는 있음과 없음을 넘어선 중中, 공空, 도道의 경계에 이른다.

역수의 변화는 현상의 측면에서 물리적 시간의 흐름을 나타낸다. 사역변화의 측면에서는 365와 1/4일의 현행의 윤역으로부터 출발하여 그것이 360의 정역으로 변화하고, 다시 정역을 통하여 원역原曆인 375도가 드러나는 변화이다.

복희팔괘도로부터 시작하여 정역팔괘도에 이르는 변화는 현상의 측면에서 인류의 역사를 중심으로 이해할 수 있다. 인류의 역사는 단순하게 물리적 시간의 흐름을 따라서 흐르지 않는다. 인류는 시간의 흐름을 통하여 인간이 자신의 본성을 찾고, 한 걸음 더 나아가서 세계, 우주의 본성을 찾아서 발전한다.

인류의 역사 속에서 흘러가는 한 인간의 삶 역시 세 단계의 과정을 거치면서 발전한다. 사람이 처음 태어나서는 오로지 생명을 유지하기 위하여 살지만 어느 순간에 왜 살아야 하는지, 자신은 누구인지를 파악하고, 자신과 세계, 우주가 어떤 관계인지를 파악하여 마침내 우주와 함께 산다.

지질학자들은 지구를 중심으로 지구의 역사를 탐구해 왔다. 그러나 오늘날의 학자들은 지구와 인간이 둘이 아님을 파악하고, 현세現世를 인류세人類世로 규정하였다. 비록 그것이 인간의 자연 파괴에 대한 염려를 나타내는 부정적인 표현일지라도 인간과 지구가 둘이 아님을 표현한 것에는 틀림이 없다.

심리학자들은 인류의 문명사와 한 개체의 의식의 발달을 연관시켜서 연구한다. 켄 윌버는 의식과 다른 영靈을 중심으로 잠재의식에서 자의식, 초의식에 이르는 과정을 통하여 신성한 영靈의 일부인 지구의 영靈을 논한다. 신성한 영은 하나이면서 전지全知하고 전체를 의식하고 있다. 신성한 영은 우주의 모든 의식을 유지하면서 각각의 개별의식을 더 높게 혹은 최고의 단계로 연결시켜 준다.

그가 제시한 통합심리학은 과학의 평면적인 접근과 달리 형이상을 향하는 측면에서 차원의 전환을 논하는 것을 보면 동아시아의 여러 사상들과 유사한 부분이 있다. 그럼에도 불구하고 그가 제시한 통합론의 한계는 형이하적 패러다임을 통하여 형이상의 경지를 통합하고자 했다는 점이다.

그리스도교의 구세주를 찾고, 하느님이라는 신을 찾아서 그와 하나가 되고자 하는 종교적 삶은 48억 년의 지구의 역사 속에서 인류가 문명, 문화를 발전시켜 왔던 패턴을 한 개인의 일생이 그대로 반복함을 보여준다. 그러면 물리적 시간이 과거에서 미래를 향하는 흐르듯이 인류의 역사, 지구의 역사, 우주의 역사는 직선적 시간의 흐름일 뿐인가?

우리는 삼역팔괘도를 도생역성의 관점에서 살펴볼 필요가 있다. 만약 우리가 생장성이라는 사건의 방향을 중심으로 우주, 인류, 사람의 삶을 살펴보면 시생의 삶은 생장의 삶과 비교하면 가치상으로 불완전하고, 생장의 삶은 장성의 삶과 비교하여 불완전하다고 생각할 수 있다.

그러나 도생역성의 관점에서 보면 정역팔괘도가 나타내는 중中, 공空, 도道의 경계가 문왕팔괘도가 나타내는 본성을 통하여 복희팔괘도가 나타내는 매 순간의 현상의 삶으로 나타난다. 중, 공, 도의 차원에서는 어떤 분별도 없다. 따라서 어떤 개념으로도 나타낼 수 없다.

개념으로나 어떤 도구로도 나타낼 수 없음은 역생도성의 관점이다. 이처럼 나타낼 수 없음을 논함 그 자체가 그대로 도생역성의 관점에서 공, 중, 도가 나타남이다. 그러면 도생역성과 역생도성을 지금 여기의 나를 중심으로 살펴보자.

도생역성의 관점에서 신, 공, 도의 경지는 본성, 자성을 인因으로 하고, 마음, 육신을 연緣으로 하여 사고, 언행으로 나타난다. 그것은 우리의 본성, 자성을 매개로 하여 나타나는 사고, 언행이 바로 도, 신, 공의 드러남,

나툼임을 뜻한다.

매 순간 지금 여기에서 드러나는 수많은 사건들은 모두 신, 도, 공의 경계가 지금 여기에 매 순간 사건으로 나타나서 물건으로 드러나는 현상이다. 그것을 세 단계로 나누어서 나타낸 도상이 삼역팔괘도이다.

사역변화의 관점에서 살펴보면 시생한 윤역인 366일의 윤역은 본래 원역에 의하여 나타나며, 365와 1/4일의 윤역 역시 원역에 의하여 나타나고, 360일의 정역 역시 원역에 의하여 나타난다.

원역의 본체도수인 15도가 용구용육의 작용으로 나누어지면서 용구는 율여도수가 되고, 용육은 정령도수가 되어 정역도수인 360에 6도가 더하여짐으로써 366일의 윤역이 시생한다. 이처럼 윤역, 정역을 막론하고 모두 본체인 원역의 작용에 의하여 나타난 역이다. 그러면 도생역성과 역생도성은 어떤 관계인가?

우리는 앞에서 도생역성과 역생도성이 둘이 아니라 하나의 양면을 나타내는 생성임을 살펴보았다. 이제 양자가 둘이 아닌 경계가 무엇인지를 살펴보기 위해서 씨와 열매에 비유하여 논하기로 한다.

정역에서 복희팔괘도를 향하는 도생역성은 열매가 씨가 되는 변화와 같다. 그리고 복희팔괘도에서 정역팔괘도를 향하는 역생도성은 씨가 땅에 심어져서 싹이 트고, 자라서 꽃이 피어 다시 열매를 맺는 현상에 비유하여 이해할 수 있다. 그러면 양자가 둘인 화화옹은 어떤가?

역생도성의 관점에서는 세 단계가 있지만 도생역서의 관점에서는 단계가 없는 하나이다. 매 순간 싹도 열매이며, 꽃도 열매이고, 열매는 열매이다. 이로부터 영원한 현재의 시간관을 파악할 수 있다.

만약 현상적 측면에서 시간을 이해하면 과거에서 시작하여 미래를 향하여 흐르는 물리적 시간, 현상적 시간만이 존재한다고 생각할 수 있다. 그러나 이러한 시간은 존재하지 않는다. 질량에 따라서 시간의 흐름이 달라짐을 나타내는 상대성이론에 의하여 절대시간과 같은 실체적 시간은 없다. 그러면 시간이란 무엇인가?

도생역성의 관점에서 시간은 매 순간 다양하고 새롭게 나타내는 영원한 현재이다. 영원한 현재의 관점에서는 형이하의 물리적 시간도 없고, 형이상의 영원도 없다. 오로지 양자가 둘이 아닌 경계가 매 순간 다양하고 새롭게 나타날 뿐이다.

물리적 시간의 세 양상인 과거와 미래, 현재가 없을 뿐만 아니라 순간에 상대적인 영원이라는 경계, 시간성, 도, 신, 화화옹도 없다. 그러나 현상의 차원에서 사물이 매 순간 나타나기 때문에 화화옹, 신, 도가 없다고 할 수 없다.

삼역팔괘도가 나타내는 복희팔괘도, 문왕팔괘도, 정역팔괘도의 특징과 관계는 도형을 통하여 상징적으로 나타낼 수 있다. 고조선의 강역이었던 홍산에서 출토된 옥기를 보면 원방각의 세 도형을 통하여 천지를 나타내었다.

원형은 시간의 세계를 나타내고, 방향은 공간의 세계를 나타내며, 삼각형은 인간의 세계를 나타낸다. 그런데 홍산에서 출토된 옥기들의 특징은 원방각의 어느 하나를 사용한 세 가지의 옥기가 있고, 세 도형의 두 개를 결합한 각방, 각원, 원방, 원원의 네 가지가 있다.

이와 더불어 원방각의 세 가지를 함께 사용한 두 가지의 경우가 있다. 그 하나는 세로로 각방원의 순서로 결합한 경우이며, 나머지 하나는 원 세 개를 옆으로 결합한 경우이다. 따라서 원방각을 사용하여 나타내는 옥기의 유형은 모두 9가지 종류이다. 그러면 이것이 무엇을 상징하는가?

원원원圓圓圓은 시간성의 경계를 나타내고, 원방각은 천지인이 하나인 경지를 나타내며, 원, 방, 각은 시간, 공간, 인간을 나타내고, 각방, 강원, 원방, 원원은 천지인를 두 요소로 결합하여 나타낸 경우이다.

옥기를 통하여 9가지 형태로 결합하여 나타내는 내용은 물건적 세계, 입자적 세계이다. 그것은 이것과 저것을 나누어서 양자의 관계를 통하여 인간과 세계를 의식의 분별과 합일을 상징한다. 그러면 정역의 삼역팔괘도는 어떻게 나타낼 수 있는가?

정역의 삼역팔괘도는 하나의 둥근 공을 통하여 나타낼 수 있다. 우선 아래의 둥근 공을 생각해 보자. 삼역팔괘도는 둥근 공 위에서 시작하여 아래로 찍은 세 점과 같다. 이때의 세 점은 위로부터 아래로 구분하여 나타내었기 때문에 셋이다. 그러면 셋의 관계를 나타내는 8, 9, 10을 어떻게 이해할 것인가?

비록 공 위의 위치가 서로 다름을 나타내어 아래로부터 위로 8, 9, 10이라고 했지만 각각의 숫자는 모두 공의 중심이다. 그것은 바로 8, 9, 10이 모두 영원한 현재임을 뜻한다. 8도 영원한 현재이며, 9도 영원한 현재이고, 10도 영원한 현재이다. 따라서 과거와 현재, 미래라는 구분이 없다. 그러면 셋이 모두 하나인가?

셋은 단순하게 하나인 것은 아니다. 8, 9, 10을 아래로부터 위로 나타낸 것은 위상의 관계를 통하여 상징하는 의미가 있다. 그것은 10으로부터 시작하여 9를 거쳐서 8에 이르는 도생역성과 8에서 시작하여 9를 거쳐서 10에 이르는 역생도성이 하나가 아님을 뜻한다.

역생도성의 관점에서 보면 8에서는 9가 드러나지 않고, 9에서는 10

이 드러나지 않는다. 그렇기 때문에 반드시 8에서 시작하여 9를 거쳐서 10에 이르러야 한다. 따라서 8과 9, 10은 하나가 아니어서 셋이다. 이때 셋은 각각의 존재의미를 갖고 있다. 그럼에도 불구하고 셋의 차이와 방향이 있기 때문에 가치상의 우열이 있다.

그러나 도생역성의 관점에서 보면 10이 9로 나타나고, 9가 8로 나타난다. 그렇기 때문에 10과 9, 8은 둘이 아니다. 따라서 셋은 하나이다. 왜냐하면 매 순간 10이 9를 거쳐서 8로 나타나기 때문이다. 그러면 셋의 관계는 어떻게 이해할 것인가?

도생역성과 역생도성을 구분하여 나타내면 마치 하나인 경우와 셋인 경우가 둘인 것 같지만 사실은 하나이다. 그것이 삼역팔괘도가 나타내는 특징이다. 이는 학문이나 실천, 삶의 단계를 비롯하여 어떤 경우에도 적용할 수 있는 일종의 패러다임이자 모델이라고 할 수 있다. 그러면 우리는 이것을 어떻게 활용할 것인가?

인간의 삶을 중심으로 용심법에 적용하고, 운신법에 적용하여 인간의 삶을 나타낼 수도 있고, 시공의 자연에 적용하여 자연을 나타낼 수도 있으며, 학문에 적용하여 학문의 분류에 활용할 수도 있다.

3. 도역생성과 다차원적 변화

우리는 앞에서 정역이 생성적 패러다임에 의하여 전개되는 변화의 세계를 나타내고 있음을 살펴보았다. 지금부터는 삼역팔괘도를 중심으로 도생역성과 역생도성이 둘이 아닌 차원, 금화정역도가 나타내는 차원, 중中의 차원에서 화화옹化化翁이 무엇인지 살펴보자. 먼저 앞에서 살펴본 내용을 도표로 정리하여 제시한 후에 논의를 계속 진행하기로 한다.

	수數	도상	시	삼극	체용상
신神, 중中	십十	금화정역도	입도시	무극	본체
무위無位	오五	하도와 낙서	무위시	황극	작용
유위有位	일一	삼역팔괘도	정역시	태극	현상

도표 17. 화화옹과 삼원적 구조

정역의 내용은 세 차원으로 나누어서 이해할 수 있다. 그것은 도상이나 수, 언어를 통하여 세 차원으로 구분하여 나타내지만 셋이나 하나라고 할 수 없는 변화의 연속적인 흐름이다. 그러므로 중中이라고 말하고, 화화옹이라고 말하며, 상제라고 말한다.

그러나 정역은 세 차원의 어느 일면에 치우침이 없이 매 순간 다양하게 전개되는 다차원적 변화를 나타낸다. 정역은 다차원적 변화로 나타나는 생성적 패러다임이다. 그러면 생성적 패러다임에 의한 다차원적 변화는 어떻게 이루어지는가?

다차원적 변화는 도역생성과 역생도성의 생성을 통하여 이루어진다. 생성은 변화의 두 측면을 나타내기 위하여 사용되는 개념이다. 변화의 두 측면 가운데 하나는 이전과 달리 새로워지는 진화의 측면이며, 나머지 하나는 새로움이 다양함으로 드러나는 창조의 측면이다. 따라서 도생역성은 매 순간 다양해지는 창조적 생성이며, 역생도성은 매 순간 새로워지는 진화적 생성이다.

도생역성의 측면에서 보면 현상이 비록 매 순간 다양하게 나타나 없다고 할 수 없다. 그러나 역생도성의 측면에서 보면 매 순간 나타난 현상은 항상 새로워지기 때문에 한순간도 머물지 않아서 있다고 할 수 없다. 그러면 생성과 소멸은 둘인가 하나인가?

도생역성의 생성적 측면과 역생도성의 소멸적 측면이 둘이 아니어서 있음과 없음을 넘어섬을 중이라고 말하고, 생성과 소멸이 있지 않음을 공이라고 말하며, 초월과 공이 변화임을 나타내어 화화옹이라고 말한다. 그러면 화화옹의 관점에서 삼역팔괘도를 어떻게 이해할 것인가?

정역팔괘도가 나타내는 중이, 문왕팔괘도가 나타내는 성품에 의하여 복희팔괘도가 나타내는 현상으로 드러나는 도생역성과 복희팔괘도에서 시작하여 근원인 본성을 나타내는 문왕팔괘도를 거쳐서 중인 정역팔괘도에 이름이 역생도성이다.

현상의 측면에서 보면 역생도성에 의하여 인류의 역사와 그 가운데서 이루어지는 인간의 삶은 수기, 수도, 수행, 학문을 통하여 진화하는 측면과 달리 형이상적 측면에서 보면 도생역성에 의하여 인류의 역사와 그 가운데서 이루어지는 인간의 삶은 매 순간 중, 본성이 그대로 현상으로 드러난다. 그러면 도역의 생성은 어떻게 이해하나?

화화옹은 매 순간 도생역성을 바탕으로 역성도성이 이루어짐을 나타낸다. 복희팔괘도는 화화옹을 현상을 중심으로 천지와 인간으로 나타낸 도상이며, 문왕팔괘도는 화화옹을 형이상의 근원, 본성을 중심으로 천지와 인간으로 나타낸 도상이고, 정역팔괘도는 화화옹을 근원과 현상, 형이상과 형이하가 둘이 아닌 중, 변화의 도를 중심으로 천지와 인간으로 나타낸 도상이다.

현상은 언제나 다양하고 새롭게 변화한다. 그리고 변화의 현상에 있는 근원인 본성, 이치는 변화하지 않는다. 그러나 변화와 불변의 두 측면은 둘이 아니다. 그것은 변화와 불변 또한 중, 공과 둘이 아님을 뜻한다.

근본과 지말은 형이상과 형이하를 가치상의 우열을 가려서 나타내는 개념이다. 현상이라고 하여 근원과 가치상으로 저열한 지말이 아니며, 근원이라고 하여 현상과 가치상으로 수승한 근본이 아니다. 생성적 패러다임에 의하면 형이상과 형이하, 근원과 현상은 둘이 아니어서 평등하다.

도생역성의 관점에서 보면 현상의 싹이 트고, 꽃이 피며, 열매를 맺는 과정으로 나타나는 변화는 비록 모습은 달라도 본질적으로는 하나이다. 씨는 열매가 땅에 심어짐을 나타내기 때문에 싹도 나타난 열매이며, 꽃도 나타난 열매여서 모두가 하나의 열매일 뿐이다.

현상에서 나타나는 삶과 죽음, 있음과 없음, 부자와 가난한 사람, 지위가 높은 사람과 낮은 사람, 지식이 많은 사람과 적은 사람, 선과 악, 아름다움과 추함을 비롯한 모든 분별이 본성이라는 근원의 나타남이라는 점에서 둘이 아니어서 평등하다.

역생도성의 관점에서 씨와 열매가 하나가 아니어서 씨는 씨이고, 열매는 열매이다. 그렇기 때문에 씨가 변하여 싹이 되고, 싹이 변하여 꽃이 되며, 꽃이 변하여 열매가 된다. 따라서 씨가 변하여 열매로 화해야 한다.

형이상의 측면에서 씨와 싹이 둘이 아니지만 현상의 측면에서는 씨와 싹이 하나가 아니기 때문에 근원으로 돌아가서 하나가 되어야 한다. 씨가 변하여 꽃이 되지 않으면 많은 사람들이 열매를 곡식으로 사용할 수 없다.

그러나 도역의 생성이 둘이 아닌 화화옹의 측면에서 보면 씨를 중심으로 열매를 이해하거나 열매를 중심으로 씨를 이해하거나를 막론하고 아무런 문제가 없다. 싹은 열매가 씨로 심어진 측면과 씨가 열매로 변화하는 두 측면을 함께 갖고 있다. 싹은 나타난 열매인 동시에 열매로 변화하는 씨이다. 그러면 세 가지의 패러다임을 어떻게 이해할 것인가?

생성적 패러다임은 형이상적 패러다임을 거쳐서 형이하적 패러다임으로 나타나는 동시에 나타난 현상적 패러다임은 초월적 패러다임을 거쳐서 생성적 패러다임으로 돌아간다. 그러므로 현상적 패러다임으로 나타나도 나타남이 없으며, 생성적 패러다임으로 돌아가도 돌아감이 없다. 따라서 세 가지의 패러다임은 셋이면서 동시에 하나이고, 하나이면서 동시에 셋이다.

이제 생성적 패러다임이 나타난 현상적 패러다임에 의하여 형이하의 사물을 중심으로 전개되는 과학의 세계관에 대하여 살펴보자. 현상이라는 실체를 중심으로 전개되는 서양 문화의 특성을 잘 나타내는 전형적인 학문은 과학이다.

현상적 패러다임에 의하여 발전해 온 과학은 주체와 객체인 자연을 구분하여 자연과 인간을 대상으로 분석과 종합의 분합을 통하여 학문한다. 이때 자연을 구성하는 요소인 입자를 중심으로 분석하고 그 결과 드러나는 입자를 종합하여 자연을 나타나는 경우와 자연을 중심으로 구성요소들의 관계를 살펴보는 경우로 나누어서 이해할 수 있다.

입자적 관점에서 보면 주체와 객체를 나누고, 다시 주체와 객체를 대상으로 분석하고 또 분석하여 원자를 추출하고 더 나아가서 원자를 구성하는 미립자를 끊임없이 찾는다. 그리고 다시 분석의 방향을 바꾸어서 미립자를 통하여 원자를 구성하고, 원자에 의하여 분자를 구성하고, 분자에 의하여 세포를 구성하고, 세포에 의하여 육신을 구성하며, 육신에 의하여 나와 남의 인간을 구성하고, 인간과 식물, 동물을 구성하며, 더 나아가서 지구, 태양계, 은하계, 우주를 구성한다.

근대과학의 기계론적이고, 결정론적 세계는 분합에 의하여 구성된 자연이다. 부분에 의하여 구성된 전체로서의 자연, 태양계, 은하계, 우주는 인간의 의식에 의하여 구성된 체계이다. 사람들이 자신과 우주가 실재한다고 착각하는 까닭은 육신의 감각지각을 바탕으로 의식에 의하여 삶을 살기 때문이다.

근대를 비판적 관점에서 접근하여 대안으로 제시하는 생태적 자연, 유기체적 자연, 시스템적 자연은 의식의 분석에 의하여 구성된 근대적 자연과 다른 분석할 수 없는 전일적 자연이다. 현대의 과학자들은 우주의 모든 구성 요소가 분리된 것이 아니라 긴밀하게 연결되어 서로 영향을 주고받는다고 강조한다. 양자역학의 양자 얽힘 현상은 바로 우주의 구성요소들이 서로 연결되어 있음을 잘 보여 주는 표현이다.

전일적인 세계는 단순하게 부분의 합에 의하여 구성된 것이 아니라는 점에서 근대의 절대시간과 절대공간에 의하여 구성된 세계와 다르다. 전일적인 세계는 부분의 통합이나 부분의 합일을 통하여 드러나는 전체가 아니다. 따라서 의식의 분석에 의하여 원자와 같은 미립자를 중심으로 세계를 이해하는 방법을 버리고 전체적인 맥락 속에서 구성 요소를 이해해야 한다. 그러면 전일적인 세계는 고정된 세계인가?

세계는 정적인 것이 아니라 끊임없이 변화하고 진화하는 역동적인 시스템이다. 이처럼 동적인 관점에서 세계를 나타내는 주장들이 카오스 이론, 복잡계 이론이다. 전일적 세계관에 의하면 개별 존재의 본질은 독립적으로 존재하는 것이 아니라 다른 존재와의 관계 속에서 규정된다. 이는 인간과 자연, 인간과 인간의 관계에 대한 새로운 이해를 가능하게 한다.

주체와 객체를 나누어서 주체를 중심으로 자연을 이해하거나 객체인 자연을 중심으로 인간을 이해하는 관점을 벗어나서 전일적인 세계관에 의하면 서로가 서로를 존재하게 하고, 서로가 서로를 새롭게 하며, 서로가 서로를 다양하게 하는 평등한 관계가 드러난다.

전일적 세계관에 의하면 세계는 단순한 인과 관계로 설명될 수 없는 복잡한 시스템이다. 세계는 비선형적인 상호 작용을 하기 때문에 피드백 루프가 중요한 역할을 한다.

피드백 루프는 출력의 변화가 입력을 증폭시켜 시스템을 더욱 불안정하게 만드는 양적陽的인 피드백 루프positive feedback loop와 출력의 변화가 입력을 감소시켜 시스템을 안정화시키는 음적陰的인 피드백 루프 negative feedback loop로 나눌 수 있다. 양적인 피드백 루프는 결과가 원인을 더욱 강화시키는 작용이며, 음적인 피드백 루프는 결과가 원인을

약화시키는 작용이다.[331]

그러나 전일적인 세계관을 바탕으로 전개되는 다양한 이론들은 일부의 물리학자들이 주체인 의식이 객체인 물질과 분리된 것이 아니라 상호 작용하며, 우주의 본질적인 구성 요소라고 주장하는 것과 같이 의식을 바탕으로 주체와 객체의 상호 작용을 바탕으로 전개된다.

의식을 주체로 제기되는 분석적인 방법에 의하여 드러나는 부분을 중심으로 세계를 이해하거나 통합, 합일에 의하여 드러나는 전일적인 세계관을 바탕으로 어떤 주장이나 이론을 전개하더라도 항상 한계를 갖지 않을 수 없다. 왜냐하면 분합에 의하여 드러나는 세계는 실재가 아니라 의식에 의하여 구성된 세계이기 때문이다.

생성적 패러다임은 때로는 형이상적 패러다임으로 나타난다. 그것은 일부가 무위시를 통하여 나타내고, 하도와 낙서를 통하여 나타낸 중中, 공空의 작용적 표현이다.

형이상적 패러다임은 현상적 패러다임과 상대적이다. 형이상적 패러다임은 현상적 패러다임을 초월하여 나타나기 때문이다. 그러므로 형이상적 패러다임에 의한 중, 공, 도, 자성의 경지를 드러내기 위해선 현상적 패러다임에 의하여 나타나는 현상을 부정할 수밖에 없다.

유학과 불교, 힌두교, 그리스도교를 막론하고 도, 본성, 불성, 자성을 나타내고, 신神을 나타내기 위하여 비非, 불不, 무無, 막莫, 공空, 극克과 같은 부정어를 사용한다. 이와 같은 부정적인 개념들은 부정어를 사용하는 주체를 부정하려는 것이 아니라 형이하적 패러다임에 의하여 드러나는

---

331 일리야 프리고진·이사벨 스텐저스, 신국조 옮김, 『혼돈으로부터의 질서』, 자유아카데미, 2013, 192-284.

현상이 실재하지 않음을 나타내기 위함이다.

그들은 현상을 꿈과 같고, 환상과 같으며, 그림자와 같고, 물거품과 같다고 말한다.[332] 형이상적 패러다임에 의하여 현상의 세계를 부정하는 까닭은 현상을 바탕으로 근원을 찾는 근대의 과학자들이 기계론적 세계관에 의하여 현상을 질서의 세계로 보기 때문에 근원인 혼돈으로부터 질서의 세계가 나타남을 밝히기 위함이다.[333]

장자莊子가 말하는 혼돈은 물리학자들이 말하는 카오스이며, 질서의 세계는 선사禪師들이 환상이라고 말하는 유有의 경계, 질서의 세계, 감각지각에 의하여 나타나는 현상의 경계이다. 복잡계를 말하는 프리고진은 카오스로부터 질서가 나온다고 말한다. 그는 평형 상태에서 벗어난 비평형 상태의 시스템에서 불안정성과 요동이 발생하고, 이것이 새로운 질서와 구조를 형성하는 자기 조직화 현상을 발견했다. 이를 바탕으로 그는 혼돈과 무질서 속에서 질서가 창발적으로 나타날 수 있다고 주장했다.

그의 주장은 복잡계 과학의 발전에 큰 영향을 미쳤다. 복잡계 과학은 다양한 요소들이 상호 작용하며 예측 불가능한 현상을 만들어 내는 시스템을 연구하는 분야이다. 그는 시간이 오로지 과거에서 미래의 한 방향으로 흐르는 현상이 열역학 제2법칙과 관련이 있다고 여겼다. 따라서 그는 시간이 과거에서 미래를 향하여 흐를 뿐으로 미래에서 과거를 향하여 흐를 수 없다는 시간의 비가역성을 강조했다.

생성적 패러다임에 의하면 절대시간과 절대공간이라는 환상을 바탕으

---

332 『금강반야바라밀경오가해설의金剛般若波羅蜜經五家解說誼』 (ABC, H0114 v7, p.103c17-c18), "何以故 一切有爲法 如夢幻泡影 如露亦如電 應作如是觀."

333 일리야 프리고진·아사벨 스텐저스, 신국조 옮김, 『혼돈으로부터의 질서』, 자유아카데미, 2013, 7-28.

로 구성한 자연이 허구일 뿐으로 실재하지 않듯이 프리고진이 주장하는 복잡계 역시 환상일 뿐으로 실재하지 않는다. 그의 주장이 갖는 문제는 바로 시간관에서 찾을 수 있다.

과학자들은 오로지 현상의 차원에서 물리적 시간만을 인정하기 때문에 과거에서 미래를 향하여 흐르는 시간의 흐름을 논할 뿐으로 형이상적 차원에서 미래에서 과거를 향하는 시간성의 작용을 말하지 못한다.

시간의 근원인 형이상의 시간성이 없는 시간은 실재하지 않는다. 형이상적 차원의 시간성을 인정하지 않고, 형이하의 물리적 시간을 바탕으로 전일적인 세계관에 의하여 복잡계 시스템을 말하고, 생태적 세계, 유기체적 세계를 말하는 사람들의 주장은 모두 한계를 갖는다.

물건적 관점에서 부분과 전체를 구분하여 부분을 중심으로 세계를 이해하거나 전체를 중심으로 세계를 이해하는 방법은 시간의 관점에서는 물리적 시간과 형이상을 구분하여 형이상의 시간성을 부정하고, 오로지 형이하의 물리적 시간만을 인정하는 것과 같다.

형이상적 패러다임에 의하여 형이상의 도, 본성, 신의 경지를 드러내기 위해서는 현상적 패러다임에 의하여 제기되는 모든 주장들을 부정하지 않을 수 없다. 그러면 두 패러다임에 의하여 나타나는 현상을 생성적 패러다임을 통하여 어떻게 이해하는가?

우리는 시간의 흐름을 씨와 열매의 관계를 통하여 상징적으로 나타낼 수 있다. 현상의 물리적 시간의 흐름은 싹이 트고 꽃이 피어 열매를 맺는 방향의 변화를 통하여 나타낼 수 있다. 이때 싹이 과거라면 꽃은 현재이고, 열매는 미래이다.

싹이 트고 자라서 열매를 맺는 방향에서 보면 싹이 트고 자라서 잎이 피고 그것이 자라서 꽃이 피며, 꽃이 자라서 열매를 맺는다고 할 수 있다. 그와 달리 꽃은 싹과 달라서 꽃이 싹으로 돌아갈 수 없듯이 열매가 돌아가서 꽃이 될 수 없다.

그러나 생성적 패러다임에 의하면 시간은 시간성과 둘이 아니다. 이때 시간성은 끊임없이 새롭게 생성되고, 다양하게 생성되어 고정되지 않는 변화의 근원을 나타낸다. 그리고 매 순간 끊임없이 새롭고, 다양한 변화의 현상을 현재로 나타낸다. 따라서 시간은 영원한 현재이다.

시간성을 나타내는 영원은 고정된 실체가 아니어서 매 순간의 현상으로 나타내기 때문에 시간의 세 양상인 과거와 현재 그리고 미래에 의하여 삼역팔괘도로 나타낸다. 현재는 고정된 실체가 아니라 다양하고 새롭게 나타나는 현재이기 때문에 세 단계로 나누어서 세 가지의 팔괘도에 의하여 나타낸다.

정역팔괘도가 나타내는 중, 신의 경지가 매 순간 나타나는 복희팔괘도가 나타내는 현상의 사물이고, 정역팔괘도가 나타내는 중, 신의 경지가 매 순간 나타나는 문왕팔괘도가 나타내는 현재성으로서의 본성, 성품, 자성이다.

그러나 시간성이 시간이고, 시간이 시간성이어서 영원과 현재는 둘이 아니다. 삼역팔괘도가 하나의 정역팔괘도이고, 하나의 문왕팔괘도이며, 하나의 복희팔괘도이다. 삼역팔괘도가 생성적 패러다임이고, 각각의 팔괘도가 생성적 패러다임이며, 각각의 팔괘도를 이루는 수와 팔괘도가 생성적 패러다임이다.

생성적 패러다임은 복희팔괘도에 의하여 하늘이고, 땅이며, 우레이고, 바람이며, 물이고, 바불이며, 산이고, 연못이며, 부모와 장남장녀, 중남중

녀, 소남소녀이고, 머리이며, 손이고, 발이며, 몸통이고, 얼굴이며, 배이고, 귀이며, 눈이고, 입이며, 말이고, 소이며, 용이고, 닭이며, 돼지이고, 꿩이며, 개이고 양과 같은 만물이다.

생성적 패러다임은 복희팔괘도에 의하여 영원한 현재가 매 순간의 다양하고 새로운 사물로 나타남으로 표현되듯이 문왕팔괘도에 의하여 영원한 현재가 매 순간의 다양하고 새로운 여러 성품으로 나타남으로 표현된다. 그러므로 동물의 성품이나 식물의 성품과 인간의 성품이 다르지 않으며, 사물의 본질과 인간의 성품이 다르지 않다.

생성적 패러다임에 의하면 씨와 싹, 꽃, 열매가 다르지 않아서 둘이 아니다. 그러므로 현상의 측면에서 보면 나타난 열매가 씨이며, 나타난 열매가 싹이고, 나타난 열매가 꽃이다. 이제 천지의 만물 어느 하나 신의 나타남이 아님이 없음을 알 수 있다.

그러나 현상의 측면에서는 동물과 식물이 다르고, 식물과 인간이 다르며, 인간과 사물이 다르다. 생성적 패러다임에 의하여 살아가는 사람은 형이상적 패러다임과 형이하적 패러다임을 함께 사용한다. 그러므로 필요에 따라서 인간은 인간으로 대하고, 사물은 사물로 대하며, 식물은 식물로 대하지만 때에 따라서는 사물도 인간으로 대하고, 식물도 인간으로 대하며, 남도 또 다른 나로 대하여 둘이 아니게 대한다.

형이상과 형이하를 구분하여 나타내지만 형이상과 형이하가 둘이 아니며, 길과 흉을 구분하여 나타내지만 길과 흉이 둘이 아니고, 도와 기를 구분하고, 성과 명을 구분하여 나타내지만 도와 기, 성과 명이 둘이 아니다.

부분과 전체를 구분하여 나타내지만 부분과 전체가 둘이 아니고, 현상과 본체를 구분하여 나타내지만 본체와 현상이 둘이 아니며, 영원과 순간을 나타내지만 영원과 순간이 둘이 아니고, 신과 자연을 구분하고, 신과 인간을 구분하여 나타내지만 신과 인간 그리고 자연이 둘이 아니다.

때와 장소에 따라서 대인의 언행을 하지만 그는 대인도 아니고 소인도 아니며, 필요에 따라서 소인의 언행을 하지만 그는 소인도 아니고 대인도 아니어서 단지 소인의 언행을 통하여 대인의 도에 빠진 사람을 벗어나게 하고, 대인의 언행을 통하여 소인의 삶에 빠진 사람을 벗어나게 해 줄 뿐이다.

그는 때로는 동물을 만나면 동물과 하나가 되어 그가 동물임을 알려 주고, 식물을 만나면 식물과 하나가 되어 그가 식물임을 알려 주어 동물에서 벗어나고, 식물에서 벗어나게 해 주지만 그는 동물도 아니고, 식물도 아닐 뿐만 아니라 그렇다고 하여 인간도 아니다.

주변의 요구에 의하여 사랑을 말하여 상대방을 미워하는 고통으로부터 벗어나도록 안내해 주고, 사랑에 얽매인 사람에게는 사랑도 없어서 둘이 아닌 지혜의 표현인 자비라 알려 주어 사랑에서 벗어나게 해 주지만 그는 사랑과 자비에도 얽매이지 않는다.

중中은 중中이 아니어서 매 순간 무無를 거쳐서 유有로 나타나듯이 생성적 패러다임은 생성적 패러다임이 아니어서 매 순간 초월적 패러다임으로 나타나기도 하고, 매 순간 현상적 패러다임으로 나타나기도 한다. 앞에서 살펴본 내용을 정리하여 하나의 도표로 나타내면 다음과 같다.

도표 18. 세 가지의 패러다임

위의 그림은 하나의 원구이다. 그 위에 세 개의 공이 있다. 그러나 세 개의 공은 비록 서로 구분하여 나타냈지만 하나의 둥그런 공일 뿐이다. 그러므로 세 개의 공을 좌우로 나란히 나열하거나 상하로 나열하거를 막론하고 하나의 원구일 뿐이다.

우리는 주역의 팔괘를 논하는 부분에서 세 면을 축으로 하여 형성된 정육면체의 상하와 좌우에 팔괘가 나열되어 팔괘가 서로 대응함을 살펴보았다. 이러한 팔괘를 원구 위에서 살펴보면 팔괘가 겹친 중괘나 팔괘는 모두 하나의 원구에 불과하다. 그것은 시간성을 중심으로 언어로 나타내면 영원한 현재이다.

영원한 현재의 관점에서 보면 매 순간 나타나는 사건의 생성이 있다. 그러나 한편으로는 매 순간 나타나는 사건은 동시에 소멸하기 때문에 있다고 할 수 없다. 따라서 영원한 현재는 유와 무의 어느 일면에 의하여 나타낼 수 없다. 그러면 인간의 삶은 어떤가?

　식물과 구분되는 동물, 동물과 구분되는 인간, 남과 구분되는 내가 없기 때문에 나의 생각, 나의 삶, 나의 언행이 없다. 다만 매 순간 천지와 둘이 아닌 사건의 생성이 있고, 나타나는 사건은 다시 본래의 자리로 돌아감으로써 완성되는 동시에 새로운 사건으로 나타난다.

　그것은 삶을 살아가는 주체인 내가 있거나 나의 상대적인 남, 삶의 터전인 시공이 없으며, 다만 매 순간 새롭게 나타나는 사고가 있고, 다양하게 드러나는 언행이 있을 뿐임을 뜻한다.

　그러나 일어나는 사고는 다음 순간에 사라지고, 드러나는 언행 역시 사라진다. 따라서 나타난 사고와 드러난 언행도 고정되지 않아서 없다. 그러면 영원한 현재의 관점에서 수행과 요익중생을 어떻게 이해할 것인가?

　역방향의 관점에서 태극은 그대로 황극이고, 황극은 무극이어서 삼극이 없다. 그럼에도 불구하고 주역에서는 역방향을 중심으로 현상의 물건으로부터 형이상의 도, 태극을 찾고 인간의 본성을 찾는다. 그리고 자신의 본래면목이 무엇인지 찾아서 알고자 하는 사건을 덕을 향상시키는 일인 소사小事로 나타내고, 수도, 수행, 수기, 학문과 같은 다양한 개념을 통하여 나타낸다.

　궁리, 진성, 지명의 세 단계나 견성성불의 한 단계, 52가지의 단계를 막론하고 모두 물리적 시간의 관점에서 인과에 의하여 나타나는 유위적인 수행, 수도, 수련의 단계이다. 이것이 주역에서 말하는 일종의 건도변화로 차원의 전환, 경계의 변화이다.

　차원의 변화, 경계의 변화는 순간에 이루어질 뿐만 아니라 본래의 자리로 돌아가는 작용이기 때문에 시비가 없다. 그럼에도 불구하고 수도, 수행을 중심으로 다양한 이론 체계를 통하여 다양한 방법을 나타내기 때문에 언제나 올바른가 아니면 그른가의 문제가 일어난다.

유학 안에서 성리학과 심학이 대립하고, 불교 안에서 교종과 선종이 대립하며, 선종 안에서 남종과 북종이 대립할 뿐만 아니라 유학자들은 도가와 불교를 이단으로 규정하고 배척하고, 불교도들은 유학과 도가를 이단으로 배척하며, 도교도들은 유학과 불교를 이단으로 배척한다.

그러나 어떤 사상을 막론하고 수행, 수도의 방법과 단계가 서로 다르지만 궁극적으로 본래의 자리로 돌아가는 무위無爲이기 때문에 시비가 없고, 시비가 없기 때문에 정통과 이단의 문제가 일어날 수 없다.

유학이나 불교, 도교를 막론하고 도통을 논하고, 그것을 바탕으로 자신의 학파가 정통이고, 다른 학파들은 이단이라는 말은 자신이 본성, 자성의 관점에서 자신과 세계를 보고 있지 않음을 나타낸다.

시비는 인간과 세계에 대한 주장과 주장 사이에서 일어나는 현상일 뿐으로 인간과 세계 자체에는 없다. 어떤 주장도 사람에 의하여 제기되기 때문에 주장도 고정되지 않아서 한 사람이 다양한 주장을 할 뿐만 아니라 주장을 하는 사람도 고정되지 않아서 실체적 존재가 없다.

주역이 갖는 순과 역의 두 방향이 둘이 아님에도 불구하고 삼극을 물건적 관점에서 삼재로 나타내기 때문에 마치 삼재라는 실체가 있는 것으로 오해하게 된다. 삼극의 도의 관점에서 삼재는 생장성이라는 하나의 사건에 불과하다.

도생역성의 관점에서 보면 매 순간에 나타나는 사건은 모두 무극으로부터 시작하여 황극을 거쳐서 태극으로 드러나기 때문에 태극이 나타내는 생멸하는 현상이 없지는 않다. 그러나 역생도성의 관점에서는 매 순간에 나타나는 다양한 생멸의 현상은 다시 태극으로 돌아가고, 황극을 거쳐서 무극으로 돌아가서 한순간도 머물지 않기 때문에 있다고 할 수 없다. 그러면 지금 여기의 나의 관점에서는 어떻게 이해할 것인가?

매 순간에 나타나는 생각과 언행은 모두 무극에서 시작하여 황극을 거쳐서 태극을 바탕으로 드러나기 때문에 매 순간 나타나는 생각과 언행은 있지만 나와 남, 세계가 없어서 나의 생각, 나의 언행은 없다.

그리고 매 순간의 생각과 언행은 태극을 거쳐서 황극, 무극으로 돌아가서 사라진다. 따라서 매 순간의 생각과 언행을 대상화하여 이름과 모습에 따라서 주체인 내가 있고, 남이 있으며, 세계가 있고, 나의 생각, 남의 생각, 나의 언행, 남의 언행이라는 생각마저도 한순간에 나타났다가 사라져 있다고 할 수 없다. 그러면 도생역성과 역생도성은 둘인가?

앞에서 우리는 학자들이 정역에서 반고 오화 원년 임인으로부터 정역의 십오일언을 저작한 해인 1884년에 이르기까지를 118,643년으로 나타낸 부분을 주역의 관점에서 기제에서 미제를 향하는 방향에서 이해하였음을 살펴보았다.

그들은 시초에서 종말을 향하여 흐르는 직선적인 시간관, 물리적 시간의 차원에서 위의 내용을 이해하였다. 형이상의 근원이 없는 형이하만의 관점에서 시간을 이해하면 과거로부터 시작하여 미래를 향하여 흐르는 직선적인 시간관을 가질 수밖에 없다.

근대과학의 시간관은 직선적 시간관이다. 그렇기 때문에 역학에서 제기되는 선천과 후천의 문제가 그대로 과학에서도 나타난다. 지질학자들은 직선적인 시간관에 의하여 현대를 인류세[334]라고 규정하고, 제6차 대멸종 시대라고 말한다. 그들은 신석기혁명이 일어났던 1만 년 전부터 이미 지구의 제6차 대멸종이 시작되었다고 주장하기도 하고, 산업혁명이 시작되면서 제6차 대멸종이 시작되었다고 주장하기도 한다.[335]

직선적 시간관, 물리적 시간관의 관점에서 선천과 후천의 변화를 이해하는 사람들은 언제나 물리적인 변화의 시기에 주목한다. 주역을 연구하고, 정역을 연구하는 사람들은 1980년을 선천에서 후천으로 변화하는 때로 가리키기도 하고, 2019년을 가리키기도 하며, 끊임없이 새로운 시기를 가리킨다. 학산은 선천에서 후천으로 변화하는 시기를 중심으로 2041년에 자회가 끝나고 2042년에 축회가 시작된다고 하였다. 그러면 이를 어떻게 이해할 것인가?

도생역성의 관점에서 보면 반고盤古의 오화五化 원년元年으로부터 정역의 상편이 저작된 시기는 바로 일부가 십오일언의 시작부분에서 천황, 지황, 인황으로부터 시작하여 유소, 수인을 거쳐서 일부에 이르는 성통을 논한 부분과 같다.

일부는 반고화로부터 시작하여 성통을 논한 후에 일부 자신을 논하면서 금일, 금일, 금일이라는 단어를 사용한다. 그것은 금일이라는 현재가 물리적 시간인 과거와 현재, 미래를 관통함을 뜻한다. 그것은 금일이라는 현재의 연속을 뜻하는가?

그는 이미 반고화를 논하고, 천황, 지황, 인황을 논하면서 유소, 수인을

---

334 엘리자베스 콜버트, 김보영 옮김, 『여섯 번째 대멸종』, 쌤앤파커스, 2022, 144-168.

335 캐럴린 머천트, 우석영 옮김, 『인류세의 인문학』, 동아시아, 2022, 17-54.

거쳐서 공자에 이르기까지를 언급하였다. 이는 물리적 시간은 존재하지 않으며, 시초와 종말의 간극이 없는 영원한 시간성이 매 순간으로 나타남을 뜻한다. 바로 영원한 현재가 원천을 바탕으로 전개되는 선천과 후천임을 뜻한다. 그러면 그것이 무엇을 의미하는가?

원천이라는 본체, 시간성이 도생역성의 관점에서 후천에서 선천으로의 변화로 나타나는 동시에 역생도성의 관점에서 선천에서 후천으로의 변화로 나타난다. 그러므로 형이하의 현상의 관점에서 선천에서 후천으로의 변화를 말하지만 그것은 동시에 형이상의 본체가 나타나는 후천에서 선천으로의 변화이다. 그러면 학산이 추연한 2042년을 어떻게 이해할 것인가?

2042년은 기제이면서 미제의 관점에서 보면 자회가 끝이 나고 축회가 시작되는 해라고 할 수 있다. 이는 선천에서 후천으로 변화가 이루어지는 시기이다. 그러나 후천이면서 선천의 관점에서 보면 2042년은 후천인 2041년이 지나고 선천인 2042년이 시작되는 해이다. 그러면 오로지 2041년과 2042년만이 그러한 의미를 갖는가?

올해인 2025년은 기제이면서 미제를 향하는 관점에서 보면 선천인 2025년에서 후천인 2026년을 향하여 흘러가는 시간으로 이해할 수 있다. 그러나 후천이면서 선천인 관점에서 보면 후천인 2024년이 끝나고 새로운 선천이 시작되는 해가 2025년이다. 따라서 어떤 관점에서 2025년을 보더라도 원천이 나타난 영원한 현재이다.

이제 주역의 형이상과 형이하, 안과 밖이라는 이원론적 구조를 통하여 나타내는 성명의 이치의 한계를 파악할 수 있다. 주역을 구성하는 각각의 중괘는 내괘와 외괘로 구성된다. 따라서 내괘와 외괘를 중심으로 주역의 내용을 정리해 볼 수 있다.

　내괘가 나타내는 내용은 인간 자신의 밖을 향하여 달려 나가는 의식을 붙잡아서 인간의 마음 안으로 끌고 들어오는 일이다. 만약 의식이 오로지 밖을 향하여 달려가면 밖의 대상을 분석하여 시비를 논하고 선악의 가치를 부여하여 소유와 배제의 욕망을 갖게 됨으로써 삶이 고통스러워질 수밖에 없다.

　그러나 내괘의 삼효까지는 비록 밖의 사물을 향하는 객체 중심의 사고가 아닐지라도 여전히 육신의 일부인 뇌의 기능인 의식을 벗어나지 못한다. 따라서 외괘로의 변화가 필요하다. 이것이 주역이 제시하는 일차적인 차원 변화이다.

　외괘에서는 육신의 기능인 의식을 넘어서 마음에 이른다. 그러므로 비로소 마음이라는 작용으로 드러나기 이전의 본성, 성품을 느끼고 체험할 수 있다.

　외괘의 초효인 사효에 이르러서 내괘의 삼효에 이르기까지 찾고자 하고, 얻고자 하며, 소유하고자 하는 의식을 버리지 못하지만 사효에 이르면 비로소 그것을 벗어난다.

　사효에서는 찾고자 하는 의식, 얻고자 하는 의식, 소유하려는 의식을 놓아 버리고, 쉬게 된다. 그리고 놓아 버리고 쉬는 과정이 지속되면 주체과 객체로 구분되는 의식을 넘어서 마음을 안다. 그리고 오효에 이르면 마음이 바로 시공을 초월하여 영원하면서도 온 우주의 사물과 둘이 아닌 본성의 작용임을 안다.

　상효에 이르면 또 한 번의 차원 전환이 이루어진다. 삼효에서 사효로의 변화에 이어서 상효에서 초효로의 변화는 본성의 깨달음의 문제이다.

처음 깨달음은 이전에 깨닫지 못함을 깨달은 것이 아니라 본래의 깨달음이 나타난 것이다. 그러므로 비로소 깨달음이라는 본래의 깨달음이기 때문에 깨달음이 없다.

비록 본래 깨달음(本覺)과 깨닫지 않음(不覺), 비로소 깨달음(始覺)이 둘이 아니어서 하나이지만(一覺) 하나에도 머물지 않아서 비록 본각일지라도 본각임을 모르고 불각의 상태에 있는 사람으로 하여금 시각하게 해 주는 것이 대인, 군자의 삶이다. 그러므로 상효의 일각一覺의 경지에 머물지 않고, 초효의 불각不覺의 경계로 내려온다.

비록 대인, 군자가 오효에서 깨달았을지라도 상효의 깨달음의 경계, 자유로운 경계, 생사가 둘이 아닌 경계에 머물지 않고, 초효의 깨닫지 못하고 앎과 모름에 빠져 있는 소인, 삶과 죽음을 둘로 보는 중생, 천국과 지옥, 신과 자신을 둘로 보는 죄인을 위하여 그들과 함께 살면서 그들로 하여금 본래의 자신으로 돌아가게 안내하는 삶을 산다.

그러나 비록 대인, 군자가 소인, 중생, 죄인과 함께 살지만 그들을 소인, 중생, 죄인으로 생각하고, 자신이 대인, 군자, 부처, 보살, 구세주라고 생각하지 않는다. 왜냐하면 그것은 모두 한 순간의 분별하는 의식을 언어로 나타낸 개념에 불과함을 알기 때문이다.

마음을 나타내는 도구인 언어, 괘효, 수를 비롯하여 어떤 기호를 막론하고 인간이 사용하는 도구이다. 중천건괘 문언에서는 "여러 용을 보더라도 머리가 없으면 길하다."[336]라고 하였다. 그것은 육효를 여섯의 시위로 구분하여 시초와 종말을 논하지만 시초와 종말이 없어서 영원함을 뜻한다. 그러면 영원의 경계를 여섯으로 나누어서 나타냄이 무엇을 의미

---

336 『주역』중천건괘 효사, "用九는 見群龍호대 无首하면 吉하리라."

하는가?

 일부는 삼원론적 구조를 통하여 삼역팔괘도를 말하고, 삼극의 도를 말하면서도 그것이 실체가 아니라 도역생성의 생성임을 밝힌다. 그것은 인간의 관점에서는 본성과 마음 그리고 의식의 연기에 의하여 괘효와 괘효사를 비롯하여 사물, 자연과 같은 현상이 나타나고, 인간과 사물의 관점에서는 인간과 사물의 내외의 연기緣起, 주객의 연기緣起에 의하여 괘효와 괘효사를 비롯하여 사물, 자연과 같은 현상이 나타남을 뜻한다. 그러면 우리는 주역의 괘효와 괘효사를 어떻게 이해할 것이며, 더 나아가서 정역의 수지상수, 도서상수, 간지도수를 어떻게 이해할 것인가?

 괘효를 음과 양의 두 요소와 천지인의 삼재적 구조를 결합하여 육효의 중괘가 구성되고, 이에 괘효사를 붙이고, 십익을 붙여서 나타내지만 괘효와 괘효사에 얽매일 필요가 없다.

 괘효와 괘효사는 매 순간 나타나는 현상일 뿐으로 현상을 통하여 현상으로 나타나기 이전의 괘효와 괘효사를 생성하는 본성, 신과 그 작용을 나타내는 것이 괘효와 괘효사를 저작한 사람의 뜻이다.

 수지상수, 도서상수, 간지도수와 언사 역시 하나의 현상일 뿐이다. 신, 본성이라는 근원이 본체가 되어 도역생성이라는 마음의 작용에 의하여 나타나는 현상이 수지상수, 도서상수, 언사에 의한 정역으로 나타난다. 따라서 앞으로 수많은 제2, 제3의 정역이 나타날 수 있고, 제2, 제3의 주역이 나타날 수 있다.

 사실 주역이나 정역이 저작된 당시와 그 후의 세계에서 동시 다발적으로 나타났던 수많은 학문, 사상, 예술, 종교를 비롯하여 인간의 삶 그리고 매 순간 일어나는 자연 현상이 그대로 또 다른 주역이고, 정역이다.

그리고 앞으로 일어날 자연 현상, 인간의 다양하고 새로운 삶의 형태가 모두 또 다른 어떤 것에도 걸림이 없이 두루 변화하는 주역周易이고, 변화의 현상과 근원이 둘이 아니면서도 하나가 아닌 생성 그 자체인 정역正易이다.

정역에는 정역의 내용으로서의 여러 도상과 계송들이 담겨 있다. 금화정역도가 정역이고, 하도와 낙서가 정역이며, 삼역팔괘도가 정역이고, 입도시, 포도시, 무위시가 정역이며, 금화일송에서 금화오송까지의 계송이 정역이다. 그러면 금화일송金火一頌을 통하여 정역의 세계가 무엇인지 살펴보자.

> 성인이 도를 드리우니 금화가 밝고, 장군이 산가지를 운용하니 수토가 평정된다. 농부가 호미를 씻으니 일 년의 공이 이루어지고, 화공이 붓을 놓으니 뇌풍이 나타난다. 덕이 천황과 부합하니, 이름 지어 말할 수 없구나. 좋도다, 한 곡조 상서로운 봉황의 울음이여, 상서로운 봉황의 울음이며 율여의 소리로다.[337]

금화일송은 수지상수에서 무지拇指를 중심으로 읊은 계송이다. 정역팔괘도에 의하면 무지를 곱으면 팔간산八艮山이 되고, 펴면 칠지七地가 된다. 도서상수로는 무지를 곱으면 1이 되어 낙서의 시작인 동시에 펴면 10이 되어 하도의 완성이다. 간지도수의 천간을 중심으로 살펴보면 선천의 간지가 무지에서 갑甲으로부터 시작하여 계癸로 끝나지만 후천에서

337　김항, 『정역』 金火一頌, "聖人垂道하시니 金火明이로다 將軍運籌하니 水土平이로다. 農夫洗鋤하니 歲功成이로다 畵工却筆하니 雷風生이로다. 德符天皇하니 不能名이로다 喜好一曲瑞鳳鳴이로다 瑞鳳鳴兮여 律呂聲이로다."

는 기己로 시작하여 무戊로 끝난다. 그러면 우리는 이 계송을 어떻게 이해할 것인가?

이 게송은 여러 관점에서 다양하게 이해할 수 있다. 형이하의 현상의 관점에서 사물을 중심으로 이해할 수 있고, 형이상의 관점에서 천도로 이해할 수 있으며, 인도로 이해할 수 있고, 지도로 이해할 수도 있다.

그러나 가장 중요한 문제는 일부가 수지상수로 통합하여 나타낸다는 점이다. 그것은 형이상과 형이하, 천지인과 과거, 현재, 미래, 시간과 공간, 선천과 후천, 삶과 죽음을 비롯하여 온갖 분별과 분별없음, 유위와 무위 그리고 중, 화화옹, 화무옹, 상제마저도 매 순간 지금 여기의 나를 통하여 수지상수를 운용하는 현상으로 드러남을 파악하는 일이 중요함을 뜻한다.

이제 여기까지 함께 온 독자는 항상 자신을 돌아보아야 한다. 매 순간 어떤 사람이나 물건, 사건을 만나더라도 항상 지혜를 활용하여 대처하는지 그리고 어떤 일을 어떻게 처리하더라도 그 일을 만나기 이전과 다름이 없이 마음이 항상 편안한가?

일부 작가의 일월을 희롱함이여
황금침을 놓고 거둠이 자재하다.
부자가 수작하며 풍류를 즐기니
자타가 항상 웃음꽃 피우는구나.
一夫作家弄日月
收放自在黃金針
父子酬酌樂風流
自笑人笑恒多笑

제5부

다차원적 생성과 창조적 삶

　우리는 앞에서 금화정역도, 하도와 낙서, 삼역팔괘도의 세 도상이 나타내는 중中과 무위無位, 유위有位의 세 차원을 중심으로 생성적 패러다임에 대하여 살펴보았다.

　비록 일부가 중과 유, 무의 셋으로 나누어서 우주를 나타냈지만 셋은 실체가 아니다. 그는 금화정역도를 통하여 분별하여 나타낼 수 없는 중中의 경지를 하나로 나타내고, 삼역팔괘도를 통하여 현상을 셋으로 나누어서 나타내며, 하도와 낙서를 통하여 하나와 셋이 둘이 아닌 생성으로 나타내었다.

　중은 실체적 관점에서는 본체이지만 실체가 아니다. 일부는 중이 고정된 실체가 아니라 매 순간 끊임없이 변화하여 다양하고 새로워지면서 변화가 끝이 없음을 화화옹이라는 개념으로 나타낸다. 화화옹은 상하와 내외의 두 측면의 변화를 내용으로 하는 생성을 인격화하여 부르는 개념이다.

　화화옹의 옹翁은 생장이 필요한 어린이와 다른 장성한 늙은이를 뜻한다. 성숙, 완전의 뜻을 나타내는 옹은 영원을 상징한다. 그리고 화화옹의 화화는 옹이 갖는 두 측면, 영원의 두 측면을 나타낸다.

화화옹의 화화는 도생역성의 생성과 역생도성의 생성을 나타낸다. 일부는 역생도성의 생성을 현상으로부터 초월하여 무를 거쳐서 본래의 자리인 중에 이름을 화무옹, 화무상제化无上帝로 나타낸다.

화화옹이 갖는 또 하나의 측면인 도생역성은 상제가 현상에서 자기를 나타내는 매 순간의 상제上帝의 조림照臨이다. 그것은 우주가 매 순간 새롭고 다양하게 변화함을 나타내는 인격적 표현, 상징적 표현이다. 그러면 도역의 생성은 현대의 복잡계 과학과 어떤 관련이 있는가?

도역의 생성은 물건적 관점에서 상하와 내외의 구조를 통하여 나타낼 수 있다. 상하적 관점에서 생성은 자기 조직화와 자기초월이지만 내외적 관점에서는 인간과 사회, 우주와의 관계로 나타난다.

내외적 관점에서 안으로부터 밖을 향하는 생성은 정역팔괘도에서 시작하여 복희팔괘도에 이르는 생성이며, 밖으로부터 안을 향하는 생성은 복희팔괘도로부터 시작하여 정역팔괘도에 이르는 생성이다. 그러면 상하와 내외가 둘인가?

우리는 일부가 역수의 관점에서 세 도상을 하나로 나타내는 십이월이십사절기후도수를 통하여 도역의 생성을 파악할 수 있다. 물건적 관점에서 상하와 내외의 분합을 내용으로 하는 생성은 바로 하나의 십이월이십사절기후도수에 의하여 나타내는 영원한 현재이다.

영원한 현재를 사역변화원리도를 통하여 살펴보면 후천에서 선천으로 작용하는 도생역성과 선천에서 후천으로 작용하는 역생도성이 하나의 생성임을 나타내는 개념이다. 그러면 생성과 분합은 어떤 관계인가?

생성의 연속으로서의 우주는 이것과 저것으로 구분하여 나타낼 수 없어서 신神[338]이라고 말하고, 어떤 실체적인 존재도 없어서 공空이라고 말하며, 그렇다고 하여 허무虛無나 적멸寂滅이 아니기 때문에 중中이라고 말하고, 매 순간 다양하게 드러나기 때문에 현상의 차원에서 만물이라고 말한다.

신, 공, 중, 만물이라는 개념을 통하여 이것과 저것으로 분별하여 나냄이 바로 분합이다. 분합은 생성을 대상화하여 물건으로 나타냄이다. 그러므로 생성의 내용이 분합이다. 사건과 물건을 나누고, 형이상과 형이하를 나누며, 시초와 종말을 나누고, 선천과 후천을 나누며, 안팎의 내외를 구분함이 모두 생성의 내용이다.

생성과 분합은 그것을 논하는 지금 여기의 나를 떠나서 논의가 이루어질 수 없다. 하이데거가 『존재와 시간』을 통하여 이전의 존재 중심의 본체론을 시간성으로 규정한 것은 탁월한 접근이라고 하지 않을 수 없다.

그는 앞의 저작을 통하여 본체가 실체적 존재가 아니라 시간성임을 밝혔을 뿐만 아니라 과거의 존재론자들이 세계를 존재와 존재자로 구분했던 것과 달리 존재자로부터 현존재를 떼어 내어 현존재의 존재구조를 통하여 존재에 이를 수 있다고 주장하였다.

인간을 사물과 구분하여 나타난 존재인 현존재로 규정하고, 현존재의 존재구조를 통하여 존재에 이를 수 있다고 한 그의 주장은 동아시아의 역사상易思想을 활용한 주장이다.

매 순간 현상으로 자신을 드러내는 본성을 보존하는 것이 도의道義에

---

338 『주역』 계사상편 제5장, "陰陽不測之謂神이라."

들어가는 문[339]이기 때문에 지금 여기의 나의 내면인 마음을 통하여 마음으로 드러나기 이전의 성품을 알고, 성품을 알면 곧 우주의 근원을 파악[340]할 수 있다.

신, 본성, 우주는 지금 여기의 나와 둘이 아니다. 신, 본성은 지금 여기의 나의 본성인 동시에 온 우주의 본성이다. 그러므로 본성은 나의 본성이라고 할 수도 있고, 나의 본성이 아니라고 할 수도 있다.

화화옹의 도역생성은 개체적 관점에서는 본성을 주체로 살아가는 솔성率性의 문제이다. 일부는 도역생성을 통하여 우주, 세계의 실상을 화화옹으로 나타내면서도 그것을 밝히고 논한 일부 자신의 관점에서 솔성[341]으로 나타낸다.

화화옹이 객관화, 대상화를 통하여 지금 여기의 나와 둘로 나타낸 개념인 것과 달리 솔성은 화화옹을 지금 여기의 나로 주체화, 내면화하여 나타낸 개념이다. 따라서 솔성 역시 도역의 생성이 그 내용이다.

일부는 솔성을 도역의 두 방향에서 구분하여 선천과 후천으로 나타낸다. 그리고 선천의 관점에서 솔성을 심법心法의 학學으로 규정하고, 후천의 관점에서 솔성을 성리性理의 도道로 규정한다. 따라서 그가 제시한 개체적 관점의 도역생성은 솔성의 도학道學[342]이다.

---

339 『주역』 계사상편 제7장, "天地設位어든 而易이 行乎其中矣니 成性存存이 道義之門이라."

340 『맹자』 진심장구하, "孟子曰 盡其心者 知其性也 知其性 則知天矣."

341 김항金恒, 『정역正易』 一夫事蹟, "六十年率性之工이 秉義理大著春秋事者는 上敎也시니라."

342 김항金恒, 『정역正易』 제8장, "抑陰尊陽은 先天心法之學이니라. 調陽律陰은 后天性理之道니라."

도학은 개체적 존재의 생명 현상을 중심으로 솔성을 나타낸다. 그러나 도학은 지금 여기의 개체적 생명 현상 자체를 가리키는 것은 아니다. 그것은 우주, 세계, 천지의 본성이 나타나는 매 순간의 새롭고 다양한 생성을 개체적 생명의 관점에서 나타낸 개념이다. 그러면 솔성의 내용인 도학은 무엇인가?

도학은 성리학의 관점에서 개체적 존재의 삶을 나타내는 개념이다. 그것은 온 우주가 함께 사는 공존共存이며, 서로가 서로를 새롭게 하는 공생共生이고, 서로가 서로를 발전하게 하는 공화共化이며, 서로가 서로를 다양하게 하는 공영共榮이고, 서로가 서로의 몸이 되는 공체共體이며, 서로가 소통하는 공심共心이다.

그러나 도학은 수도, 수행, 학문을 통하여 새로운 지식을 얻고, 그것을 바탕으로 새로운 내가 되거나 새로운 세상을 만드는 것이 아니다. 도학은 선천에서 후천으로의 변화와 달리 후천에서 선천으로의 변화와 더불어 기제에서 미제로의 변화가 함께 이루어지는 생성이다.

도학의 삶은 매 순간 나와 남이 둘이 아닌 공체이자 공심의 생명 현상을 통하여 끊임없이 새로운 세계, 우주, 천지를 창조하는 동시에 나타난 현상에 얽매임이 없이 부동不動의 중中, 화화옹, 본성으로 돌아가는 진화이다.

지금부터는 화화옹의 도역생성을 지금 여기의 나를 통하여 이루어지는 도학을 통하여 살펴보고자 한다. 먼저 도역의 생성이 바로 지금 여기의 나의 관점에서 매 순간 이루어지는 생명 현상인 삶의 근거이자 방법, 그리고 목적인 패러다임임을 살펴보고, 이어서 생성적 패러다임이 바로 솔성임을 살펴본 후에 솔성에 의하여 이루어지는 도학적 삶이 무엇인지 고찰하고자 한다.

1. 도역생성과 생성적 패러다임

일부가 정역을 통하여 제시한 도역생성의 세계, 화화옹에 의하여 매 순간 새롭고 다양하게 드러나는 생성의 세계, 매 순간 새롭고 다양하면서 새롭고 다양함이 없는 세계는 우주 자체가 실체적인 물건이 아니지만 그렇다고 하여 물건적 세계와 별개가 아니다.

그는 화화옹의 경지, 중의 세계가 하나의 상태에 머물지 않고 끊임없이 변하여 새롭고 다양하게 드러남을 정역의 저작을 통하여 보여 준다. 그는 천지와 자신의 관계를 통하여 매 순간의 삶이 그대로 화화옹의 드러남임을 다음과 같이 밝힌다.

> 아, 천지가 말하지 않으면 어찌 일부가 말하겠는가! 천지는 일부의 말을 하고, 일부는 천지의 말을 한다.[343]

앞부분에서 천지가 말하지 않으면 일부가 말할 수 없다고 말함은 천지가 일부를 포함하고, 일부는 천지의 부분임을 뜻한다. 그러나 뒷부분에서 천지가 일부의 말을 하고, 일부가 천지의 말을 함은 부분인 일부가 전체인 천지와 둘이 아님을 나타낸다.

천지가 부분인 일부를 통하여 자신을 드러내고, 부분인 일부는 자신의

---

343 김항金恒, 『정역正易』 제9장, "嗚呼라 天地无言이시면 一夫何言이리오 天地有言하시니 一夫敢言하노라. 天地는 言一夫言하고 一夫는 言天地言이니라."

삶을 통하여 전체인 천지를 드러낸다. 이는 일부와 천지를 마치 서로 마주하는 두 가지의 물건인 것처럼 비유하여 나타낸 부분이다. 그러면 사건적 관점, 시간적 관점에서 일부는 이 부분을 어떻게 나타내는가?

물건적 상하와 내외는 부분과 전체로 이해할 수 있다. 내외와 상하의 부분은 내외합일, 상하합일의 전체를 전제로 하여 성립하는 개념이다. 이러한 분합의 방법은 생성을 나타내는 방법으로 사용된다.

시간적 생성, 사건적 생성이 공간적 분합, 물건적 분합을 포함하기 때문에 생성을 논하기 위해서는 분합을 사용하지 않을 수 없다. 일부가 물건적 관점에서 천지와 일부를 구분하여 나타내는 분합의 방법을 사용하지만 동시에 시간적 관점에서 사건적 생성을 사용한다. 그는 무위와 유위, 형이상과 형이하의 관계를 사건적 관점에서 다음과 같이 나타낸다.

> 도서의 이치는 후천이면서 선천이고, 천지의 도는 기제이면서 미제이다.[344]

도서는 하도와 낙서를 가리킨다. 하도와 낙서를 통하여 나타내는 이치는 사건적 관점에서 후천에서 시작하여 선천에서 끝나는 변화의 이치이다. 이와 달리 천지의 도는 물건적 관점에서 형이하의 현상에서 형이상의 본성, 도에 이르는 초월적 변화를 나타낸다. 그것이 기제에서 시작하여 미제에서 끝나는 변화의 이치이다. 그러면 이것이 무엇을 의미하는가?

하도와 낙서는 일부가 정역을 통하여 제시하는 중, 신도의 내용이다. 그리고 천지의 도는 64괘를 통하여 제시하는 주역의 내용이다. 기제에서 시작하여 미제를 지향하는 도는 과거에서 시작하여 미래를 향하는

---

344   김항,『정역』제1장, "圖書之理는 后天先天이오 天地之道는 旣濟未濟니라."

도이다. 기제가 나타내는 이미 건너옴은 바로 형이상의 도로부터 형이하의 현상으로 건너옴을 뜻하고, 미제가 나타내는 아직은 건너가지 않음은 형이하의 현상으로부터 형이상의 도를 향함을 뜻한다.

천지의 도가 기제를 출발점으로 삼아서 미제를 향함은 바로 현상을 바탕으로 근원을 향함을 뜻한다. 이처럼 미제를 향하기 위해서는 기제가 전제되어야 한다. 기제와 미제가 사건을 중심으로 나타내고 있는 것과 달리 기제와 미제가 바탕으로 둔 시간의 관점에서 출발하는 것이 바로 하도와 낙서이다.

하도와 낙서는 후천으로부터 시작하여 선천을 지향한다. 그것은 신, 중으로부터 출발하여 현상의 사건에 이름을 나타낸다. 이처럼 정역에서 제시한 후천에서 선천에 이르는 시간성의 시간화가 바탕이 되어야 비로소 주역에서 제시하는 시간을 대상화, 객관화하여 나타낸 물건적 세계인 기제의 세계에서 미제의 세계인 형이상의 신, 도, 성품에 이를 수 있다.

하도와 낙서가 나타내는 후천에서 시작하여 선천에서 끝나는 변화는 도생역성이다. 그리고 도생역성의 결과가 현상의 관점에서 역생도성으로 나타난다. 그리고 역생도성을 대상화하여 물건적 관점에서 나타냄으로써 비로소 주역에서 말하는 기제에서 미제를 향하는 변화가 이루어진다.

일부는 자신이 정역을 통하여 제시한 변화원리와 주역에서 제시한 변화원리가 같으면서도 다름을 밝히고 있다. 그는 정역과 주역의 변화원리가 서로 다름을 선천의 변화와 후천의 변화를 통하여 다음과 같이 밝힌다.

> 선천의 역易은 교역交易의 역이고, 후천의 역은 변역變易의 역이다.[345]

---

345 김항, 『정역』 제22장, "先天之易은 交易之易이니라. 后天之易은 變易之易이니라."

선천의 변화는 현상을 나타내는 기제로부터 출발하여 아직은 도달하지 않은 세계인 형이상의 경지를 시간의 관점에서 나타낸 미제의 세계인 후천을 향하는 변화이다. 이러한 선천의 변화를 일부는 서로 사귀는 역易이라고 하였다.

서로 사귐은 물건적 관점에서 둘이 서로 만나서 소통함을 뜻한다. 이처럼 서로 소통하는 둘은 형이상과 형이하, 도와 기, 성과 명, 나와 남, 안과 밖, 신과 사물과 같은 모든 분별의 경계를 나타낸다. 그러면 왜 일부는 둘이 서로 소통하는 변화를 교역이라고 했는가?

도와 기, 성과 명, 기와 인, 안과 밖, 시간과 공간, 신과 사물을 비롯한 모든 양자가 서로 사귀는 소통을 통하여 양자가 둘이 아닌 새로운 경계로 변화한다.

그것을 동아시아의 사상에서는 수도, 수행을 통하여 본성을 자각함, 견성, 지성, 자각이라고 말하였고, 생물학자들 가운데 복잡계 과학을 하는 사람들은 진화라고 말한다. 따라서 선천의 역은 자기초월을 통하여 새로운 경지, 경계에 이르는 역임을 알 수 있다. 그러면 후천의 역은 무엇인가?

후천은 중, 신의 경지에서 출발하여 형이하의 물건에서 드러나는 변화이다. 이러한 변화를 일부는 변역의 역이라고 하였다. 변역은 물건적 관점에서는 불이不二의 경계에 머물지 않고, 그것이 현상에서 불일不一의 현상으로 드러나는 변화를 뜻한다.

부분과 전체, 하나와 둘로 나누어서 나타낼 수 없는 중, 신의 경지가 현상에서 다양하고 새로운 사건으로 드러남이 변역이다. 후천의 변역의 역은 일부가 정역을 통하여 제시하는 도역생성의 역이다. 그리고 교역의 역은 바로 주역에서 제시한 역이다. 그러면 선천과 후천의 역은 어떤 관계인가?

일부가 제시하고 있듯이 후천에서 선천으로의 변화가 바탕이 되어 선천에서 후천으로의 변화가 이루어진다. 정역에서 제시한 도서의 이치를 바탕으로 할 때 비로소 주역에서 제시한 괘효의 이치가 성립한다. 그러면 교역의 역과 변역의 역은 무엇인가?

선천에서 후천을 향하는 교역을 나타내는 역도, 변화의 도와 후천에서 선천을 향하는 변역을 나타내는 역도, 변화의 도는 서로 다르다. 그것은 도라는 개념이 나타내는 변화는 같지만 변화의 내용이 서로 다름을 뜻한다. 그러면 선천과 후천의 도가 서로 다르고, 교역과 변역이 서로 다름을 무엇을 의미하는가?

중의 차원, 본체의 차원에서는 도가 다르지 않다. 다만 작용을 나타내는 도의 관점에서 보면 도의 작용이 서로 다르기 때문에 그 결과로 드러나는 현상이 서로 다르다.

우리가 개체적 관점에서 인간의 삶을 중심으로 선천과 후천, 기제와 미제를 이해하면 순과 역, 도와 역의 방향을 바꿈은 분합이 생성으로 변화하고, 생성이 분합으로 변화하는 혁명적인 변화이다.

순에서 역으로 관점을 바꾸고, 역에서 순으로 관점을 바꾸는 관점의 변화는 차원의 변화로 나타난다. 만약 우리가 정역의 내용을 물건적 관점에서 현상의 변화를 중심으로 이해하면 선천에서 후천으로의 변화는 지축이 움직여서 나타나는 현상의 변화로 이해한다.

그러나 형이상과 형이하의 상하의 차원을 중심으로 이해하면 선천에서 후천으로의 변화는 바로 형이하의 차원에서 형이상의 차원으로의 변화이다. 주역에서 "천도가 변화하면 성명이 각각 바르게 된다."[346]라는 말은 바로 차원의 변화를 말한다.

만약 건도를 물리적 천체를 중심으로 이해하면 앞에서 말한 지축의 변화에 따라서 일어나는 자연 현상의 변화로 나타난다. 그러나 육신에 의한 감각지각에 의하여 변화를 이해하지 않고, 마음의 차원에서 마음으로 드러나기 이전의 근원, 본성을 자각하게 되면 자신이 어떤 존재인지 근원, 본체를 자각하고, 그것을 바탕으로 물리적 생명으로 나타나는 육신이 무엇인지를 파악하게 된다. 그러므로 성과 명이 각각의 자기의 위치를 찾는다고 말한다. 그러면 형이상과 형이하, 도와 기, 성과 명이 둘인가?

일부가 정역을 통하여 제시하는 변역의 역에서 보면 선천에서 후천으로의 변화는 바로 후천에서 선천으로의 변화이다. 그것은 신, 중의 경지를 매 순간 다양하고 새로운 생명 현상인 삶으로 드러내어 서로가 서로를 존재하게 하고, 서로가 서로를 새롭게 하며, 서로가 서로를 다양하게 하고, 서로 서로를 영원하게 하는 변화이다. 그러면 주체 중심의 양자역학을 발전시켜 왔던 복잡계 과학의 이론 체계와 교역을 제시하는 주역과 변역을 제시하는 정역은 무엇인가?

우리는 앞에서 쿤이 제시한 패러다임을 중심으로 세 가지의 패러다임에 의하여 과학의 대상인 자연과 인문학, 철학, 종교의 대상인 인문, 천문 그리고 천문, 인문, 지문이 둘이 아닌 신문이 전개됨을 살펴보았다.

우주, 도와 기, 중, 신의 차원에서 보면 어떤 분별도 용납하지 않으나 현상의 차원에서 전체의 부분이자 나타난 전체인 부분을 중심으로 개체적 인간을 논하고, 삶을 논하며, 삶의 방향, 방법을 나타내는 패러다임을

---

346 『주역』 중천건괘 단사, "乾道變化에 各正性命하나니 保合大和하야 乃利貞하니라."

논할 수 있다.

　동아시아에서는 대인과 소인, 부처와 중생의 삶을 나타내는 대인의 도와 소인의 도, 중생의 도와 부처의 도를 논한다. 소인과 대인, 중생과 부처가 따로 있지 않다. 오로지 중, 신을 각자가 스스로 어떻게 사느냐 곧 어떤 관점에서 작용하느냐에 따라서 현실에서 대인의 삶과 소인의 삶, 거룩한 삶과 속된 삶, 부처의 삶과 중생의 삶이 달리 나타날 뿐이다. 그러면 세계관, 지견이 있는가?

　우리는 패러다임의 범위를 확장하여 현상은 물론 현상을 넘어 형이상을 포함하는 포괄적인 범위에서 사용하여 이론 체계로 나타나는 지식, 앎은 물론 실천을 포함하는 포괄적인 의미로 사용해 왔다.

　20세기의 과학자인 토마스 쿤(1922-1996)은 과학 발전의 역사를 설명하고 이해하기 위한 도구로 패러다임이라는 개념을 제시했다. 그가 패러다임을 제시한 목적은 지식의 점진적인 축적을 통하여 과학이 발전한다는 통념을 깨고, 과학의 발전이 혁명적인 변화를 통해 이루어짐을 주장하기 위함이었다.

　동아시아의 사상에서 형이하의 현상을 벗어나는 초월을 통하여 형이상의 본성, 신에 도달함을 강조한 것은 객체에서 주체로의 수평적인 변화가 아니라 주객의 수평적인 변화에서 상하의 수직적인 변화이자 혁명적인 변화를 제시함이다.

　과학자들은 형이상의 경지를 부정하기 때문에 직선적인 사유 체계를 벗어나지 못한다. 주객을 오가는 평면적인 사유와 지식은 선형적인 특성을 갖는다. 이와 달리 쿤은 물리적 시간의 세 양상에 의하여 이루어지는 과거에서 미래를 향하거나 미래에서 과거를 향하는 선형적인 시간관에서 새로운 사실이나 이론의 누적이 아니라 지배적인 이론 체계 자체가 변화하는 혁명적인 변화를 통하여 과학의 발전을 이해하고자 하였다. 패러다임은 그가 과학의 역사가 갖는 혁명적 변화의 역동성을 설명하기 위한 도구이다.

과학의 혁명이 일어나기 이전의 정상 과학에서 과학자들은 공유하는 패러다임 안에서 기존 이론을 발전시키고 구체화하는 작업을 수행한다. 이때 패러다임은 정상 과학의 연구 방향, 문제 해결 방식, 실험 방법 등을 규정하는 틀로 과학 공동체의 활동을 조직하고 이끄는 역할을 한다.

그러나 새로운 패러다임이 등장하면 과학의 혁명적인 변화가 시작된다. 그것은 과학이 선형적으로 발전하는 것이 아니라 패러다임의 전환을 통하여 비선형적으로 발전함을 뜻한다. 따라서 과학의 발전에 패러다임의 전환이 중요하다. 그러면 패러다임의 전환이 어떻게 이루어지는가?

과학자들은 새로운 패러다임과 기존의 패러다임과 비교하여 오로지 논리적이고 객관적인 기준에 의해서 이론을 선택하지 않는다.

그들은 과학 공동체의 사회적 요인, 역사적 배경, 설득 과정 등을 복합적으로 고려하여 새로운 패러다임을 수용한다. 그러면 서로 다른 패러다임은 가치상의 우열이 있는가?

그는 서로 다른 패러다임은 근본적인 개념, 방법론, 목표 등이 다르므로 상호 비교하거나 평가할 수 없는 공약 불가능성의 특징을 갖는다고 주장한다. 이는 과학 혁명 이후 새로운 패러다임이 이전 패러다임보다 반드시 더 진리에 가깝다고 단정하기 어렵다는 주장이다. 그것은 패러다임이 과학 지식의 상대성을 논의하는 핵심적인 개념임을 뜻한다.

우리는 쿤이 패러다임을 통하여 과학사가 직선적인 발전을 하는 것이 아니라 패러다임의 전환을 통하여 혁명적으로 변화한다는 주장에 주목할 필요가 있다. 그는 단지 과학사의 관점에서 역사의 발전이 직선적인 변화가 아니라 패러다임의 전환을 통하여 혁명적인 발전임을 주장했다.

쿤은 물리적 시간의 관점에서 패러다임을 제안했다. 그러나 그의 의도는 물리적 시간 너머의 형이상적인 시간성에 있다고 할 수 있다. 그는 화이트헤드, 하이데거, 프리고진을 비롯하여 학자들이 무생물의 자연이 아닌 생물로서의 자연에 관심을 기울이는 흐름을 따랐다고 할 수 있다.

생명이 없는 기계와 같은 자연을 논하는 근대 물리학의 전통을 비판하고 생물로서의 자연을 추구하는 것은 바로 자연에 대한 물건적 접근이 아닌 사건적 접근을 뜻한다. 생명이 없는 기계와 생명이 있는 생물의 차이는 물건과 사건의 문제와 관련된다.

세계, 우주를 물건적 관점이 아닌 사건적 관점에서 변화로 이해하는 동아시아의 역사상에서는 우주, 천지, 세계가 하나일 뿐만 아니라 끊임없이 새롭고 다양하게 변화하는 생물로 이해한다. 양자역학자들이 변화의 도를 제시하는 주역에 주목하고, 복잡계 과학자들이 주역을 주목하는 까닭이 여기에 있다. 그러면 우리는 패러다임을 어떻게 이해해야 하는가?

쿤이 제시했던 패러다임을 바탕으로 서양의 과학사를 이해하면 자연철학을 낳았던 패러다임으로부터 시작하여 근대과학을 전개시켰던 패러다임으로 전환했고, 다시 현대의 복잡계 과학을 발전시킨 패러다임으로 전환했다고 말할 수 있다.

그러나 화화옹에 의한 도역의 생성의 관점에서 보면 과학의 패러다임은 전환했을 뿐으로 새로운 생성을 하지 못했다. 유럽의 과학적 학문 전통은 19세기에 이르러서 고전동역학에서 열역학이 발생하면서 우주의 절대시간이 갖는 무한성이 도전을 받게 되었다. 우주가 끊임없이 에너지가 흘러나오는 하나의 거대한 시계라면 어느 때인가는 멈추게 될 것이다. 따라서 기존의 시간과 다른 새로운 시간의 의미를 찾아야 한다.

20세기에 이르러서 화이트헤드(1861-1947)는 우주는 인과론적 세계가 아닌 끊임없는 생성의 과정임을 나타내는 유기체 철학을 통하여 사건적 관점에서 플라톤의 우주와 근대과학의 우주론을 결합한 새로운 우주론을 제시하였고[347], 하이데거(1889-1976)는 존재가 시간성임을 제시하고, 시간성에 이르는 길은 현존재의 존재론적 통로임을 밝혔다.[348]

일리야 프리고진(1917-2003)은 화학을 통하여 물건적 존재에서 벗어나서 시간의 측면에서 생성을 중심으로 우주를 이해하고자 했다. 프리고진은 얀치가 자기 조직적 패러다임[349]이라고 규정한 새로운 패러다임을 제시하였다.

그는 비평형 상태의 시스템에서 발생하는 요동fluctuations이 증폭되어 스스로 평형상태의 질서를 구축하는 소산구조dissipative structures를 통하여 자기 조직화 이론을 제시하였다. 자기 조직화 과정은 시간의 방향성을 내포한다. 소산구조는 과거의 요동을 기억하고 이를 바탕으로 미래를 향해 진화하는 특징을 보인다. 이는 가역적인 시간 개념을 갖는 전통 물리학과 다른 비가역성을 제시한다.

프리고진의 자기 조직화 이론은 우주를 세계를 정적이고 결정론적인 관점에서 벗어나 역동적이고 창조적인 과정으로 이해하는 데 기여했다.

---

347 A. N. 화이트 헤드, 오영환 옮김, 『과정과 실재』, 민음사, 1991, 39-45.
348 마르틴 하이데거, 전양범 옮김, 『존재와 시간』, 시간과공간사, 1989, 308-481.
349 에리히 얀치 지금, 홍동선 옮김, 『자기 조직하는 우주』, 범양사, 1989, 17.

그의 자기 조직화 이론은 시스템 이론은 물론 물리학, 화학뿐만 아니라 생물학, 사회과학, 시스템 과학 등 다양한 분야에 큰 영향을 미쳤다. 특히 생명의 기원과 진화, 사회 시스템의 변화, 생태계의 유지 등 복잡한 현상을 이해하는 새로운 틀을 제공했으며, 혼돈 이론 및 복잡계 과학의 발전에 중요한 토대를 마련했다.

그런데 그리스에서 시작하여 현대의 프리고진에 이르기까지 유럽의 과학자, 철학자들이 제시한 패러다임은 비록 하이데거에 의하여 시간성이라는 주제가 제시되기도 했지만 여전히 형이하적 패러다임이 중심을 이룬다.

서양의 과학, 철학을 낳은 패러다임은 근본적으로 새롭게 생성되지 못하고 오로지 동일한 차원에서 이것에서 저것으로 변화했다. 그것이 바로 쿤이 말한 패러다임의 전환일 뿐으로 패러다임 자체를 새롭게 생성하지 못했음을 뜻한다. 그러면 새로운 패러다임의 생성은 어떻게 이루어지는가?

새로운 패러다임의 생성은 일차적으로 현상적 패러다임을 넘어서 형이상적 패러다임에 이르러야 비로소 가능하다. 쿤이 제시한 혁명적 발전으로서의 패러다임의 전환은 패러다임 자체의 새로운 생성을 통하여 가능하다.

패러다임 자체의 생성은 형이하의 현상적 차원에서 개체적 물건을 바탕으로 이해하거나 전체적 관점에서 일종의 생물로 이해하는 유기체적이고 전일적인 접근만으로는 이루어지지 않는다. 그러면 생성적 패러다임은 어떻게 이루어지는가?

생성적 패러다임을 정역에서는 화화옹의 도역생성으로 나타낸다. 화화옹의 도역생성이 패러다임의 새로운 생성이다. 생성적 패러다임은 단순한 이론 체계가 아닐 뿐만 아니라 그것을 논하는 지금 여기의 나와 둘이 아니고, 삶과 패러다임이 둘이 아니며, 앎과 실천이 둘이 아니다. 이처럼 패러다임과 그것을 논하는 내가 둘이 아닌 차원은 불교에서 제시한 오안五眼과 비교하여 이해할 수 있다.

육안肉眼, 천안天眼, 혜안慧眼, 법안法眼 불안佛眼의 오안은 다양한 관점에서 이해할 수 있다. 화화옹의 도역생성에 의하여 오안을 이해하면 그대로 다섯의 세계를 낳는 패러다임이라고 할 수 있다. 그러면 다섯의 패러다임이 무엇인가?

육안은 눈에 보이는 세계, 감각에 의하여 지각되는 세계를 낳는 안목, 패러다임이다. 육안에 의한 세계는 물건적 세계로 나와 남, 나와 세계, 나와 우주가 둘일 뿐만 아니라 선과 악, 옳음과 그름, 아름다움과 추함이 둘로 나누어지는 세계이다.

그런데 나와 남이 양립할 수 없고, 선과 악이 공존할 수 없으며, 삶과 죽음이 하나일 수 없는 세계가 육안에 의하여 드러나는 세계이다. 그러므로 이 세계는 항상 대립과 갈등이 일어나는 고통의 세계이다.

천안은 통합적인 세계를 낳는 안목, 패러다임이다. 그것은 마치 현미경을 통하여 육안으로 볼 수 없는 미세의 세계를 보고, 천체망원경을 통하여 우주의 멀리까지 보는 것처럼 육안으로 드러나지 않는 크고, 미세한 세계를 낳은 패러다임이다.

육안에 의하여 드러나지 않는 세계를 볼 수 있고, 알 수 있는 패러다임이 천안이다. 그러나 천안은 육안과 마찬가지로 본질, 근원을 알지 못하는 한계를 갖는다. 현상을 세밀하게 그리고 먼 곳까지 볼 수 있을 뿐으로 사물의 차원을 넘어서지 못한다.

혜안은 현상을 넘어서 현상으로 드러나기 이전의 근원, 본질을 낳는 안목, 패러다임이다. 혜안에 의하여 비로소 모든 것이 둘이 아닌 불이不二의 경계가 나타난다. 이때 드러나는 세계는 감각에 의하여 지각되는 세계가 아니라 지혜에 의하여 드러나는 세계이다.

법안法眼은 혜안에 의하여 드러나는 불이의 세계와 육안, 천안에 의하여 드러나는 불일의 세계가 함께 나타난다. 그러므로 법안에 의하여 드러나는 세계는 불이이면서 불일의 세계이다.

불안은 불이不二와 불일不一이 자유로운 생성의 세계를 낳는다. 그러므로 불안은 생성적 패러다임이라고 할 수 있다. 그러면 오안, 다섯의 패러다임은 어떤 관계인가?

육안과 천안은 하나의 패러다임으로 현상의 관점에서 제기되는 형이하적 패러다임이며, 혜안은 현상을 초월하여 나타나는 형이상적 패러다임이고, 법안과 불안은 생성적 패러다임이다. 법안은 대상적 관점에서 불이의 경지가 불일의 현상으로 끊임없이 나타나는 생성적 패러다임을 나타내고, 불안은 주체적 관점에서 불이의 경지가 불일의 현상으로 끊임없이 나타나는 생성적 패러다임을 나타낸다.

세 가지의 패러다임을 바탕으로 오안을 이해하면 근대과학을 낳은 패러다임은 육안이며, 현대과학을 낳은 패러다임은 천안이고, 주역을 중심으로 유학, 불교와 관련하여 살펴본 형이상적 패러다임은 혜안이다.

그리고 생성적 패러다임을 바탕으로 삶을 살아가는 존재인 성인, 대인을 나타내어 불안이라고 말하고, 불안에 의하여 드러나는 현상을 중심으로 나타내어 법안이라고 말한다. 그러면 정역의 삼역팔괘도를 중심으로 오안의 관계를 살펴보자.

육안에서 시작하여 천안에 이름을 나타내는 패러다임이 복희팔괘도이고, 천안을 거쳐서 혜안에 이름을 나타내는 패러다임이 문왕팔괘도이며, 혜안을 거쳐서 불안에 이름을 나타내는 도상이 정역팔괘도이다.

그런데 정역팔괘도에서 시작하여 복희팔괘도로 나타나듯이 금화정역도에서 나타나는 중의 경지가 도서를 통하여 나타내는 도역의 생성으로 나타나고, 그 결과를 나타내는 도상이 삼역팔괘도이다. 이처럼 복희팔괘도에서 문왕팔괘도를 거쳐서 정역팔괘도에 이르는 역생도성과 정역팔괘도에서 문왕팔괘도를 거쳐서 복희팔괘도에 이르는 도생역성은 하나도 아니면서도 둘도 아니어서 매 순간 새롭고 다양하게 나타나는 변화의 연속이다.

2. 생성적 패러다임과 솔성率性

끊임없이 새롭고 다양하게 변화하는 우주의 생성적 특성을 나타내는 화화옹의 도역생성은 현상적 관점에서 사람의 삶을 통하여 나타낼 수 있다. 그것은 우주의 생성을 한 일생一生을 통하여 살펴보는 작업이다.

우주의 생성은 매 순간의 개체의 생명 현상으로 나타난다. 개체적 존재인 인간의 관점에서 매 순간의 삶은 그대로 우주의 생성의 내용이다. 지금부터는 정역을 저작한 일부의 삶을 통하여 개체적 생명 현상이 무엇인지 살펴보자. 그는 스스로 자신의 삶이 무엇인지를 다음과 같이 밝힌다.

> 연원淵源은 천지天地의 무궁無窮한 화무옹化无翁이고, 내력來歷은 신라新羅의 37 왕손王孫이다. 연원이 무궁하고 내력이 장원長遠함이여, 도가 천지 무형의 끝까지 통하였으니, 아마도 천지의 제일원第一元에 통한 사람을 김일부金一夫이다.[350]

위의 내용은 앞뒤의 두 부분으로 구분하여 이해할 수 있다. 앞부분에서 일부는 형이상의 관점에서 화무옹이 자신의 근원이며, 형이하의 관점에서 신라의 37대 왕손임을 밝힌다. 그것은 형이상의 차원을 나타내는

---

350 김항, 『정역』-夫事實, "淵源은 天地無窮化无翁이오 來歷은 新羅三十七王孫이라 淵源은 無窮이오 來歷은 長遠兮여 道通天地無形之外也니라 我馬頭通天地第一元은 金一夫니라."

화무옹과 형이하의 차원을 나타내는 37대 왕손이 지금 여기의 일부로 드러남을 나타낸다.

뒷부분에서는 일부가 자신의 연원과 내력을 밝히는 앞부분과 달리 일부로부터 연원을 향하는 방향에서 자신을 나타낸다. 도가 천지의 무형의 끝까지 통했으니 그것이 바로 천지의 제일의 근원에 통한 한 사람으로서의 김일부이다.

화화옹, 화무옹의 도역생성이 신라의 김씨성金氏姓 38왕 가운데서 37대 효공왕孝恭王의 형제인 김흥광金興光의 후손으로 나타나고, 그의 73년의 일생은 바로 도가 천지의 근원인 천지의 무형의 끝까지 통하는 사건으로 나타나는 60년과 제자들과 함께하고, 세상과 함께하는 13년을 포함하여 한 평생으로 나타난다. 그는 자신의 평생을 60년을 중심으로 다음과 같이 나타낸다.

> 3천 년의 복을 쌓은 가문家門에서 천지의 제일가는 복록에 통했다고 말함은 신神의 고함이고, 60년의 솔성率性의 공부工夫가 의리義理를 잡고, 춘추春秋의 일을 크게 밝힘은 위의 가르침이다. 일부가 공경히 쓰니 거의 죄를 면하겠구나.[351]

위의 내용 가운데서 3천 년의 복을 쌓은 가문은 유가儒家를 지칭한다. 그는 자신의 삶을 솔성率性의 공부로 일관했다고 했을 뿐만 아니라 그것이 바로 공자가 했던 춘추의 일을 크게 밝히는 일이라고 하여 자신이 유

---

[351] 김항, 『정역』, 一夫事蹟, "三千年積德之家에 通天地第一福祿云者는 神告也요 六十年率性之工이 秉義理大著春秋事者는 上敎也시니라. 一夫敬書하노니 庶幾逃罪호인져."

학자임을 밝히고 있다. 그러면 일부가 자신의 삶을 규정한 솔성率性은 무엇인가?

솔성은 도역의 생성을 현상의 개체적 삶을 통하여 나타낸 개념이다. 솔성은 유학의 전적인 중용에서 대인, 군자의 삶을 나타내기 위하여 사용된 개념이다. 우리는 솔성을 도생역성과 역생도성의 두 측면에서 이해할 수 있다.

도생역성의 관점에서 솔성은 본성을 주체로 현상에서 화화옹, 화무옹을 드러냄이며, 역생도성의 관점에서 솔성은 매 순간 다양하고 새로운 생명 현상이 본래의 화화옹, 화무옹으로 돌아감을 뜻한다. 그러면 위의 내용은 솔성의 어떤 측면인가?

우주의 본성, 근원인 신의 알려 줌이 천지의 제일의 복록에 통함이다. 이는 역생도성의 측면에서 솔성을 나타낸다. 이와 달리 성명의 이치에 의하여 춘추의 일을 크게 밝히는 일은 도생역성의 측면에서 솔성을 나타낸다. 그러면 솔성이 어떻게 이루어지는가?

삼역팔괘도는 하도와 낙서로 집약되고, 하도와 낙서는 금화정역도로 집약된다. 그리고 사역변화는 15의 본체도수로 집약된다. 그것은 네 가지의 역수가 하나의 원역으로 집약됨을 뜻한다. 그러면 금화정역도는 어디로 집약되는가?

그는 생성적 패러다임을 나타내는 도구로 사용하는 수와 상 그리고 사辭가 나타내는 내용을 수지상수手指象數를 통하여 하나로 종합한다. 이는 왼손의 손가락을 통하여 수와 상 그리고 사를 통합적으로 활용함을 뜻한다. 그러면 도역생성은 수지상수手指象數를 나타내는가?

만약 수지상수가 정역의 내용이라면 정역은 한마디로 역수인 책력을 구성하는 법칙을 나타내는 천문학의 서적이다. 정역이 천문학 서적이라면 오늘날의 천문학이 훨씬 정교하기 때문에 굳이 정역을 연구할 필요는 없다.

수지상수는 단지 수와 상, 사를 종합하여 하나로 나타내는 도구일 뿐으로 그것 자체가 세 도구를 통하여 나타내는 내용은 아니다. 수지상수는 단지 왼손의 다섯 손가락을 굽히거나 펴는 일련의 과정의 반복일 뿐이다.

그럼에도 불구하고 때로는 손가락을 곱고 펴는 과정의 연속을 통하여 복희팔괘도를 나타내고, 때로는 문왕팔괘도를 나타내며, 때로는 정역팔괘도를 나타내고, 때로는 중천건괘와 중지곤괘를 나타낸다. 그리고 때로는 손가락의 굴신을 통하여 하도와 낙서를 나타내며, 때로는 천간과 지지를 나타낸다. 그러면 수지상수는 무엇인가?

왼손의 다섯 손가락을 굴신하는 것은 손가락이 아닐 뿐만 아니라 손가락의 굴신을 다양한 관점에서 여러 뜻으로 이해하는 주체도 손가락이 아니다. 그것은 정역을 구성하는 수와 상, 사 자체가 도역생성을 나타내거나 손가락이 도역생성을 나타내지 않음을 뜻한다.

화옹化翁이나 상제上帝, 신神이라는 개념이나 물건적 존재인 수와 상, 사가 도역생성을 하지 않을 뿐만 아니라 정역을 읽는 눈이나 음악을 듣는 귀, 냄새를 맡는 코, 감촉을 느끼는 몸이 도역생성하지 않는다. 그러면 수지상수는 무엇인가?

일부는 수와 상, 사를 통하여 나타내는 다양한 이치가 모두 성품에서 나온다고 말한다. 그는 "이치는 본원에서 모이니 본성은 바로 성품이다."³⁵²라고 하였다. 따라서 정역이 쓰인 것도 성품의 작용이고, 정역을 읽는 것도 성품의 작용이며, 수지상수를 운용하는 주체도 성품이고, 수지상수를 통하여 다양한 내용을 나타내는 주체도 성품이다. 그러면 수지상수와 성품은 어떤 관계인가?

유위의 현상과 무위의 작용 그리고 본체의 중을 수에 의하여 나타내면 일에서 십까지의 수와 십에서 일까지의 두 방향의 수를 합한 이십도수이다. 이십도수는 천지의 도수를 도역의 두 방향에서 나열한 수이다.

> 십十은 십구十九의 중中이고, 구九는 십칠十七의 중中이며, 팔八은 십오十五의 중中이고, 칠七은 십삼十三의 중中이며, 육六은 십일十一의 중中이고, 오五는 구九의 중中이며, 사四는 칠七의 중中이고, 삼三은 오五의 중中이며, 이二는 삼三의 중中이고, 일一은 일一의 중中이다. ³⁵³

위의 내용은 하도와 낙서를 구성하는 천지의 도수가 갖는 성격을 나타낸다. 일부는 일에서 십까지의 천지의 도수를 모두 중中으로 규정한다. 이처럼 중을 나타내는 천지의 도수는 단순한 수가 아니라 이수理數이다.

이수는 무위无位를 나타내는 수이자 공空을 나타내는 수이다. 그는 공, 무위를 나타내는 이수가 바로 요순과 공자가 나타내는 집중을 나타내는 수임을 다음과 같이 밝힌다.

---

352 김항, 『정역』 제7장, "理會本原은 原是性이오 乾坤天地에 雷風中이라."
353 김항, 『정역』 十一歸體詩, "十은 十九之中이니라. 九는 十七之中이니라. 八은 十五之中이니라. 七은 十三之中이니라. 六은 十一之中이니라. 五는 一九之中이니라. 四는 一七之中이니라. 三은 一五之中이니라. 二는 一三之中이니라. 一은 一一之中이니라."

중中은 십십일일十十一一의 공空이며, 요순堯舜의 궐중厥中의 중中이고, 공자孔子의 시중時中의 중中이며, 일부一夫가 말한 포오함육包五含六 십퇴일진十退一進의 위位이다.³⁵⁴

그는 이십의 도수를 십에서 시작하여 하나로 펼치고, 하나가 다시 십을 향하여 일관하여 형성된 도수³⁵⁵로 규정한다. 그리고 이 이십의 도수가 나타내는 중은 요순이 말한 윤집궐중允執厥中의 중中이고, 공자가 말한 시중時中의 중中이라고 말한다. 그러면 중을 일부는 어떻게 표현하는가?

일부는 궐중의 중과 시중의 중을 하나로 하여 포오함육 십퇴일진의 위로 나타낸다. 포오함육과 십퇴일진은 모두 수지상수를 가리킨다. 십퇴일진은 엄지손가락을 곱은 상태를 가리키고, 포호함육은 새끼손가락을 편 상태를 가리킨다. 그러면 이것이 무엇을 의미하는가?

수지상수의 운용은 바로 육신을 통하여 드러나는 현상이다. 이처럼 현상으로 나타나는 것이 바로 중이다. 생명 현상은 항상 현상에서 언행으로 나타난다. 그리고 운신은 언행에 대하여 돌아보는 용심과 함께 이루어진다.

일부가 수지상수의 운용을 통하여 요순의 궐중과 공자의 시중을 언급함은 궐중과 시중이 지금 여기의 수지상수의 운용과 같은 언행을 통하여 이루어짐을 뜻한다. 그러면 수시상수의 운용이 무엇인지를 요순의 궐

---

354 김항, 『정역』 十一歸體詩, "中은 十十一一之空이니라. 堯舜之厥中之中이니라. 孔子之時中之中이니라. 一夫所謂包五含六十退一進之位니라."

355 주역의 계사상편 제9장에서는 일에서 십까지의 수를 천지의 수를 규정한다. 그러나 정역에서는 천지의 수를 천지의 도수度數로 규정한다. 정역에서는 천도天度와 지수地數에 의하여 도수원리를 밝히는 것과 달리 주역에서는 천지의 수數에 의하여 천지의 도道를 밝힌다.

중과 공자의 시중을 중심으로 살펴보자.

윤집궐중은 요가 순에게 전하고, 순이 우에게 전한 성인의 도의 내용이다. 요가 순에게 전하고, 순이 우에게 전한 성인의 도의 내용은 다음과 같다.

> 요가 말하였다. "아, 그대 순이며, 천의 역수가 네 몸에 있으니 진실로 그 중을 잡으라. 사해가 곤궁하면 천록天祿이 영원히 끊어질 것이다."[356]

요는 천도의 내용인 역수원리가 인간의 존재근거임을 밝힌다. 그리고 이어서 몸과 마음의 근원인 중을 잡으라고 말한다. 집중執中은 극기복례克己復禮, 하학이상달下學而上達, 박문약례博文約禮와 같이 자신의 근원인 성품을 자각함으로써 천명天命을 자각自覺함을 뜻한다. 그러면 공자의 시중은 무엇인가?

공자는 군자의 삶을 중용으로 밝히면서 시의성에 적중하는 시중으로 나타낸다. 그가 시중을 논한 부분은 다음과 같다.

> 군자가 중을 주체로 작용함은 군자가 때에 따라서 적중하는 삶을 살아감이다.[357]

시중은 말해야 할 때 말하고, 말을 하지 말아야 할 때 침묵하여 동정을 시의성에 맞게 행하는 일이다. 공자는 "말해야 할 때 말하지 않으면 사람

---

356 『論語』堯曰篇, "堯曰 咨 爾舜 天之曆數在爾躬, 允執其中. 四海困窮, 天祿永終. 舜亦以命禹

357 주희, 『중용장구』 제2장, "君子之中庸也 君子而時中"

을 잃고, 말하지 말아야 할 때 말하면 말을 잃는다. 지혜로운 사람은 사람도 잃지 않고 또한 말도 잃지 않는다."[358]라고 하였다.

시중은 중도를 때에 맞게 실천하는 일로 그것을 중용에서는 중용中庸이라고 하였다. 이처럼 일부는 요순의 집중과 공자의 중용을 하나의 솔성으로 나타낸다. 그러면 집중과 중용은 그가 자신의 삶을 하나의 개념으로 규정하여 나타낸 솔성과는 어떤 관계인가?

솔성이라는 개념은 중용에서 제시된 개념으로 천명과 성품의 관계를 규정한 것으로부터 시작하여 삶의 관점에서 솔성을 논한다.

> 천명을 일러 성품이라고 하고, 성품을 따름을 일러 도라고 하며, 도를 닦음을 가르침이라고 한다.[359]

천명을 성품이라고 말함은 요순이 말한 집중이 이루어진 상태를 말한다. 그리고 성품을 따름이 도라는 말은 성품을 주체로 살아감이 사람이 사는 길이라는 말이며, 사람이 사는 길을 끊임없이 실천하는 일을 가르침이라고 하였다. 그러면 일부는 집중과 중용을 어떻게 이해하는가?

일부는 연담으로부터 공부의 주제로 받는 영동천심월을 공부하여 정역으로 밝히는 60세까지의 삶을 솔성의 공부를 하는 과정이라고 말한다. 그러나 그의 삶은 73세에 끝이 났다. 따라서 그의 삶 가운데 60세 이후의 삶은 다른 의미를 갖는다고 할 수 있다. 그러면 그는 자신의 삶을

---

358 『논어』 위령공衛靈公, "子曰 可與言而不與言失人 不可與言而與之言失言 知者不失人 亦不失言."

359 주희, 『중용장구』 제1장, "天命之謂性 率性之謂道 脩道之謂敎."

어떻게 나타내는가?

중도를 주체로 하여 정도로 실천하는 중용의 관점에서 솔성은 시중이고, 본성을 따라서 사는 삶이다. 그러나 이와 달리 중도를 잡는 집중의 관점에서 솔성은 자신의 근원인 중도, 천도를 자각함이다. 그러면 솔성은 무엇인가?

황극에 의하여 이루어지는 도역倒逆의 생성生成이 솔성率性이다. 이때 도倒와 역逆은 주역에서 제시한 순順과 역逆을 변형하여 사용한 개념이다. 도倒는 '꺼꾸러지다.'의 의미로 변變하다의 의미이다. 따라서 도倒는 순順과 '바뀌다.'의 의미가 함께 들어 있다.

일부가 순順을 도倒로 바꾸어서 나타냄은 순과 역이 둘이 아님을 나타내기 위함이다. 그것은 역逆이 극極에 이르면 순順이 되고[360], 순이 극에 이르면 다시 역이 되어 양자가 둘이 아님을 나타낸다.

물건적 관점에서 보면 순과 역은 정확하게 구분하기 어려운 개념이다. 만약 시초를 중심으로 순과 역을 나타내면 역逆은 현상, 물리적 생명에서 시작함을 뜻하고, 순順은 형이상의 본체, 도, 성품에서 시작함을 뜻한다.

종말終末을 중심으로 순과 역을 나타내면 역逆은 도가 드러남, 본성을 자각함이 되고, 순은 형이하의 기器로 드러남, 물리적 생명의 현상으로 나타남이 된다. 이처럼 두 방향에서 서로 다른 의미로 순과 역을 사용할 수 있다.

그러나 순과 역을 시초와 종말이 둘이 아닌 관점에서 사용하지 않으면 양자가 둘인 것으로 오해할 수 있다. 순과 역은 본래 둘이 아니기 때문에 하나가 아닌 둘로 나누어서 나타낸다. 그러면 도역의 생성은 무엇인가?

---

360 김항,『정역』제2장, "易은 逆也니 極則反하나니라."

도생역성과 역생도성은 도역倒逆이라는 두 방향을 중심으로 그 내용을 생성으로 규정한 개념이다. 그러므로 도역생성은 시간적 측면, 사건적 측면에서 본체와 현상이 모두 하나의 생성임을 나타낸다.

도역을 본체와 현상, 도와 기, 역수원리와 역수, 성과 명의 두 방향을 나타내는 개념으로 사용하고 이와 더불어 시초와 종말을 구분하여 생성으로 나타냄으로써 시초와 종말이 모두 생성임을 나타내는 개념이 도생역성과 역생도성이다.

도생역성과 역생도성은 물건적 관점에서는 하나이면서 둘이고, 둘이면서 하나이다. 그것은 도생역성이 있음으로 역생도성이 있고, 역생도성이 사라짐으로 도생역성이 사라짐을 뜻한다. 이처럼 도역의 생성이 유와 무의 양변을 초월하면서도 유와 무의 양변을 벗어나지 않음을 역도라고 말한다. 따라서 정역에서는 인도가 아닌 천도, 역수원리가 바로 역도의 본래면목임을 밝힌 것이다. 그러면 도역의 생성은 무엇인가?

우리는 앞에서 주역의 경우를 살펴보았다. 도道와 선善, 성性을 모두 그것을 논하는 인간을 중심으로 "말한다(謂之)"[361]라고 밝힌다. 역도를 천도와 지도, 인도로 구분하여 나타내는 것은 인간의 말이다.

정역에서는 "천지에 일월이 없으면 빈껍데기이고, 일월에 지극한 사람이 없으면 비어 있는 그림자이다."[362]라고 하였을 뿐만 아니라 "하늘의 사업은 인간을 기다려서 이루어진다."[363]라고 하여 도역의 생성이 모두

---

361 『주역』계사상편 제12장, "是故로 形而上者를 謂之道오 形而下者를 謂之器오"
362 김항, 『정역』제8장, "天地는 匪日月이면 空殼이오 日月은 匪至人이면 虛影이니라."
363 김항, 『정역』포도시天布圖詩, "萬古文章日月明하니 一張圖畵雷風生이라 靜觀宇宙无中碧하니 誰識天工待人成가."

성품에 의하여 이루어짐을 밝히고 있다.

성품에 의하여 이루어지는 도역의 생성을 일부는 중용의 솔성을 통하여 나타낸다. 그는 스스로 자신의 삶을 솔성의 과정으로 규정할 뿐만 아니라 솔성이 바로 도역의 생성임을 다음과 같이 밝힌다.

> 음을 누르고, 양을 받듦은 선천의 심법의 학이며, 양을 고르고 음을 법칙으로 삼음은 후천의 성리의 도이다.[364]

위의 내용을 보면 솔성을 음과 양을 통하여 선천의 심법의 학과 후천의 성리의 도를 밝히고 있다. 우리가 위의 내용을 올바로 이해하기 위해서는 먼저 음양이 무엇을 가리키는지를 살펴보지 않을 수 없다. 그러면 음양은 무엇인가?

일부는 이理와 기氣를 중심으로 선천과 후천의 관점에서 음과 양을 밝히고 있는데 그 내용은 다음과 같다.

> 태양太陽이 항상恒常함은 성품이 완전하고, 이치가 곧음이며, 태음太陰이 사라졌다가 자라남은 수가 차면 기氣가 비기 때문이다.[365]

위의 내용을 보면 음양은 바로 태양과 태음을 가리킴을 알 수 있다. 태양은 항상함을 나타내고, 태음은 변화함을 나타낸다. 따라서 태양과 태음은 각각 불역不易과 변역變易을 나타냄을 알 수 있다. 태양의 항상함은

---

364 김항, 『정역』 제8장, "抑陰尊陽은 先天心法之學이니라. 調陽律陰은 后天性理之道니라."

365 김항, 『정역』 제8장, "太陽恒常은 性全理直이니라. 太陰消長은 數盈氣虛니라."

성품이 완전하고 이치가 곧다고 하여 성품과 이치가 둘이 아님을 밝히고 있다.

그러나 태음은 태양처럼 항상하지 않아서 소멸했다가 자라고 자랐다가 다시 소멸하는 현상을 반복한다. 태음은 초3일부터 15일까지는 점차 커지다가 15일에는 보름달이 되고, 16일부터는 다시 기울어지기 시작하여 28일이 되면 모습이 사라진다. 그러면 태음의 변화는 어떻게 이루어지는가?

태음은 기氣와 리理에 의하여 선천과 후천의 변화를 한다. 정역에서는 태음의 영허와 소장을 선천과 후천으로 나누어서 다음과 같이 밝힌다.

> 찼다가 기울어지는 것은 기氣이니 선천이고, 소멸했다가 자라는 것은 이理이니 후천이다. 후천의 도道는 굽혔다가 펴짐이고, 선천의 정政은 나아갔다가 물러남이다. 나아갔다가 물러나는 정政은 달이 찼다가 달이 기울어짐이고, 굽혔다가 펴는 도는 달이 사라졌다가 달이 자라남이다.[366]

태음은 15일을 단위로 변화한다. 우리는 관찰할 수 있는 달의 모습을 중심으로 변화를 이해한다. 그러므로 달이 조각달에서 보름달로 변화하는 15일은 선보름으로 이해하고, 보름달이 점차 기울어져서 사라지는 진퇴의 현상을 후보름 15일로 이해한다.

그런데 위의 내용을 보면 후천의 도를 나타내는 굽혔다가 펴는 현상이 달이 기울었다가 가득 차는 현상으로 나타나고, 선천의 도를 나타내는

---

366 김항, 『정역』 제8장, "盈虛는 氣也니 先天이니라. 消長은 理也니 后天이니라. 后天之道는 屈伸이오 先天之政은 進退니라. 進退之政은 月盈而月虛니라. 屈伸之道는 月消而月長이니라."

나아갔다고 물러나는 현상이 달이 가득 찼다가 기울어지는 현상이라고 말한다. 그것이 무엇을 의미하는가?

　기氣로부터 출발하여 이理를 향하는 역방향이 아니라 이理로부터 출발하여 기氣에 이르는 순방향이 정역의 관점이다. 그것은 후천의 성리의 도를 바탕으로 선천의 심법의 학을 이해해야 함을 뜻한다. 따라서 정역의 내용을 한마디로 나타내면 도학이다. 그러면 솔성의 내용인 도학이 무엇인지 살펴보자.

　먼저 성리의 도는 조양율음이라고 하였다. 조양調陽은 양陽을 고름이며, 율음律陰은 음陰을 법칙으로 삼음이다. 조양율음을 도서의 관점에서 나타내면 도생역성이다.

　조양調陽은 태양이 상징하는 항상한 성품에 머물지 않음을 나타내고, 율음律陰은 현상의 변화로 드러남을 뜻한다. 따라서 조양율음은 불역不易의 역도가 불역不易의 경계에 머물지 않고, 변화의 현상으로 드러남이다.

　조양율음은 성리의 작용이다. 후천의 성리의 도는 바로 역도가 중의 경계에 머물지 않고, 변하여 현상으로 화함이다. 솔성의 측면에서 성리의 도는 성품이 성품의 상태에 머물지 않고, 인연을 따라서 마음을 통하여 언행으로 드러남이다. 따라서 조양율음은 화화옹이 성품을 통하여 언행으로 드러나는 운신법이라고 할 수 있다. 그러면 억음존양의 심법의 학은 무엇인가?

　억음과 존양은 모두 용심법이다. 억음의 음은 변화하는 현상이다. 그러므로 억음은 현상의 변화를 보고, 마음이 현상에 따라가지 않음을 나타낸다. 존양의 양은 성품, 화화옹의 경계를 가리킨다. 그러므로 마음이 현상을 벗어나서 성품, 화화옹에 이름을 뜻한다. 그러면 심법의 학은 무엇인가?

심법의 학의 학學은 효斅와 같아서 본받음의 의미가 있을 뿐만 아니라 실천의 의미가 있다. 그러므로 심법의 학學은 심법心法의 실천이다. 성리의 작용에 의하여 나타난 언행을 보고, 언행에 얽매이지 않고 성품으로 되돌리는 회향, 귀체, 귀본의 용심법을 통하여 무위의 경지를 논하게 된다.

도역생성의 관점에서 억음존양의 심법은 마음이 변화하는 현상에 머물지 않고, 성품으로 돌아가는 역생도성이다. 그것은 마음이 현상의 모습을 벗어나서 항상한 성품, 이理로 돌아감이다. 그러면 도학은 무엇을 의미하는가?

화화옹의 도생역성은 천지의 도와 인간의 성품이 하나가 되어 이루어진다. 천지의 도의 측면에서는 무극이 태극으로 드러나는 작용이 도생역성이다. 도생역성은 시간성이 변하여 사건으로 화하는 작용이다.

시간성의 시간화는 솔성의 측면에서는 성품이 변하여 마음으로 화하는 작용이다. 이러한 작용의 결과가 현상의 물건으로 나타나는 동시에 인간의 언행으로 나타난다. 이러한 물건의 변화와 인간의 언행을 하나로 묶어서 생명 현상이라고 말한다.

그런데 매 순간에 일어나는 물건의 모습과 언행은 일어나는 순간 다시 본래의 성품과 이理가 둘이 아닌 경계로 돌아간다. 사물이 일어난 본래의 자리로 돌아감은 사물이 시생始生하는 동시에 소멸하는 것이 시생의 완성임을 뜻한다.

완성은 시생을 그침이라는 의미와 더불어 새로운 시생을 위한 준비의 의미가 있다. 이처럼 삶의 과정에서 일어나는 어떤 언행이나 물건의 변화를 막론하고 일어나도 일어남이 없다.

　매 순간에 일어나는 어떤 현상이라도 고정되지 않아서 일어나는 동시에 다시 일어나기 이전의 자리로 돌아가기 때문에 사물의 생성이 일어남이 없지는 않지만 그렇다고 하여 일어난다고 할 수도 없다. 이러한 경계를 이름하여 중도라고 말한다. 그러면 역逆방향에서 수기修己, 수행修行, 수도修道는 필요하지 않는가?

　우리가 화화옹의 작용인 도학을 도생역성과 역생도성의 둘로 나누어서 역생도성을 하나의 실체로 이해할 때 비로소 수행, 수기, 수도가 필요하다고 말할 수 있다.

　만약 수기, 수행, 수도라는 유위적인 행위를 통하여 나타나는 결과가 앎이나 깨달음이라면 유위적인 수행이라는 원인이 사라지면 결과인 앎, 깨달음도 사라진다.

　그리고 성품과 이치가 둘이 아닌 화옹, 화화옹의 도생역성의 작용이 없으면 역생도성은 성립하지 않는다. 그것은 성품의 작용이 없으면 지금 여기의 나의 다양한 생명 현상이 나타날 수 없기 때문에 생명 현상의 근원을 찾아가는 수행, 수기가 성립할 수 없음을 뜻한다. 따라서 도생역성의 관점에서 수행, 수기, 학문이라는 인위적인 행위가 필요하지 않다. 그러면 심법의 학문, 수도, 수기는 아무런 의미가 없는가?

　만약 그릇이 비워지지 않는다면 그릇에 새로운 물건을 담을 수 없다. 마찬가지로 우리가 마음을 무심無心의 경계로 돌리지 않으면 성품이 작용하여 언행의 생명 현상으로 드러나지 않는다. 따라서 무심의 경계인 성품의 차원으로 돌아가는 역생도성이 필요하다. 그러면 도학을 용심법을 중심으로 어떻게 이해할 수 있는가?

마음은 나의 마음과 남의 마음이라는 구분이 없을 뿐만 아니라 선악, 시비가 없고, 깨끗하고 더러움이 없다. 이처럼 성품과 이치가 둘이 아닌 경계를 무심無心이라고 말한다. 따라서 무심은 마음이 없음을 가리키는 개념이 아니라 어떤 분별도 없음을 뜻한다.

그러나 무심은 무심의 상태에 머물지 않아서 매 순간 온갖 작용을 한다. 바로 만법을 마음이 창조한다는 말은 이를 가리킨다. 무심의 분별 작용에 의하여 사물이 창조된다. 그러므로 사물은 무심이 나타난 마음일 뿐이다. 이처럼 만법을 창조하는 작용의 관점에서 무심을 나타내면 일심一心이다.

일심一心에 의하여 나타나는 사물은 아무리 다양하고 새로워도 역시 마음일 뿐이다. 사물의 관점, 현상의 차원에서 무심을 나타내면 공심共心이다. 작용의 관점에서 진여의 경계를 나타내는 무심無心과 생멸의 경계를 나타내는 공심共心이 둘이 아님을 나타내는 개념이 일심一心이다. 그러면 도학의 관점에서 정역을 어떻게 이해할 것인가?

도학의 관점에서 정역은 지금 여기의 나와 대상으로 존재하는 물건이다. 그리고 정역의 내용인 금화정역도를 비롯한 여러 도상과 천지의 도수, 언사 역시 일종의 물건일 뿐이다. 그러면 이 물건을 어떻게 대해야 하는가?

만약 역생도성의 관점에서 정역을 이해하면 하나의 대상으로 존재하는 정역은 일차적으로 지금 여기의 육신을 통하여 그 내용인 다양한 이치가 정보, 지식으로 수용된다. 이는 일차적인 주체화, 내면화라고 할 수 있다.

일차적으로 지식, 정보로 수용된 정역의 다양한 이치는 이차적으로 성품으로 수렴된다. 그것은 지식, 정보의 근원인 성품으로 돌아가서 하나가 됨을 뜻한다. 이처럼 성품과 하나가 된 지식, 정보는 지혜라는 덕으로 변화한다. 그러면 지식, 정보가 덕으로 변화함이 무엇을 뜻하는가?

본성으로 돌아간 정보, 지식이 본래의 근원과 하나가 됨을 역생도성이라고 하면 역생도성의 결과는 도생역성으로 이어진다. 그것이 바로 선천에서 후천으로의 변화이다. 선천의 지식, 정보를 수용하는 일이 성품으로 수렴되는 순간 후천에서 선천으로의 변화가 준비된다.

그러나 도생역성의 관점에서 보면 성품과 이치가 둘이 아닌 화화옹이 매 순간 마음을 통하여 성품과 이치가 둘인 지혜로 나타난다. 그것은 언어를 통하여 시공 안에서 물건화하기도 하고, 행위를 통하여 시공에서 물건화하기도 한다. 그러면 주역에서 제시하는 역방향에서 시작하여 순방향에 끝나는 변화와 어떤 차이가 있는가?

주역의 괘효와 괘효사는 물론 십익의 모든 내용들을 과거와 다른 관점에서 이해할 수 있다. 그것은 역방향에서 출발하여 순방향에 이르는 관점과 달리 순방향에서 시작하여 역방향에 이르는 관점에서 주역을 이해할 수 있음을 뜻한다.

먼저 64괘의 내용이 집약된 중천건괘와 중지곤괘는 중지곤괘를 바탕으로 중천건괘를 이해하게 된다. 그것은 중천건괘를 전도顚倒시켜서 중지곤괘로 만들고, 중지곤괘를 전도顚倒시켜서 중천건괘로 만들어서 두 괘를 이해함을 뜻한다.

두 괘를 전도시킴은 순과 역을 바꾸는 일이다. 다만 중천건괘와 중지곤괘는 시종의 방향을 바꾸어도 두 괘가 그대로이기 때문에 음효와 양효를 서로 바꾸어서 시종을 변화시킨다. 이는 순역이 대성괘를 구성하는 상하를 변화시키는 일이 아님을 뜻한다.

순과 역은 주체인 본성을 주체로 이루어지는 마음의 작용이다. 그렇기 때문에 단순하게 하나의 중괘를 뒤집는 현상이 아니라 그러한 현상을 통하여 드러나는 차원의 변화를 나타낸다. 따라서 중천건괘와 중지곤괘 뿐만이 아니라 중괘를 전도시켜서 변화가 이루어지지 않는 경우에는 음효와 양효를 서로 바꾸어서 괘를 변화시킨다.

괘상을 중심으로 형식적인 변화를 나타내는 착종錯綜과 순역은 서로 다르다. 음효와 양효를 서로 바꾸는 착錯과 상하를 변화시켜서 다른 괘를 생성하는 종綜은 단순한 괘상의 변화일 뿐으로 순역과는 그 의미가 다르다.

순역은 용심법의 변화를 상징적으로 나타낸다. 용심법의 변화에 의하여 형이상과 형이하의 차원이 변화하지만 단순한 형식적인 괘상의 변화는 단지 의식에 의하여 일어나는 분별의 변화일 뿐으로 형이상과 형이하의 변화는 아니다. 따라서 정역의 관점에서 주역의 중천건괘와 중지곤괘를 이해하려면 괘효사를 다시 써야 한다. 그러면 정역의 본문은 솔성의 관점에서 어떻게 이해할 것인가?

먼저 천지의 수를 도수로 나타내는 부분들을 살펴보자. 일부는 "천지의 도는 수가 십에 그친다."[367]라고 하였다. 그것은 천지의 수를 천도天度와 지수地數로 구분하여 도수로 규정함 자체가 그대로 성품의 작용임을 뜻한다. 그러면 성통에 대한 언급은 어떻게 이해할 것인가?

일부는 반고가 화하여 천황의 무위와 지행의 재덕 그리고 인황의 흥작으로 나타남을 말한 후에 유소, 수인으로부터 시작하여 요, 순, 공자에

---

367 김항金恒, 『정역正易』 제2장, "天地之度는 數止乎十이니라."

이르는 성통을 논하고, 그것이 금일今日로 이어짐[368]을 말한다. 그리고 "아, 금일, 금일이여"[369]라고 과거와 현재 그리고 미래를 오늘로 규정한다. 그것은 과거로부터 현재에 이르는 직선적인 시간을 말한 것이 아니라 과거와 미래, 현재가 둘이 아닌 영원한 현재를 가리킨다.

마지막 부분에서 그는 "63, 72, 81은 일부一夫에서 하나가 된다."[370]라고 하였다. 이때 세 수를 합한 216은 건책도수인 동시에 일원을 추연하는 수이다. 그것은 용칠用七에서 용팔用八로 그리고 다시 용구用九로 향하는 역逆방향으로 추연하여 근원인 360의 정역수에 이르고, 정역수를 통하여 본체도수인 15에 이르는 과정을 나타낸다. 따라서 이는 영원한 현재적 존재가 지금 여기의 일부一夫임을 뜻한다.

영원한 현재적 관점에서 책력을 나타내면 십이월이십사절기후도수가 된다. 십이월이십사절기후도수는 현재의 인월 세수인 것과 달리 묘월 세수이다. 정묘월丁卯月 계미일癸未日, 계해시癸亥時에 시작되어 한 달이 30일이고, 일 년은 360일이다. 따라서 음력과 양력이 하나가 된 음양의 합덕역인 동시에 원력을 본체로 한 정역도수이다.

우리가 솔성을 중심으로 영원한 현재적 관점에서 이해할 문제는 바로 선천과 후천이다. 선천과 후천을 원천이 배제된 직선적 관점에서 이해하면 선후천 변화는 선천이 끝나고 후천이 시작되는 물리적 사건의 변화로 이해할 수밖에 없다.

그러나 선천에서 후천으로의 변화가 가능한 까닭은 후천에서 선천으

---

368   김항金恒, 『정역正易』 제1장, "上律下襲하시니 襲于今日이로다."
369   김항金恒, 『정역正易』 제1장, "嗚呼라 今日今日이여."
370   김항金恒, 『정역正易』 제1장, "六十三 七十二 八十一은 一乎一夫니라."

로의 변화가 전제가 되기 때문이다. 그것은 윤역이 정역을 기준으로 형성됨을 보아도 알 수 있다. 우리가 영원한 현재적 관점에서 이해할 또 하나의 부분은 반고의 오화를 언급한 부분이다.

> 반고 오화 원년인 임인으로부터 대청의 광서 십년인 갑신년은 118,643년이다.[371]

이 부분은 정역을 연구하는 대부분의 사람들이 중요하게 여기는 부분이다. 왜냐하면 그들은 직선적 시간관에 의하여 이 부분을 선천이 후천으로 변화하는 때를 기산起算하는 근거로 여기기 때문이다.

반고화는 기축에서 무술까지의 십도이고, 오화는 무술에서 임인까지의 오도이다. 이때 임인壬寅은 포태胞胎도수이고, 생도수는 임인壬寅에서 임술壬戌까지의 21도이다. 학산은 15도와 21도를 더한 36도를 더하여 정역의 상편인 십오일언을 저작한 갑신년 1884년을 118,643년으로 추연한 것으로 이해한다.[372] 그러면 118,643년은 무엇인가?

소강절이 사용하는 시간의 단위는 원회운세元會運世이다. 일부는 정역에서 시간의 단위로 원회운세를 사용한다. 원회운세의 일원一元은 129,600년이다. 학산은 원회운세의 단위를 중심으로 상원의 자회子會가 끝나는 118,800을 끝으로 축회丑會로 넘어가는 시기를 추연하여 일부가 탄생한 1826년부터 216년이 되는 2042년이 118,800의 선천이

---

371 김항, 『정역』先后天周回度數, "盤古五化元年壬寅으로 至大淸光緖十年 甲申에 十一萬八千六百四十三年이니라."

372 이정호李正浩, 『正易과 一夫』, 아세아문화사, 1984, 386.

끝나고 후천이 시작하는 해임을 밝히고 있다.[373] 따라서 자회의 선천이 끝나고 축회의 후천이 시작되는 변화는 2042부터 시작됨을 알 수 있다. 그러면 이를 어떻게 이해할 것인가?

도생역성의 관점에서 보면 반고와 일부가 둘이 아닐 뿐만 아니라 일부와 지금 여기의 내가 둘이 아니다. 그러므로 일부가 정역의 십오일언을 저작한 시점이 바로 반고 오화 원년이며, 지금 여기의 내가 정역을 읽는 순간이 바로 반고 오화 원년이다.

도생역성을 바탕으로 역생도성의 관점에서 이해하면 지금이 바로 현재이기 때문에 1884년인 지금을 기준으로 역산하면 118,643년의 반고 오화 원년이 산출되고, 다시 지금인 1884년을 기준으로 미래를 향하여 216이 되는 해를 기산하면 2041년이 된다.

앞의 경우와 달리 자회가 끝나고 축회가 시작되는 해는 셈법에 따라서 달라진다. 지금까지 여러 사람의 다양한 셈법에 의하여 선천에서 후천으로 변화하는 해가 산출되었다. 어떤 사람은 1980년을 선천에서 후천으로 변화하는 해라고 주장했고, 어떤 사람은 2019년이라고 주장했다.

이미 제시되었던 선천에서 후천으로의 변화의 시기에 지구의 기울어진 축이 바로 서는 것을 비롯하여 자연 현상의 변화가 일어나지 않았다. 그러면 우리는 이러한 현상들을 어떻게 이해할 것인가?

우리가 도생역성을 바탕으로 역생도성의 관점에서 현상을 이해하면 매 순간에 나타나는 모든 현상은 성품의 작용에 의하여 나타나는 결과이다.

매 순간에 나타나는 많은 사람의 다양한 언행과 모든 곳에서 일어나는 자연 현상은 모두 신, 도, 성품의 나타남이다. 그러므로 1980년이라고

---

373 이정호李正浩, 『正易과 一夫』, 아세아문화사, 1984, 388.

말하거나 2019년이라고 말하거나 2042년이라고 말하거나를 막론하고 모두 본성의 작용의 결과인 측면에서 보면 차이가 없다.

일부는 시간성의 시간화를 역수를 통하여 본체가 현상으로 드러나는 과정으로 나타낸다. 이러한 과정의 생성은 구체적으로 대상화의 과정이다. 그러므로 생성의 과정이 이차적인 분화로 나타난다.

> 오호라, 일월의 덕德이여, 천지의 분分이다.[374]

시간의 세계는 천지와 일월에 의하여 전개된다. 천지의 분화에 의하여 일월이 드러나는 분화작용과 일월의 합덕에 의하여 천지가 드러나는 합일작용이 동시에 이루어짐으로써 시간성의 시간화와 시간의 시간성화가 이루어진다. 천지의 분화는 역수를 통하여 나타내면 기에서 월, 일이 분화되는 과정을 통하여 이루어진다. 이에 대하여 일부는 다음과 같이 밝힌다.

> 기朞는 월月을 낳고, 월月은 일日을 낳으며, 일日은 시時를 낳고, 시時는 각刻을 낳으며, 각刻은 분分을 낳고, 분分은 공空을 낳으니 공空은 무위无位이다.[375]

역수의 기본 단위인 기수가 분화하여 월이 형성되고, 월이 분화하여

---

374 김항金恒, 『정역正易』 금화오송金火五頌, "聖人所不言이시니 豈一夫敢言이리오마는 時오 命이시니라. 嗚呼라 日月之德이여 天地之分이니"

375 김항, 『정역』 금화오송, "分을 積十五하면 刻이오 刻을 積八하면 時요 時를 積十二하면 日이오 日을 積三十하면 月이오 月을 積十二하면 朞니라. 朞는 生月하고 月은 生日하고 日은 生時하고 時는 生刻하고 刻은 生分하고 分은 生空하니 空은 无位시니라."

시를 낳으며, 시가 분화하여 각을 낳고, 각이 분화하여 분을 낳는다. 그리고 분은 무위无位의 공空을 낳는다. 이처럼 분화의 마지막에 이르면 시간성이자 위치가 없는 공空에 이른다. 그러면 분화의 이면에서 이루어지는 합덕은 어떻게 작용하는가?

분화의 이면에서 이루어지는 합덕은 분分으로부터 시작한다. 분을 합하여 각이 되고, 각을 합하여 시가 되며, 시를 합하여 일이 되고, 일을 합하여 월이 되며, 월을 합하여 기가 된다.

> 분分을 열다섯 번 쌓으면 각刻이고, 각刻을 여덟 번 쌓으면 시時이며, 시時를 열두 번 쌓으면 일日이고, 일을 서른 번 쌓으면 월月이며, 월을 열두 번 쌓으면 기朞이다.[376]

수를 쌓아가는 합덕은 수의 위상을 변화시키는 과정일 뿐이며, 수를 덜어내는 분화 과정 역시 수의 위상을 변화시키는 과정일 뿐이다. 그것은 합덕작용을 나타내는 수가 쌓여 가는 과정의 시작이 공이기 때문에 비록 기수에 이르러서도 쌓임이 없을 뿐만 아니라 분화작용을 나타내는 수를 나누어 가는 과정 역시 그 종말은 공에 이르기 때문에 분화작용이 없음을 뜻한다.

도역의 생성이 나타내는 시간성의 시간화에 의하여 물리적 시간이 생성되고, 그것을 대상화하여 물건적 세계가 전개되며, 물건적 세계를 주

376　김항,『정역』금화오송, "分을 積十五하면 刻이오 刻을 積八하면 時요 時를 積十二하면 日이오 日을 積三十하면 月이오 月을 積十二하면 朞니라. 朞는 生月하고 月은 生日하고 日은 生時하고 時는 生刻하고 刻은 生分하고 分은 生空하니 空은 无位시니라."

체화하여 시간화, 사건화하고, 다시 사건을 주체화하여 시간성으로 돌아간다.

그러나 도역의 생성은 동시에 이루어지기 때문에 시간성의 시간화를 통하여 물건의 세계가 전개되는 측면에서는 현상의 물건이 존재하지만 물건이 다시 사건화하고, 시간성화하기 때문에 물건이 존재한다고 할 수 없다. 그러면 시간성은 있는가?

물건이 사건화하고, 다시 시간성화하는 측면에서는 물건, 사건, 시간성이 있다고 할 수 없지만 시간성이 사건으로 변하고, 다시 물건으로 화하여 나타나는 도생역성의 측면에서는 시간성, 물건이 없다고 할 수 없다.

시간성이 시간으로 그리고 물건으로 나타나는 동시에 나타난 물건이 사건으로 변하고 시간성으로 화하는 도역의 생성은 지금 여기의 나의 본성을 통하여 이루어진다. 그렇기 때문에 도역의 생성이 바로 솔성率性이다.

매 순간 나타나는 현상은 본성이 작용한 결과이기 때문에 어떤 말이나 현상 그리고 행동에도 마음이 따라서 시비, 선악을 가려서 집착할 필요가 없다. 어떤 말이나 행동, 현상도 순간에 나타났다가 본래의 자리도 돌아가 사라진다. 그것이 바로 억음존양의 심법이다.

우리가 정역에서 제시하는 수와 상, 언어에 얽매이지 않아야 그것을 통하여 나타내는 이치를 파악할 수 있고, 이치를 파악하면 이치가 바로 성품에서 나옴을 알며, 성품을 알면 고정되지 않아서 매 순간 작용함을 알기 때문에 성품에도 얽매이지 않아서 현상에 따라서 매 순간 다양하고 새롭게 산다.

양을 고르고 음을 법칙으로 삼음은 항상한 성품의 경계, 불이不二의 경계와 변화하는 불일不一의 현상이 둘이 아님을 나타낸다. 그것은 성리의 도가 항상 현상에서 조화와 균형을 이루는 불일不一의 현상으로 나타남을 뜻한다. 따라서 현상은 언제나 유위有爲이다.

그러나 나타난 현상은 본래의 자리로 회향廻向하고, 귀체歸體하며, 반본反本한다. 그러므로 나타나도 나타남이 없어서 무위無爲이다. 따라서 변화하는 현상이 그대로 변화가 없는 불이不二의 경계와 둘이 아니게 아는 억음존양의 심법이 필요하다.

우리는 여기서 선천에서 후천으로의 변화가 주체인 나와 무관한 대상으로서의 자연의 현상으로 존재하지 않음을 알 수 있다. 따라서 선천과 후천을 논하는 지금 여기의 나와 선후천 변화를 함께 살펴보아야 한다.

도역생성의 도학의 삶을 사는 대인의 삶과 본능을 주체로 현상에 끌려 다니는 소인의 삶이 나누어지는 분기점은 솔성이다. 어떤 사람이 성품을 주체로 사는가 아니면 본능에 따라서 육신의 감각을 중심으로 사는가는 자기 자신의 선택의 문제이다. 그러면 대인의 삶과 소인의 삶이 없는가?

본체의 경지에서 보면 도와 기, 성과 명, 도와 인간, 대인과 소인의 구분이 없다. 그러나 현상의 관점에서는 양자가 하나가 아니어서 각각이 존재한다. 그렇기 때문에 매 순간의 작용이 중요하지 않을 수 없다. 작용은 하도와 낙서의 본체를 나타내는 수인 오황극五皇極에 의하여 이루어진다.

태극을 나타내는 일이라는 수는 하나가 아닌 현상의 근원이 둘이 아님을 나타낸다. 태극의 관점에서 보면 현상의 모든 것들은 태극의 드러남이기 때문에 둘이 아니다. 그것은 현상을 중심으로 제기되는 유물론자들의 사람과 사물이 둘이 아니라는 주장과 다르지 않다.

현상의 차원에서 사람과 사물을 구분하지 않고 동일하다고 여기고, 살아가면 사람과 동물, 식물의 삶이 다르지 않고, 사람과 사물의 삶이 다르지 않다. 그러나 우리는 직관적으로 사물이 없는 감정을 갖고 있음을 안다.

감정이 없는 A.I.와 감정을 가진 사람은 서로 다르다. 우리나라 사람들은 나의 감정을 중요하기 여기는 것에서 더 나아가서 다른 사람의 감정은 물론 동물이나 식물의 감정도 중요하게 여긴다. 그것이 예술이나 문학, 종교, 철학, 음식을 비롯하여 다양한 생활에서 드러나기 때문에 인류가 한류韓流를 좋아한다.

그러나 우리는 정작 다른 나라의 사람들보다 많은 정情을 어떻게 사용할 것인지를 모른다. 오늘날 우리나라의 사람들은 혈연, 지연, 학연이라는 육신을 중심으로 맺어진 인연에 의하여 정을 사용한다. 그것은 일종의 집단 이기주의의 표현으로 다양한 형태의 극단적인 양극화의 현상으로 나타난다.

육신을 통하여 드러나는 감정은 마음이라는 작용에 의하여 본체인 본성을 쓰는 문제이다. 그러므로 육신을 통하여 나타내는 감정을 올바로 사용하면 자신도 이롭게 하고, 다른 사람도 이로우며, 사물도 이롭게 활용할 수 있다.

나와 남, 사물이 이로운 운신은 바로 본체인 본성이 주체가 되어 매 순간의 모든 사고와 언행이 이루어짐을 알고, 어떤 사고나 언행을 하더라도 개체적인 내가 함이 없음을 알아 본성이라는 근원에 놓는 용심과 함께해야 한다. 그러면 그것이 삼극三極과 어떤 관계인가?

하도와 낙서는 본체를 현상으로 드러내는 작용을 나타낸다. 일부가 밝힌 도생역성과 역생도성은 바로 용심과 운신의 두 측면을 중심으로 인간의 삶을 나타낸다. 따라서 인간의 삶이 그대로 도역의 생성이다.

역생도성은 태극에서 시작하여 무극에서 완성하는 작용이다. 그것을 물건화하여 나타내어 수기, 수행, 학문이라고 말한다. 바로 학문을 통하여 자신이 어떤 존재인가를 파악하는 사건, 자신의 본래면목을 파악하는 사건이 역생도성의 결과이다.

도생역성은 무극에서 시작하여 태극에서 완성하는 작용이다. 그것을 물건화하여 나타내면 실천, 제도라고 말한다. 인간의 관점에서는 자신으로 살아감으로써 서로가 서로를 존재하게 하는 삶을 나타낸다. 그러면 도역의 생성이 오로지 인간의 삶을 나타내는가?

그것은 황극이 무엇인가를 이해하는 일이다. 하도와 낙서를 언급하면서 하도의 미제의 상과 낙서의 기제의 수의 중심에 황극이 있다고 말함은 황극이 하도와 낙서의 중심임을 뜻한다.

하도와 낙서의 중심, 무극과 태극의 중심인 황극은 시간성의 측면에서는 무극이 나타내는 미래성과 태극이 나타내는 과거성이 둘이 아닌 현재성을 가리킨다. 현재성은 영원한 현재라고 할 수 있다.

영원한 현재는 물리적 시간의 관점에서 과거와 미래가 둘인 현재가 아니라 과거와 미래가 하나가 된 현재이다. 그리고 매 순간 영원이 드러난 현재라는 점에서 영원에 머물거나 현재에 머물지 않는다. 그러면 영원한 현재는 무엇인가?

영원한 현재는 두 측면에서 나타낼 수 있다. 그 하나는 도생역성이며, 나머지 하나는 역생도성이다. 도생역성은 도倒에서 생하여 역逆에서 완성되는 작용이다. 그리고 역생도성은 역방향에서 시생하여 도倒방향에서 종성하는 작용이다. 그러면 양자는 무엇인가?

도생역성은 무극에서 시작하여 태극에서 완성되는 작용이다. 그것은 무극이 나타내는 분별할 수 없는 경지, 신, 공空, 무위無位로 나타내는 형이상의 경계, 무형의 경계가 매 순간 새롭고 다양하게 드러남을 뜻한다.

유와 무를 벗어나서 양자가 둘이 아닌 천인합일, 성명합일의 경지가 매 순간 다양한 생명 현상으로 드러남이 도생역성이다. 시간의 관점에서는 시간의 본성인 형이상의 시간성이 매 순간 시간으로 드러남이 도생역성이다.

시간성의 차원에서는 시간성 자체가 무극이라면 매 순간이라는 시간의 관점에서 시간의 존재근거인 시의성은 태극이고, 태극이 나타난 변화의 현상이 바로 시간이다. 시간은 실체가 아니어서 사건으로 나타나고, 사건은 물건으로 드러난다.

불교의 관점에서 도생역성은 부처, 여래라고도 말하고 불성, 자성이라고도 말하는 근원, 근본이 매 순간 보살의 자비에 의하여 다양한 생명 현상인 중생으로 드러남이다. 그렇기 때문에 도생역성의 관점에서 모든 중생이 본래 부처임을 나타내어 중생본래성불衆生本來成佛이라고 말한다.

기독교의 관점에서 도생역성은 인간을 비롯하여 우주의 모든 현상은 하나님이라는 근원의 작용에 의하여 나타남이다. 그러므로 현상의 그 어떤 것도 하나님의 임재臨在가 아님이 없다. 이처럼 현상의 모든 것이 하나님의 나타남이지만 현상의 물건은 그 어떤 것도 하나님이 아니다.

도생역성의 관점에서 보면 현상의 모든 것들은 본체가 아님이 없다. 선사들이 "울창한 푸른 대나무가 법신法身이고, 곳곳에 피는 아름다운 꽃들이 반야般若가 아님이 없다."³⁷⁷라고 말함은 이를 나타낸다. 그러면 역생도성은 무엇인가?

역생도성은 도생역성의 이면을 나타낸다. 그것은 도생역성이 바로 역생도성임을 뜻한다. 본체, 근원으로부터 시작하여 현상이 이르는 방향에서 신과 사물, 도와 기, 성과 명을 비롯하여 모든 것이 생성임을 나타내는 개념이 바로 도생역성이다.

역생도성은 현상으로부터 시작하여 본체에서 끝나는 작용이다. 매 순간 다양하고 새롭게 나타나는 사건은 반드시 소멸한다. 그러나 소멸은 단순한 소멸이 아니라 새로운 창조를 위한 소멸이다. 그러므로 소멸은 앞 사건의 완성인 동시에 새로운 사건의 준비라고 할 수 있다.

역생도성은 현상에서 시작하여 본체에서 끝나는 생성을 나타낸다. 그것은 나타난 사건이 본래의 자리로 돌아가는 귀본이며, 현상의 근원인 본체로 돌아가는 귀체이다.

인간의 관점에서는 색色, 수受, 상想, 행行, 식識의 오온五蘊에 의하여 매 순간 나타나는 행주좌와行住坐臥, 어묵동정語默動靜이 공空으로 돌아감이 역생도성이다. 그것을 불교에서는 회향回向이라고 말하고, 수행修行이라고 말한다.

선사들은 역생도성의 관점에서 자신의 언행을 나타내어서 하루 종일 한 톨의 쌀도 씹지 않았고, 실오라기도 걸치지 않았다고 말한다.

함이 없는 무위無爲, 모습이 없는 무상無相, 머묾이 없는 무주無住는 모두 역생도성의 관점에서 인간의 행위와 현상 그리고 작용을 나타낸다.

---

377 『대장일람집大藏一覽集』10권(ABC, K1504 v45, p.612b03-b04), "靑靑翠竹盡是法身 鬱鬱黃華無非般若"

역생도성의 관점에서 중지곤괘의 이효 효사를 이해하면 익히지 않아도 이롭지 않음이 없다고 말함은 익힘이 없는 익힘을 나타낸다.

역생도성의 관점에서 보면 수행, 수기, 수도는 사실 본래의 자리로 돌아가는 귀본, 귀체, 회향이기 때문에 유위적이고, 인위적이지 않다. 이는 역성도성을 유무의 관점에서 무위無爲로 나타낸 것이라고 할 수 있다. 그러면 양자는 어떤 관계인가?

도생역성과 역생도성은 염정染淨, 시비是非, 선악, 본말과 같은 가치상의 우열이 없는 하나이다. 도생역성을 바탕으로 역생도성이 성립하며, 역생도성을 바탕으로 도생역성이 성립한다. 그러므로 도생역성이 없으면 역생도성도 없고, 역생도성이 없으면 도생역성도 없다. 이는 양자가 모두 솔성의 문제임을 뜻한다.

도역의 생성이 솔성의 문제임은 본체도수인 15를 통해서도 확인할 수 있다. 15는 하도와 낙서의 본체를 나타내는 수이다. 하도의 본체는 10이며, 낙서의 본체는 5이다. 이때 10과 5는 바로 삼극의 무극과 황극을 가리키는 수이다. 그것은 시간상으로는 미래성과 현재성을 가리키는 개념이다. 그러면 왜 태극을 나타내는 1은 드러나지 않는가?

우리는 여기서 삼극을 나타내는 10과 5 그리고 태극을 나타내는 1이라는 수의 특성을 살펴보지 않을 수 없다. 일단 삼극을 나타내는 수는 모두 1에서 10까지의 수이다. 이때 10과 5를 막론하고 모두 1에 의하여 구성된다. 그것은 무극과 황극을 막론하고 모두 태극임을 뜻한다. 그러면 왜 무극과 황극을 구분하여 나타내는가?

10과 5를 막론하고 모두 1에 의하여 구성된 수임에는 틀림이 없다. 그러나 1에 1이 더하여져서 나타나는 2는 1과 같으면서도 다르다. 그것은 1과 2가 갖는 수의 위상 때문이다. 그것은 사건적 관점에서 보면 과정, 단계가 다르다고 할 수 있다.

마찬가지로 1이 계속 더하여져서 형성된 5와 1은 비록 질적으로는 모두 1이지만 수의 위상은 다르다. 10 역시 1과 같고, 5와 같으면서도 다르다. 10은 5가 거듭되어 형성된 수라는 점에서는 5와 같으나 5와 위상이 다르다. 그리고 10은 1과 같으나 그 위상이 다르다.

10과 1의 차이는 양자가 모두 1이 누적한 점에서는 같지만 10은 1이면서도 동시에 0이라는 점이다. 10은 5와 5가 더하여진 수이기도 하지만 1과 0이 더하여진 수이다. 10의 1을 통하여 새로운 시작을 나타내고, 0에 의하여 과거의 완성을 나타낸다. 따라서 10은 종말과 동시에 이루어지는 시초를 나타낸다. 그러면 삼자의 관계는 어떤가?

1은 항상 현상에서 나타나기 때문에 태극이다. 태극은 현상의 근원이라는 점에서 유극有極이며, 중中이라고 말한다. 그리고 10은 0의 성격을 중심으로 이해하면 유극有極과 다른 무극이다. 이때 무극은 태극의 근원성, 종말성을 나타내는 개념이라고 할 수 있다. 그러면 무극과 태극이 있는가?

태극과 무극은 1과 10을 통하여 양자가 둘이 아님을 알 수 있다. 이러한 양자의 관계를 나타내는 개념이 황극을 나타내는 5이다. 10은 5와 5가 더해져서 형성된 개념이다. 이때 황극은 시간성의 관점에서는 현재성을 나타낸다. 그것이 무엇을 나타내는가?

일부는 하도와 낙서를 통하여 삼극을 선천과 후천의 관점에서 둘로 나누어서 선천의 태극과 후천의 무극으로 나눈다. 그리고 그 중심에 5로 나타내는 황극이 있다고 말한다. 이때 선천의 태극이 후천의 무극으로 나타나고, 후천의 무극이 선천의 태극으로 나타나는 도역의 생성이 황극에 의하여 이루어짐을 밝힌다.

도역의 생성에 의하여 선천의 태극이 드러나고, 후천의 무극이 밝혀진다. 이처럼 무극과 태극, 선천과 후천이 모두 황극으로 수렴된다. 그것은 황극에 의하여 태극이 드러나고, 무극이 밝혀짐을 뜻한다. 그러면 황극과 무극, 태극이 지금 여기의 나와 둘인가?

지금 여기의 나를 통하여 매 순간 드러나는 언행은 그대로 성리의 작용이고, 나타난 언행이 끝남은 바로 본래의 성리로 돌아가는 심법이다. 그러므로 매 순간 본성에 의하여 다양한 언행이 나타나고, 나타난 언행이 그대로 다시 본성으로 돌아간다. 이것이 바로 삶의 두 측면인 솔성이다. 솔성은 무극과 태극으로 드러나는 도역의 생성이 지금 여기의 생명 현상임을 나타낸다.

3. 솔성과 도학道學의 창조적 삶

　도학의 관점에서 보면 세계, 삶, 그리고 자신은 패러다임에 의하여 때와 장소에 따라서 다양하게 생성된다. 그러므로 어떤 세계, 어떤 삶, 어떤 자신이 옳거나 그르고, 선하거나 악하며, 아름답거나 추함이 없다.
　현상적 패러다임, 형이하적 패러다임에 의하여 물건적 세계, 기계적 세계, 생명이 없는 세계, 원인과 결과로 연결된 세계가 생성된다. 생명이 없는 세계는 비록 움직이지만 죽음, 정지를 향하여 움직이는 세계이다.
　형이상적 패러다임, 초월적 패러다임에 의하여 영원한 세계, 인과가 없는 세계, 생물과 무생물, 삶과 죽음, 부분과 전체, 영원과 순간을 비롯한 모든 분별이 사라진 불이不二의 경계, 천국과 지옥이 둘이 아닌 경계가 생성된다.
　생성적 패러다임, 창조적 패러다임에 의하여 움직이지만 움직임이 없고, 변화하지만 변화함이 없으며, 하나가 아니지만 둘이 아니고, 인과의 세계이지만 인과를 벗어나고, 인연이지만 자연인 세계가 생성된다. 그러면 세 가지의 패러다임이 있는가?
　세 가지의 패러다임은 마음의 작용에 의하여 달리 표현될 뿐으로 셋이라고 하거나 하나라고 할 수 없다. 그렇기 때문에 하나로 나타내거나 둘로 나타내고, 셋으로 나타낸다.
　우리는 매 순간 성리의 작용인 도에 의하여 세 가지의 패러다임을 언어로 나타내고, 행위로 나타내는 동시에 용심에 의하여 나타난 패러다임이라는 개념, 주장, 이론, 사상을 고정된 실체로 나타내고, 주체와 객체, 형이상과 형이하를 벗어나서 성리가 둘이 아닌 경지로 돌아간다.

우리가 본성의 차원에서 시간성, 공, 중, 신을 창조하고, 마음의 차원에서 무, 형이상, 생성, 사건을 창조하며, 육신의 감각에 의하여 형이하, 유, 물건을 창조한다.

그러나 동시에 나타난 모든 현상인 이름과 이미지의 명상名相은 사건으로 변하고, 생성으로 변하며, 무로 변하고, 마음으로 변하여 신, 공, 중, 본성으로 돌아간다. 지금까지 살펴본 내용을 도표화하여 나타내면 다음과 같다.

패러다임	인간	역학	불교	시공	세계
생성적 패러다임	본성	중中	중도, 공	신神	시간성
초월적 패러다임	마음	무위無位	무	생성	사건
현상적 패러다임	육신	유위有位	유	자연	물건

도표 19. 세 가지 패러다임과 지금 여기의 나

선천과 후천의 변화 역시 우리가 어떤 안목, 패러다임에 의하여 이해하느냐에 따라서 그 내용이 달라진다. 현상적 패러다임, 형이하적 패러다임에 의하여 감각 지각을 바탕으로 형이하의 현상의 차원에서 선후천 변화를 이해하면 물건적 관점에서 지구의 중심축의 변화와 그것에 따른 자연 현상이라는 물건적 변화가 나타나고, 물리적 시간을 중심으로 선천에서 후천으로 변화하는 때가 드러난다.

형이상적 패러다임에 의하여 현상의 시공을 초월하는 형이상적 차원이 나타난다. 형이상의 본성, 신의 경지에는 물건이 없으므로 지구의 축이 기울거나 반듯함이 없어서 일어서고 기울어짐이 없다. 그리고 선천과 후천이라는 물리적 시간의 구분이 없으므로 선천에서 후천으로 변화하는 시각이 없다.

생성적 패러다임에 의하여 생성되는 세계, 경지는 형이상과 형이하, 무와 유, 공과 색을 초월하면서도 양자를 벗어나지 않는다. 그러므로 유와 무, 본성과 육신, 형이상과 형이하, 도와 기, 성과 명을 자유자재하게 활용한다. 그러면 셋은 어떤 관계인가?

지구축의 변화, 선천에서 후천으로의 변화의 때를 벗어나 그것을 논하는 지금 여기의 나의 내면으로 들어가서 나와 선후천 변화가 둘이 아닌 차원에 이르면 비로소 나와 남, 나와 사물, 나와 도기, 성명, 신이 둘이 아닌 경지에 이른다.

그리고 도와 기, 성과 명, 신과 내가 둘이 아닌 불이不二의 경지를 벗어나서 때와 장소 그리고 사람에 따라서 그에게 필요한 세계를 생성하여 그 사람으로 하여금 어떤 것에도 머물지 않고 자유롭게 살도록 안내한다. 앞에서 살펴본 내용을 도표화하여 나타내면 다음과 같다.

패러다임	인간	세	선후천변화	불교
생성적 패러다임	본성	시간성	선천과 후천의 생성	진여眞如
초월적 패러다임	마음	사건	영원한 원천, 원역	공空
현상적 패러다임	육신	물건	지축변화, 공간변화, 변화의 시기.	색色

도표 20. 세 가지 패러다임과 다차원

일부가 제시한 솔성과 도학의 관점에서 선천과 후천을 살펴보면 솔성은 유와 무, 유위와 무위를 넘어선 중이다. 그러나 그 중은 고정된 실체가 아니라 매 순간 다양하고 새로운 유위로 나타나지만 동시에 나타난 현상의 유위가 본래의 자리인 중으로 돌아간다.

역생도성의 관점에서 보면 솔성은 학도의 문제가 된다. 학도를 통하여 지축의 변화에 의한 자연 현상을 보고, 선천에서 후천으로의 변화하는 때라는 밖의 사건과 주체인 내가 둘이 아닌 본성, 자성을 자각한다. 그리고 본성의 자각을 통하여 안밖이 둘이 아닌 경지를 자각하여 우주와 함께 사는 대사, 하화중생의 삶을 산다.

도생역성의 관점에서 보면 솔성은 도학의 문제이다. 도학은 성리의 이치가 매 순간 하나의 마음에 의하여 다양한 언행으로 드러남이다. 성리의 차원에서 보면 작용으로서의 마음은 무심이다. 그러나 작용의 관점에서 보면 일심이고, 다양한 언행으로 드러나서 공생, 공존, 공영하는 현상의 측면에서는 공심이다. 그러면 도학과 학도가 둘인가?

일부는 유학의 솔성을 수지상수에 의하여 포오함육包五含六 십퇴일진十退一進의 위位로 밝힌다. 무지拇指를 굴하면 수로는 십퇴일진이 되고, 이어서 차례로 식지食指, 중지中指, 약지藥指, 소지小指을 굴하고, 다시 소지를 신伸하면 포오함육이 된다.

포오함육하여 십퇴일진하는 위位는 포오함육이 포사함칠이 되고, 포삼함팔이 되며, 포이함구, 포일함십이 되어 십퇴일진이 되는 동시에 십퇴일진은 구퇴이진, 팔퇴삼진, 칠퇴사진, 육퇴오진이 되어 포오함육이 되어 양자가 둘이 아니다. 따라서 도학은 화화옹이 끊임없이 변하여 새로운 위로 화하지만 공하여 변화가 없는 도역의 생성이다.

다음에는 주역의 이해에 대하여 살펴보자. 사람이 현상적 패러다임에 의하여 육신의 감각지각을 중심으로 주역을 이해하면 주역은 미래에 일어날 길흉을 판단하는 점서占書로 나타난다. 이러한 점서의 차원은 태어나고 죽는 세계이다.

형이상적 패러다임에 의하여 주역을 이해하면 주역은 운명론적 세계, 인과론적 세계를 초월하여 인과가 없고, 운명이 없는 형이상의 도, 성품의 차원을 나타내는 전적으로 드러난다. 이러한 성품의 세계는 태어나고 죽음이 없는 경지이다.

생성적 패러다임에 의하면 주역은 길한 삶을 나타내는 대인, 군자의 도와 흉한 삶을 나타내는 소인의 도를 자유자재하게 펼치는 전적으로 드러난다.

생성적 패러다임에 의하면 주역은 인과론, 운명론적 관점에서 삶과 죽음을 말하고, 운명을 말하며, 업을 말하는 사람에게는 대인의 도를 말하여 생사, 인과, 운명을 벗어나서 자유롭게 하고, 오로지 성품만을 말하여 현상을 모르는 사람에게는 인과, 운명, 생사를 말하여 성품으로부터 자유롭게 해 주는 전적으로 이해된다.

다음에는 시간관에 대하여 살펴보자. 현상적 패러다임에 의하면 시간은 물리적 시간만이 있을 뿐이다. 물리적 시간은 절대시간으로 과거와 미래의 어느 방향으로도 흘러갈 수 있다. 그럼에도 불구하고 엔트로피에 의하여 시간은 과거에서 미래를 향하여 흘러갈 뿐이라고 생각한다. 이러한 시간관은 직선적인 시간관이다.

일부는 반고盤古 오화五化 원년으로부터 정역의 서문인 대역서大易序를 쓴 광서光緒 십년十年인 1884년을 118,643년으로 규정했다. 이를 바탕으로 사람들은 임인壬寅을 임술壬戌로 규정하여 선천과 후천의 변화가 일어날 시기를 추연推衍하였다. 사람들은 1984년, 2019년(庚子), 2020년(壬寅)과 같은 구체적인 시각을 밝혔다.

지질학자들은 신석기시대의 신석기혁명에 의하여 이미 제6차 대멸종이 시작되었다고 말하기도 하고, 제1차 산업혁명이 이루어졌던 시기에 이미 제6차 대멸종이 시작되었다고 말하기도 하며, 1950년부터 제6차 대멸종이 시작되었다고 말하기도 한다.

형이상적 패러다임에 의하면 물리적인 시간은 형이상적인 시간성이 드러나는 현상이다. 그렇기 때문에 매 순간은 나타난 영원이다. 따라서 물리적인 시간은 실재하지 않는 환상이다. 그러므로 어느 때라는 물리적인 시간에 의하여 일어나는 물건적 변화의 현상이 문제가 되지 않는다.

생성적 패러다임에 의하면 물리적인 시간은 형이상의 시간성이 나타나는 현상이다. 매 순간이 시간성이 시간으로 화하여 물건으로 나타나는 동시에 물건은 사건으로 변하여 시간성으로 돌아간다. 그렇기 때문에 시간은 영원한 현재이다. 이처럼 나타난 현재인 시간은 매 순간이 새롭고 다양하여 선천과 후천의 구분이 없다. 그것을 일부는 원천이 나타난 선천과 후천으로 제시하였다.

다음에는 이상과 현실, 천국과 지옥, 정토와 예토에 대하여 살펴보자. 현상적 패러다임에 의하면 이상과 현실은 다르며, 천국과 지옥이 다르고, 정토와 예토가 다르다. 이는 이상과 현실, 천국과 지옥, 정토와 예토를 공간적인 관점에서 이해하기 때문이다.

형이상적 패러다임에 의하면 이상과 현실, 천국과 지옥, 정토와 예토는 둘이 아니어서 없다. 현상을 초월한 형이상의 차원에서는 어떤 분별도 없어서 이상과 현실, 천국과 지옥, 정토와 예토가 존재하지 않는다. 이처럼 이것과 저것의 분별이 없는 무분별, 공, 중의 경지가 초월적 패러다임에 의하여 나타난다.

우리는 이 문제를 본체와 현상 그리고 작용으로 실체화하여 이해할 수 있다. 본체인 본성, 자성의 차원에서 보면 시간과 공간이 없고, 대인과 소인, 부처와 중생의 구분이 없을 뿐만 아니라 어떤 분별도 없다.

그러나 현상의 차원에서는 선악이 있고, 시비가 있으며, 대인과 소인의 삶이 있고, 부처와 중생이 있다. 그리고 시간과 공간이 있으며, 천국과 지옥, 정토와 예토가 있다. 따라서 시간과 공간이 없고, 천국과 지옥, 정토와 예토가 없는 경지와 같을 수 없다. 그러면 이를 어떻게 이해할 것인가?

본체는 현상의 근원으로 본체가 현상으로 드러난다. 그렇다면 천국과 지옥, 정토와 예토와 같은 분별이 없어야 한다. 왜냐하면 본체가 그대로 현상으로 드러나기 때문이다. 그럼에도 불구하고 현상은 본체와 달리 천국과 지옥이 있다. 그렇다면 비록 본체가 현상으로 드러나지만 현상은 그대로 본체가 아니다.

본체와 현상의 이중적인 측면은 본체와 현상이 둘이 아니지만 하나도 아니라고 말한다. 선사들 사이에서 일어나는 법거량은 이러한 양자의 측면을 잘 나타낸다.

어느 날 한 승이 절의 법당에 들어가서 소변을 본다. 그러자 법당에 있던 승(僧)이 그의 행동에 대하여 왜 그렇게 하는지를 묻자 그는 "온 천지가 법당이 아닌 곳이 없는데 어디에 소변을 보겠는가! 승이 알면 나에게 알려 달라."라고 말한다.

법당에서 소변을 본 승僧은 법당에 있는 승僧을 비롯하여 대중을 떠보기 위하여 일종의 미끼를 던진 것이다. 그러자 대답을 못한 승은 주지에게 그 사실을 고한다. 주지는 법당으로 달려와서 소변을 보는 까닭을 묻는다. 그러자 승은 앞의 말을 반복한다.

그의 말을 듣던 주지는 그의 얼굴에 가래침을 받는다. 그러자 법당에 소변을 보았던 승이 말한다. "왜 나의 얼굴에 침을 뱉는가?" 그러자 주지는 "온 천지가 법당이 아닌 곳이 없는데 어느 곳에 침을 뱉겠는가? 법당이 아닌 곳이 있으면 나에게 알려 달라!"라고 말한다.

법당에 소변을 본 승은 본체를 알 뿐으로 현상을 모른다. 그렇기 때문에 주지는 현상의 관점에서 본체를 활용할 것을 알려 준다. 본체를 깨달은 사람을 견성見性했다고 말한다. 성품을 깨달은 사람은 성품을 자유자재로 활용할 수 있어야 한다.

이제 생성적 패러다임에 의하여 이상과 현실, 천국과 지옥, 정토와 예토를 어떻게 이해할 것인지를 파악할 수 있다. 형이상적 패러다임에 의하여 본체의 관점에서 보면 우주는 이것과 저것의 분별이 없다.

본체를 중심으로 보면 본체가 나타난 것이 현상이기 때문에 만물이 모두 도道이고, 부처이다. 그러므로 예불을 하는 법당이나 소변을 보는 화장실의 구분이 없다.

현상적 패러다임에 의하여 사물의 관점에서 보면 시간과 공간, 사건과 물건이 분명하게 구분된다. 부처와 중생의 삶이 다르고, 대인과 소인의 삶이 다르며, 선인과 악인의 언행이 다르다. 그러므로 천국과 지옥, 정토와 예토가 다르다. 마찬가지로 예불을 하는 법당과 소변을 보는 화장실이 다르기 때문에 법당에서 소변을 보거나 화장실에서 예불의 의식을 행할 수 없다.

그러나 생성적 패러다임에 의하면 우주는 매 순간 다양하고 새롭게 나타난다. 그것은 본체가 어떻게 작용하느냐에 따라서 현상에서 나타나는 결과가 항상 새롭고 다양하게 나타남을 뜻한다. 어떤 사람이 천국과 지옥, 정토와 예토, 극락과 삼계를 말하면 양자가 구분이 없는 본성, 자성, 깨달음의 경지를 말해 주어 그로 하여금 불이의 경계를 보게 한다.

그리고 만약 어떤 사람이 법계, 자성, 본성에 머물러서 불이不二의 경지만을 인정하면 그에게 대인과 소인, 지혜와 무지, 번뇌와 보리, 부처와 중생의 현상을 말해 주어 그로 하여금 본체와 현상, 불이와 불일의 어느 하나에 얽매이지 않고 자유롭게 살도록 안내해 준다.

패러다임	체용상	세계	지식과 지혜
초월적 패러다임	작용	마음의 작용	앎과 모름, 지혜와 지식의 자유로운 활용
생성적 패러다임	본체	본성, 자성, 법계	깨달음, 무지無知
현상적 패러다임	현상	지옥과 천국, 정토와 예토	앎(知)과 모름(不知), 번뇌와 보리

도표 21. 세 가지 패러다임과 지혜

다음에는 상제, 신에 대하여 살펴보자. 주역과 정역을 막론하고 상제, 신과 인간의 대화를 언급하고 있다. 중천건괘의 문언에서는 역易과 공자의 대화를 통하여 역의 내용을 설명한다.

상구上九에서 말한 "지나친 용龍이 후회함이 있다." 함은 무엇을 말하는가? 공자가 말하였다. 귀하면서 지위地位가 없고, 높으면서 백성이 없으며, 현인이 아래의 지위에 있으면서도 돕지 않는다. 그러므로 움직이면 후회함이 있다.³⁷⁸

상구는 중천건괘를 구성하는 여섯 효 가운데 가장 위에 있는 효이다. 그러므로 효가 말을 할 수 없다. 그럼에도 불구하고 문언의 저자는 상구효를 인격화하여 공자와 대화를 하는 주체로 나타낸다. 그러면 이것이 무엇을 의미하는가?

상구의 효를 점사占辭인 효사를 제시한 근원으로 설정하고, 그의 말을 인간인 공자가 해석하는 것이 점占이다. 이처럼 점사를 통하여 자신의 뜻을 나타내는 존재를 상제, 신이라고 말한다. 괘효사에서는 신, 상제라는 개념은 나타나지 않고, 영구靈龜, 혹或과 같은 개념들을 통하여 점사의 근원을 가리킨다.

일부는 정역에서 천지의 으뜸인 복록에 통했다고 신神이 알려 주었음³⁷⁹을 말하고, 정성스러운 뜻과 바른 마음으로 게으름이 없으면 화무옹이 반드시 친히 가르쳐 줄 것³⁸⁰이라고 말한다. 그는 상제와 자신을 부모와 자녀의 관계로 나타낸다.

"추연에 정륜을 어기지 말라. 천리를 뒤집어서 잃어버리면 부모가 위태롭

---

378 『주역』 중천건괘 상구 문언, "上九曰亢龍有悔는 何謂也오 子曰貴而无位하며 高而无民하며 賢人이 在下位而无輔라 是以動而有悔也니라."

379 김항, 『정역』 일부사적一夫事蹟, "三千年積德之家에 通天地第一福祿云者는 神告也요"

380 김항, 『정역』 구구음九九吟, "我摩道正理玄玄眞經이 只在此宮中이니 誠意正心하야 終始无怠하면 丁寧我化翁이 必親施教시리니 是非是好吾好아."

다." "불초가 어찌 감히 이수를 추연하겠습니까? 다만 바라는 것은 부모의 마음이 편안하고 태평하기를 바랄 뿐입니다!"[381]

정역과 주역의 내용을 현상적 패러다임에 의하여 이해하면 인간이 있고, 인간과 별개의 존재인 신, 상제가 있다고 여긴다. 상제, 신은 인간과 별개의 존재일 뿐만 아니라 인간의 불완전함이 없는 완전하고, 전능하며, 전선한 존재이다. 따라서 인간과 신, 상제는 결코 하나가 될 수 없다. 신, 상제와 인간은 오로지 지배와 복종의 관계만이 있을 뿐이다.

형이상적 패러다임에 의하여 신, 상제를 이해하면 신, 상제와 인간의 본성은 둘이 아니다. 신, 상제는 시공의 형이하를 초월한 경지를 나타내는 개념이다. 신, 상제는 물건적 존재가 아니기 때문에 하나이거나 여럿일 수 없고, 사건적 존재가 아니기 때문에 나타났다가 사라지고, 사라졌다가 나타나지 않는다. 그러면 일부가 정역에서 밝힌 신, 상제는 무엇인가?

생성적 패러다임에 의하면 신, 상제는 고정된 실체가 아니다. 그것은 일부와 다른 공간, 시간에 존재하는 물건적 존재가 아님을 뜻한다. 일부는 신, 성품과 자신이 둘이 아닌 경지, 경계를 화화옹, 화무옹으로 나타낸다.

화화옹, 화무옹은 매 순간 끊임없이 다양하고 새롭게 생성하면서도 생성함이 없는 변화의 연속, 생성의 흐름을 시간성과 시간이 둘이 아닌 차원에서 나타내는 개념이다. 바로 매 순간 다양하고 새로운 생성의 연속을 상제와 일부의 대화로 나타낸 것이다.

---

381 김항, 『정역』 화무상제중언化无上帝重言, "推衍에 无或違正倫하라 倒喪天理父母危시니라. 不肖敢焉推理數리오마는 只願安泰父母心이로소이다."

상제와 일부가 둘이 아닌 불이不二의 경지에서 나타나는 대화는 상제와 일부를 구분하여 다른 말로 나타내지만 다르지 않다. 그러므로 상제의 말이 일부의 말이고, 일부의 말이 상제의 말이다.[382] 그러면 정역에 나타난 상제와 일부의 대화는 지금 여기의 나와 어떤 관계인가?

일부와 상제의 대화는 지금 여기의 내가 정역을 보거나 생각하지 않으면 없다. 그러나 지금 여기의 내가 정역을 읽고 생각하면 대화는 없지 않다. 그러므로 상제와 일부의 대화는 있다거나 없다고 할 수 없을 뿐만 아니라 있으면서도 없다. 그러면 일부와 정역은 종교와 관련이 있는가?

정역에서 상제, 신이라는 개념이 나타난다고 하여 정역이나 일부가 특정한 종교와 관련이 있다는 사고는 현상적 패러다임에 의하여 일으키는 착각에 불과하다. 왜냐하면 신, 상제는 실체적 존재를 가리키는 개념이 아니기 때문이다. 그러면 정역은 다른 종교와 어떤 관계인가?

> 도道가 셋으로 나누어짐은 이치의 스스로 그러함이니 이에 유儒가 있고, 불佛이 있으며, 선仙이 있다. 누가 일부一夫가 진실로 이를 밟았음을 알겠는가! 사람이 없으면 지키고 사람이 있으면 전할 것이다.[383]

위의 내용을 보면 불이不二의 경계, 공空, 중中은 작용에 의하여 다양한 이름, 주장, 사상으로 나타난다. 그리고 수많은 이름, 주장, 이론, 사상, 종교는 모두 인간이 제시하였다. 본체의 차원에서 보면 주장, 이론, 사

---

[382] 김항, 『정역』 제9장, "嗚呼라 天地无言이시면 一夫何言이리오 天地有言하시니 一夫敢言하노라. 天地는 言一夫言하고 一夫는 言天地言이니라."

[383] 김항金恒, 『정역正易』 无位詩, "道乃分三理自然이니 斯儒斯佛又斯仙을 誰識一夫眞蹈此오 无人則守오 有人傳을"

상, 종교는 모두 하나의 근원에서 나타난 현상이다. 따라서 본래 하나가 다양하게 나타난 결과인 모든 주장, 이론, 사상, 종교는 둘이 아니다.

그러나 현상의 차원에서 보면 각각의 이름, 주장, 사상, 종교가 서로 다르다. 그러므로 모든 이름, 주장, 사상, 종교가 서로 달라서 같다고 할 수 없다. 만약 본체의 관점에서 온 우주가 부처가 아님이 없다고 말하면 사람과 동물이 구분되지 않고, 사람과 물건이 구분되지 않는다. 그러면 어떻게 해야 하는가?

작용의 측면에서 보면 같은 물을 독사가 마시면 독이 되어 사람을 해치고, 젖소가 마시면 우유가 되어 사람을 이롭게 한다. 그러므로 물을 마시는 사람이 어떤 목적에서 어떻게 사용하느냐가 중요하다.

만약 어떤 사람이 자신의 종교가 다른 종교보다 우월함을 나타내기 위하여 정역이 자신들의 종교와 관련이 있다고 주장하면 오히려 자신들의 종교가 아무런 가치가 없다고 주장하는 것과 같다.

만약 본래 자신들의 종교가 위대하다면 굳이 다른 사람의 주장이나 사상을 악용하여 자신들의 종교의 교리로 끌어들일 필요가 없을 것이다.

다음에는 일부가 정역을 통하여 제시한 성통聖統에 관하여 살펴보자. 동서와 고금을 막론하고 직선적 시간관에 의하여 물리적 시간의 관점에서 형이상의 경지나 신을 나타내어 성통을 논한다.

성통은 성인이 시간을 따라서 한 사람에서 다른 사람으로 도를 주고받는 계통을 가리킨다. 사람을 중심으로 나타낸 성통을 도를 중심으로 나타내어 도통이라고 말한다. 그러면 성통, 도통을 어떻게 이해하는가?

현상적 패러다임에 의하면 도는 반드시 전해 주는 스승에 의하여 인가를 받고 제자에게 전해진다. 그러므로 스승으로부터 인가를 받지 않

제자는 결코 스승의 도를 다른 사람에게 전해서는 안 된다. 그러면 도가 있고, 주고받을 수 있는가?

형이상적 패러다임에 의하면 주고받을 수 있는 것이라면 물건일 뿐으로 형이상의 도가 아니다. 신, 상제, 화화옹은 그것을 논하는 지금 여기의 나와 둘이 아니다. 그러므로 한 사람이 다른 사람에게 주고받을 수 없다. 따라서 성통이나 도통은 존재하지 않는다.

주역에서 성통을 논하였듯이 일부 역시 정역에서 성통을 제시하였다. 그는 천황, 지황, 인황을 언급한 후에 유소有巢, 수인燧人, 복희伏羲, 신농神農, 황제黃帝를 비롯하여 중국의 유가儒家 경전에서 성통으로 언급하고 있는 내용을 제시한다.

유소有巢가 집을 짓고, 수인燧人이 불을 사용하였다. 신神스러운 복희伏羲는 팔괘를 긋고 노를 맺었으며, 성스러운 신농神農은 밭을 갈고 시장을 만들었다. 황제黃帝는 육갑六甲을 만들고 북두칠성北斗七星을 관찰하였으며, 신神같은 요堯임금은 일월원리日月原理를 밝혀서 갑진년甲辰年에 등극登極하였다. 하늘같은 순舜임금은 선기옥형璿機玉衡을 만들어서 칠정七政을 행하였으며, 위대한 우禹임금은 구주천하九疇 天下를 만들었으니 이는 낙서원리洛書原理를 응용한 것이다. 은殷나라의 종묘宗廟에는 소목小穆의 덕德이 볼만하고, 기자箕子도 이에 성인聖人이시니 주周나라의 덕德이 여기에 있으니 이남二南과 칠월七月이다. 기린麒麟과 같이 덕德이 뛰어난 성인聖人인 공자孔子께서는 건곤乾坤 가운데 자리하여 위로는 천지天地를 본받고, 아래로는 수토水土를 물려받아 오늘까지 전하여 왔다. 아! 오늘인가, 오늘인가! 육십삼六十三과 칠십이七十二와 팔십일八十一은

일부一夫에서 하나가 된다.[384]

위의 내용을 보면 일부는 유소, 수인, 복희, 신농으로부터 공자에 이른 도통, 성통이 자신에 있음을 분명하게 밝힌다. 그리고 그는 "누가 일부一夫가 진실로 이를 밟았음을 알겠는가! 사람이 없으면 지키고 사람이 있으면 전할 것이다."라고 하였다. 이를 보면 일부 역시 자신이 다른 사람으로부터 성통, 도통을 계승했을 뿐만 아니라 그 역시 다른 사람에게 전해야 함을 밝힌 것을 알 수 있다. 그러면 도통, 성통을 어떻게 이해할 것인가?

마지막 부분을 보면 공자의 성통이 금일로 이어진다고 하였다. 그리고 다시 금일을 두 번 언급하고 있다. 이는 물리적 시간인 과거와 미래, 현재가 바로 오늘 곧 현재임을 뜻한다. 그러면 이것이 무엇을 의미하는가?

마지막 부분에서는 63, 72, 81이 일부에서 하나가 된다고 하였다. 63과 72, 81은 합하면 216으로 건책수와 같으며, 79는 63, 89는 72, 99는 81에 의하여 일원一元을 추연하는 수이다. 이때 하도와 낙서의 본체수를 합한 20과 81의 80을 합하면 일원수인 100수가 된다. 이 100수는 하도와 낙서 전체를 합한 100수이다. 그러면 이것이 무엇을 의미하는가?

반고로부터 시작되어 금일에 이르는 현상은 무극에 의하여 이루어지

384　김항金恒, 『정역正易』 십오일언十五一言 제1장, "有巢旣巢하시고 燧人乃燧로다. 神哉라 伏羲劃結하시고 聖哉라 神農耕市로다. 黃帝甲子星斗요 神堯日月甲辰이로다. 帝舜七政玉衡하시고 大禹九疇玄龜로다. 殷廟에 可以觀德이요 箕聖乃聖이시니 周德在玆在하여 二南七月이로다. 麟兮我聖이여 乾坤中立하사 上律下襲하시니 襲于今日이로다. 嗚呼라 今日今日이여 六十三, 七十二, 八十一은 一乎一夫로다."

는 도생역성의 결과이다. 이와 달리 63, 72. 81에 의하여 하도와 낙서의 일원을 찾아가는 것은 현상에서 근원을 찾는 역생도성의 결과이다. 이 도생역성과 역생도성이 시간에서는 지금에서 하나가 되고, 물건적 관점에서는 일부에서 하나가 된다.

도생역성과 역생도성이 둘이 아닌 경계를 형이상의 근원을 중심으로 나타내면 화화옹, 화무옹이다. 화화옹, 화무옹을 현상의 관점에서 나타내면 일부라는 개념을 통하여 가리키는 지금 여기의 나이다.

시간적 관점에서는 영원과 순간이 둘이 아닌 영원한 현재이며, 공간적 관점에서는 형이상과 형이하가 둘이 아닌 중도, 역도, 변화의 도이다. 그것을 일부는 작용의 관점에서 본체와 현상이 둘이 아닌 도역의 생성으로 나타낸다. 그러면 그는 사람이 있으면 전하고, 없으면 지킴은 무엇을 의미하는가?

사람이 있고 없음은 스스로 자신의 본래면목을 찾아서 자신으로 살고자 하는 사람은 본래 갖고 있는 본래면목을 찾아서 자신으로 살고, 그렇지 않은 사람은 본래면목이 드러나지 않아서 자신이 아닌 타인으로 살 것임을 뜻한다.

생성적 패러다임에 의하면 일부는 도, 화화옹, 화무옹, 상제, 신이라는 지금 여기의 나와 무관한 실체적 세계나 존재, 경지를 제시하기 위하여 평생을 바쳐서 정역을 쓴 것이 아니다.

그는 단지 매 순간의 언행이 자신을 드러내고, 매 순간의 마음을 씀이 바로 자신의 삶을 결정하는 도역의 생성임을 밝히기 위하여 정역을 저작하였다.

> 진실한 뜻과 바른 마음으로 종시에 게으름이 없으면 우리 화화옹이 반드시 친히 가르침을 베풀 것이다.[385]

화화옹, 화무옹은 형이상과 형이하, 나와 남, 안과 밖의 구분이 없다. 다른 사람이 언행을 통하여 전해 준 것을 받거나 천지의 자연 현상을 통하여 스스로 체득하거나를 막론하고 모두 화화옹, 화무옹이 친히 베풀어 주는 가르침을 통하여 얻음이 없이 얻음이다.

일부는 정역을 통하여 스승인 연담으로부터 학문적 과제인 일종의 화두話頭를 받았음을 밝힌다. 이는 다른 사람이 준 과제를 통하여 일부가 평생을 걸고 해결해야 할 문제의식을 발생했음을 뜻한다.

> 내 나이 36세에 연담蓮潭 이李 선생을 따르니 선생이 관벽觀碧이라는 두 글자의 호를 내려 주고 시 한 수를 내려 주었다. "맑음을 봄은 물과 같음이 없고, 덕을 좋아함은 마땅히 인을 행할 것을! 그림자가 천심월天心月에서 움직이니 권하노니 그대가 이 진리를 찾으라!"[386]

연담이 일부에게 준 학문적 과제는 호號에서 잘 나타난다. 푸름을 봄은 단순하게 자연의 현상을 육안으로 봄이 아니라 혜안으로 진리를 파악함을 뜻한다. 연담은 학문적 과제를 제시했을 뿐만 아니라 해결하는 방법도 제시했다.

---

385 김항, 『정역』 구구음, "我摩道正理玄玄眞經이 只在此宮中이니 誠意正心하야 終始无怠하면 丁寧我化化翁이 必親施敎시리니 是非是好吾好아."

386 김항, 『정역』 제19장, "余年三十六에 始從蓮潭李先生하니 先生이 賜號二字曰觀碧이라하고 賜詩一絶曰觀淡은 莫如水요 好德은 宜行仁을 影動天心月하니 勸君尋此眞하소"

"맑음을 봄은 물과 같음이 없고,"는 지적知的인 관점에서 문제를 해결하는 방법을 나타내고, "덕을 좋아함은 마땅히 인仁을 행해야 한다."라는 행적行的인 관점에서 문제를 해결하는 방법을 나타낸다.

맑음은 지적인 관점에서 시비, 선악과 같은 이분법적인 상태를 벗어난 본성을 상징한다. 그러므로 마치 물이 맑으면 달이 드러나듯이 의식의 분별을 넘어서 도달하는 본성의 경계를 자각해야 함을 뜻한다.

덕을 좋아한다면 인仁을 행함이 마땅함은 바로 본성의 내용인 인성仁性을 가리킨다. 물의 맑음을 통하여 본성을 자각함은 지적知的인 문제이지만 지知와 인仁은 둘이 아니다. 그러므로 본성을 스스로 밝히는 자명自明에 이르면 본성의 내용인 명덕明德을 자각한다.

명덕의 명明은 지혜를 상징하고, 덕德은 인仁을 가리킨다. 그러므로 명덕을 스스로 밝히게 되면 자연스럽게 인을 실천하게 된다. 이처럼 영동천심월이라는 학문적 과제를 해결하기 위해서는 인성과 지성을 내용으로 하는 본성을 자각하여 실천하는 솔성率性이 문제가 된다.

천심월天心月의 그림자가 움직이는 것은 물을 보고 맑음을 보는 것과 같다. 그러나 성품이 완전하고 이치가 곧은 태양과 같은 황중월皇中月은 마음 밖에서 찾을 수 없다. 따라서 황심皇心에서 황중월皇中月을 찾아야 한다. 그러면 그것이 무엇을 의미하는가?

천심월은 물리적 하늘에 있는 달을 가리킨다. 그것은 달을 논하는 인간의 밖에서 대상으로 존재하는 실체로서의 달을 가리킨다. 이러한 달은 인간의 의식의 분별에 의하여 형성된 개념으로 나타나는 달이고, 개념을 나타내는 수에 의하여 규정된 달이다. 따라서 이러한 달은 실재하지 않는 달이다.

우리는 여기서 의식에 의한 분합적 사고와 그 결과를 나타내는 도구인 수와 언어, 괘상을 생각하지 않을 수 없다. 의식의 분합작용을 나타내는 도구인 수를 바탕으로 형성된 학문이 수학이다.

수학은 수라는 도구를 바탕으로 식을 구성하고 여기에 도형을 더하여 형성된 학문이다. 이 안에는 대수학, 기하학, 해석학으로 크게 나누어서 이해할 수 있다.

한때 수학을 과학보다 중요하게 여겼던 까닭은 하느님이라는 근원적 존재가 자연을 설계한 설계도라고 여겼기 때문이다. 그러면 정역은 수학인가?

황중월은 인간의 심성 내면에서 밝혀지는 달이다. 그것은 육식六識의 기능인 의식을 넘어선 마음인 황심皇心에서 나타나는 본체이다. 이와 달리 물리적 존재로서의 달이나 의식의 분별을 통하여 나타내는 관념적 존재로서의 달이 천심월이다. 그러면 그는 황중월을 나타내는 도구인 수를 어떻게 규정하는가?

일부는 정역에서 수를 셈하는 일을 의식의 분합에 의하여 수를 계산하는 가감승제加減乘除와 구분하여 추연推衍이라고 말한다. 추연은 그가 계산의 도구로서의 수와 도道를 상징하는 도구로서의 이수理數를 구분하기 위함이다. 그러면 수학과 정역은 어떤 차이가 있는가?

일부는 자신의 삶을 "60년 동안의 솔성率性의 공부"[387]와 의리를 잡고 춘추의 일을 크게 밝히는 일로 나타내었다. 이때 성품, 본성을 따르는 공부가 바로 화두를 해결했던 방법이다. 이는 그가 이수理數의 추연推衍을

---

387 김항, 『정역』 일부사적一夫事蹟, "六十年率性之工이 秉義理大著春秋事者는 上敎也시니라."

통하여 본성을 자각하는 동시에 본성을 드러내는 삶을 살았음을 뜻한다.

그는 "이치는 본원에 모이니 본원은 바로 성품이다."[388]라고 말하였을 뿐만 아니라 선천과 후천을 논하면서 성리의 도와 심법의 학으로 나타내고 있다. 그러면 그는 학문적 과제를 해결한 후에 연담으로부터 인가를 받았는가?

정역의 어느 곳에도 연담과의 다른 일화는 나타나지 않는다. 우리는 삼역팔괘도와 금화정역도와 같은 도상과 입도시, 무위시, 정역시와 같은 게송 그리고 정역의 본문을 통하여 그가 해결한 학문적 과제의 내용이 무엇인지를 파악할 수 있다.

그는 정역을 저작한 후에 "거의 죄를 면할 수 있겠구나."라고 말하고, "다만 부모의 마음이 편안하고 태평하기를 바랍니다."라고 말했다. 이는 그가 부모와 같은 천지의 마음을 파악하여 전하기 위해 정역을 저작했을 뿐임을 나타낸다.

천지를 부모라는 인격적 존재로 대하여 부모의 마음이 편안하고 태평하기를 바라는 마음으로 정역을 저작함은 여러 만물 가운데서 근원을 밝혀서 여러 나라들이 모두 편안한 태평성세를 여는 일[389]이다.

일부는 스스로 유소, 수인으로부터 시작하여 공자에서 자신으로 전해진 성통에 참여했음을 밝히면서도 자신을 한 평범한 남자로 나타내었다. 일부-夫는 지금 여기의 각자 사람, 남자와 여자가 모두 영원한 현재임을 나타낸다.

---

388 김항, 『정역』 제7장, "理會本原은 原是性이오 乾坤天地에 雷風中이라."
389 『주역』 중천건괘 단사, "乾道變化에 各正性命하나니 保合大和하야 乃利貞하니라. 首出庶物에 萬國이 咸寧하나니라."

일부는 지금 여기의 각자 자신이 매 순간 다양하고 새롭게 나타나는 화화옹이자 상제이고, 지금 여기의 각자의 삶이 천지 부모의 뜻을 따르는 자녀의 삶이며, 원천이 드러나는 후천이면서 선천임을 나타낸다.

줄이 없는 거문고를 자재하게 연주함이여
뱀과 용은 하늘 향해 뛰고 날아오르는구나.
그는 본래 노래와 음악의 소리를 모르니
누구와 함께 두 귀로 풍류를 즐기리오.
能彈自在沒絃琴
龍蛇圖得飛騰天
渠本不知歌樂響
誰與雙耳樂風流

끝을 맺는 말

우리는 앞에서 정역에서 제시한 세 가지의 패러다임을 바탕으로 인류의 미래는 결정된 것이 아니라 매 순간 우리 자신이 세계와 어떤 관계를 맺으면서 어떻게 자신의 생명을 드러내느냐에 따라서 결정됨을 살펴보았다.

형이상적 패러다임에 의하면 지금이라는 물리적 시간과 여기라는 물리적 공간 그리고 나라는 실체적 존재가 없다. 현상의 근원인 형이상의 차원에서는 어떤 분별도 용납하지 않는다. 따라서 영원한 현재일 뿐이다.

그러나 현상적 패러다임에 의하여 사는 사람들은 삶과 자신을 둘로 보기 때문에 삶의 주인이 되어 살지 못한다. 그들은 언제나 주체와 객체, 물리적 시간과 물리적 공간, 나와 남을 구분하여 지금이 아닌 미래, 이곳이 아닌 다른 곳, 신과 같은 나와 다른 존재로부터 삶을 찾는다.

오늘날 우리나라 사람들은 지금 여기의 삶에 안주하지 못하고, 지금이 아닌 미래, 이곳이 아닌 다른 땅, 우리나라가 다른 나라에서 희망을 찾는다. 그러면 미래, 다른 곳, 다른 나에 대한 희망이 우리의 삶과 아무런 관련이 없는가?

생성적 패러다임에 의한 세계와 삶 그리고 자신은 고정된 실체가 아니다. 매 순간 자신을 스스로 어떻게 드러내느냐에 따라서 삶과 세계가 새롭고 다양하게 전개된다.

여러 사람의 다양한 삶에서 제기되는 주장, 이론, 사상, 종교는 본성, 자성自性에 의하여 이루어지는 생성이다. 하나의 근원에서 나타나는 다양한 현상이 서로 다른 다양한 사상, 종교의 이론이다.

오늘날 우리가 다른 나라의 문화, 사상, 종교를 공유하듯이 다른 나라의 사람들이 언어, 음식, 예술, 문화를 비롯하여 다양한 우리의 것을 함께 즐기는 것도 둘이 아닌 본성의 작용이다.

현상의 측면에서 보면 지금 여기의 나는 남, 인류, 우주와 다른 나이지만 동시에 본체의 측면에서 보면 지금 여기의 나는 우리, 국가, 인류, 우주와 둘이 아니다. 따라서 지금 여기의 나는 남, 인류, 우주와 둘이 아닌 동시에 하나도 아니다. 그러면 우리는 어떻게 살아야 하는가?

오늘날 우리 사회와 인류는 직선적이고 평면적인 변화가 아니라 입체적이고, 총체적이며, 혁명적인 변화를 요구한다. 오늘날 인류가 안고 있는 중층적이고 총체적인 문제는 현상적 패러다임이나 형이상적 패러다임에 의하여 해결되지 않으며, 생성적 패러다임에 의하여 새로운 안목으로 우리의 삶, 인류의 삶을 새롭게 할 때 비로소 해소된다.

생성적 패러다임은 지혜와 자비에 의하여 개인, 국민, 인류가 스스로 다차원의 변화를 통하여 항상 새로운 세계를 창조하고 진화하는 생성의 연속으로 드러난다.

사건적 측면에서 보면 현상적 패러다임을 벗어나서 초월적 패러다임에 이르고, 형이상적 패러다임에서 한 걸음 더 나아가서 생성적 패러다임에 이른다.

그러나 형이상적 측면에서 보면 세 가지의 패러다임이 본체와 작용이 되어 현상으로 나타난다. 생성적 패러다임이 본체가 되어 형이상적 패러다임으로 작용하여 현상적 패러다임으로 현상한다. 그러면 하나와 셋은 어떤 관계인가?

세 패러다임은 형이상적 측면에서는 하나이지만 형이하적 측면에서는 셋이다. 셋과 하나는 물건적 관점이다. 물건적 관점의 근거인 사건적 측면에서 하나이면서 셋은 시간성과 시간이 둘이 아님을 뜻한다. 그러면 시간성과 시간이 둘이 아님은 무엇인가?

그것은 영원한 현재이다. 본체를 나타내는 영원을 매 순간 다양하고 새롭게 드러나는 작용을 중심으로 나타내는 개념이 영원한 현재이다. 생성적 패러다임이 형이상적 패러다임으로 작용하여 현상적 패러다임으로 드러남을 영원한 현재라고 말한다. 그러면 패러다임이라는 실체가 있는가?

세 가지의 패러다임은 지금 여기의 자기 자신을 세 측면으로 나누어서 나타낸다. 지금 여기의 나의 본체가 시간성, 신이고, 현상이 지금 여기의 나의 언행이며, 작용이 마음의 도역의 생성이다. 그러면 우리가 정역이라는 저작을 읽는 행위는 무엇인가?

삶은 실체적 존재의 사이에 이루어지는 실체적 관계가 아니다. 내가 있고, 정역이라는 저서가 있어서 내가 정역을 읽고, 연구하는 것이 아니며, 이 책의 저자와 독자가 있어서 저자와 독자가 만나는 것도 아니다.

매 순간 새롭고 다양한 생명 현상, 생명의 생성을 우리가 실체화하여 우리와 정역의 만남, 저자와 독자라는 관계로 나타낸다. 그러므로 나와 정역, 저자와 독자의 만남도 고정되지 않아서 매 순간 나타났다가 사라지고, 다시 새롭게 나타날 뿐이다. 그러면 우리는 어떻게 해야 하는가?

삶의 과정에서 다양한 주장, 사상, 종교를 듣고, 읽는 우리의 언행에 의하여 저자와 독자의 관계가 형성된다. 그러나 저자와 독자의 관계는 형성되는 동시에 저자와 독자가 둘이 아닌 경지로 돌아가서 사라진다.

감각에 의하여 지각하는 저자와 독자라는 물리적 세계는 없다. 과거와 미래, 현재가 구분되는 물리적 시간도 없다. 마찬가지로 천상과 지하, 그리고 중간의 이곳과 같은 공간도 없다. 또한 시공이 하나가 된 자연도 없고, 자연 속에서 살아가는 사물, 인간, 나와 남도 없다. 그러면 현상의 근원은 있는가?

현상의 근원인 형이상의 도, 신, 자성, 본성, 불성도 없다. 현상을 벗어나서 형이상의 경지에 이르는 초월도 없고, 현상을 초월하기 위한 수행도 없으며, 수행을 통하여 얻어지는 깨달음도 없다.

나와 남, 자연, 세계, 우주가 없으므로 나의 삶, 너의 삶이 없고, 삶이 없으므로 죽음도 없으며, 개체가 모여서 형성된 가정과 국가, 인류라는 사회가 없으므로 정치, 경제, 국방, 안보, 교육, 문화를 비롯한 사회적인 활동도 없다. 그러면 텅 빈 허무만이 있는가?

형이상이 없는 형이하, 근원이 없는 현상, 무無가 없는 유有가 없을 뿐으로 현상과 근원, 형이상과 형이하, 신, 도와 사물이 둘이 아닌 경지는 없지 않다.

우주, 천지, 자연, 사물, 나와 남이라는 개체가 있는 것도 아니지만 없는 것도 아니다. 각각의 개체와 가정, 국가, 인류, 우주는 둘이 아니면서 하나도 아니다. 오로지 매 순간 둘이 아닌 경지가 하나가 아닌 현상으로 다양하고 새롭게 생성될 뿐이다.

생성적 패러다임은 영원한 현재이다. 그것은 각자 자신이 매 순간을 자신을 어떻게 드러내는가에 따라서 삶이 결정됨을 뜻한다. 우리 국민들이 각각 매 순간 자신을 어떻게 드러내며 사느냐에 따라서 대한민국의 미래가 결정되고, 지금 각각의 나라에서 살아가는 인류가 매 순간 각각 자신을 어떻게 드러내며 사느냐에 따라서 인류의 미래가 창조된다.

고조선사상에서는 영원한 현재를 홍익인간[390]이라고 말한다. 매 순간 나와 남 그리고 가정, 국가, 인류가 이롭도록 지금 여기의 나를 다양하고 새롭게 나타내어서 서로가 서로를 이롭게 하고, 서로가 서로를 존재하게 하며, 서로가 서로를 새롭게 하고, 서로가 서로를 다양하게 함이 홍익인간이다.

나와 가정, 국가, 인류, 우주가 둘이 아니기 때문에 개인의 자유와 사회적인 평등이 둘이 아니다. 그러므로 자유민주주의와 공산전체주의가 둘이 아니어서 없다. 각자 자신의 본성을 주체로 지혜와 자비를 활용하여 말하고 행동하면서 살면 모두가 행복한 아름다운 세상이 전개된다.

지금 인류 사회는 온갖 측면에서 이것과 저것을 나누는 양극화에 빠져서 있다. 나와 남, 주체와 객체를 나누는 이분법적인 사고에 의한 삶은 고통스럽다. 이것과 저것이 있다고 여기고 이것과 저것에 끌려다니지 말아야 한다.

매 순간 밖의 사물을 보면서 사물에 따라가지 말고, 사물을 보는 나를 보며, 사물을 보는 나에게 매몰되지 말고, 나와 밖이 둘이 아닌 경계를 항상 벗어나지 말아야 한다.

그것은 주객이 둘이 아닌 도, 신, 성품, 본성을 견고하게 붙잡으라는 말이 아니다. 신, 본성, 자성을 매 순간 다양하고 새롭게 드러나는 실천의 삶, 함께하는 삶, 홍익인간의 삶을 살자는 말이다. 지금 여기의 삶이

---

390   이현중, 『고조선철학』, 문진, 2019, 205-305.

본래 홍익인간의 삶이다.

그럼에도 불구하고 지금 여기의 삶을 떠나서 이상적인 삶을 찾고, 지금 여기의 나를 떠나서 이상적인 인간인 부처, 구세주, 본성, 불성을 찾으며, 지금 여기를 떠나서 다른 곳에서 천국, 정토를 찾는다.

찾는 나 자신이 바로 이상적 인격체인 부처, 대인, 신, 구세주이고 군자, 보살이며, 지금 여기가 천국, 정토이고, 지금 여기의 삶이 모두가 행복한 아름다운 삶이다. 지금 여기가 그대로 길지吉地이고, 지금 여기가 우주의 중심이며, 지금 여기가 명당이다.

이 책을 읽는 각각의 자기 자신이 신이고, 우주이며, 도이고, 수많은 주장, 이론, 사상, 종교를 매 순간 새롭고 다양하게 생성하는 주체이며, 각각의 자기 자신이 바로 온갖 세상을 낳는 세 가지 패러다임이다. 그러면 어떻게 살아야 하는가?

개인의 자유와 사회적 평등, 개인과 사회를 비롯하여 모든 대립적인 개념들은 현상일 뿐이다. 현상은 언제나 근원의 다양한 드러남일 뿐이다. 그러므로 현상에 끌려다니는 노예의 삶을 살지 말아야 한다.

언제 어디서나 누구와 무엇을 만나더라도 항상 주인공이 되어 살아야 한다.[391] 주인공의 삶이 바로 진실한 삶이고, 자유로운 삶이며, 편안한 삶이고, 평등한 삶이며, 아름답고 선한 삶이다. 주인공은 자기 자신 밖의 어떤 것도 필요로 하지 않는다.

주인공의 삶은 자유롭지만 남을 불편하게 하는 방종이 아니다. 남을 이롭게 하고, 새롭게 하며, 다양하게 하는 평등한 삶이다. 주인공의 삶은 자신을 위한 이기적인 삶이나 남을 위한 이타적인 삶이 아니라 자신과

---

391 『일지암문집―枝庵文集』卷之二(ABC, H0300 v12, p.270b21), "隨處作主 立處皆眞"

남이 둘이 아닌 삶이다.

주인공의 삶은 매 순간 무엇을 해야 할 때이며, 어떻게 해야 할 곳인지를 아는 지혜로운 삶이며, 때와 장소 그리고 사람, 사물에 알맞은 행위를 베푸는 자비로운 삶이다.

지혜와 자비는 밖에서 오는 것이 아니라 자신의 본래면목이 때와 장소에 따라서 다양하고 새롭게 드러남이다. 매 순간 온 몸과 온 마음으로 밖의 사물과 사람을 느껴 보라.

지금 여기에서 나를 필요로 하는 것이 무엇인지를 파악하고 그것을 행하라. 그리고 어떻게 마음을 쓰고, 어떻게 몸으로 드러내더라도 반드시 언행을 마음으로 거두어들이라.

그리고 마음으로 거두어들인 언행을 나와 우주가 둘이 아닌 본래면목, 신에게 던져 버려라. 어떤 용심과 운신도 모두 온 우주와 더불어 하는 까닭에 서로가 서로를 이롭게 하고, 온 우주를 이롭게 한다.

온 우주와 더불어 마음을 쓰고, 온 우주와 함께 운신을 하는 까닭에 함이 있는 유위有爲지만 개체적인 용심, 운신이 없어서 함이 없는 무위無爲이다. 유위有爲와 무위無爲는 운심과 용심을 나타내는 개념이다.

유가 없으면 무가 없고, 무가 있으면 유도 있다. 그러므로 유와 무는 서로를 존재하게 하는 동시에 서로가 서로를 소멸시킨다. 유와 무, 자아와 무아, 유위와 무위의 어떤 개념을 막론하고 양자를 구분할 수 없는 하나로부터 나타나고, 그 하나도 본래 세울 수 없는 허공과 같은 경지를 바탕으로 나타난다.

하나마저도 세울 수 없는 공空, 중中, 신神은 고정된 실체가 아니어서 항상 변화하기 때문에 화화옹, 화무옹이라고 말한다. 화화옹은 지금 여기의 나와 둘이 아니라 지금 여기의 나의 본래면목이고, 우주의 본래면목이다.

그대가 어느 때 어느 곳에서 어떤 사람을 만나고, 사물을 만나더라도 사람, 사물과 둘이 아니다. 사람, 사물과 만남이 바로 그대와 사람, 사물, 우주가 둘이 아님을 그대로 나타낸다. 그러므로 어떤 마음으로 어떤 언행을 하더라도 화화옹의 작용이자 화무옹의 나타남이다.

이제 그대는 스스로 자신으로 살고자 하는 뜻을 세워라. 그냥 사는 것으로는 자신의 모든 것이 드러나지 않는다. 찾으면 드러나지만 찾지 않으면 드러나지 않는다. 그렇다고 하여 찾는다는 생각으로 일관하면 드러나지 않는다.

찾지만 찾는다는 생각마저도 놓아 버려야 어느 순간에 찾는 나와 찾는 대상이 둘이 아님을 알고 찾는 마음이 바로 찾고자 하는 대상의 드러남, 작용임을 알게 된다. 그것은 나의 본래면목, 화화옹에 대한 믿음을 바탕으로 마음을 쓰고, 언행을 해야 함을 뜻한다.

매 순간 안팎의 모든 사물이 화화옹이라는 주인공으로부터 시작되고 끝남을 믿고 마음을 쓰고 언행을 하면 그것이 바로 본성, 본래면목이 드러나는 성리性理의 도道이고, 마음을 쓰고 언행을 하면서 나타나는 현상에 얽매이지 않고, 본래면목이자 화화옹에 던져 버리는 것이 심법의 학學이자 수행, 수기이다.

만약 먼저 자신의 본래면목을 깨닫고 그것을 주체로 살고자 하면 주역을 비롯하여 초월적 패러다임의 삶이지만 그래도 상관이 없다. 그것마저도 생성적 패러다임을 본체로 이루어지는 작용이기 때문에 어느 순간에 도학의 삶으로 돌아간다.

도학의 삶은 원효가 말한 쌍현귀기雙顯歸起의 삶이다. 매 순간에 일어나는 마음은 모두 본래면목의 드러남이기 때문에 일어나는 그 결과인 현상의 언행을 지켜보고, 언행에 얽매이지 않고, 본래면목에 회향廻向하는 것이 종본기행從本起行의 운신運身과 견상귀본遣相歸本의 용심用心이 둘이 아닌 쌍현귀기392의 삶이다.

도학의 삶은 지눌이 말한 돈오점수頓悟漸修393의 삶이다. 돈오는 매 순간 본래면목인 진심의 본체가 지혜로 드러남이며, 점수는 지혜의 활용에 의한 용심의 결과로 드러나는 현상인 제도중생에 얽매이지 않고, 현상을 벗어나서 본래면목인 진심의 본체로 회향함이다. 그러면 본체와 작용 현상이 있는가?

체용상은 지금 여기의 나의 세 측면을 구분하여 본래면목과 작용, 현상으로 나타낸 개념이다. 본체적 측면을 나타내는 본래면목은 시공을 초월하기 때문에 나와 남, 자연, 우주, 사물, 이 둘이 아니다.

그러나 본체의 작용에 의하여 둘이 아닌 경지에 그대로 머물지 않고, 하나가 아닌 현상으로 나타난다. 지금 여기의 나의 본래면목을 화화옹, 신, 본성, 불성, 자성을 비롯한 다양한 개념으로 나타낸다. 그리고 지금 여기의 나의 현상적 측면을 자연, 우주, 사물과 같은 다양한 개념으로 나타낸다.

온갖 이름, 주장, 이론, 사상, 종교는 모든 나타난 현상이다. 현상은 언제나 하나가 아니다. 그러므로 현상을 보면 시비, 선악, 미추를 비롯한

---

392 『금강삼매경론』1권(ABC, K1501 v45, p.65a04-a05), "又前二品遣相歸本 中間二品從本起行 後二品者 雙顯歸起 以此二三攝大乘盡".

393 『목우자수심결』牧牛子修心訣(ABC, H0068 v4, p.711b16-b17), "頓悟漸修之義 如車二輪 闕一不可"

온갖 분별이 나타난다. 따라서 현상을 보더라도 현상에 얽매이지 말고, 현상으로 드러나기 이전의 본체를 보아야 한다.

매 순간 본래면목을 드러내는 것도 도생역이라는 생성이며, 언행을 통하여 나타난 본래면목을 드러나기 이전의 본래면목으로 돌리는 것도 역생도성이라는 생성이다.

도생역성은 매 순간 다양하게 나타나는 자기 조직화이며, 자기 생성이다. 이 자기 조직화, 자기 생성은 새로운 자신으로 드러내기 위하여 본래면목으로 돌아가는 자기초월이 있어야 한다. 그것이 바로 역생도성의 귀체, 회향이다.

그러나 회향, 귀체를 바탕으로 이루어지는 자기 조직화로서의 도생역성은 물건적 사고일 뿐으로 사건적 사고에 의하면 도생역성과 역생도성이 동시에 이루어지는 화화옹, 화무옹이자 도학으로서의 생성적 패러다임이다.

이제 어떤 이름을 제시하고, 어떤 이론이나 주장, 사상, 종교를 제시해도 좋다. 그러나 그것이 모두 자기 자신의 본래면목이자 우주의 본래면목의 현현임을 잊지 말고, 인류를 이롭게 하는 홍익인간임을 잊지 말자.

어떤 이름이나 주장, 이론, 사상, 철학, 종교를 막론하고 오로지 온 우주가 지금 여기의 나와 둘이 아님을 알고 나와 모두를 이롭게 하고자 하는 마음으로 언행을 해야 한다. 그리고 아무리 온 우주를 이롭게 하는 이론, 주장, 사상, 종교를 제시했더라도 자기 자신의 일일 뿐으로 개체적 존재가 했다는 마음이 없어야 한다.

본래 어떤 마음이나 어떤 언행도 화화옹의 드러남이기에 개체적인 용심, 개체적인 운심은 없다. 그러므로 어떤 마음 씀이나 어떤 언행도 유위지만 동시에 무위이다. 이제 우리 모두 자신으로 살자. 자기 자신이 삶의 주인공이 되고, 가정, 국가, 인류의 주인공이 되어 우주의 주인공으로 살자.

그리고 과학기술에 의하여 확보되는 인공지능을 비롯한 모든 삶의 도구를 인간, 천지와 사물이 이롭게 활용하는 삶을 살자. 나와 남은 물론 나와 천지, 만물이 조화를 이루는 삶, 모두가 자유로운 삶, 모두가 평등한 삶, 모두가 행복한 삶을 살자.